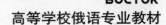

高等学校俄语专业教材

大学俄语
Русский язык

〔新版〕

язык

丛书主编：王利众　童　丹

本册主编：孙晓薇　童　丹

本册编者：王　琳　王利众　孙晓薇

　　　　　杨　贺　姚　雪　张廷选

　　　　　梅文章　童　丹　翟文慧

一课一练

3

外语教学与研究出版社
北京

前 言

　　实践课和语法课是俄语专业的主干课。俄语专业学生的语言运用能力很大程度上取决于实践课和语法课的教学效果。《东方大学俄语》在全国七十余所高校俄语专业使用，获得了良好的声誉。北京外国语大学俄语学院适应时代发展编写了《东方大学俄语（新版）学生用书》。该教材刚刚面世，对老师的教学和学生的学习都具有一定的挑战性。为了使该书的使用效果更佳，我们组织具有丰富教学经验的一线教师编写《东方大学俄语（新版）一课一练》系列丛书。该丛书册数与《东方大学俄语（新版）学生用书》册数相同，并且课与课一一对应，力求做到重点突出，全面提高俄语专业学生的各项技能。该丛书每一课的主要内容包括：

① **词汇。** 对重点词汇进行扩展，配合实例；近义词辨析；词汇扩充，如学到计算机知识时，扩展软件、硬件、内存、键盘、鼠标等词。

② **对话及课文。** 根据课文重点进行填空、连词成句、汉译俄、俄译汉练习。根据需要进行写作练习。

③ **语法。** 针对语法内容，结合等级考试扩充语法知识，配以大量的练习。

④ **本课测验。** 用于检测学生对本课主要内容的掌握情况。

⑤ **日积月累。** 每课根据情况配以谚语、俗语、成语等，日积月累，有助于提高学生的语言能力。

⑥ **国情点滴。** 主要配合专业四、八级考试介绍俄罗斯城市、文化、艺术、文学等知识。介绍使用语言为汉语，必要的术语为俄语，如作家姓名、作品名称等。

⑦ **练习答案。** 针对《东方大学俄语（新版）一课一练》中的练习配有参考答案。

　　此外，本丛书同时针对俄语专业四、八级考试配以大量练习，根据教学安排编写语法和实践期末试题各四套（配有答案）。书中的个别练习没有参考答案，主要是希望培养学生自己分析、解决问题的能力，个别句子中出现少量生词以便培养语感。本丛书由王利众教授负责整体设计工作，语法、测试、国情部分由王利众教授统稿，实践部分由童丹博士统稿。特别感谢北京外国语大学俄语学院史铁强教授提出的宝贵意见和外语教学与研究出版社俄语工作室同仁的大力支持。

　　编写这套适合广大俄语学生使用的《东方大学俄语（新版）一课一练》系列丛书对我们来说是一种挑战。我们会力求完美，疏漏之处也恳请批评指正。

哈尔滨工业大学　王利众

2011 年 6 月

目 录

Урок 1

一、词 汇

练习1 填空。

ка́рий 的阴性和中性形式是＿＿＿＿＿＿；во́лос 复数是＿＿＿＿＿＿，复数第二格是＿＿＿＿＿＿；ка́пля 的复数第二格是＿＿＿＿＿＿；винова́тый 的 接 格 关 系 是 ＿＿＿＿＿＿；кома́ндовать 的 接 格 关 系 是 ＿＿＿＿＿＿；следи́ть 的接格关系是＿＿＿＿＿＿；преврати́ться 的接格关系是＿＿＿＿＿＿；ве́рить 的接格关系是＿＿＿＿＿＿；стричь 的过去时是＿＿＿＿＿＿。

练习2 把下列词组（句子）翻译成汉语。

красивая вне́шность　＿＿＿＿＿＿＿＿＿＿＿＿

описа́ть вне́шность　＿＿＿＿＿＿＿＿＿＿＿＿

высо́кий рост　＿＿＿＿＿＿＿＿＿＿＿＿

сре́дний рост　＿＿＿＿＿＿＿＿＿＿＿＿

ни́зкий рост　＿＿＿＿＿＿＿＿＿＿＿＿

вы́ше сре́днего ро́ста　＿＿＿＿＿＿＿＿＿＿＿＿

ни́же сре́днего ро́ста　＿＿＿＿＿＿＿＿＿＿＿＿

ка́рие глаза́　＿＿＿＿＿＿＿＿＿＿＿＿

голубы́е глаза́　＿＿＿＿＿＿＿＿＿＿＿＿

двою́родный брат　＿＿＿＿＿＿＿＿＿＿＿＿

двою́родный дя́дя　＿＿＿＿＿＿＿＿＿＿＿＿

вы́литая мать　＿＿＿＿＿＿＿＿＿＿＿＿

вы́литый оте́ц　＿＿＿＿＿＿＿＿＿＿＿＿

старик с лысиной　　　_____

широкоплечий терапевт　_____

прямые волосы　　　　_____

кудрявые волосы　　　_____

седые волосы　　　　_____

рыжие волосы　　　　_____

русые волосы　　　　_____

правильные черты лица　_____

смуглое лицо　　　　_____

бледное лицо　　　　_____

загорелое лицо　　　_____

терпеть боль　　　　_____

терпеть холод　　　_____

не мочь терпеть　　　_____

стройная фигура　　　_____

фигура атлета　　　　_____

мужчина без усов　　_____

старик с бородой　　_____

салон автобуса　　　_____

салон платья　　　　_____

нос с горбинкой　　　_____

ломать замок　　　　_____

ломать старые традиции　_____

ломать голову над задачей　_____

ломать голову над проблемой жилья

　　　　　　　　　　_____

повернуться назад　　_____

повернуться направо　_____

сомневаться в своих силах　_____

сомневаться в этом человеке　_____

голливудская кинозвезда　_____

голливудский кинофестиваль_____

говорить с улыбкой　_____

кандида́т филологи́ческих нау́к _____

кандида́т медици́нских нау́к _____

гла́вный бухга́лтер _____

мо́дная стри́жка _____

стричь во́лосы _____

стричь бо́роду _____

следи́ть за детьми́ _____

следи́ть за свои́м здоро́вьем _____

смотре́ть в зе́ркало _____

ве́рить в побе́ду _____

ве́рить в бу́дущее _____

ве́рить его́ слова́м _____

ве́рить дру́гу _____

не ве́рить свои́м глаза́м _____

преврати́ться в го́род _____

Пусты́ня преврати́лась в зе́лень. _____

练习3　把下列词组翻译成俄语。

表弟 _____

中等身材 _____

高个子 _____

矮个子 _____

中年男子 _____

退休年龄 _____

消瘦的教练 _____

身材匀称的女主人 _____

肥胖的运动员 _____

上了年纪的冠军 _____

矮壮的外科医生 _____

宽肩膀的北方人 _____

大眼睛 _____

小眼睛 _____

圆眼睛　　　　　_____

黑眼睛　　　　　_____

灰眼睛　　　　　_____

蓝眼睛　　　　　_____

端正的相貌　　　_____

直发　　　　　　_____

卷发　　　　　　_____

长发　　　　　　_____

短发　　　　　　_____

浅色头发　　　　_____

深色头发　　　　_____

淡褐色的头发　　_____

棕红色的头发　　_____

花白的头发　　　_____

苍白的面容　　　_____

黝黑的脸庞　　　_____

晒黑的脸　　　　_____

圆脸　　　　　　_____

窄脸　　　　　　_____

弄坏门锁　　　　_____

弄坏门　　　　　_____

掰下玉米　　　　_____

打破旧传统　　　_____

事业受挫　　　　_____

绞尽脑汁思考问题_____

怀疑朋友　　　　_____

好莱坞电影明星　_____

医学副博士　　　_____

集体的成员　　　_____

理发　　　　　　_____

照看病人　　　　_____

照镜子　　　　　_____

农村变为城市　　_____

练习4 写出下列形容词的反义词。

большо́й _____   высо́кий _____

прямо́й _____   по́лный _____

широ́кий _____   сму́глый _____

дли́нный _____   тёмный _____

чёрный _____

练习5 写出下列动词的对应体。

разде́ться _____

стара́ться _____

терпе́ть _____

улыба́ться _____

рассмотре́ть _____

поверну́ться _____

лома́ть _____

сбега́ться _____

пове́рить _____

превраща́ться _____

подрабо́тать _____

练习6 把下列动词变位。

раздева́ться _____

разде́ться _____

терпе́ть _____

рассмотре́ть _____

стричь _____

суши́ться _____

следи́ть _____

кома́ндовать _____

сбежа́ться _____

пове́рить _____

преврати́ться _____

练习7 把下列动词变成过去时形式。

стричь _____

练习8 造句。

вы́литый	_____
похо́жий	_____
стара́ться	_____
терпе́ть	_____
сиде́ться	_____
сомнева́ться	_____
ве́рить	_____
преврати́ться	_____
кома́ндовать	_____
следи́ть	_____
лома́ть го́лову над чем	_____
а то	_____

二、对话及课文

练习9 把下列词组翻译成汉语。

пожило́й челове́к	_____
небольшо́й рост	_____
худо́й мужчи́на	_____
то́лстая стару́шка	_____
корена́стый стари́к	_____
широкопле́чий ма́льчик	_____
стро́йная де́вушка	_____
кру́глые глаза́	_____
се́рые глаза́	_____
похо́жи друг на дру́га	_____

как две ка́пли воды́   _____

зубно́й врач   _____

кру́глое лицо́   _____

ма́льчик с больши́м ртом   _____

прия́тные черты́ лица́   _____

фигу́ра атле́та   _____

занима́ть места́   _____

носи́ть бо́роду   _____

не сиде́ться на ме́сте   _____

лома́ть го́лову над чем   _____

улыбну́ться голливу́дской улы́бкой   _____

спорти́вная фигу́ра   _____

коро́ткая стри́жка   _____

сесть за компью́тер   _____

сесть за кни́гу   _____

следи́ть за вре́менем   _____

закры́ть глаза́   _____

упа́сть на́ пол   _____

преврати́ться в старика́   _____

преврати́ться в цыга́нку   _____

черногла́зый муж   _____

большегла́зая жена́   _____

световоло́сый профе́ссор   _____

узкопле́чий хиру́рг   _____

широкопле́чий терапе́вт   _____

злопа́мятный челове́к   _____

остроу́мный студе́нт   _____

гостеприи́мная хозя́йка   _____

жизнера́достный дире́ктор   _____

трудолюби́вый наро́д   _____

самоуве́ренный сын   _____

练习10 把下列词组（句子）翻译成俄语。

7 点以后来 _____

从外表看他有 30 岁左右。 _____

现在简直认不出你来了！ _____

他很像妈妈。 _____

我长得和妈妈一模一样。 _____

他长得和表哥一模一样。 _____

双胞胎长得一模一样。 _____

爸爸很快下班回家。 _____

他不到 60 岁，但已经秃顶了。 _____

最近一段时间他消瘦了，经常抱怨自己不舒服。

_____

我刚年满 15 岁。 _____

你和我表妹同岁吗？ _____

妹妹和她的丈夫同岁。 _____

叔叔比我高一头。 _____

妹妹比我矮一头。 _____

妹妹比我小 1 岁。 _____

你怎么了？ _____

把书还回图书馆 _____

去看牙医 _____

去看内科医生 _____

去看儿科医生 _____

把信转交给老师 _____

把练习本转交给老师 _____

浅色头发 _____

她的头发比我的颜色浅。 _____

她的头发比我长。 _____

他长得很端正。 _____

我牙疼。 _____

我肚子疼。 _____

我头疼。 _____

长着蓝眼睛的淡黄发男子

_____

具有运动员身材的年轻男子

_____

向自己的朋友微笑 _____

坐在他旁边 _____

外语沙龙 _____

留大胡子 _____

戴墨镜 _____

黑色的卷发 _____

鹰勾鼻子 _____

摘下眼镜 _____

公司经理 _____

商业银行 _____

经济学副博士 _____

在法国进修 _____

请多关照 _____

总会计师 _____

做新头型 _____

练习11 **连词成句。**

❶ Он, не, назва́ть, себя́, но, сказа́ть, что, зайти́, по́сле, семь.

_____

❷ Кто, бы, э́то, мочь, быть? Как, он, вы́глядеть?

_____

❸ Куда́, бы, он, мочь, пойти́?

_____

❹ Что, бы, мочь, с, он, случи́ться?

_____

❺ Где, бы, он, мочь, останови́ться?

_____

❻ На, вид, я, бы, дать, он, 21, год.

_____

7 На, вид, он, мо́жно, дать, 50, год.

_____

8 На, вид, она́, мо́жно, быть, бы, дать, 22, год.

_____

9 Он, высо́кий, рост, а, она́, сре́дний, рост.

_____

10 Мать, сре́дний, го́ды, а, оте́ц, уже́, пенсио́нный, во́зраст.

_____

11 Она́, похо́ж, на, мать, а, двою́родный, брат, похо́ж, на, оте́ц.

_____

12 Она́, в, очки́, а, он, в, си́ний, костю́м.

_____

13 Она́, с, дли́нный, во́лосы, а, он, с, борода́.

_____

14 Он, вы́ше, сре́дний, рост.

_____

15 Он, под, 60, год, а, она́, за, 70, год.

_____

16 В, после́дний, вре́мя, он, ча́сто, жа́ловаться, на, здоро́вье.

_____

17 Я, неда́вно, испо́лниться, 17, год.

_____

18 Я, он, рове́сник, но, он, вы́ше, я, на, голова́.

_____

19 Она́, мой, внук, рове́сница.

_____

20 Он, нра́виться, блонди́нки, с, голубо́й, глаза́.

_____

21 Ива́н, уви́деть, молодо́й, челове́к, с, фигу́ра, атле́т.

_____

22 Де́вушка, ми́ло, улыбну́ться, свой, друг, и, сесть, ря́дом, с, он.

_____

㉓ Оле́г, никогда́, не, носи́ть, борода́.

_____

㉔ Они́, быть, похо́жий, как, два, ка́пля, вода́.

_____

㉕ Де́ти, не, сиде́ться, в, класс.

_____

㉖ Ма́льчик, бы́стро, слома́ть, игру́шка.

_____

㉗ Вла́сти, лома́ть, голова́, над, проблéма, жильё.

_____

㉘ Мы, не, сомнева́ться, в, свой, си́лы.

_____

㉙ Она́, сомнева́ться, в, э́тот, челове́к.

_____

㉚ Дед, быть, то́лстый, с, огро́мный, усы́, и, большо́й, кра́сный, нос.

_____

㉛ Пе́ред, я, стоя́ть, мужчи́на, сре́дний, го́ды, с, дли́нный, худо́й, лицо́.

_____

㉜ Я, уви́деть, худо́й, молодо́й, челове́к, с, пра́вильный, черты́, лицо́.

_____

㉝ Я, обраща́ть, внима́ние, на, его́, высо́кий, гла́дкий, лоб, густо́й, чёрный, бро́ви, и, прямо́й, уве́ренный, взгляд.

_____

_____

㉞ Когда́, ру́сские, встреча́ться, по́сле, до́лгий, разлу́ка, они́, де́лать, друг дру́га, комплиме́нты, относи́тельно, вне́шность.

_____

_____

㉟ В, э́тот, отноше́ние, ру́сский, язы́к, располага́ть, бога́тый, набо́р, фра́за-комплиме́нты.

_____

㊱ Де́ти, следи́ть, за, самолёт.

㊲ Дере́вня, преврати́ться, в, кру́пный, го́род.

_____

练习12 **把下列对话补充完整。**

❶ — Как ваш но́вый преподава́тель вы́глядит?

— _____

❷ — _____

— На вид я бы дала́ ему́ лет 30.

❸ — Каки́е глаза́ у тёти ?

— _____

❹ — Ско́лько лет ва́шему отцу́?

— _____

❺ — _____

— Моему́ де́душке под 60 лет.

❻ — _____

— Мне испо́лнилось 20 лет.

❼ — Что с ва́ми случи́лось?

— _____

❽ — Он высо́кого ро́ста?

— _____

❾ — У него́ чёрные глаза́?

— _____

❿ — Он уже́ пенсио́нного во́зраста?

— _____

⓫ — Он с бородо́й?

— _____

⓬ — У неё дли́нные во́лосы?

— _____

⓭ — _____

— Она́ высо́кая, у неё све́тлые во́лосы.

⓮ — _____

— Сходи́л бы к врачу́.

⑮ — Она́ вы́ше тебя́?

— _____

练习13 造句。

вы́литый _____

похо́жий _____

винова́тый в чём _____

вы́глядеть _____

жа́ловаться _____

испо́лниться _____

сомнева́ться _____

сиде́ться _____

преврати́ться _____

пове́рить _____

следи́ть _____

лома́ть го́лову над чем

_____

обраща́ть внима́ние на что

_____

на вид _____

как две ка́пли воды́

_____

练习14 把下列句子翻译成俄语。

❶ 她看起来怎么样?

_____

❷ 看样子他 30 岁左右。

_____

❸ 他矮个子。

_____

❹ 他中等偏高的个子。

_____

❺ 他戴着眼镜，而他穿着蓝西服。

_____

❻ 她眼睛很大，而他眼睛很小。

_____

❼ 爸爸 50 来岁，却秃顶了。

_____

❽ 我爷爷不到 60 岁，但已经秃顶了。

_____

❾ 他长得和妈妈一模一样。

_____

❿ 他刚满 15 岁，却经常抱怨健康。

_____

⓫ 我和他同岁，他却比我高一头。

_____

⓬ 你和我表妹同岁吗?

_____

⓭ 他是我孙子的同龄人。

_____

⓮ 妹妹和她的丈夫同岁。

_____

⓯ 他和表弟长得一模一样。

_____

⓰ 哥哥像妈妈，妹妹像爸爸。

_____

⓱ 叔叔比我高一头。

_____

⓲ 妹妹比我小 1 岁。

_____

⓳ 妹妹比我矮一头。

_____

⓴ 您怎么了?

_____

㉑ 她的头发比我的颜色浅。

_____

㉒ 她的头发比我长。

_____

㉓ 他长得五官端正。

_____

㉔ 我牙疼。

_____

㉕ 我肚子疼。

_____

㉖ 她头疼。

_____

㉗ 我妈妈 55 岁，但她看起来比自己年龄年轻很多。

_____

㉘ 考期过后巴维尔看起来很疲惫。

_____

㉙ 她看起来像生病了。

_____

㉚ 他身高 170 厘米。

_____

㉛ 我牙疼，我应该去看牙医。

_____

㉜ 他喜欢蓝眼睛的黄发女孩。

_____

㉝ 这会是谁呢?

_____

㉞ 他会去哪呢?

_____

㉟ 他会发生什么事呢?

_____

三、语 法

练习15 把俄罗斯人的姓名变格。

单数	第一格	Некра́сов	Ради́щев	Пу́шкин
	第二格			
	第三格			
	第四格			
	第五格			
	第六格			

复数	第一格	Некра́совы	Ради́щевы	Пу́шкины
	第二格			
	第三格			
	第四格			
	第五格			
	第六格			

单数	第一格	Архи́пов	Фаде́ева	Мичу́рина
	第二格			
	第三格			
	第四格			
	第五格			
	第六格			

单数	第一格	Ива́н Петро́вич	Анна Серге́евна
	第二格		
	第三格		
	第四格		
	第五格		
	第六格		

复数	第一格	Ива́ны Петро́вичи	Анны Серге́евны
	第二格		
	第三格		
	第四格		
	第五格		
	第六格		

练习16 用 Пётр Макси́мович Ти́хонов 的适当形式（名、父称、姓）填空。

❶ _____ , мо́жно к вам обрати́ться?

❷ _____ , отвеча́й на э́тот вопро́с.

❸ Познако́мьтесь, пожа́луйста, э́то наш сосе́д _____ .

❹ Дава́йте зайдём за́втра к _____ . Они́ бу́дут до́ма.

❺ – Прости́те, могу́ ли я уви́деть профе́ссора _____ ? – К сожале́нию, его́ нет в кабине́те.

练习17 写出 Алекса́ндр Серге́евич Петро́в 儿子及女儿的全称。

сын   Па́вел   _____   _____
дочь Ната́лья _____   _____

练习18 根据名字及父称确定下列家庭成员之间的关系。

Влади́мир Ива́нович Козако́в

Никола́й Влади́мирович Козако́в

Макси́м Никола́евич Козако́в

Еле́на Никола́евна Козако́ва

О́льга Па́вловна Козако́ва

де́душка— _____

оте́ц— _____

мать— _____

сын— _____

дочь— _____

练习19 把括号里的词变成适当的形式填空。

❶ Како́й телефо́н у _____ (Анна Серге́евна).

❷ Ско́лько лет _____ (Михаи́л Серге́евич Петро́в)?

❸ Я зна́ю _____ (Татья́на Влади́мировна Ивано́ва).

❹ Мы встре́тились с _____ (Ви́ктор Никола́евич Пу́шкин).

⑤ Расскажи́те, пожа́луйста, о _____ (Пётр

Серге́евич Ти́хонов).

⑥ Познако́мьтесь, пожа́луйста, с _____ (Ольга

Тимофе́евна Нечае́ва).

⑦ Это па́спорт _____ (профе́ссор Фаде́ева).

⑧ Вчера́ мы е́здили к _____ (преподава́тель Линь).

⑨ Я купи́л э́тот слова́рь _____ (моя́ подру́га Ван).

⑩ Я люблю́ чита́ть _____ (Лу Синь).

⑪ Мы ча́сто говори́м о _____ (студе́нт Ван Лань).

⑫ Я познако́мился с _____ (учи́тельница Чжан

Мин).

练习20 选择正确答案填空。

① Дека́н с _____ пое́хали в го́род.

A. Никола́ем Алексе́евичем Ива́новом

B. Никола́ем Алексе́евичем Ива́нове

C. Никола́ем Алексе́евичем Ива́новым

D. Никола́ем Алексе́евичем Ива́новом

② Кака́я профе́ссия у _____ ?

A. Анной Петро́вной   B. Анны Петро́вной

C. Анны Перо́вны   D. Анне Петро́вне

③ В выходно́й мы пое́дем к _____ в го́сти.

A. Архи́пов   B. Архи́пову

C. Архи́повым   D. Архи́повам

④ Все но́вые студе́нты познако́мились с профе́ссором _____ .

A. Петро́вом   B. Петро́ва

C. Петро́вым   D. Петро́выми

⑤ Это слова́рь профе́ссор _____ .

A. И. Г. Фаде́евой   B. И. Г. Фаде́евы

C. И. Г. Фаде́еву   D. И. Г. Фаде́евую

⑥ Ле́кции по ру́сской литерату́ре чита́ются профе́ссором _____ .

A. Менделе́ев   C. Менделе́ева

C. Менделе́еву   D. Менделе́евым

⑦ Советую вам поговорить с профессором _____ по этому вопросу.

A. Паустовский   C. Паустовскому

C. Паустовским   D. Паустовском

⑧ Очень приятно разговаривать с _____ .

A. Вёрой Петровной Некрасовой   B. Вёру Петровну Некрасову

C. Вёре Петровной Некрасовой   D. Вёрей Петровней Некрасовой

⑨ Очень приятно разговаривать с _____ .

A. Иваном Петровичем Некрасовым

B. Иваным Петровичем Некрасовом

C. Иваным Петровичом Некрасовым

D. Иваном Петровичом Некрасовом

⑩ Я хочу познакомиться с профессором _____ .

A. Петрова   B. Петровой

C. Петровым   D. Петровом

练习21 选择正确答案填空。

① Маша сказала, _____ он уже был в Большом театре.

A. что   B. чтобы   C. если   D. ли

② Он сказал, _____ мы обязательно посмотрели этот балет.

A. чтобы   B. если   C. что   D. ли

③ Ясно, _____ в воскресенье не будет дождя.

A. чтобы   B. если   C. что   D. ли

④ Нужно, _____ вы выполнили план.

A. что   B. чтобы   C. ли   D. если

⑤ Жаль, _____ вы не посетили этот город.

A. что   B. чтобы   C. ли   D. как

⑥ Известно, _____ он приехал в Москву.

A. что   B. чтобы   C. если   D. ли

⑦ Мать боится, _____ сын заболеет.

A. что   B. ли   C. как бы   D. как

⑧ Мать боится, _____ сын не заболел.

A. что   B. чтобы   C. если бы   D. как

⑨ Друг сове́тует, _____ я бо́льше занима́лся матема́тикой.

    A. что   B. что́бы   C. е́сли   D. ли

⑩ Необходи́мо, _____ все студе́нты во́время пришли́ на собра́ние.

    A. что   B. что́бы   C. е́сли   D. ли

⑪ Роди́тели не хоте́ли, _____ он стал музыка́нтом.

    A. что   B. что́бы   C. как бы   D. как

⑫ Ни́на сказа́ла, _____ за́втра она́ зайдёт к нам.

    A. что   B. что́бы   C. как бы   D. как

⑬ Мне сказа́ли, _____ все бы́ли дово́льны встре́чей.

    A. что   B. что́бы   C. как бы   D. как

⑭ Преподава́тель сказа́л студе́нтам, _____ они́ должны́ ещё раз прочита́ть текст.

    A. что́бы   B. что   C. хотя́   D. так как

⑮ Я постара́юсь, _____ вы по́няли меня́ пра́вильно.

    A. что   B. что́бы   C. как бы   D. как

⑯ Она́ проси́ла, _____ я помогла́ ей.

    A. что   B. что́бы   C. как бы   D. как

⑰ Я бою́сь, _____ не смогу́ вам помо́чь.

    A. что   B. что́бы   C. ли   D. как

⑱ Рад, _____ вы сно́ва вме́сте.

    A. что   B. что́бы   C. ли   D. как

⑲ Быва́ет, _____ писа́тель с увлече́нием пи́шет, а пита́тель без увлече́ния чита́ет.

    A. что   B. что́бы   C. ли   D. как

⑳ Ма́ма сказа́ла, _____ я до́лжен навести́ть отца́ в больни́це.

    A. что   B. что́бы   C. ли   D. как

㉑ Де́ло в том, _____ нам необходи́ма по́мощь.

    A. что   B. что́бы   C. ли   D. как

㉒ Жела́тельно, _____ всё бы́ло хорошо́.

    A. что   B. что́бы   C. ли   D. как

㉓ На́до, _____ ты обяза́тельно поговори́ла с ре́ктором.

    A. что   B. что́бы   C. ли   D. как

㉔ Хорошо́, _____ вы пришли́.

    A. что   B. что́бы   C. ли   D. как

㉕ Я ду́маю, _____ вы пра́вы.

    A. что   B. что́бы   C. ли   D. как

练习22　**选择 что, что́бы 填空。**

❶ Я хорошо́ по́мню, _____ она́ уе́хала в Уха́нь.

❷ Преподава́тель попроси́л, _____ студе́нты вы́учили но́вые слова́.

❸ Всем хорошо́ изве́стно, _____ по утра́м необходи́мо де́лать заря́дку.

❹ Ну́жно, _____ де́ти бо́льше гуля́ли на све́жем во́здухе.

❺ Това́рищ напо́мнил, _____ нам ну́жно выходи́ть че́рез одну́ остано́вку.

❻ Юра бои́тся, _____ Та́ня забы́ла о встре́че, он ещё раз позвони́л ей.

❼ Мы уже́ узна́ли, _____ Са́ша поступи́л в аспиранту́ру.

❽ Очеви́дно, _____ он не придёт на их ве́чер.

❾ Я не ду́маю, _____ он занима́лся э́тим де́лом.

❿ Я уве́рен, _____ дождь ско́ро ко́нчится.

练习23　**续句子。**

❶ Учи́тель про́сит, _____ .

❷ Оте́ц мне сове́тует, _____ .

❸ Мы уве́рены, _____ .

❹ Ста́роста сказа́л, _____ .

❺ Пло́хо, _____ .

❻ Изве́стно, _____ .

❼ Очеви́дно, _____ .

❽ Необходи́мо, _____ .

❾ На́до, _____ .

❿ Жела́тельно, _____ .

练习24 **如果可以，请用** что до́лжен **或** что на́до **替换连接词** что́бы。

① Ну́жно, что́бы все пришли́ во́время.

_____

② На́до, что́бы ты вы́полнил зада́ния к понеде́льнику.

_____

③ Сказа́ли, что́бы мы взя́ли уче́бник.

_____

④ Оте́ц мне сказа́л, что́бы я пошёл за тетра́дью.

_____

⑤ Ну́жно, что́бы студе́нты повтори́ли все те́ксты к пя́тнице.

_____

练习25 **用下列词语造句（带说明从句的主从复合句），注意连接词及从句**
动词时的使用。

чу́вствовать _____

забо́титься _____

хоте́ть _____

тре́бовать _____

сове́товать _____

проси́ть _____

ну́жно _____

изве́стно _____

жела́тельно _____

необходи́мо _____

四、本课测验

I **把括号里的词变成适当形式填空。** 10分

① Вчера́ мы с ребя́тами собрали́сь и обсужда́ли, что пи́шем _____
(Ната́лья Васи́льевна Петро́ва).

② Бу́дет ли вре́мя у _____ (Ольга Тимофе́евна Неча́ева)
за́втра? Нам хо́чется пое́хать на Кита́йскую сте́ну с ней.

③ — С кем ты то́лько что разгова́ривал? — С _____
(Пётр Серге́евич Ти́хонов).

④ О прие́зде дру́га _____ (Васи́лий Петро́вич) я узна́л
от Ко́ли.

⑤ О _____ (Чайко́вский Анто́н Никола́евич) мно́го
писа́ли в газе́тах.

⑥ Это па́спорт _____ (профе́ссор Фаде́ева).

⑦ Когда́ ему́ то́лько бы́ло 15 лет, он познако́мился с _____
_____ (Влади́мир Ильи́ч Ле́нин).

⑧ Очень прия́тно разгова́ривать с _____ (Ива́н
Петро́вич Некра́сов).

⑨ Ско́лько лет _____ (Михаи́л Серге́евич Ивано́в)?

⑩ Вчера́ я уви́дел _____ (Ни́на Серге́евна Фаде́ева).

II 选择正确答案填空。 20分

❶ Ни́на сказа́ла, _____ за́втра она́ зайдёт к нам.

    A. что   B. что́бы   C. как бы   D. как

❷ То́лько что я заме́тил, _____ брат вы́шел и́з дому.

    A. как   B. что   C. что́бы   D. отку́да

❸ Я ду́мал, _____ вы пра́вы.

    A. что́бы   B. как   C. что   D. е́сли

❹ Хорошо́, _____ вы пришли́.

    A. что   B. что́бы   C. ли   D. как

❺ Очеви́дно, _____ за́втра бу́дет хоро́шая пого́да.

    A. что   B. что́бы   C. как бы   D. как

❻ Ясно, _____ все студе́нты сда́ли экза́мены.

    A. как   B. что   C. отку́да   D. что́бы

❼ Ста́роста сказа́л, _____ все пришли́ на сле́дующей неде́ле.

    A. что   B. что́бы   C. как   D. ли

⑧ Надо, _____ ты обязательно поговорила с директором.

    A. что   B. чтобы   C. ли   D. как

⑨ Желательно, _____ вы зашли к нам завтра после обеда.

    A. чтобы   B. если   C. что   D. когда

⑩ Нельзя, _____ молодёжь забыла о прошлом.

    A. что   B. когда   C. если   D. чтобы

⑪ Преподаватель сказал студентам, _____ они должны ещё раз прочитать текст.

    A. что   B. чтобы   C. хотя   D. так как

⑫ Саша позвонил мне, _____ я должен выполнить план в срок.

    A. что   B. чтобы   C. как   D. ли

⑬ Антон просит, _____ его жена положила в чемодан только рубашку.

    A. чтобы   B. что   C. как бы   D. как будто

⑭ Я постараюсь, _____ вы поняли меня правильно.

    A. что   B. чтобы   C. как бы   D. как

⑮ Мы добиваемся, _____ всё было в порядке.

    A. что   B. как   C. как бы   D. чтобы

⑯ Мы довольны, _____ он придёт к нам в гости.

    A. что   B. чтобы   C. как   D. ли

⑰ Саша сказал мне, _____ я должен вовремя прийти на занятия.

    A. что   B. чтобы   C. как   D. ли

⑱ Мы желаем, _____ ты был здоров.

    A. что   B. чтобы   C. как   D. ли

⑲ Боюсь, _____ не упасть.

    A. что   B. чтобы   C. когда   D. как

⑳ Боюсь, _____ он не потерял ключ.

    A. что   B. как   C. чтобы   D. как

Ⅲ 如果可以，用 что должен 或 что надо 替换连接词 чтобы。   10 分

❶ Нужно, чтобы все пришли вовремя.

_____

② Надо, чтобы ты выполнил задания к понедельнику.

_____

③ Нас предупредили（提醒）, чтобы мы взяли со собой билет на самолёт.

_____

④ Отец мне сказал, чтобы я пошёл за тетрадью.

_____

⑤ Необходимо, чтобы студенты повторить весь текст к пятнице.

_____

⑥ Саша передал мне, чтобы я пришёл на сегодняшнее собрание.

_____

⑦ Староста просит, чтобы вся группа вовремя пришла на занятия.

_____

Ⅳ　把括号里的词变成适当形式填空，如需要加前置词。　10分

① Вчера _____ (дочь) не сиделось дома.

② Студенты ломают голову _____ (задача).

③ Он _____ (я) ровесник.

④ Дети следят _____ (полёт) самолёта.

⑤ Он сомневается _____ (сам себя).

⑥ Мы не верим _____ (свои глаза), мы верим только _____ (будущее).

⑦ Деревня превратилась _____ (город).

⑧ Я не обращаю внимания _____ (грамматика).

⑨ Братья похожи _____ (друг друга), как две капли воды.

⑩ Давайте выпьем _____ (счастье).

Ⅴ　把下列词组翻译成俄语。　10分

小个子　　　　　　_____

比我小1岁　　　　_____

晒黑了的脸庞　　　_____

运动员的身材　　　_____

五官端正　　　_____

留大胡子　　　_____

戴假发的演员　_____

为友谊干杯　　_____

经济学副博士　_____

在法国进修　　_____

Ⅵ **造句。** 10分

вы́литый　　　_____

винова́тый　　_____

похо́ж　　　　_____

как две ка́пли воды́

　　　　　　　_____

следи́ть　　　_____

преврати́ться　_____

лома́ть го́лову над чем

　　　　　　　_____

сомнева́ться　_____

сиде́ться　　　_____

обраща́ть внима́ние на что

　　　　　　　_____

Ⅶ **把下列句子翻译成俄语。** 20分

❶ 她中等偏高的个子，眼睛挺大，对人总是抱以好莱坞式的微笑。

_____

❷ 我的表姐是南方人，她戴着眼镜。她看上去比实际年龄小。

_____

❸ 她留着卷发，头发比我的颜色浅。

_____

❹ 体育不会破坏人的性格，反而会培养和锻炼人的性格。

_____

⑤ 他还在犹豫，是否应该去看老师。

⑥ 他高高的个子，看样子 40 岁左右。

⑦ 妈妈决定按照理发师的建议作一个新发型。

⑧ 表弟邀请大眼睛的女孩儿共进晚餐，因为对她一见钟情。

⑨ 我牙疼，我要看牙医。

⑩ 她坐到了一个身材像田径运动员一样的年轻人旁边。

Ⅷ **选择下列其中一个题目写一篇俄语作文，不少于200词。** 10分

① 现在你升入二年级 (перейти́ на второ́й курс) 学习，你有了新的俄语实践课 (практи́ческий курс ру́сского языка́)、语法课 (ру́сская грамма́тика)、阅读课 (чте́ние) 老师，他们是中国人，教你们的还有两位俄罗斯老师，他们教你们口语课 (разгово́рная речь) 和听力课 (ауди́рование)，请你用学过的词汇以 «На́ши но́вые преподава́тели» 为题描写这五位老师。

② 以 «Моя́ семья́» 为题，描写家庭成员的外貌，在描写中使用以下词汇及词组 вы́литый, похо́жий, как две ка́пли воды́, пра́вильные черты́, рост, испо́лниться, во́лосы, нос, глаза́, усы́, гу́бы, вы́ше кого́ на го́лову, сантиме́тр。

五、日积月累

В гостя́х хорошо́, а до́ма лу́чше. 做客虽好，总不如在家。

В тесноте́, да не в оби́де. 虽说很拥挤，却没受人欺；众人挤一挤，相处倒和气。

六、国情点滴

米哈伊尔·伊凡诺维奇·格林卡（Михаи́л Ива́нович Гли́нка）（1804—1857），俄罗斯作曲家、俄罗斯古典音乐的鼻祖、第一位有世界影响的俄罗斯作曲家，被誉为"俄罗斯音乐之父"（оте́ц ру́сской му́зыки）。他潜心发掘俄罗斯民间音乐的深沉和独特的美，将俄罗斯音乐提高到了世界水平。其主要作品有歌剧《伊万·苏萨宁》（Ива́н Суса́нин）、《鲁斯兰与柳德米拉》（Русла́н и Людми́ла）等。

七、练习答案

练习1　ка́ряя, ка́рее, во́лосы, воло́с, ка́пель, в ком-чём, кем-чем, за кем-чем, во что, кому́-чему́(во что), стриг, стри́гла, стри́гло, стри́гли

练习2　美丽的外貌，描绘外貌，高个子，中等身材，矮个子，中等偏高的身材，中等偏低的身材，棕色的眼睛，蓝色的眼睛，表弟（哥），表叔（舅），长得和母亲一模一样，长得和父亲一模一样，秃顶的老头，宽肩膀的内科医生，直头发，卷曲的头发，花白的头发，棕红色的头发，褐色的头发，五官端正，黝黑的脸庞，苍白的脸庞，晒黑了的脸庞，忍受疼痛，忍受寒冷，不能忍受（不喜欢），匀称的身材，运动员的身材，没有胡子的男人，长着大胡子的老人，公共汽车车厢，服装店，鹰钩鼻子，弄坏锁头，打破旧传统，绞尽脑汁思考任务，绞尽脑汁考虑住房问题，向后转，向右转，怀疑自己的力量，怀疑这个人，好莱坞影星，好莱坞电影节，带着微笑说，语文学副博士，医学副博士，总会计师，流行发式，理发，剪胡子，照看孩子，注意自己的健康，照镜子，相信胜利，相信未来，相信他的话，信赖朋友，不相信自己的眼睛，变成城市，沙漠变成绿洲

练习3　двою́родный брат, сре́дний рост, высо́кий рост, ни́зкий рост, мужчи́на сре́днего во́зраста, пенсио́нный во́зраст, худо́й тре́нер, хозя́йка со стро́йной фигу́рой, по́лный атле́т, пожило́й чемпио́н, корена́стый хиру́рг, широкопле́чий северя́нин, больши́е глаза́, ма́ленькие глаза́, кру́глые глаза́, чёрные глаза́, се́рые глаза́, голубы́е глаза́, пра́вильные черты́ лица́, прямы́е волосы, кудря́вые во́лосы, дли́нные во́лосы, коро́ткие во́лосы, све́тлые во́лосы, тёмные во́лосы, ру́сые во́лосы, ры́жие во́лосы, седы́е во́лосы, бле́дное лицо́, сму́глое лицо́, загоре́лое лицо́, кру́глое лицо́, у́зкое лицо́, лома́ть замо́к, лома́ть дверь, лома́ть кукуру́зу, лома́ть ста́рые тради́ции, лома́ть карье́ру, лома́ть го́лову над вопро́сом, сомнева́ться в дру́ге, голливу́дская кинозвезда́, кандида́т медици́нских нау́к, член коллекти́ва, стричь во́лосы, следи́ть за больны́ми, смотре́ть в зе́ркало, дере́вня преврати́лась в го́род

练习4 ма́ленький, ни́зкий, кудря́вый, худо́й, у́зкий, бле́дный, коро́ткий, све́тлый, бе́лый

练习9 上了年纪的人，不高的个子，瘦男人，胖老太太，矮壮的老人，宽肩膀的男孩，身材匀称的姑娘，圆眼睛，灰眼睛，长得像，像两滴水珠一样（像），牙医，圆脸，长着大嘴的男孩，端正的脸庞，运动员的身材，占座，留胡子，坐不住，绞尽脑汁，报以好莱坞式的微笑，运动员的身材，短发，坐在计算机旁（坐下使用计算机），坐下读书，注意时间，闭眼睛，摔在地上，变为老人，变成吉普赛女人，黑眼睛的丈夫，大眼睛妻子，浅色头发的教授，窄肩膀的外科医生，宽肩膀的内科医生，小心眼（爱记仇）的人，非常聪明的大学生，好客的女主人，乐观的厂长，勤劳的人民，自信的儿子

练习10 по́сле семи́ часо́в, На вид я даю́ ему́ лет 30. Тебя́ и не узна́ешь тепе́рь! Он о́чень похо́ж на мать. Я вы́литая мать. Он вы́литый двою́родный брат. Близнецы́ похо́жи друг на дру́га, как две ка́пли воды́. Па́па ско́ро придёт с рабо́ты. Ему́ под шестьдеся́т лет, но у него́ уже́ лы́сина. Он в после́днее вре́мя похуде́л, ча́сто жа́луется на здоро́вье. Мне неда́вно испо́лнилось пятна́дцать лет. Ты рове́сник мое́й двою́родной сестре́? Сестра́ рове́сница своему́ му́жу. Дя́дя вы́ше меня́ на го́лову. Сестра́ ни́же меня́ на го́лову. Сестра́ моло́же меня́ на год. Что с ва́ми случи́лось? верну́ть кни́гу в библиоте́ку, пойти́ к зубно́му врачу́, пойти́ к терапе́вту, пойти́ к де́тскому врачу́, переда́ть письмо́ преподава́телю, переда́ть тетра́дь учи́телю, све́тлые во́лосы, У неё во́лосы светле́е, чем у меня́. У неё во́лосы длинне́е, чем у меня́. У него́ пра́вильные черты́ лица́. У меня́ боли́т зуб. У меня́ боли́т живо́т. У меня́ боли́т голова́. блонди́н с голубы́ми глаза́ми, молодо́й челове́к с фигу́рой атле́та, улыба́ться своему́ дру́гу, сесть ря́дом с ним, сало́н иностра́нных языко́в, носи́ть бо́роду, носи́ть чёрные (тёмные) очки́, чёрные кудря́вые во́лосы, нос с горби́нкой, снять очки́, дире́ктор компа́нии, комме́рческий банк, кандида́т экономи́ческих нау́к, стажиро́вка во Фра́нции, прошу́ люби́ть и жа́ловать, гла́вный бухга́лтер, сде́лать но́вую причёску

练习11

1. Он не назва́л себя́, но сказа́л, что зайдёт по́сле семи́.
2. Кто бы э́то мог быть? Как он вы́глядит?
3. Куда́ бы он мог пойти́?
4. Что бы могло́ с ним случи́ться?
5. Где бы он мог останови́ться?
6. На вид я бы дал ему́ 21 год.
7. На вид ему́ мо́жно дать 50 лет.
8. На вид ей мо́жно бы́ло бы дать 22 го́да.
9. Он высо́кого ро́ста, а она́ сре́днего ро́ста.
10. Мать сре́дних лет, а оте́ц уже́ пенсио́нного во́зраста.
11. Она́ похо́жа на мать, а двою́родный брат похо́ж на отца́.
12. Она́ в очка́х, а он в си́нем костю́ме.
13. Она́ с дли́нными волоса́ми, а он с бородо́й.
14. Он вы́ше сре́днего ро́ста.
15. Ему́ под 60 лет, а ей за 70 лет.
16. В после́днее вре́мя он ча́сто жа́луется на здоро́вье.
17. Мне неда́вно испо́лнилось 17 лет.
18. Я ему́ рове́сник, но он вы́ше меня́ на го́лову.
19. Она́ моему́ вну́ку рове́сница.
20. Ему́ нра́вятся блонди́нки с голубы́ми глаза́ми.
21. Ива́н уви́дел молодо́го челове́ка с фигу́рой атле́та.
22. Де́вушка ми́ло улыбну́лась своему́ дру́гу и се́ла ря́дом с ним.
23. Оле́г никогда́ не но́сит бо́роду.
24. Они́ бы́ли похо́жи, как две ка́пли воды́.
25. Де́тям не сиди́тся в кла́ссе.
26. Ма́льчик бы́стро слома́л игру́шку.
27. Вла́сти лома́ют го́лову над пробле́мой жилья́.
28. Мы не сомнева́емся в свои́х си́лах.
29. Она́ сомнева́ется в э́том челове́ке.
30. Дед был то́лстым с огро́мными уса́ми и больши́м кра́сным но́сом.
31. Пе́редо мной стои́т мужчи́на сре́дних лет с дли́нным худы́м лицо́м.
32. Я уви́дел худо́го молодо́го челове́ка с пра́вильными черта́ми лица́.
33. Я обраща́ю внима́ние на его́ высо́кий гла́дкий лоб, густы́е чёрные

брóви и прямóй увéренный взгляд.

㉞ Когдá рýсские встречáются пóсле дóлгой разлýки, они́ дéлают друг дрýгу комплимéнты относи́тельно внéшности.

㉟ В э́том отношéнии рýсский язы́к располагáет богáтым набóром фраза-комплимéнтов.

㊱ Дéти следя́т за самолётом.

㊲ Дерéвня преврати́лась в крýпный гóрод.

练习14

① Как онá вы́глядит?

② На вид емý мóжно дать 30 лет.

③ Он ни́зкого рóста.

④ Он вы́ше ни́зкого рóста.

⑤ Он нóсит очки́, а он хóдит в си́нем костю́ме.

⑥ У неё больши́е глазá, а у неё мáленькие.

⑦ Пáпе под 50 лет, но у негó ужé лы́сина.

⑧ Моемý дéдушке под 60 лет, но у негó ужé лы́сина.

⑨ Он вы́литая мáма.

⑩ Емý недáвно испóлнилось 15 лет, но он чáсто жáлуется на здорóвье.

⑪ Он мне ровéсник, но вы́ше меня́ на гóлову.

⑫ Ты моéй двою́родной сестрé ровéсник?

⑬ Он ровéсник моемý внýку.

⑭ Сестрá ровéсница своемý мýжу.

⑮ Он и двою́родный брат похóжи друг на дрýга, как две кáпли воды́.

⑯ Брат похóж на мáму, а сестрá похóжа на пáпу.

⑰ Дя́дя вы́ше меня́ на гóлову.

⑱ Сестрá молóже меня́ на год.

⑲ Сестрá ни́же меня́ на гóлову.

⑳ Что случи́лось с вáми?

㉑ У неё вóлосы светлéе, чем у меня́.

㉒ У неё вóлосы длиннéе, чем у меня́.

㉓ У негó прáвильные черты́ лицá.

㉔ У меня́ боли́т зуб.

㉕ У меня́ боли́т живóт.

㉖ У неё боли́т головá.

㉗ Моéй мáме 55 лет, но онá вы́глядит намнóго молóже свои́х лет.

㉘ Пóсле экзаменациóнной сéссии Пáвел вы́глядит устáлым.

㉙ Онá вы́глядит больнóй.

㉚ Его́ рост 170 сантиме́тров.

㉛ У меня́ боли́т зуб, мне на́до пойти́ к зубно́му врачу́.

㉜ Мне нра́вится блонди́нка с голубы́ми глаза́ми.

㉝ Кто бы э́то мог быть?

㉞ Куда́ бы он мог пойти́?

㉟ Что бы могло́ с ним случи́ться?

练习16
① Пётр Макси́мович　② Пе́тя　③ Пётр Макси́мович Ти́хонов
④ Ти́хоновым　⑤ Ти́хонова

练习17
Па́вел Алекса́ндрович Петро́в, Ната́лья Алекса́ндровна Петро́ва

练习18
де́душка — Влади́мир Ива́нович Козако́в, оте́ц — Никола́й Влади́мирович Козако́в, мать — Ольга Па́вловна Козако́ва, сын — Макси́м Никола́евич Козако́в, дочь — Еле́на Никола́евна Козако́ва

练习19
① Анны Серге́евны
② Миха́йлу Серге́евичу Петро́ву
③ Татья́ну Влади́мировну Ивано́ву
④ Ви́ктором Никола́евичем Пу́шкиным
⑤ Петре́ Серге́евиче Ти́хонове
⑥ Ольгой Тимофе́евной Неча́евой
⑦ профе́ссора Фаде́евой
⑧ преподава́телю Ли́ню
⑨ мое́й подру́ги Ван
⑩ Лу Си́ня
⑪ студе́нте Ван Ла́не
⑫ учи́тельницей Чжан Мин

练习20
① C　② C　③ C　④ C　⑤ A
⑥ D　⑦ C　⑧ A　⑨ A　⑩ B或C

练习21
① A　② A　③ C　④ B　⑤ A　⑥ A　⑦ A　⑧ B　⑨ B　⑩ B
⑪ B　⑫ A　⑬ A　⑭ B　⑮ B　⑯ B　⑰ A　⑱ A　⑲ A　⑳ A
㉑ A　㉒ B　㉓ B　㉔ A　㉕ A

练习22
① что　② чтобы　③ что　④ чтобы　⑤ что
⑥ что　⑦ что　⑧ что　⑨ чтобы　⑩ что

练习24
① 不可以　　② 不可以

③ Сказа́ли, что мы должны́(нам на́до) взять уче́бник.

④ Оте́ц мне сказа́л, что я до́лжен(мне на́до) пойти́ за тетра́дью.

⑤ 不可以

测验 I （每题1分）

① Ната́лье Васи́льевне Петро́вой
② Ольги Тимофе́евны Неча́евой
③ Петро́м Серге́евичем Ти́хоновым
④ Васи́лия Петро́вича
⑤ Чайко́вском Анто́не Никола́евиче
⑥ профе́ссора Фаде́евой
⑦ Влади́миром Ильичо́м Ле́ниным
⑧ Ива́ном Петро́вичем Некра́совым
⑨ Михаи́лу Серге́евичу Ивано́ву
⑩ Ни́ну Серге́евну Фаде́еву

测验 II （每题1分）

① A ② B ③ C ④ A ⑤ A ⑥ B ⑦ B ⑧ B ⑨ A ⑩ D
⑪ A ⑫ A ⑬ A ⑭ B ⑮ D ⑯ A ⑰ A ⑱ B ⑲ B ⑳ C

测验 III （判断1分，变化1分）

① 不可以　　　　② 不可以

③ Нас предупреди́ли, что мы должны́ (нам надо) взять со собо́й биле́т на самолёт.

④ Оте́ц мне сказа́л, что я до́лжен (мне на́до) пойти́ за тетра́дью.

⑤ 不可以

⑥ Са́ша пе́редал мне, что я до́лжен (мне на́до) прийти́ на сего́дняшнее собра́ние.

⑦ 不可以

测验 IV （每题1分）

① до́чери
② над зада́чей
③ мне
④ за полётом
⑤ в само́м себе́
⑥ свои́м глаза́м, в бу́дущее
⑦ в го́род
⑧ на грамма́тику
⑨ друг на дру́га
⑩ за сча́стье

测验 V （每题1分）

ни́зкий рост, моло́же меня́ на год, загоре́лое лицо́, фигу́ра атле́та, пра́вильные черты́ лица́, носи́ть бо́роду, арти́стка в парике́, вы́пить за дру́жбу, кандида́т экономи́ческих нау́к, стажиро́вка во Фра́нции

测验VII （每题2分）

1. Она́ вы́ше сре́днего ро́ста, с больши́ми глаза́ми, ча́сто улыба́ется голливу́дтской улы́бкой.

2. Моя́ двою́родная сестра́ — южа́нка, она́ но́сит очки́. Она́ вы́глядит намно́го моло́же свои́х лет.

3. У неё кудря́вые во́лосы, кото́рые светле́е, чем у меня́.

4. Спорт не лома́ет, а воспи́тывает и закаля́ет хара́ктер.

5. Он сомнева́ется, идти́ к учи́телю и́ли нет.

6. Он высо́кого ро́ста, на вид мо́жно дать лет со́рок.

7. Ма́ма реши́ла сде́лать но́вую причёску по сове́ту парикма́хера.

8. Двою́родный брат пригласи́л де́вушку с больши́ми глаза́ми, потому́ что он полюби́л её с пе́рвого взгля́да.

9. У меня́ боли́т зуб, мне на́до пойти́ к зубно́му врачу́.

10. Она́ се́ла ря́дом с молоды́м челове́ком с фигу́рой атле́та.

Урок 2

一、词 汇

练习1　填空。

купе 不变化，是_____性名词；смерть 是_____性名词；
засте́нчивость 是_____性名词；умере́ть 的过去时是_____；
па́хнуть 的过去时是_____，接格关系是_____；уда́ться
是无人称动词，要求句中主体用第_____格；отда́ть 的变位形式是
_____；обща́ться 的接格关系是_____；относи́ться 的接
格关系是_____。

练习2　把下列词组（句子）翻译成汉语。

легкомы́сленный хара́ктер _____

весёлый хара́ктер _____

лёгкий хара́ктер _____

тяжёлый хара́ктер _____

живо́й хара́ктер _____

за́мкнутый хара́ктер _____

откры́тый хара́ктер _____

жизнера́достный хара́ктер _____

общи́тельный хара́ктер _____

си́льный хара́ктер _____

черты́ хара́ктера _____

не сойти́сь хара́ктерами _____

пойти́ хара́ктером в отца́ _____

У него́ совсе́м нет хара́ктера. _____

Он челове́к с хара́ктером. _____

легкомы́сленная арти́стка _____

разгово́рчивая де́вушка _____

молчали́вая балери́на _____

лени́вый студе́нт _____

ску́чный расска́з _____

серьёзный экза́мен _____

соверше́нно ве́рно _____

обща́ться с иностра́нцами _____

обща́ться с преподава́телями _____

ужа́сная ску́ка _____

относи́ться тепло́ _____

относи́ться гру́бо _____

относи́ться с внима́нием _____

чу́вствовать его́ лицеме́рие _____

укра́сить го́род _____

укра́сить во́лосы _____

укра́сить лицо́ _____

высоко́ цени́ть _____

цени́ть о́пыт _____

поддержа́ть старика́ по́д руку _____

поддержа́ть ребёнка за́ руку _____

поддержа́ть това́рища в беде́ деньга́ми

_____

поддержа́ть ста́росту _____

поддержа́ть связь _____

па́хнуть неприя́тным за́пахом _____

па́хнуть цвета́ми _____

обрати́ть лицо́ к окну́ _____

быть в це́нтре внима́ния _____

обраща́ть внима́ние на грамма́тику

_____

не обраща́ть внима́ния на диало́г

_____

красне́ть от засте́нчивости _____

производи́ть о́пыт _____

производи́ть ремо́нт _____

производи́ть самолёт _____

произвести́ глубо́кое впечатле́ние на путеше́ствие

_____

произвести́ хоро́шее впечатле́ние на но́вый фильм

_____

посети́тель музе́я _____

писа́ть до́кторскую диссерта́цию

_____

ре́дкий лес _____

ре́дкие зу́бы _____

ре́дкие во́лосы _____

ре́дкий слу́чай _____

строи́тельные материа́лы _____

ну́жные материа́лы _____

материа́лы из пе́рвых рук _____

говори́ть шёпотом _____

мра́морный па́мятник _____

па́мятник наро́дным геро́ям _____

истори́ческий па́мятник _____

умере́ть от боле́зни _____

на пе́рвый взгляд _____

полюби́ть с пе́рвого взгля́да _____

гото́вое пла́тье _____

гото́вое блю́до _____

реши́ться на отъе́зд _____

отда́ть кни́гу в библиоте́ку _____

отда́ть свобо́дное вре́мя спо́рту

_____

отда́ть свою́ жизнь рабо́те   _____

сообща́ть но́вости   _____

сообща́ть бра́ту по телефо́ну   _____

по ра́дио сообща́ть прогно́з пого́ды

_____

сообща́ть студе́нтам о собра́нии

_____

сообща́ть роди́телям о успе́хах дете́й

_____

математи́ческий тала́нт   _____

тала́нт учёного   _____

трудолю́бие кита́йцев   _____

уда́ться поступи́ть в университе́т

_____

не уда́ться доста́ть биле́ты на бале́т

_____

потеря́ть вре́мя   _____

потеря́ть кни́ги   _____

тяжёлая утра́та   _____

练习3 把下列词组（句子）翻译成俄语。

容易相处的性格   _____

很难相处的性格   _____

内向的性格   _____

外向的性格   _____

性格不合   _____

性格像父亲   _____

他没有性格   _____

他很有性格   _____

轻浮的女演员   _____

爱说话的姑娘   _____

沉默的丈夫   _____

懒惰的学生 _____

乏味的小说 _____

重要的考试 _____

腼腆的小男孩 _____

和外国人交往 _____

认真对待 _____

热情对待 _____

粗鲁地对待 _____

美发 _____

美容 _____

高度评价 _____

散发臭味 _____

散发花香 _____

注重语法 _____

注意重音 _____

因腼腆而脸红 _____

对旅行产生深刻印象 _____

对新电影产生好印象 _____

副博士 _____

博士 _____

写博士论文 _____

普希金纪念碑 _____

初看上去 _____

1.5 米 _____

以旁观者的角度看自己 _____

悄声说话 _____

科学家的才华 _____

把自己的一生献给工作 _____

成功考入大学 _____

没弄到芭蕾舞票 _____

浪费时间 _____

丢表 _____

练习4　写出下列形容词的反义词。

щéдрый— _____　　великолéпный— _____

úскренний— _____　　трудолюбúвый— _____

чéстный— _____　　вéжливый— _____

смéлый— _____　　общúтельный— _____

весёлый— _____　　дóбрый— _____

энергúчный— _____　　серьёзный— _____

аккурáтный— _____　　откровéнный— _____

练习5　把下列形容词变成抽象名词。

актúвный— _____　　трéбовательный— _____

аккурáтный— _____　　вéжливый— _____

скрóмный— _____　　грýбый— _____

жáдный— _____　　общúтельный— _____

энергúчный— _____　　добросóвестный— _____

доброжелáтельный— _____　　застéнчивый— _____

练习6　写出下列动词的对应体形式。

обижáть　_____　　относúться　_____

укрáсить　_____　　поддержáть　_____

страдáть　_____　　закры́ть　_____

обратúть　_____　　краснéть　_____

производúть　_____　　умирáть　_____

хоронúть　_____　　решúться　_____

отдáть　_____　　сообщúть　_____

удавáться　_____　　терять　_____

练习7　把下列动词变位。

обúдеть　_____　　относúться　_____

отнестúсь　_____　　ценúть　_____

поддержáть　_____　　закры́ть　_____

пахнуть   _____   обратить   _____

краснеть   _____   произвести   _____

производить   _____   умереть   _____

хоронить   _____   отдать   _____

отдавать   _____   сообщить   _____

удаться   _____   потерять   _____

украсить   _____

练习8 写出下列动词的过去时形式。

отнестись   _____   пахнуть   _____

произвести   _____   умереть   _____

отдать   _____

练习9 造句。

обижать   _____

общаться   _____

относиться   _____

ценить   _____

страдать   _____

не в курсе   _____

пахнуть   _____

обращать внимание на кого -что

_____

произвести впечатление на кого

_____

решиться   _____

решить   _____

удаться   _____

потерять   _____

二、对话及课文

练习10 把下列词组（句子）翻译成汉语。

черты́ хара́ктера

_____

легкомы́сленная де́вушка

_____

общи́тельный хара́ктер

_____

сли́шком разгово́рчивая же́нщина

_____

ра́зные по хара́ктеру друзья́

_____

молчали́вый ма́льчик

_____

серьёзный преподава́тель

_____

лени́вый студе́нт

_____

ску́чный учи́тель

_____

засте́нчивая де́вочка

_____

недово́лен жи́знью

_____

недово́лен пого́дой

_____

не в ку́рсе свое́й рабо́ты

_____

де́нег не хвата́ет

_____

не име́ть представле́нии о рабо́те

_____

относи́ться к лю́дям тепло́

_____

учи́ть дете́й ру́сскому языку́

_____

учи́ть студе́нтов му́зыке

_____

обрати́ть внима́ние на сосе́да

_____

не обраща́ть внима́ния на произноше́ние

_____

ду́мать про себя́

_____

чита́ть про себя́

_____

предста́вить себе́

_____

производи́ть впечатле́ние на посети́телей

_____

кандида́т нау́к

_____

до́ктор нау́к

_____

писа́ть до́кторскую диссерта́цию

_____

па́мятник А. С. Пу́шкину

_____

мра́морная плита́ _____

прийти́ к реше́нию _____

сообща́ть студе́нтам о собра́нии _____

по́льзоваться словарём _____

к сожале́нию _____

не уда́ться доста́ть биле́ты в кино́ _____

потеря́ть вре́мя _____

снять тру́бку _____

понима́ть значе́ние утра́ты _____

бескоры́стное служе́ние _____

练习11 把下列词组翻译成俄语。

性格特点 _____

爱唠叨的老师 _____

懒惰的学生 _____

对生活不满 _____

精通林业 _____

对自己的工作不熟 _____

性格不和 _____

容易相处的性格 _____

很难相处的性格 _____

性格像父亲 _____

有性格的人 _____

默默地思考 _____

想象沙滩 _____

对来访者产生印象 _____

写副博士论文 _____

一见钟情 _____

练习12 连词成句。

① Он, ничто́, недово́лен — жизнь, пого́да.

_____

② Я, не, хотéть, ты, обижáть.

_____

③ Мой, начáльник, не, имéть, ни, малéйший, представлéние, о, то, как, нáдо, рабóтать.

_____

_____

④ У, я, не, хватáть, дéньги, в, теáтр.

_____

⑤ Он, общáться, с, серьёзный, лю́ди.

_____

⑥ Он, хорошó, понимáть, в, лес.

_____

⑦ Он, в, курс, свой, рабóта.

_____

⑧ Как, вы, относи́ться, к, скрóмный, лю́ди.

_____

⑨ Скрóмность, явля́ться, оди́н, из, основнóй, человéческий, достóинства.

_____

⑩ Скрóмность, украшáть, человéк.

_____

⑪ В, наш, жизнь, человéк, не, дóлжен, быть, скрóмный, а, дóлжен, умéть, цени́ть, и, люби́ть, себя́.

_____

_____

⑫ Я, страдáть, от, свой, застéнчивость.

_____

⑬ Я, сомневáться, чтóбы, за, недéля, вы, освóить, такóй, трýдный, материáл.

_____

⑭ Он, есть, что, горди́ться.

_____

⑮ Я, есть, кудá, пойти́.

_____

16 Если, он, прийти, завтра, то, я, быть, с, кто, посоветоваться.

_____

17 Староста, строго, относиться, к, себя, за, что, он, и, уважать.

_____

18 К, общественный, поручения, нужно, относиться, серьёзно.

_____

19 Виктор, относиться, к, число, такой, люди, который, не, мочь, оставаться, равнодушный, к, происходящее.

_____

_____

20 Роман, «Мать», считать, один, из, лучший, произведение, Горький.

_____

21 Какой, у, вы, отношение, к, любовь?

_____

22 Я, ни, раз, не, видеть, чтобы, скромность, украшать, человек.

_____

23 Что, вы, думать, о, такой, черта, характер, как, скромность.

_____

24 Когда, я, войти, в, купе, я, увидеть, лица, мой, соседи.

_____

25 Он, никогда, не, обращать, внимание, на, она.

_____

26 Он, покраснеть, от, застенчивость.

_____

27 Решение, казаться, он, логичный.

_____

28 Сотни, учёный, Москва, пользоваться, его, талант, знания, и, трудолюбие.

_____

29 К, сожаление, я, не, удаться, сказать, это, он, сам—при, жизнь, мы, мало, ценить, люди, и, только, когда, они, уйти, мы, понимать, весь, значение, утрата.

_____

_____

㉚ Студе́нты, не, обраща́ть, внима́ние, на, грамма́тика.

_____

练习13 **把下列对话补充完整。**

❶ — Ма́ма, почему́ тебе́ не нра́вится мой друг?

  — _____

❷ — Почему́ вы недово́льны свое́й рабо́той?

  — _____

❸ — Как вы отно́ситесь к скро́мным лю́дям?

  — _____

❹ — Что вы ду́маете о учёбе?

  — _____

❺ — Како́е у вас отноше́ние к рабо́те?

  — _____

❻ — Что вы ду́маете о тако́й черте́ хара́ктера, как скро́мность?

  — _____

❼ — Как тебе́ нра́вится институ́т?

  — _____

❽ — _____

  — Институ́т как институ́т.

❾ — Пойдёшь гуля́ть?

  — _____

❿ — _____

  — Ещё бы.

⓫ — Что он за челове́к?

  — _____

⓬ — Что вы мо́жете сказа́ть о его́ хара́ктере?

  — _____

练习14 **造句。**

страда́ть _____

относи́ться _____

считáть _____

обижáть _____

не имéть представлéнии о чём

_____

обращáть внимáние на что

_____

произвестú впечатлéние на что

_____

смотрéть на себя́ со стороны́

_____

дéло в том, что_____

что как что _____

должнó быть_____

ещё бы _____

про себя́ _____

прúнято _____

как бýдто _____

练习15 翻译下列词组并用下列词组造句。

вы́йти из себя́ _____

прийтú в себя́ _____

имéть при себé _____

читáть про себя́ _____

имéть с собóй _____

предстáвить себé _____

уйтú в себя́ _____

练习16 词义辨析。（选择решáть-решúть**或**решáться-решúться**填空**）

❶ Мáма _____ остáться дóма.

❷ Суд _____ дéло в егó пóльзу.

❸ На собрáнии бýдут _____ вáжные вопрóсы.

❹ Я ещё не _____ , как поступúть.

⑤ Зада́ча таки́м спо́собом не ＿＿＿＿＿＿ .

⑥ Оте́ц ＿＿＿＿＿＿ на отъе́зд.

⑦ Брат ＿＿＿＿＿＿ тру́дную зада́чу.

⑧ Я не зна́ю, на что ＿＿＿＿＿＿ .

⑨ Это собы́тие ＿＿＿＿＿＿ его́ судьбу́.

⑩ Спор ＿＿＿＿＿＿ в на́шу по́льзу.

练习17 在括号中填连接词что或что́бы。

① Мы никогда́ не ви́дели, ＿＿＿＿＿＿ он гуля́л с сы́ном.

② Мы ре́дко ви́дим, ＿＿＿＿＿＿ он пла́кал.

③ Де́ти не лю́бят, ＿＿＿＿＿＿ роди́тели на них жа́ловались

④ Я сомнева́юсь, ＿＿＿＿＿＿ за неде́лю вы осво́или тако́й тру́дный материа́л.

⑤ Я ре́дко слы́шу, ＿＿＿＿＿＿ незнако́мым говори́ли «ты».

练习18 把下列句子翻译成俄语。

① 父亲精通林业。

＿＿＿＿＿＿＿＿＿＿＿＿＿＿＿＿＿＿＿＿＿＿＿

② 这个小孩对汽车一点概念都没有。

＿＿＿＿＿＿＿＿＿＿＿＿＿＿＿＿＿＿＿＿＿＿＿

③ 他不和任何人交往，哪都不去。

＿＿＿＿＿＿＿＿＿＿＿＿＿＿＿＿＿＿＿＿＿＿＿

④ 去看剧很枯燥，去饭店钱又不够。

＿＿＿＿＿＿＿＿＿＿＿＿＿＿＿＿＿＿＿＿＿＿＿

⑤ "你很喜欢大学吗？""大学嘛就是大学。"

＿＿＿＿＿＿＿＿＿＿＿＿＿＿＿＿＿＿＿＿＿＿＿

⑥ "我们一起去散步吧！""好吧！"

＿＿＿＿＿＿＿＿＿＿＿＿＿＿＿＿＿＿＿＿＿＿＿

⑦ 我们从没看见他和儿子一起散步。

＿＿＿＿＿＿＿＿＿＿＿＿＿＿＿＿＿＿＿＿＿＿＿

⑧ 他有值得骄傲的东西。

＿＿＿＿＿＿＿＿＿＿＿＿＿＿＿＿＿＿＿＿＿＿＿

⑨ 他有可去的地方。

_____

⑩ 谦虚是人的一种重要美德。

_____

⑪ 中国属于发展中国家。

_____

⑫ 班长严格要求自己，因此大家很尊敬他。

_____

⑬ 大家认为谢廖沙的行为是对的，我们对此有另外的看法。

_____

⑭ 会上李华抱怨压力太大，我认为他是不对的。

_____

⑮ 老师认为必须指出学生的缺点。

_____

⑯ 全国旅行给她留下深刻印象。

_____

⑰ 他不敢把信转交给教授。

_____

⑱ 教授决定把一生献给科学事业。

_____

⑲ 图书馆里可以使用词典。

_____

⑳ 同学们没弄到电影票。

_____

三、语 法

练习19 **写出下列动词的对应体形式。**

прийти́ _____   проходи́ть _____

уе́хать _____   вы́йти _____

выходи́ть _____   подбежа́ть _____

добега́ть _____ улете́ть _____

прие́хать _____ переплы́ть _____

练习20 选择带前缀в-和вы-的运动动词（идти́ — ходи́ть, е́хать — е́здить）填空。

① Я заме́тил, что он _____ в ко́мнату.

② Был звоно́к, и студе́нты _____ из аудито́рии.

③ — Где Ка́тя? — Она́ _____ в Пеки́н в командиро́вку.

④ Дверь в кабине́т отца́ откры́лась, и в коридо́р _____ оте́ц.

⑤ Па́вел откры́л ключо́м дверь кварти́ры, и мы _____ в небольшо́й коридо́р.

⑥ Де́ти ка́ждое ле́то _____ на да́чу.

⑦ Мы купи́ли биле́ты в ка́ссе и _____ в кинотеа́тр.

⑧ Вы _____ на сле́дующей остано́вке?

⑨ Секрета́рь _____ в кабине́т дире́ктора.

⑩ Дире́ктор _____, перезвони́те, пожа́луйста, по́зже.

练习21 选择带前缀при-和под-的运动动词（идти́ — ходи́ть）填空。

① Я вы́звал врача́ на́ дом, и он _____ о́чень бы́стро.

② В трамва́е ко мне _____ контролёр и прове́рил мой биле́т.

③ Анто́н _____ на экза́мен пе́рвым, _____ к столу́ преподава́теля, взял биле́т и стал гото́виться к отве́ту.

④ В зоопа́рке живо́тные не боя́тся люде́й, они́ _____ к ним и беру́т из их рук пи́щу.

⑤ В на́шу аудито́рию _____ студе́нт из сосе́дней аудито́рии за ме́лом.

⑥ Преподава́тель _____ к доске́ и написа́л те́му уро́ка.

⑦ По ра́дио объяви́ли, что по́езд Москва́-Петербу́рг _____ на второ́й путь.

⑧ Студе́нт _____ к ка́рте и показа́л, где нахо́дится его́ родно́й го́род.

⑨ Студе́нты _____ на ве́чер на ру́сском языке́.

⑩ Дека́н _____ к микрофо́ну и поздра́вил студе́нтов с нача́лом уч́бного го́да.

练习22 选择带前缀вы-和у-的运动动词(идти́ — ходи́ть, е́хать — е́здить, лете́ть — лета́ть)填空。

① Сего́дня не сто́ит _____ из до́ма без ша́пки.

② Ты зна́ешь, он реши́л _____ из до́ма и жить самостоя́тельно.

③ Че́рез час мы должны́ _____ на шоссе́.

④ Ду́маю, тебе́ лу́чше _____ , что́бы оконча́тельно не испо́ртить отноше́ния с друзья́ми.

⑤ Самолёт до́лжен _____ то́чно по расписа́нию.

⑥ Я _____ на самолёте в суббо́ту, ты придёшь меня́ провожа́ть?

⑦ Извини́те, я до́лжен _____ на мину́ту.

⑧ Я не могу́ _____ с рабо́ты, я за́нят.

练习23 选择带前缀в-(во-), при-, вы-, у-的运动动词(идти́ — ходи́ть, е́хать — е́здить, лете́ть — лета́ть)填空。

① Когда́ мы _____ (лете́ть, лета́ть) из аэропо́рта, пого́да была́ хоро́шая.

② Когда́ он _____ (идти́, ходи́ть) в зал, все по́няли, что он немно́го волну́ется.

③ Он написа́л для вас э́ту запи́ску, когда́ _____ (бежа́ть, бе́гать) на заня́тия.

④ Когда́ она́ попроща́лась и _____ (идти́, ходи́ть), все верну́лись домо́й.

⑤ Когда́ твои́ роди́тели _____ (е́хать, е́здить), они́ попроси́ли меня́ позабо́титься о тебе́.

⑥ Я _____ (бежа́ть, бе́гать) на у́лицу — там никого́ не́ было.

⑦ Когда́ мы вчера́ _____ (идти́, ходи́ть) домо́й, бы́ло уже́ по́здно.

⑧ Прошло́ мно́го лет, с тех пор как она́ _____ (е́хать, е́здить) из го́рода.

⑨ Когда́ я _____ (идти́, ходи́ть), я уви́дел всех свои́х друзе́й.

⑩ Когда́ из-за туч _____ (идти́, ходи́ть) со́лнце, в лесу́ ста́ло светле́е.

练习24 选择带前缀под-, от-, у-的运动动词(идти́ — ходи́ть, пла́вать — плыть)填空。

① Учи́тель _____ к ка́рте и показа́л основны́е ре́ки Евро́пы.

② Что́бы не меша́ть ученика́м спи́сывать с доски́, учи́тель _____ к окну́.

③ Ка́ждый ве́чер по́сле у́жина я _____ к окну́, открыва́ю его́ и дышу́ све́жим во́здухом.

④ Мать бои́тся разбуди́ть больно́го ребёнка, она́ с отцо́м _____ к две́ри и на́чали разгова́ривать шёпотом.

⑤ Мне меша́ли разгово́ры друзе́й, и я с кни́гой _____ в другу́ю ко́мнату.

⑥ Ма́льчик научи́лся хорошо́ пла́вать и уже́ _____ от бе́рега ме́тров на 20.

⑦ Соба́ка замаха́ла хвосто́м и _____ ко мне.

⑧ Вчера́ на́ши го́сти _____, и в кварти́ре ста́ло ти́хо.

练习25 选择带前缀про-和пере-的运动动词填空。

① Мы _____ (прошли́, перешли́) ми́мо девятиэта́жного жило́го до́ма и вы́шли к ста́нции метро́.

② Наш врач посове́товал моему́ дру́гу _____ (прое́хать, перее́хать) на юг, там мо́ре и мно́го со́лнца.

③ К остано́вке авто́буса мы _____ (прошли́, перешли́) че́рез двор.

④ Вы зна́ете, Ива́н Ива́нович уже́ _____ (прошёл, перешёл) рабо́тать в нау́чный отде́л.

⑤ Спортсме́н _____ (пробежа́л, перебежа́л) 400 ме́тров за 53 секу́нды.

⑥ Маши́на не но́вая: она́ уже́ _____ (прое́хала, перее́хала) не́сколько ты́сяч киломе́тров.

⑦ Он зачита́лся и _____ (прое́хал, перее́хал) свою́ остано́вку.

⑧ Скажи́те, ско́ро бу́дет ста́нция Дина́мо? — Вы уже́ _____ (прое́хали, перее́хали) свою́ остано́вку.

⑨ Осенью пти́цы улета́ют на юг. Они́ _____ (пролета́ют, перелета́ют) огро́мные расстоя́ния.

⑩ Наве́рное, тебя́ лу́чше _____ (пройти́, перейти́) в другу́ю гру́ппу, бо́лее си́льную.

⑪ Он _____ (прошёл, перешёл) (че́рез) доро́гу и останови́лся пе́ред зда́нием гости́ницы.

⑫ Он _____ (прое́хал, перее́хал) в но́вое общежи́тие.

⑬ Тури́сты _____ (прошли́, перешли́) к гости́нице че́рез сквер.

⑭ Мы _____ (прое́хали, перее́хали) три остано́вки и вы́шли.

⑮ Как _____ (прое́хать, перее́хать) на Кра́сную пло́щадь?

练习26 选择带前缀 про- 和 пере- 的运动动词（идти́ — ходи́ть, е́хать — е́здить）填空。

① Как _____ на Кра́сную пло́щадь?

② Маши́на бы́стро _____ ми́мо меня́.

③ Ребя́та ве́село _____ че́рез ме́лкую ре́ку.

④ В авто́бусе стари́к спал и _____ свою́ остано́вку.

⑤ Мы поздравля́ем его́ с новосе́льем. Он получи́л но́вую кварти́ру и _____ в неё.

⑥ Я всегда́ _____ у́лицу по пешехо́дному перехо́ду.

⑦ Мы _____ всю у́лицу.

⑧ Я _____ два киломе́тра за 20 мину́т.

练习27 选择带前缀的动词（вы́йти, уйти́, войти́, прийти́, отойти́, дойти́, подойти́, пройти́）填空。

① К нам _____ го́сти.

② Она́ _____ с рабо́ты в 6 часо́в ве́чера.

③ Студе́нты _____ в аудито́рию.

④ По́сле ле́кции все _____ из аудито́рии.

⑤ Автóбус ＿＿＿＿＿＿＿ к останóвке.

⑥ Автóбус тóлько что ＿＿＿＿＿＿＿ от останóвки.

⑦ Из дóма ＿＿＿＿＿＿＿ дети.

⑧ Старýшка с трудóм ＿＿＿＿＿＿＿ до дóма.

⑨ ＿＿＿＿＿＿＿ (чéрез) мост, там останóвка нýжного вам трамвáя.

⑩ Он ＿＿＿＿＿＿＿ мúмо меня́ и не увúдел меня́.

⑪ Мы ＿＿＿＿＿＿＿ 5 км и останови́лись отдохнýть.

⑫ Наконéц-то мы ＿＿＿＿＿＿＿ из лéса на дорóгу.

⑬ Отéц позáвтракал и ＿＿＿＿＿＿＿ на рабóту.

⑭ Как ＿＿＿＿＿＿＿ на вокзáл?

练习28 选择前置词в, от, до, к, с, мимо, на, через, из填空，并把括号里的词变成适当形式。

❶ Автóбус доéхал ＿＿＿＿＿＿＿ (ýгол) и останови́лся.

❷ По пути́ домóй я заходи́л ＿＿＿＿＿＿＿ (магази́н).

❸ Кáждую суббóту ＿＿＿＿＿＿＿ (Пáвел) приходи́ли товáрищи.

❹ Когдá я сел за стол, Ви́тя вбежáл ＿＿＿＿＿＿＿ (ýлица) в дом.

❺ Отойди́те ＿＿＿＿＿＿＿ (окнó), там немнóго хóлодно.

❻ Пóезд скóро подхóдит ＿＿＿＿＿＿＿ (стáнция).

❼ Когдá я проходи́л ＿＿＿＿＿＿＿ (дежýрный), я показáл емý билéт.

❽ Он перешёл ＿＿＿＿＿＿＿ (ýлица) и пошёл ＿＿＿＿＿＿＿ (пóчта).

❾ Обы́чно я выхожý ＿＿＿＿＿＿＿ (кабинéт) в 6 часóв.

❿ Маши́на проéхала ＿＿＿＿＿＿＿ (лес) и вы́ехала на шоссé.

练习29 选择正确答案填空，注意运动动词前缀的意义。

❶ — Извини́те, Игорь здесь? — Игорь не в óфисе, он ＿＿＿＿＿＿＿

    A. пришёл   B. вы́шел

    C. зашёл   D. вошёл

❷ — Ира, а пáпа дóма? — Нет, он ещё не ＿＿＿＿＿＿＿ с рабóты.

    A. пришёл   B. отошёл

    C. прошёл   D. перешёл

❸ — _____ в ко́мнату.

A. Дойди́те   B. Подойди́те

C. Приходи́те   D. Входи́те

❹ — _____ , пожа́луйста, ко мне на чай, когда́ бу́дете свобо́дны.

A. Проходи́те   B. Подойди́те

C. Заходи́те   D. Входи́те

❺ — Вам на́до _____ че́рез доро́гу и поверну́ть напра́во.

A. перейти́   B. подойти́

C. прийти́   D. обойти́

❻ — Мари́на, _____ от окна́!

A. дойди́   B. отойди́

C. подойди́   D. обойди́

❼ — Вам ну́жно _____ до ста́нции метро́.

A. прие́хать   B. отъе́хать

C. дое́хать   D. объе́хать

❽ Сын поза́втракал и _____ в шко́лу.

A. пое́хал   B. прое́хал

C. отъе́хал   D. объе́хал

❾ Мы _____ свою́ остано́вку.

A. прое́хали   B. отъе́хали

C. съе́хали   D. объе́хали

❿ Я не ви́дел э́той карти́ны на вы́ставке, наве́рное, _____ ми́мо неё.

A. прошёл   B. подошёл

C. пришёл   D. перешёл

⓫ Оте́ц хорошо́ отдохну́л в Харби́не и _____ в Пеки́н.

A. уе́хал   B. отъе́хал

C. дое́хал   D. объе́хал

⓬ Больно́й _____ к окну́, что́бы закры́ть его́.

A. перешёл   B. подошёл

C. пришёл   D. обошёл

⓭ Был си́льный ве́тер, и ло́дка не могла́ _____ к бе́регу.

A. отходи́ть   B. подойти́

C: подходи́ть   D. отойти́

⑭ На сле́дующей не выхо́дите? Разреши́те _____ .

A. сойти́

B. зайти́

C. пройти́

D. пойти́

⑮ Дед лю́бит говори́ть о про́шлом, вспомина́ть войну́, че́рез кото́рую он _____ .

A. пришёл

B. пошёл

C. прошёл

D. перешёл

⑯ Что́бы корабли́ могли́ _____ по Се́верному морско́му пути́ за одно́ ле́то, ну́жно бы́ло хорошо́ подгото́виться.

A. проходи́ть

B. пройти́

C. переходи́ть

D. перейти́

⑰ Скажи́те, пожа́луйста, как _____ к ста́нции метро́?

A. проезжа́ть

B. прое́хать

C. переезжа́ть

D. перее́хать

⑱ Врач _____ за лека́рством. Он ско́ро вернётся.

A. вы́шел

B. вы́йдет

C. выходи́л

D. бу́дет выходи́ть

⑲ Самолёт в Гуанчжо́у _____ че́рез два часа́.

A. отхо́дит

B. отойдёт

C. перелета́ет

D. вы́летит

⑳ Они́ должны́ _____ отсю́да в Пеки́н в командиро́вку.

A. выезжа́ть

B. вы́ехать

C. уезжа́ть

D. уе́хать

㉑ Почему́ вы _____ с после́днего ме́ста рабо́ты?

A. пошли́

B. ушли́

C. вы́шли

D. пришли́

㉒ Такси́ _____ от до́ма и пое́хало нале́во.

A. отъезжа́ло

B. отъе́хало

C. подъезжа́ло

D. подъе́хало

㉓ При кра́сном све́те светофо́ра нельзя́ _____ у́лицу.

A. проходи́ть

B. пройти́

C. переходи́ть

D. перейти́

24 — У вас сейчас другой áдрес? — Да, мы _____ на нóвую кварти́ру.

A. прие́хали   B. пое́хали

C. перее́хали   D. прое́хали

25 Наконе́ц мы _____ дó дому.

A. е́хали   B. дое́хали

C. дое́зжали   D. заезжáли

26 До нáшего дóма нельзя́ _____ на тролле́йбусе, тролле́йбус тудá не идет.

A. е́хать   B. дое́хать

C. доезжáть   D. заезжáть

27 Когдá ему́ испóлнилось шесть лет, он _____ в шкóлу.

A. пошёл   B. ходи́л

C. шёл   D. хóдит

28 Когдá он уви́дел, что бéрег ужé бли́зко, он мéдленно _____ .

A. плáвал   B. плыл

C. поплáвал   D. поплы́л

29 Отдохну́в, тури́сты _____ бы́стро.

A. ходи́ли   B. шли

C. пошли́   D. сходи́ли

30 Устáлые путешéственники немнóжко отдохну́ли и _____ мéдленно.

A. пошли́   B. ходи́ли

C. шли   D. ушли́

31 Мы _____ полчасá óколо дóма, верну́лись и легли́ спать.

A. пошли́   B. пое́хали

C. пое́здили   D. походи́ли

32 Я откры́л дверь и _____ в нóмер.

A. пошёл   B. ушёл

C. вы́шел   D. вошёл

33 Пётр _____ из дóма в 6 часóв.

A. пошёл   B. пришёл

C. ушёл   D. прошёл

㉞ Мóжно _____ из аудитóрии?

A. пойти́　　　　　　　　B. вы́йти

C. перейти́　　　　　　　D. уйти́

㉟ Когда́ мы _____ до гóрода?

A. переéдем　　　　　　B. уéдем

C. приéдем　　　　　　　D. доéдем

练习30　选择正确答案填空，注意带前缀运动动词过去时的用法。

❶ — Где Мари́я? — Она́ _____ в магази́н.

A. ходи́ла　　　　　　　B. пошла́

C. сходи́ла　　　　　　　D. выходи́ла

❷ — Мóжно Ви́ктора к телефóну?

— Егó нет, он _____ в киóск за газéтой.

A. ходи́л　　　　　　　　B. пошёл

C. шёл　　　　　　　　　D. éздил

❸ Пéтя, тебя́ ждут в общежи́тии. Роди́тели из Пеки́на _____ к тебé.

A. приезжа́ли　　　　　　B. приéхали

C. приезжа́ют　　　　　　D. приéдут

❹ Во врéмя зи́мних кани́кул ко мне _____ роди́тели. Сейча́с они́ живу́т со мной.

A. приезжа́ли　　　　　　B. приéхали

C. приезжа́ют　　　　　　D. приéдут

❺ Вчера́ я провожа́л Са́шу на вокза́ле. Он _____ ко мне из Ки́ева на два дня.

A. приéхал　　　　　　　B. приезжа́л

C. приезжа́л бы́ло　　　　D. уезжа́л

❻ К тебé _____ оди́н молодóй человéк. Сейча́с он сиди́т в ва́шем кабинéте.

A. приходи́л　　　　　　B. пришёл

C. придёт　　　　　　　D. прихóдит

❼ Когда́ вас нé было, к вам _____ оди́н стари́к, в очка́х.

A. уходи́л　　　　　　　B. ушёл

C. приходи́л　　　　　　D. пришёл

⑧ —Есть кто-нибудь _____ в моё отсу́тствие? — К тебе́ _____ сосе́д. Он ушёл 10 мину́т наза́д.

A. приходи́л, приходи́л   B. пришёл, пришёл

C. пришёл, приходи́л   D. приходи́л, пришёл

⑨ — Как жаль, что я не смог посмотре́ть ва́ши но́вые фотогра́фии — Я же _____ их вчера́.

A. принёс   B. принесу́

C. приноси́л   D. приношу́

⑩ Он здесь, в аудито́рии, то́лько что _____ куда́-то.

A. выходи́л   B. вы́шел

C. уходи́л   D. ушёл

⑪ — Оля, почему́ ты не подходи́ла к телефо́ну? — Я _____ .

A. выходи́ла   B. вы́шла

C. уходи́ла   D. ушла́

⑫ Мы за́втра _____ в Москву́.

A. уезжа́ем   B. бу́дем уезжа́ть

C. уезжа́ть   D. уе́хать

⑬ За́втра он _____ на Ро́дину.

A. уезжа́л   B. уе́хал

C. уезжа́ет   D. бу́дет уезжа́ть

⑭ Когда́ оте́ц _____ и́з дому, сестра́ вспо́мнила, что забы́ла попроси́ть его́ купи́ть ру́чку, но уже́ по́здно.

A. выходи́л   B. вы́шел

C. выхо́дит   D. вы́йдет

⑮ Когда́ ма́ма _____ из до́ма, она́ взяла́ уче́бник.

A. выхо́дит   B. вы́йдет

C. выходи́ла   D. вы́шла

⑯ Когда́ мы _____ домо́й, пошёл си́льный дождь.

A. вернёмся   B. верну́лись

C. возвраща́лись   D. возвраща́емся

⑰ Когда́ мы _____ домо́й, мы встре́тили на́шего учи́теля на у́лице.

A. возвраща́лись   B. возвраща́емся

C. верну́лись   D. вернёмся

⑱ Когда́ оте́ц _____ из до́ма, он веле́л Андре́ю посмотре́ть за сестрёнкой.

A. ушёл
B. уходи́л
C. уйдёт
D. ухо́дит

⑲ Когда́ ма́ма _____ из ко́мнаты, она́ закры́ла дверь.

A. выхо́дит
B. вы́шла
C. выходи́ла
D. вы́йдет

⑳ Когда́ он _____ на заня́тия в университе́т, он забы́л закры́ть ко́мнату.

A. уходи́л
B. ухо́дит
C. ушёл
D. уйдёт

㉑ Когда́ я _____ из до́ма, я веле́л сы́ну оста́ться с сестрёнкой.

A. ушёл
B. уходи́л
C. уйду́
D. ухожу́

㉒ Когда́ оте́ц _____ и́з дому, сестра́ попроси́ла его́ купи́ть ей ру́чку.

A. выхо́дит
B. выходи́л
C. вы́йдет
D. вы́шел

㉓ Когда́ Андре́й _____ , его́ проводи́ли друзья́.

A. уе́хал
B. уезжа́л
C. уе́дет
D. уезжа́ет

㉔ Когда́ брат _____ , его́ това́рищи пришли́ к нему́ прости́ться.

A. уезжа́л
B. уе́хал
C. пое́хал
D. е́хал

㉕ Когда́ _____ из дере́вни, я реши́л после́дний раз сходи́ть в лес.

A. уезжа́л
B. уе́хал
C. пое́хал
D. е́хал

㉖ Когда́ он _____ с рабо́ты, он проси́л переда́ть тебе́ э́ту запи́ску.

A. ухо́дит
B. уходи́л
C. ушёл
D. уйдёт

㉗ Анто́на нет до́ма? — Он _____ на заня́тие.

A. ходи́л
B. шёл
C. уходи́л
D. ушёл

㉘ Утром Анто́на не́ было до́ма, он _____ на заня́тия.

A. уходи́л
B. ухо́дит
C. ушёл
D. уе́дет

㉙ Утром тебя нé было дóма? — Я _____ в банк.

A. уходи́л   B. ушёл

C. ухожу́   D. уйду́

㉚ — Мари́я, я давнó тебя не ви́дел. Где ты была́? — Я _____ в Москву́.

A. уезжа́ла   B. уезжа́ю

C. уéхала   D. уéду

㉛ — Ты был на концéрте? — Нет, я _____ в командирóвку.

A. уезжа́л   B. уéхал

C. уезжа́ю   D. уéду

㉜ В прóшлое воскресéнье она́ не была́ дóма, она́ _____ за́ город.

A. уезжа́ла   B. уéхала

C. приезжа́ла   D. приéхала

㉝ — Ты был вчера́ у И́горя? — Я _____ к нему́, но не заста́л егó дóма.

A. заходи́л   B. зашёл

C. захóдит   D. зайдёт

㉞ К нам _____ за кни́гой Юра. К сожалéнию, он óчень торопи́лся и не смог поу́жинать с на́ми.

A. забега́л   B. забежа́л

C. зашёл   D. пошёл

㉟ По-мóему, ктó-то _____ в мою́ кóмнату, кни́га лежи́т не на своём мéсте.

A. вхóдит   B. войдёт

C. входи́л   D. вошёл

㊱ За́втра, когда́ ты _____ ми́мо моегó дóма, позови́ меня́.

A. пройдёшь   B. прохóдишь

C. бу́дешь пройти́   D. бу́дешь проходи́ть

㊲ Óчень прошу́ вас, когда́ _____ ми́мо пóчты, опусти́те письмó.

A. пройдёшь   B. прохóдишь

C. бу́дете пройти́   D. бу́дете проходи́ть

㊳ — Кто принёс нóвый слова́рь? — Не зна́ю, я не _____ .

A. принёс   B. принесу́

C. приношу́   D. приноси́л

㊴ Я не мог переда́ть ей э́ту кни́гу, так как она́ во́все не _____ ко мне.

 A. шла   B. пошла́

 C. пришла́   D. приходи́ла

㊵ — Ве́ра у вас? — Нет, она́ не _____ . — Она́ должна́ прийти́, но не _____ .

 A. приходи́ла, приходи́ла   B. пришла́, пришла́

 C. приходи́ла, пришла́   D. пришла́, приходи́ла

㊶ — Анто́н е́здил на экску́рсию? — Нет, он собира́лся пое́хать, но не _____ , потому́ что заболе́л.

 A. е́здил   B. е́хал

 C. пое́хал   D. съе́здил

㊷ Его́ жда́ли, а он не _____ .

 A. приезжа́ет   B. прие́дет

 C. приезжа́л   D. прие́хал

㊸ — Ира, а па́па до́ма? — Нет, он ещё не _____ с рабо́ты.

 A. прихо́дит   B. придёт

 C. пришёл   D. прихо́дит

㊹ Ка́ждый год в наш университе́т _____ мно́го иностра́нцев.

 A. прихо́дит   B. придёт

 C. прилета́ет   D. прилети́т

㊺ В Пеки́н ка́ждый день _____ иностра́нные го́сти.

 A. прихо́дят   B. приду́т

 C. прилета́ют   D. прилетя́т

练习31   **选择正确答案填空。**

❶ — Где сейча́с нахо́дится гру́ппа эко́логов?

  — Они́ _____ (е́здили, пое́хали) на Байка́л.

❷ — Где вы отдыха́ли про́шлым ле́том?

  — Мы _____ (е́здили, пое́хали) на Байка́л.

❸ — Где Мари́я?

  — Она́ _____ (ходи́ла, пошла́) в магази́н.

❹ — Где была́ Мари́я?

— Она́ _____ (ходи́ла, пошла́) в магази́н.

⑤ — Я могу́ поговори́ть с дире́ктором?

— Подожди́те, пожа́луйста, мину́т 20, он _____ (ходи́л, пошёл)обе́дать.

⑥ — Я давно́ жду тебя́! Где ты был?

— Я _____ (ходи́л, пошёл) в поликли́нику.

⑦ — Вы уже́ _____ (е́здили, пое́хали) в Петербу́рг?

— Да, во вре́мя зи́мних кани́кул.

⑧ — Почему́ Анна не пришла́ на заня́тия?

— Она́ _____ (е́здила, пое́хала) в Петербу́рг.

⑨ — Где они́?

— Они́ се́ли в маши́ну и _____ (е́здили, пое́хали) в аэропо́рт.

⑩ — Почему́ студе́нтов нет в аудито́рии? Где они́?

— Они́ _____ (е́здили, пое́хали) на экску́рсию.

四、本课测验

I 选择正确的答案填空。 15分

❶ Дверь откры́лась, и в ко́мнату _____ студе́нты.

A. выходи́ли   B. вошли́   C. входи́ли   D. вы́шли

❷ Когда́ я _____ из ко́мнаты, я вы́ключил свет.

A. выходи́л   B. вы́шел   C. входи́л   D. вошёл

❸ Скажи́те, пожа́луйста, как _____ к ста́нции метро́?

A. проезжа́ть   B. прое́хать   C. переезжа́ть   D. перее́хать

❹ При кра́сном све́те светофо́ра нельзя́ _____ у́лицу.

A. проходи́ть   B. пройти́   C. переходи́ть   D. перейти́

❺ Всю доро́гу он ду́мал о своём, и так _____ свою́ остано́вку.

A. проезжа́л   B. прое́хал   C. переезжа́л   D. перее́хал

❻ Его́ сейча́с нет у себя́, он то́лько что _____ куда́-то.

A. выходи́л   B. вы́шел   C. уходи́л   D. ушёл

⑦ Они́ должны́ _____ отсю́да в Пеки́н в командиро́вку.

    A. выезжа́ть   B. вы́ехать   C. уезжа́ть   D. уе́хать

⑧ Очень хорошо́, что ско́ро _____ к нам на рабо́ту иностра́нный преподава́тель.

    A. заезжа́ет   B. зае́дет   C. приезжа́ет   D. уе́дет

⑨ Я _____ к окну́ и по́дал посы́лку.

    A. отходи́л   B. отошёл   C. подходи́л   D. подошёл

⑩ Такси́ _____ от до́ма и пое́хало нале́во.

    A. отъезжа́ло   B. отъе́хало   C. подъезжа́ло   D. подъе́хало

⑪ Самолёт в Гуанчжо́у _____ че́рез два часа́.

    A. отхо́дит   B. отойдёт   C. вылета́ет   D. улети́т

⑫ В про́шлое воскресе́нье она́ _____ за́ город.

    A. уезжа́ла   B. уе́хала   C. приезжа́ла   D. прие́хала

⑬ Как то́лько сдам экза́мен, я сра́зу на по́езде _____ домо́й.

    A. зае́ду   B. пое́ду   C. прое́ду   D. прие́ду

⑭ К вам _____ оди́н стари́к, в очка́х.

    A. уходи́л   B. ушёл   C. приходи́л   D. пришёл

⑮ Мы _____ полчаса́ о́коло до́ма, верну́лись и легли́ спать.

    A. пошли́   B. пое́хали   C. пое́здили   D. походи́ли

II   选择适当体的动词填空。   10分

❶ Я _____ (приезжа́л, прие́хал) в Москву́ ме́сяц наза́д и сейча́с изуча́ю ру́сский язы́к.

❷ Во вре́мя зи́мних кани́кул ко мне _____ (приезжа́ли, прие́хали) роди́тели. Сейча́с они́ уже́ верну́лись на ро́дину.

❸ Когда́ он _____ (уходи́л, ушёл) на заня́тия в университе́т, он забы́л вы́ключить свет.

❹ Фильм мне не понра́вился, и я _____ (уходи́л, ушёл) с середи́ны сеа́нса.

❺ На ка́ждой ста́нции метро́ тури́сты _____ (выходи́ли, вы́шли) из ваго́на и осма́тривали её.

❻ Мы _____ (проходи́ли, прошли́) ми́мо гла́вного зда́ния МГУ.

⑦ Когда́ я _____ (уезжа́л, уе́хал) на ро́дину, меня́ провожа́ли друзья́.

⑧ У́тром меня́ не́ было до́ма: я _____ (уходи́л, ушёл) в банк.

⑨ Когда́ вас не́ было, к вам оди́н мужчи́на в очка́х _____ (приходи́л, пришёл) и ушёл.

⑩ Во вре́мя заня́тий к нам _____ (приходи́л, пришёл) за ру́чкой студе́нт из сосе́дней аудито́рии.

III 把下列词组翻译成俄语。 10分

обраща́ть внима́ние на ударе́ние _____

произвести́ впечатле́ние на рома́н _____

тру́дно предста́вить себе́ жизнь без му́зыки

_____

чита́ть текст про себя́ _____

не име́ть представле́ния о рабо́те _____

за́мкнутый хара́ктер _____

написа́ть до́кторскую диссерта́цию _____

челове́к с хара́ктером _____

кандида́т техни́ческих нау́к _____

по́льзоваться туале́том _____

IV 把括号里的词变成适当形式填空，如果需要加前置词。 10分

① Я недово́лен _____ (своя́ жизнь).

② Де́душка страда́ет _____ (тяжёлая боле́знь).

③ _____ (Я) удало́сь доста́ть биле́т в кино́.

④ Профе́ссор о́тдал свою́ жизнь _____ (нау́чная рабо́та).

⑤ Путеше́ствие по стране́ произвело́ глубо́кое впечатле́ние _____ (я).

⑥ Она́ не уве́рена _____ (себя́).

⑦ Тру́дно предста́вить _____ (себя́) жизнь без му́зыки.

⑧ Среди́ _____ (студе́нты) сто́ит профе́ссор.

⑨ На пло́щади па́мятник _____ (наро́дные геро́и).

⑩ На́ша страна́ отно́сится _____ (развива́ющиеся стра́ны).

V 连词成句。 15分

❶ Брат, и, сестра́, в, ничто́, не, похо́жий.

_____

❷ Оле́г, о́чень, легко́, соглаша́ться, с, всё, потому́ что, не, име́ть, свой, мне́ние.

_____

❸ Он, уве́ренный, в, себя́, и, поступа́ть, всегда́, так, как, сам, счита́ть, ну́жный.

_____

❹ Они́, не, сойти́сь, хара́ктеры.

_____

❺ Он, пойти́, хара́ктер, в, оте́ц.

_____

❻ Что, он, за, челове́к?Это, челове́к, кото́рый, не, обраща́ть, внима́ние, на, несча́стье, други́е.

_____

❼ Ле́на, лекомы́сленно, относи́ться, к, любо́вь, и, не, уважа́ть, чужо́й, чу́вство.

_____

❽ При́нято, счита́ть, что, не́который, черты́, хара́ктер, ви́дный, в, лицо́, челове́к, и, по, черты́, лицо́, мо́жно, определи́ть, хара́ктер.

_____

_____

❾ Сказа́ть, что, вы, ду́мать, о, тако́й, черта́, хара́ктер, как, скро́мность.

_____

❿ Если, он, прийти́, за́втра, то, я, быть, с, кто, посове́товаться.

_____

VI 造句。 10分

относи́ться _____

счита́ть _____

реши́ться _____

отда́ть _____

уда́ться _____

в ку́рсе _____

ещё бы _____

среди́ _____

вряд ли _____

шёпотом _____

Ⅶ **把下列句子翻译成俄语。** 15分

① 谦虚是人的主要美德之一。

_____

② 我从没见过谦虚不能美化人。

_____

③ 中国属于发展中国家。

_____

④ 全国旅行给她留下深刻印象。

_____

⑤ 多数俄罗斯人性格活泼，擅长交际。

_____

⑥ 教授决定把一生献给科学事业。

_____

⑦ 伊万性格很难相处，他对什么都不满意。

_____

⑧ 去看剧枯燥，去饭店吃饭又没有钱。

_____

⑨ 会上李华抱怨压力太大，我认为他是不对的。

_____

⑩ 老师认为必须指出学生的缺点。

_____

Ⅷ **默写关于**трудолю́бие, одарённость, си́ла во́ли, му́жество и сме́лость, доброта́**的谚语或俗语5条。** 5分

_____

_____

_____

_____

_____

IX 以《Мои́ друзья́》为题，描写你的朋友们的性格，选用以下词组 легкомы́сленный хара́ктер, весёлый хара́ктер, лёгкий хара́ктер, тяжёлый хара́ктер, черты́ хара́ктера, не сойти́сь хара́ктерами, пойти́ хара́ктером в отца́, нет хара́ктера, челове́к с хара́ктером, **不少于200词。**

10分

_____

_____

_____

_____

_____

五、日积月累

Век живи́, век учи́сь. 活到老，学到老。

Де́ло ма́стера бои́тся. 事怕行家。

六、国情点滴

彼得·伊里奇·柴可夫斯基（Пётр Ильи́ч Чайко́вский）（1840—1893），俄罗斯最伟大的交响乐大师、音乐戏剧大师和抒情音乐大师，其创作是俄罗斯古典音乐的巅峰。俄罗斯音乐发展史上所取得的杰出成就是和柴可夫斯基密不可分的，他作为音乐大师永留世界艺术史册。柴可夫斯基的各类作品成为歌剧、芭蕾舞剧、交响乐、室内乐的最高典范，在音乐中揭示了人物的内心世界，从多情善感到最深的悲哀。其主要作品有：歌剧《叶甫盖尼·奥涅金》（Евге́ний Оне́гин）（1878）、《黑桃皇后》（Пи́ковая да́ма）（1890）、芭蕾舞音乐《天鹅湖》（Лебеди́ное о́зеро）（1876）、《睡美人》（Спя́щая краса́вица）（1889）、《胡桃夹子》（Щелку́нчик）（1892）等。

七、练习答案

练习1

中, 阴, 阴, ýмер, умерла́, ýмерло, ýмерли, пах, па́хла, па́хло, па́хли, чем, 三, отда́м, отда́шь, отда́ст, отдади́м, отдади́те, отдаду́т, с кем, к кому́-чему́

练习2

轻浮的性格, 快活的性格, 容易相处的性格, 很难相处的性格, 活波的性格, 内向的性格, 外向的性格, 乐观的性格, 爱交际的性格, 坚强的性格, 性格特点, 性格不合, 性格像父亲, 他没有性格, 他是个很有性格的人, 轻浮的女演员, 爱说话的姑娘, 沉默寡言的芭蕾舞演员, 懒惰的学生, 乏味的小说, 重要的考试, 完全正确, 和外国人交往, 和老师们交往, 无聊得难受, 热情对待, 粗鲁地对待, 认真对待, 感觉他虚伪, 美化市容, 美发, 美容, 高度评价, 重视经验, 搀扶老人, 抓住孩子的手, 给遭遇不幸的同志接济一些钱, 支持班长, 保持联系, 散发臭味, 散发花香, 把脸转向窗户, 处于焦点, 注重语法, 不重视对话, 因腼腆而脸红, 进行试验, 进行修理, 制造飞机, 对旅行产生深刻印象, 对新电影产生好印象, 博物馆的参观者, 写博士论文, 稀疏的森林, 稀疏的牙齿, 稀疏的头发, 罕见的事情, 建筑材料, 需要的资料, 第一手资料, 悄声说话, 大理石雕塑, 人民英雄纪念碑, 历史遗迹, 因病去世, 初看上去, 一见钟情, 成衣, 已做好的菜, 决定离开, 把书还回图书馆, 空闲时间运动, 把一生献给工作, 通报消息, 电话通知哥哥, 收音机报天气预报, 通知学生开会, 通知家长孩子们的成绩, 数学天才, 科学家的才华, 中国人的勤奋, 成功考入大学, 没弄到芭蕾舞票, 浪费时间, 丢书, 惨重损失

练习3

лёгкий хара́ктер, тяжёлый хара́ктер, за́мкнутый хара́ктер, откры́тый хара́ктер, не сойти́сь хара́ктерами, пойти́ хара́ктером в отца́, У него́ совсе́м нет хара́ктера, он челове́к с хара́ктером, легкомы́сленная арти́стка, разгово́рчивая де́вушка, молчали́вый муж, лени́вый студе́нт, ску́чный расска́з, серьёзный экза́мен, засте́нчивый ма́льчик, обща́ться с иностра́нцами, относи́ться внима́тельно, относи́ться тепло́, относи́ться гру́бо, укра́сить во́лосы, укра́сить лицо́, высоко́ оцени́ть, па́хнуть неприя́тным за́пахом, па́хнуть цвета́ми, обраща́ть внима́ние на грамма́тику, обраща́ть внима́ние на ударе́ние, красне́ть от засте́нчивости, произвести́ глубо́кое впечатле́ние на путеше́ствие, произвести́ хоро́шее впечатле́ние на но́вый фильм, кандида́т нау́к, до́ктор нау́к, писа́ть до́кторскую диссерта́цию, па́мятник А. С. Пу́шкину, на пе́рвый взгляд, полтора́ метра́, смотре́ть на себя́ со стороны́, говори́ть шёпотом, тала́нт учёного, отда́ть свою́ жизнь рабо́те, уда́ться поступи́ть в университе́т, не уда́ться доста́ть биле́ты на бале́т, потеря́ть вре́мя, потеря́ть часы́

练习4 скупо́й, ужа́сный, лицеме́рный, лени́вый, лжи́вый, гру́бый, ро́бкий, за́мкнутый, ску́чный, злой, пасси́вный, легкомы́сленный, небре́жный, скры́тый

练习5 акти́вность, тре́бовательность, аккура́тность, ве́жливость, скро́мность, гру́бость, жа́дность, общи́тельность, энерги́чность, добросо́вестность, доброжела́тельность, засте́нчивость

练习10 性格特点，轻浮的姑娘，善交际的性格，特爱说话的妇女，性格迥异的朋友，沉默寡言的小男孩，严肃的老师，懒惰的大学生，乏味的老师，腼腆的小女孩，对生活不满意，对天气不满，精通林业，不精通自己的工作，钱不够，对工作没有观念，热情对待人们，教孩子们俄语，教学生音乐，关注邻居，不注意发音，默默地思考，默读，想象，对来访者产生印象，副博士，博士，写博士论文，普希金纪念碑，大理石板，作出决定，通知学生开会，使用词典，很可惜，没弄到电影票，浪费时间，取下(电话) 听筒，明白失去的意义，无私服务

练习11 черты́ хара́ктера, сли́шком разгово́рчивый преподава́тель, лени́вый студе́нт, недово́лен жи́знью, в ку́рсе ле́са, не в ку́рсе свое́й рабо́ты, не сойти́сь хара́ктерами, лёгкий хара́ктер, тяжёлый хара́ктер, пойти́ хара́ктером в отца́, челове́к с хара́ктером, ду́мать про себя́, предста́вить себе́ пляж, производи́ть впечатле́ние на посети́телей, писа́ть кандида́тскую диссерта́цию, полюби́ть с пе́рвого взгля́да

练习12

① Он ниче́м недово́лен — жи́знью, пого́дой.

② Я не хоте́л тебя́ обижа́ть.

③ Мой нача́льник не име́ет ни мале́йшего представле́ния о том, как на́до рабо́тать.

④ У меня́ не хвата́ет де́нег в теа́тр.

⑤ Он обща́ется с серьёзными людьми́.

⑥ Он хорошо́ понима́ет в ле́се.

⑦ Он в ку́рсе свое́й рабо́ты.

⑧ Как вы отно́ситесь к скро́мным лю́дям?

⑨ Скро́мность явля́ется одни́м из основны́х челове́ческих досто́инств.

⑩ Скро́мность украша́ет челове́ка.

⑪ В на́шей жи́зни челове́к не до́лжен быть скро́мным, а до́лжен уме́ть цени́ть и люби́ть себя́.

⑫ Я страда́ю от свое́й засте́нчивости.

⑬ Я сомневаюсь, чтобы за неделю вы освоили такой трудный материал.

⑭ Ему есть чем гордиться.

⑮ Мне есть куда пойти.

⑯ Если он придёт завтра, то мне будет с кем посоветоваться.

⑰ Староста строго относится к себе, за что его и уважают.

⑱ К общественным поручениям нужно относиться серьёзно.

⑲ Виктор относится к числу таких людей, которые не могут оставаться равнодушными к происходящему.

⑳ Роман «Мать» считают одним из лучших произведений Горького.

㉑ Какое у вас отношение к любви?

㉒ Я ни разу не видел, чтобы скромность украшала человека.

㉓ Что вы думаете о такой черте характера, как скромность.

㉔ Когда я вошёл в купе, я увидел лица моих соседей.

㉕ Он никогда не обращает внимания на неё.

㉖ Он покраснел от застенчивости.

㉗ Решение кажется ему логичным.

㉘ Сотни учёных Москвы пользуются его талантом, знаниями и трудолюбием.

㉙ К сожалению, мне не удалось сказать это ему самому — при жизни мы мало ценим людей, и только когда они ушли, мы понимаем всё значение утраты.

㉚ Студенты не обращают внимания на грамматику.

练习 15	怒不可遏，失去自制力；①苏醒过来，恢复知觉②平静下来，醒悟过来；随身带有；默读；拥有，带有；想象；①沉思起来②孤僻起来

练习16

① решила ② решил ③ решаться (решать) ④ решил

⑤ решится ⑥ решился ⑦ решил ⑧ решиться

⑨ решило ⑩ решается (решают)

练习17

① чтобы ② чтобы ③ чтобы ④ чтобы ⑤ чтобы

练习18

① Отец в курсе леса.

② Этот мальчик не имеет ни малейшего представления о машине.

③ Он ни с кем не общается, никуда не идёт.

④ В театр — скука, на ресторан денег не хватает.

⑤ — Как тебе нравится институт? — Институт как институт.

⑥ — Пойдём вме́сте гуля́ть! — Ещё бы!

⑦ Мы никогда́ не ви́дели, что́бы он гуля́л с сы́ном.

⑧ Ему́ есть чем горди́ться.

⑨ Ему́ есть куда́ пойти́.

⑩ Скро́мность явля́ется одни́м из основны́х челове́ческих досто́инств.

⑪ Кита́й отно́сится к развива́ющимся стра́нам.

⑫ Ста́роста стро́го отно́сится к себе́, за что его́ и уважа́ют.

⑬ Все счита́ют посту́пок Серёжи пра́вильным, а мы смо́трим на э́то ина́че.

⑭ На собра́нии Ли Хуа́ жа́ловался на перегру́зку, а я счита́ю, что он не прав.

⑮ Преподава́тель счита́ет необходи́мым ука́зывать студе́нтам на их недоста́тки.

⑯ Путеше́ствие по стране́ произвело́ на неё глубо́кое впечатле́ние.

⑰ Он не реши́лся переда́ть письмо́ профе́ссору.

⑱ Профе́ссор реши́л посвяти́ть свою́ жизнь нау́чной рабо́те.

⑲ В библиоте́ке мо́жно по́льзоваться словарём.

⑳ Студе́нтам не удало́сь доста́ть биле́ты в кино́.

练习19 приходи́ть, пройти́, уезжа́ть, выходи́ть, вы́йти, подбега́ть, добежа́ть, улета́ть, приезжа́ть, переплыва́ть

练习20
① вошёл ② вы́шли ③ вы́ехала ④ вы́шел ⑤ вы́шли
⑥ выезжа́ют ⑦ вошли́ ⑧ выхо́дите ⑨ вошёл ⑩ вы́шел

练习21
① пришёл ② подошёл ③ пришёл, подошёл ④ подхо́дят
⑤ пришёл (приходи́л) ⑥ подошёл ⑦ прихо́дит
⑧ подошёл ⑨ пришли́ ⑩ подошёл

练习22
① выходи́ть ② уйти́ (уе́хать) ③ вы́ехать ④ уйти́ (уе́хать)
⑤ вылета́ть ⑥ улечу́ ⑦ вы́йти ⑧ уйти́

练习23
① вылета́ли ② входи́л (вошёл) ③ убега́л ④ ушла́
⑤ уезжа́ли ⑥ вы́бежал ⑦ пришли́ ⑧ уе́хала
⑨ пришёл ⑩ вы́шло

练习24
① подошёл ② отошёл ③ подхожу́ ④ отошли́
⑤ ушёл ⑥ отоплы́л ⑦ подошла́ ⑧ ушли́

练习25

① прошли́ ② перее́хать ③ прошли́ ④ перешёл
⑤ пробежа́л ⑥ прое́хала ⑦ прое́хал ⑧ прое́хали
⑨ пролета́ют ⑩ перейти́ ⑪ перешёл ⑫ перее́хал
⑬ прошли́ ⑭ прое́хали ⑮ прое́хать

练习26

① пройти́ (прое́хать) ② прое́хала ③ перешли́
④ прое́хал ⑤ перее́хал ⑥ перехожу́
⑦ прошли́ (прое́хали) ⑧ прошёл

练习27

① пришли́ ② ушла́ ③ вошли́ ④ вы́шли
⑤ подошёл ⑥ отошёл ⑦ вы́шли ⑧ дошла́
⑨ Перейди́те ⑩ прошёл ⑪ прошли́ ⑫ вы́шли
⑬ пошёл ⑭ пройти́

练习28

① до угла́ ② в магази́н ③ к Па́влу ④ с у́лицы
⑤ от окна́ ⑥ к ста́нции ⑦ ми́мо дежу́рного
⑧ у́лицу (че́рез у́лицу), на по́чту ⑨ из кабине́та ⑩ че́рез лес

练习29

① B ② A ③ D ④ C ⑤ A ⑥ B ⑦ C ⑧ A ⑨ A ⑩ A
⑪ A ⑫ B ⑬ B ⑭ C ⑮ C ⑯ B ⑰ B ⑱ A ⑲ D ⑳ D
㉑ B ㉒ B ㉓ C ㉔ C ㉕ B ㉖ B ㉗ A ㉘ D ㉙ C ㉚ A
㉛ D ㉜ D ㉝ C ㉞ B ㉟ D

练习30

① B ② B ③ B ④ B ⑤ B ⑥ B ⑦ C ⑧ A ⑨ C ⑩ A
⑪ A ⑫ A ⑬ C ⑭ B ⑮ C ⑯ C ⑰ A ⑱ B ⑲ C ⑳ A
㉑ B ㉒ B ㉓ B ㉔ A ㉕ A ㉖ B ㉗ D ㉘ A ㉙ A ㉚ A
㉛ A ㉜ A ㉝ A ㉞ A ㉟ C ㊱ D ㊲ D ㊳ D ㊴ D ㊵ C
㊶ C ㊷ D ㊸ C ㊹ C ㊺ C

练习31

① пое́хали ② е́здили ③ пошла́ ④ ходи́ла
⑤ пошёл ⑥ ходи́л ⑦ е́здили ⑧ пое́хала
⑨ пое́хали ⑩ пое́хали

测验I　(每题1分)

① B ② A ③ B ④ C ⑤ B ⑥ B ⑦ D ⑧ C
⑨ D ⑩ B ⑪ C ⑫ B或A ⑬ B ⑭ D或C ⑮ D

测验 II （每题1分）

① приéхал　② приезжáли　③ уходи́л　④ ушёл
⑤ выходи́ли　⑥ прошли́　⑦ уезжáл　⑧ уходи́л
⑨ пришёл　⑩ приходи́л

测验 III （每题1分）

注意重音，对小说产生印象，很难想象没有音乐的生活，默读课文，没有工作观念，内向的性格，写博士论文，有性格的人，工学副博士，使用洗手间

测验 IV （每题1分）

① своéй жи́знью　② от тяжёлой болéзни　③ Мне
④ наýчной рабóте　⑤ на меня́　⑥ в себé
⑦ себé　⑧ студéнтов　⑨ нарóдным герóям
⑩ к развивáющимся стрáнам

测验 V （每题1.5分）

① Брат и сестрá ни в чём не похóжи.

② Олéг óчень легкó соглашáется со всéми, потомý что не имéет своегó мнéния.

③ Он увéрен в себé и поступáет всегдá так, как сам считáет нýжным.

④ Они́ не сошли́сь харáктерами.

⑤ Он пошёл харáктером в отцá.

⑥ Что он за человéк? Это человéк, котóрый не обращáет внимáния на несчáстье други́х.

⑦ Лéна легкомы́сленно отнóсится к любви́ и не уважáет чужóе чýвство.

⑧ При́нято считáть, что нéкоторые черты́ харáктера ви́дны в лицé человéка, и по чертáм лицá мóжно определи́ть харáктер.

⑨ Скажи́те, что вы дýмаете о такóй чертé харáктера, как скрóмность.

⑩ Если он придёт зáвтра, то мне бýдет с кем посовéтоваться.

测验 VII （每题2分）

① Скрóмность являéтся одни́м из основны́х человéческих достóинств.

② Я ни рáзу не ви́дел, чтóбы скрóмность не украшáла человéка.

③ Китáй отнóсится к развивáющимся стрáнам.

④ Путешéствие по странé произвелó на неё глубóкое впечатлéние.

⑤ У большинствá рýсских такóй харáктер: они́ живы́е и общи́тельные.

⑥ Профéссор реши́л посвяти́ть себя́ нау́чной рабóте.

⑦ У Ивáна тяжёлый харáктер, он ничéм недовóлен.

⑧ В теáтр — ску́ка, на рwhich ресторáн дéнег не хватáет.

⑨ На собрáнии Ли Хуá жáловался на перегру́зку, а я счита́ю, что он не прав.

⑩ Преподавáтель счита́ет необходи́мым укáзывать студéнтам на их недостáтки.

一、词 汇

练习1　填空。

хо́бби 是 ＿＿＿＿＿＿ 性名词；роль 是 ＿＿＿＿＿＿ 性名词；увлече́ние 要求第＿＿＿＿＿格补语；дворе́ц 的第二格是＿＿＿＿＿＿；уве́ренный 的接格关系是 ＿＿＿＿＿＿；исче́знуть 的过去时形式为 ＿＿＿＿＿＿；возни́кнуть 的过去时形式为 ＿＿＿＿＿＿＿＿；привезти́ 的过去时形式为 ＿＿＿＿＿＿；отойти́ 的过去时形式为 ＿＿＿＿＿＿。

练习2　把下列词组（句子）翻译成汉语。

торго́вый партнёр　＿＿＿＿＿＿＿＿＿＿＿

уве́ренный в себе́　＿＿＿＿＿＿＿＿＿＿＿

уве́ренный в побе́де　＿＿＿＿＿＿＿＿＿＿＿

увлече́ние насто́льным те́ннисом　＿＿＿＿＿＿＿＿＿＿＿

увлече́ние футбо́лом　＿＿＿＿＿＿＿＿＿＿＿

равноду́шный к му́зыке　＿＿＿＿＿＿＿＿＿＿＿

равноду́шный к матема́тике　＿＿＿＿＿＿＿＿＿＿＿

отня́ть мно́го вре́мени от хозя́йки　＿＿＿＿＿＿＿＿＿＿＿

доста́вить пассажи́ров в аэропо́рт　＿＿＿＿＿＿＿＿＿＿＿

доста́вить това́ры на́ дом　＿＿＿＿＿＿＿＿＿＿＿

доста́вить по́чту в срок　＿＿＿＿＿＿＿＿＿＿＿

коренны́м о́бразом　＿＿＿＿＿＿＿＿＿＿＿

таки́м о́бразом　＿＿＿＿＿＿＿＿＿＿＿

требовать биле́тов от пассажи́ров　＿＿＿＿＿＿＿＿＿＿＿＿＿

тре́бовать свобо́ды　＿＿＿＿＿＿＿＿＿＿＿＿＿

мно́жество студе́нтов　＿＿＿＿＿＿＿＿＿＿＿＿＿

мно́жество ситуа́ций　＿＿＿＿＿＿＿＿＿＿＿＿＿

причи́на боле́зни　＿＿＿＿＿＿＿＿＿＿＿＿＿

нехва́тка вре́мени　＿＿＿＿＿＿＿＿＿＿＿＿＿

нехва́тка рабо́чих рук　＿＿＿＿＿＿＿＿＿＿＿＿＿

име́ть большо́е сомне́ние в э́том вопро́се

　＿＿＿＿＿＿＿＿＿＿＿＿＿

с сомне́нием посмотре́ть на него́　＿＿＿＿＿＿＿＿＿＿＿＿＿

без сомне́ния　＿＿＿＿＿＿＿＿＿＿＿＿＿

игра́ть в фи́льме роль гла́вного геро́я

　＿＿＿＿＿＿＿＿＿＿＿＿＿

игра́ть ва́жную роль　＿＿＿＿＿＿＿＿＿＿＿＿＿

привезти́ сувени́ры из-за грани́цы　＿＿＿＿＿＿＿＿＿＿＿＿＿

привезти́ кни́гу в пода́рок　＿＿＿＿＿＿＿＿＿＿＿＿＿

откры́тка с ви́дами Москвы́　＿＿＿＿＿＿＿＿＿＿＿＿＿

насто́льный календа́рь　＿＿＿＿＿＿＿＿＿＿＿＿＿

лу́нный календа́рь　＿＿＿＿＿＿＿＿＿＿＿＿＿

целова́ть дочь в щёку　＿＿＿＿＿＿＿＿＿＿＿＿＿

Зи́мний дворе́ц　＿＿＿＿＿＿＿＿＿＿＿＿＿

练习3　把下列词组（句子）翻译成俄语。

各种爱好　＿＿＿＿＿＿＿＿＿＿＿

网球场　＿＿＿＿＿＿＿＿＿＿＿

贸易伙伴　＿＿＿＿＿＿＿＿＿＿＿

自信的　＿＿＿＿＿＿＿＿＿＿＿

对胜利有信心的　＿＿＿＿＿＿＿＿＿＿＿

很久以来的愿望（夙愿）

　＿＿＿＿＿＿＿＿＿＿＿

迷恋乒乓球　＿＿＿＿＿＿＿＿＿＿＿

迷恋足球　＿＿＿＿＿＿＿＿＿＿＿

对音乐漠不关心的　　　_____

对数学漠不关心的　　　_____

花费女主人很多时间　　_____

疾病夺去了她的孩子　　_____

停止歌唱　　　　　　　_____

送货到家　　　　　　　_____

按期送达邮件　　　　　_____

带邮票的信封　　　　　_____

集邮　　　　　　　　　_____

多余的东西　　　　　　_____

要求自由　　　　　　　_____

劳动力不够　　　　　　_____

新学期（新的半年）　　_____

日报　　　　　　　　　_____

外向的性格　　　　　　_____

起重要作用　　　　　　_____

很多选择　　　　　　　_____

勇敢的战士　　　　　　_____

从国外带来纪念品　　　_____

带邮票的明信片　　　　_____

按照阴历　　　　　　　_____

离开窗口　　　　　　　_____

在困难时刻　　　　　　_____

吻女儿的脸颊　　　　　_____

同样的问题　　　　　　_____

冬宫　　　　　　　　　_____

练习4　　写出下列动词的对应体形式。

отнима́ть	_____	переста́ть	_____
доста́вить	_____	увлека́ться	_____
тре́бовать	_____	исчеза́ть	_____
совмеща́ть	_____	возника́ть	_____
находи́ться	_____	оказа́ться	_____

привози́ть ＿＿＿＿＿　　подбежа́ть ＿＿＿＿＿

подъе́хать ＿＿＿＿＿

练习5　把下列动词变位。

отня́ть ＿＿＿＿＿　　переста́ть ＿＿＿＿＿

доста́вить ＿＿＿＿＿　　совмести́ть ＿＿＿＿＿

оказа́ться ＿＿＿＿＿　　возни́кнуть ＿＿＿＿＿

увле́чься ＿＿＿＿＿　　найти́сь ＿＿＿＿＿

тре́бовать ＿＿＿＿＿　　привезти́ ＿＿＿＿＿

отойти́ ＿＿＿＿＿　　подбежа́ть ＿＿＿＿＿

целова́ть ＿＿＿＿＿

练习6　把下列动词变成过去时形式。

исче́знуть ＿＿＿＿＿　　возни́кнуть ＿＿＿＿＿

увле́чься ＿＿＿＿＿　　найти́сь ＿＿＿＿＿

возни́кнуть ＿＿＿＿＿　　привезти́ ＿＿＿＿＿

отойти́ ＿＿＿＿＿

练习7　造句。

интере́с ＿＿＿＿＿＿＿＿＿＿＿＿＿

увлече́ние ＿＿＿＿＿＿＿＿＿＿＿＿＿

увлека́ться ＿＿＿＿＿＿＿＿＿＿＿＿＿

интересова́ться ＿＿＿＿＿＿＿＿＿＿＿＿＿

＿＿＿＿＿＿＿＿＿＿＿＿＿

интересова́ть ＿＿＿＿＿＿＿＿＿＿＿＿＿

зави́сеть ＿＿＿＿＿＿＿＿＿＿＿＿＿

тре́бовать ＿＿＿＿＿＿＿＿＿＿＿＿＿

привезти́ ＿＿＿＿＿＿＿＿＿＿＿＿＿

каса́ться ＿＿＿＿＿＿＿＿＿＿＿＿＿

отлича́ться ＿＿＿＿＿＿＿＿＿＿＿＿＿

найти́сь ＿＿＿＿＿＿＿＿＿＿＿＿＿

целова́ть _____

кро́ме того́ _____

二、对话及课文

练习8 把下列词组翻译成汉语。

занима́ться пла́ванием _____

занима́ться ша́хматами _____

увлека́ться путеше́ствием _____

увлека́ться рисова́нием _____

уве́ренный в себе́ па́рень _____

в свобо́дное от заня́тий вре́мя _____

интере́с к совреме́нной му́зыке _____

интере́с к кита́йской ку́хне _____

интере́с к лёгкой му́зыке _____

слу́шать ле́кцию с интере́сом _____

слу́шать докла́д без интере́са _____

равноду́шный к матема́тике _____

бро́сить кури́ть _____

о́бщий язы́к _____

собира́ть ма́рки _____

собира́ть колле́кцию _____

коллекциони́ровать ма́рки на те́му самолёты _____

подари́ть кни́гу дру́гу _____

заня́тие спо́ртом _____

увлече́ние ма́рками _____

увлече́ние кино́ _____

большо́й люби́тель джа́за _____

люби́тель пеки́нской о́перы _____

полёты на самолётах _____

нехва́тка вре́мени _____

звёзд с не́ба не хвата́ть _____

дости́чь успе́хов в ша́хматах _____

занима́ть пе́рвое ме́сто в чемпиона́те _____

тре́бовать осо́бого внима́ния _____

тре́бовать де́нег от роди́телей _____

тре́бовать от иностра́нца паспорта _____

пое́хать за грани́цу _____

коллекциони́ровать ма́рки _____

коллекциони́ровать откры́тки с ви́дами Москвы́

_____

откры́тки с ви́дами городо́в _____

де́тская игру́шка _____

предпочита́ть е́здить на метро́ _____

перее́хать грани́цу _____

стари́нные дворцы́ _____

прое́хать всю Евро́пу _____

ду́мать о до́чери _____

ду́мать о сча́стье _____

ду́мать над зада́чей _____

ду́мать над слова́ми преподава́теля _____

теря́ть доро́гу _____

теря́ть наде́жду _____

теря́ть ве́ру _____

练习9 **把下列词组（句子）翻译成俄语。**

锻炼身体 _____

游泳 _____

打网球 _____

迷恋网球 _____

去网球场 _____

实力弱的对手 _____

在课余时间 _____

足球赛 _____

对足球的兴趣　　　　_____

对足球漠不关心的　　_____

喜欢摄影　　　　　　_____

放弃运动　　　　　　_____

报名乒乓球小组　　　_____

摄影给我带来满足。　_____

这种爱好帮我了解许多新鲜有趣的东西。

_____

集邮　　　　　　　　_____

集飞机题材的邮票　　_____

依我看　　　　　　　_____

生活方式　　　　　　_____

才华不够　　　　　　_____

狂热的收藏者　　　　_____

收藏硬币　　　　　　_____

带有城市风光的明信片

_____

民族音乐光盘　　　　_____

儿童玩具　　　　　　_____

吻我的脸颊　　　　　_____

对待自然的态度　　　_____

练习10 **连词成句。**

❶ Я, занима́ться, пла́вание, а, он, люби́ть, игра́ть, в, те́ннис.

_____

❷ Дава́й, вме́сте, ходи́ть, на, те́ннисный, корт, по, у́тро, пе́ред, заня́тия.

_____

❸ Како́й, у, вы, хо́бби?

_____

❹ Что, ты, люби́ть, де́лать, в, свобо́дный, от, заня́тия, вре́мя?

_____

5 Я, итересова́ться, те́ннис.

_____

6 Когда́-то, я, увлека́ться, футбо́л, а, тепе́рь, стать, к, он, равноду́шный.

_____

7 Я, не, мочь, сказа́ть, что, увлека́ться, фотогра́фия, но, фотогра́фия, я, по-пре́жнему, интересова́ть.

_____

_____

8 Фотогра́фия, доставля́ть, я, удово́льствие.

_____

9 Этот, увлече́ние, помо́чь, я, узна́ть, мно́го, но́вое, и, интере́сное.

_____

10 От, что, зави́сеть, увлече́ния, челове́к?

_____

11 На, мой, взгляд, увлече́ния, челове́к, зави́сеть, от, он, сам, от, его́, о́браз, жизнь.

_____

12 Ведь, изве́стно, что, не́который, увлече́ния, тре́бовать, нема́лый, де́ньги, и, из-за, э́то, далеко́, не, ка́ждый, да́же, мочь, они́, попро́бовать.

_____

_____

13 В, второ́й, полуго́дие, в, седьмо́й, класс, я, переста́ть, игра́ть, в, ша́хматы.

_____

14 Я, прийти́сь, выбира́ть, ме́жду, ма́хматы, и, учёба, потому́ что, совмеща́ть, э́тот, два, заня́тие, оказа́ться, невозмо́жный.

_____

15 Что, каса́ться, учёба, то, сейча́с, на, пе́рвый, ме́сто, среди́, мой, интере́сы, несомне́нно, стоя́ть, химия.

_____

_____

16 Я, каза́ться, что, мой, увлече́ния, отлича́ться, от, увлече́ния, мой, рове́сники.

_____

⑰ С, пе́рвый, же, день, война́, де́вушка, насто́йчиво, тре́бовать, что́бы, она́, напра́вить, на, фронт.

_____

_____

⑱ Нау́ка, тре́бовать, от, челове́к, большо́й, напряже́ние, и, вели́кий, страсть.

_____

⑲ Ваш, боле́знь, осо́бенный, лека́рства, не, тре́бовать, ну́жно, то́лько, что́бы, быть, поко́й, о́тдых, и, хоро́ший, пита́ние.

_____

⑳ Преподава́тель, тре́бовать, от, студе́нты, сдава́ть, тетра́ди, во́время.

_____

㉑ Все, до́лго, ду́мать, над, э́тот, вопро́с, но, ника́к, не, мочь, найти́, отве́т.

_____

㉒ В, воскресе́нье, я, ду́мать, пое́хать, в, библиоте́ка, за, кни́га, о, ма́рки.

_____

㉓ На, вокза́л, друзья́, потеря́ть, друг дру́га, в, толпа́.

_____

㉔ В, после́дний, вре́мя, он, потеря́ть, аппети́т, и, сон.

_____

㉕ Никогда́, не, на́до, теря́ть, ве́ра, в, свой, бу́дущее.

_____

㉖ В, письмо́, не, оста́ться, никако́й, друго́й, слова́.

_____

练习11 补足句子。

❶ — Чем вы занима́етесь в свобо́дное вре́мя?

— _____

❷ — Вы бу́дете смотре́ть по телеви́зору футбо́льный матч?

— _____

❸ — Вы равноду́шны к футбо́лу?

— _____

④ — Куда́ вы спеши́те?

— _____

⑤ — Чем вы увлека́етесь?

— _____

⑥ — Что вас интересу́ет?

— _____

⑦ — Чем вы интересу́етесь?

— _____

⑧ — От чего́ зави́сят увлече́ния челове́ка по ва́шему мне́нию?

— _____

⑨ — Каки́е у вас увлече́ния?

— _____

⑩ — Каки́е у тебя́ пла́ны на зи́мние кани́кулы?

— _____

练习12 造句。

интересова́ться _____

увлека́ться _____

записа́ться _____

тре́бовать _____

зави́сеть _____

прийти́сь _____

отлича́ться чем от чего́

_____

изве́стно _____

на мой взгляд _____

бо́льше всего́ _____

в свобо́дное от заня́тий вре́мя

_____

Де́ло в том, что _____

Что каса́ется _____

причём _____

как раз   _____

до сих пор   _____

в осо́бенности   _____

звёзд с не́ба не хвата́ть

_____

练习13　把下列句子翻译成俄语。

❶ 我迷恋网球，每天上课前我都去网球场。

_____

❷ 你对什么感兴趣？

_____

❸ 课余时间你喜欢做什么？

_____

❹ 我最喜欢足球。

_____

❺ 明天电视转播足球赛。

_____

❻ 现在我对乒乓球完全失去兴趣。

_____

❼ 摄影给我带来满足。

_____

❽ 这种爱好帮我了解许多新鲜有趣的东西。

_____

❾ 依我看，兴趣取决于个人，取决于其生活方式。

_____

❿ 众所周知，很多爱好需要花费大量金钱。

_____

⓫ 热气球、飞行、帆板就属于这类运动。

_____

⓬ 我没有出众的才华，但还是取得了一些成绩。

_____

⓭ 到现在我都在怀疑自己做得是否正确。

_____

⑭ 至于谈到学习，无疑在我的所有兴趣中化学占第一位。

_____

⑮ 除了阅读，我还看电视。

_____

⑯ 我觉得，我的爱好与同龄人的爱好有明显区别。

_____

练习14 根据解释写出俄语谚语或俗语。

❶ У ка́ждого челове́ка свой вкус, поэ́тому не на́до спо́рить о вку́сах.

_____

❷ Лю́дям нра́вятся ра́зные ве́щи, тру́дно встре́тить люде́й с одина́ковым вку́сом.

_____

❸ На ста́рого дру́га мы мо́жем рассчи́тывать бо́льше, чем на но́вого, потому́ что ста́рого дру́га мы зна́ем лу́чше.

_____

❹ Большу́ю часть вре́мени челове́к до́лжен тра́тить на рабо́ту, на де́ло и ме́ньшую часть — на о́тдых и весе́лье.

_____

❺ По́сле вы́полненной рабо́ты мо́жно с по́лным пра́вом отдохну́ть.

_____

三、语 法

练习15 选择正确答案填空。

❶ Мы _____ (мо́ем, мо́емся) ру́ки пе́ред обе́дом и _____ (вытира́ем, вытира́емся) их полоте́нцем.

❷ Мы _____ (мо́ем, мо́емся) холо́дной водо́й и _____ (вытира́ем, вытира́емся) полоте́нцем.

❸ По утра́м ста́ршая сестра́ сама́ _____ (умыва́ет, умыва́ется) и _____ (вытира́ет, вытира́ется).

④ Ста́ршая сестра́ _____ (умыва́ется, умыва́ет) мла́дшую и _____ (причёсывает, причёсывается) её.

⑤ Оте́ц _____ (купа́ет, купа́ется) сы́на и _____ (раздева́ется, раздева́ет) его́ в ва́нной.

⑥ Ма́льчик _____ (раздева́ет, раздева́ется) и _____ (купа́ет, купа́ется) в ва́нной.

⑦ Па́па _____ (бре́ет, бре́ется) но́вой бри́твой и бы́стро _____ (причёсывает, причёсывается).

⑧ Молодо́й парикма́хер _____ (бре́ет, бре́ется) и _____ (причёсывает, причёсывается) клие́нта по после́дней мо́де.

⑨ За́втра в аэропорту́ мы _____ (встре́тим, встре́тимся) дру́га из Индии.

⑩ Мы _____ (встреча́ем, встреча́емся) в 5 часо́в в аэропорту́.

⑪ Тури́сты _____ (фотографи́руют, фотографи́руются) на фо́не городски́х па́мятников.

⑫ Тури́сты _____ (фотографи́руют, фотографи́руются) многочи́сленные городски́е па́мятники.

⑬ Мы _____ (уви́дели, уви́делись) своего́ однокла́ссника в теа́тре.

⑭ Мы _____ (уви́дели, уви́делись) с однокла́ссником в теа́тре.

⑮ Мы _____ (познако́мили, познако́мились) с дире́ктором музе́я на пе́рвой экску́рсии.

⑯ Друзья́ _____ (познако́мили, познако́мились) нас с дире́ктором музе́я Пу́шкина.

⑰ Меня́ _____ (интересу́ет, интересу́ется) совреме́нная му́зыка.

⑱ Оте́ц _____ (интересу́ет, интересу́ется) поли́тикой.

⑲ Изве́стный профе́ссор _____ (чита́ет, чита́ется) ле́кции по ру́сской исто́рии.

⑳ Ле́кция по ру́сской исто́рии _____ (чита́ет, чита́ется) изве́стным профе́ссором.

㉑ Учёными _____ (изуча́ет, изуча́ется) вопро́с о жи́зни на други́х плане́тах.

㉒ Учёные мно́гих стран _____ (изуча́ют, изуча́ются) космона́втику.

㉓ В не́которых институ́тах зна́ния студе́нтов _____ (проверя́ют, проверя́ются) маши́нами.

㉔ Маши́ны _____ (проверя́ют, проверя́ются) контро́льные рабо́ты студе́нтов.

㉕ На́ши студе́нты _____ (гото́вят, гото́вятся) ве́чер на ру́сском языке́.

㉖ На́шим клу́бом _____ (гото́вит, гото́вится) больша́я фотовы́ставка.

练习16 把下列动词的适当形式填入括号内。

мыть — мы́ться

❶ Он _____ ру́ки.

❷ Мать _____ посу́ду.

❸ Ма́льчик _____ в душе́.

❹ Сестра́ _____ ма́ленького ребёнка.

❺ Пе́ред обе́дом ну́жно _____ ру́ки.

одева́ть — одева́ться

❻ Она́ _____ свою́ мла́дшую сестру́.

❼ Он _____ о́чень ме́дленно.

❽ Медсестра́ _____ больно́го.

умыва́ть — умыва́ться

❾ Утром мы _____ холо́дной водо́й.

❿ Мать _____ своего́ ма́ленького сы́на.

купа́ть — купа́ться

⓫ Я люблю́ _____ в мо́ре.

⓬ Ка́ждый ве́чер мать _____ дете́й.

⓭ Когда́ мы отдыха́ли на мо́ре, мы _____ три ра́за в день.

встре́тить — встре́титься

⓮ Вчера́ на у́лице я _____ дру́га.

⑮ Мы _____ с ним по́здно ве́чером.

⑯ Брат написа́л мне, что́бы я _____ его́ на вокза́ле.

⑰ За́втра я хочу́ _____ с ва́ми.

познако́мить — познако́миться

⑱ Я _____ с ним в про́шлом году́.

⑲ Я _____ его́ со свое́й сестро́й.

⑳ Где вы _____ с э́той де́вушкой ?

㉑ Когда́ вы _____ меня́ со свои́м бра́том?

уви́деть — уви́деться

㉒ Он сказа́л, что он _____ меня́ в клу́бе.

㉓ Мы _____ с ним вчера́.

㉔ —Когда́ вы _____ с ним в после́дний раз?

  —Я _____ его́ ме́сяц наза́д.

сове́товать — сове́товаться

㉕ Мой оте́ц ча́сто _____ мне вы́брать э́ту специа́льность.

㉖ Когда́ мне тру́дно, я всегда́ _____ с ним.

интересова́ть — интересова́ться

㉗ Безусло́вно, меня́ _____ ва́ше мне́ние по э́тому вопро́су.

㉘ Я _____ вопро́сами Росси́и.

удивля́ть — удивля́ться

㉙ И сего́дня он не перестаёт _____ свои́х друзе́й.

㉚ Я не перестаю́ _____ красоте́ приро́ды

ра́довать — ра́доваться

㉛ Де́ти _____ мать.

㉜ Мать _____ прие́зду дете́й.

беспоко́ить — беспоко́иться

㉝ Меня́ _____ состоя́ние его́ здоро́вья.

㉞ Мать всегда _____ о детях.

волнова́ть — волнова́ться

㉟ Это меня́ не _____ .

㊱ Алёша о́чень _____ пе́ред экза́меном по у́стной ре́чи.

останови́ть — останови́ться

㊲ Шофёр _____ авто́бус о́коло музе́я.

㊳ Авто́бус _____ на остано́вке

练习17 按示例变换句型。

Образец А: Преподава́тель проверя́ет на́ши сочине́ния. — На́ши сочине́ния проверя́ются преподава́телем.

❶ Инжене́ры создаю́т сло́жные маши́ны.

_____

❷ Учёные ра́зных стран иссле́дуют пробле́мы долголе́тия.

_____

❸ Эта гру́ппа инжене́ров гото́вит прое́кт но́вой ли́нии метро́.

_____

❹ Экскурсио́нное бюро́ организу́ет экску́рсию по го́роду.

_____

❺ Студе́нты на́шего факульте́та изуча́ют иностра́нные языки́.

_____

❻ Учёные э́того институ́та реша́ют ва́жные пробле́мы хи́мии.

_____

❼ Молоды́е кинорежиссёры создаю́т интере́сные фи́льмы.

_____

❽ Врачи́ э́той кли́ники де́лают сло́жные опера́ции на се́рдце.

_____

Образец Б: На пе́рвом ку́рсе изуча́ют ру́сскую литерату́ру. — На пе́рвом ку́рсе изуча́ется ру́сская литерату́ра.

❾ В на́шем райо́не стро́ят но́вую гости́ницу.

_____

⑩ В э́том кинотеа́тре <u>демонстри́руют</u> но́вые фи́льмы.

_____

⑪ В на́шем клу́бе <u>организу́ют</u> интере́сные вечера́.

_____

⑫ В э́том магази́не <u>продаю́т</u> де́тскую литерату́ру.

_____

⑬ В 9 часо́в по ра́дио <u>передаю́т</u> после́дние изве́стия.

_____

⑭ В э́том за́ле <u>чита́ют</u> ле́кции.

_____

Образец В: В э́том магази́не продаётся литерату́ра на ру́сском языке́. —
В э́том магази́не продаю́т литерату́ру на ру́сском языке́.

⑮ Сейча́с в на́шем клу́бе <u>гото́вится</u> вы́ставка молоды́х худо́жников.

_____

⑯ В э́том райо́не <u>стро́ится</u> ещё одна́ шко́ла.

_____

⑰ Ско́ро здесь <u>откро́ется</u> но́вая ста́нция метро́.

_____

⑱ На э́том факульте́те <u>преподаю́тся</u> иностра́нные языки́.

_____

⑲ В э́том кио́ске <u>продаю́тся</u> газе́ты на иностра́нных языка́х.

_____

⑳ Сейча́с по ра́дио <u>передаю́тся</u> после́дние изве́стия.

_____

练习18 **选词填空（**продолжа́ться, ко́нчиться, посове́товаться, волнова́ться, забо́титься, подгото́виться, смея́ться, познако́миться, ви́деться, интересова́ться, верну́ться, встре́титься**）。**

❶ Ра́ньше мы не зна́ли друг дру́га, мы _____ в Москве́.

❷ Я не _____ со свои́ми роди́телями полго́да.

❸ Мы договори́лись _____ у теа́тра в 6 часо́в.

④ Вчера́ я _____ домо́й в 9 часо́в ве́чера.

⑤ Конце́рт _____ 2 часа́.

⑥ Конце́рт _____ , и мы с друзья́ми пошли́ домо́й.

⑦ Я не зна́ю, что мне де́лать, и хочу́ _____ с ва́ми.

⑧ Я всегда́ _____ , когда́ отвеча́ю на экза́мене.

⑨ Ка́ждая мать _____ о свои́х де́тях.

⑩ Все _____ , когда́ он расска́зывает весёлые исто́рии.

⑪ Мой друг _____ радиофи́зикой.

⑫ Он хорошо́ _____ к экза́мену по фи́зике.

练习19 选择适当的动词填空。

　　Мой брат _____ (учи́ть — учи́ться) в шко́ле в 10 кла́ссе. Обы́чно он встаёт в 7 часо́в утра́. Он _____ (умыва́ть — умыва́ться), _____ (одева́ть — одева́ться), _____ (причёсывать — причёсываться) и сади́тся за́втракать. Шко́ла, где _____ (учи́ть-учи́ться) мой брат, нахо́дится бли́зко. В 9 часо́в _____ (начина́ть-начина́ться) пе́рвый уро́к. Уро́ки _____ (продолжа́ть — продолжа́ться) до трёх часо́в. Когда́ уро́ки _____ (конча́ть — конча́ться), мой брат идёт домо́й. Ве́чером он _____ (гото́вить — гото́виться) дома́шнее зада́ние. Он мно́го занима́ется иностра́нным языко́м. Снача́ла он _____ (учи́ть — учи́ться) слова́ и пра́вила, пото́м _____ (де́лать — де́латься) упражне́ния. По́сле у́жина мой брат занима́ется свои́ми дела́ми. Он о́чень _____ (интересова́ть — интересова́ться) фи́зикой и хи́мией. Когда́ он _____ (ко́нчить — ко́нчиться) шко́лу, он бу́дет поступа́ть в университе́т. Сейча́с он _____ (гото́вить — гото́виться) к экза́менам. Когда́ ему́ тру́дно, он всегда́ _____ (сове́товать — сове́товаться) со мной.

练习20 选择适当的否定代词或否定副词填空。

① _____ не забы́л об э́том.

② _____ бы́ло сказа́ть.

③ _____ тру́дности не мо́гут останови́ть нас.

④ ＿＿＿＿＿＿ и ＿＿＿＿＿＿ я не говори́л непра́вду.

⑤ ＿＿＿＿＿＿ бу́дет посла́ть за кни́гами: все уе́хали.

⑥ Вчера́ я ＿＿＿＿＿＿ не ходи́л, был о́чень за́нят.

⑦ Я не зна́ю, когда́ отхо́дит по́езд, но спроси́ть бы́ло ＿＿＿＿＿＿ : круго́м ни души́.

⑧ Все пло́хо написа́ли. ＿＿＿＿＿＿ сочине́ние нам не понра́вилось.

⑨ ＿＿＿＿＿＿ разгова́ривать по-ру́сски до́ма: ＿＿＿＿＿＿ не уме́ет.

⑩ Он ＿＿＿＿＿＿ не за́нят, позови́ и его́ в кино́.

⑪ ＿＿＿＿＿＿ пойти́, мои́ знако́мые в о́тпуске.

⑫ Всю жизнь э́тот стари́к ＿＿＿＿＿＿ не е́здил, ＿＿＿＿＿＿ не побыва́л.

⑬ Я не могу́ узна́ть об э́том ＿＿＿＿＿＿ .

⑭ ＿＿＿＿＿＿ бы́ло забо́титься о де́тях. Они́ росли́ са́ми собо́й.

⑮ ＿＿＿＿＿＿ помога́ть: все у́чатся лу́чше меня́.

⑯ Я ему́ ＿＿＿＿＿＿ не подари́л на день рожде́ния.

⑰ ＿＿＿＿＿＿ так не сближа́ет люде́й, как пе́режитые вме́сте тру́дности.

⑱ ＿＿＿＿＿＿ занима́ться. В выходны́е дни библиоте́ка не рабо́тает.

练习21 选择正确答案填空。

❶ Ме́жду Ю́рой и И́рой, ка́жется, нет ＿＿＿＿＿＿ (ничего́, не́чего) о́бщего.

❷ Я сего́дня больна́ и ＿＿＿＿＿＿ (ниче́м, не́чем) не могу́ занима́ться.

❸ Все мои́ друзья́ уе́хали на экску́рсию в Со́чи, и мне ＿＿＿＿＿＿ (ни к кому́, не́ к кому) пойти́.

❹ Мо́жно пое́хать на экску́рсию, бо́льше ＿＿＿＿＿＿ (никого́, не́кого) ждать.

❺ Че́рез пять мину́т ＿＿＿＿＿＿ (никого́, не́кого) не оста́лось на у́лице.

❻ На твой вопро́с ＿＿＿＿＿＿ (никто́, не́кому) отве́тить.

❼ Мне есть ＿＿＿＿＿＿ (не́ с кем, с кем) посове́товаться.

❽ Она́ ＿＿＿＿＿＿ (ни с ке́м, не́ с кем) не разгова́ривала, ви́дно, ＿＿＿＿＿＿ (никого́, не́кого) не зна́ла вокру́г.

❾ Вчера́ мне ＿＿＿＿＿＿ (нигде́, не́где) бы́ло занима́ться.

⑩ Нам бу́дет _____ (куда́, где) пойти́.

⑪ _____ (Ни на чью́, Не́ на чью) по́мощь мы не мо́жем наде́яться. Мы вы́полним э́ту зада́чу са́ми.

⑫ Лю́ди шли мо́лча, и _____ (никто́, не́кто) из них не говори́л.

⑬ _____ (Никогда́, Не́когда) не счита́й, что ты зна́ешь всё, что тебе́ бо́льше _____ (ничему́, не́чему) учи́ться.

⑭ _____ (Нигде́, Не́где) я не доста́л ну́жной мне статьи́.

⑮ _____ (Никого́, Не́кого) не́ было до́ма, мне бы́ло _____ (ни с ке́м, не́ с кем) посове́товаться.

⑯ У него́ мно́го рабо́ты, и ему́ _____ (никогда́, не́когда) поду́мать о свое́й семье́.

⑰ Вам _____ (ни за что́, не́ за что) меня́ благодари́ть.

⑱ У них быва́ет _____ (не́чем, ничего́) угости́ть го́стя.

⑲ Мне бу́дет _____ (с кем, кто) разгова́ривать.

⑳ Нам бы́ло _____ (где, нигде́) занима́ться.

四、本课测验

I 按示例变换句型。 10分

Образец: Ко́смос иссле́дуется учёными мно́гих стран. — Ко́смос иссле́дуют учёные ра́зных стран.

❶ На́шим университе́том организу́ются междунаро́дные конфере́нции.

_____

❷ Профессора́ми э́того институ́та де́лаются сло́жные опера́ции.

_____

❸ На́шим клу́бом гото́вится больша́я фотовы́ставка.

_____

❹ Не́сколько раз в день моско́вским ра́дио передаю́тся после́дние изве́стия.

_____

❺ Ка́ждый день студе́нтами выполня́ются дома́шние зада́ния.

_____

⑥ Наш го́род ча́сто посеща́ется тури́стами.

_____

⑦ Ру́сская литерату́ра изуча́ется студе́нтами ста́рших ку́рсов.

_____

⑧ В поликли́нике больны́е осма́триваются о́пытными врача́ми.

_____

⑨ Учёные э́того институ́та реша́ют ва́жные пробле́мы хи́мии.

_____

⑩ Молоды́е кинорежиссёры создаю́т интере́сные фи́льмы.

_____

II 选择正确答案填空。　25分

① _____ не зна́ет об э́том.

   A. Все   B. Никто́

   C. Кто́-нибудь   D. Кто́-то

② В приро́де _____ не остаётся неизме́ненным.

   A. всё   B. ничто́

   C. не́что   D. что

③ В приро́де _____ не нахо́дится в поко́е.

   A. ничто́   B. ничего́

   C. не́что   D. не́чего

④ Он зако́нчит рабо́ту в срок, е́сли ему́ _____ не помеша́ет.

   A. что́-то   B. что́-нибудь

   C. ко́е-что   D. ничто́

⑤ Мне _____ здесь поговори́ть, круго́м ни одного́ бли́зкого челове́ка.

   A. не́ с кем   C. ни с ке́м

   C. не́ о ком   D. ни о ко́м

⑥ Че́рез 5 мину́т _____ не оста́лось на у́лице.

   A. никто́   B. не́кто

   C. никого́   D. не́кого

⑦ Он хоте́л всё сде́лать сам и _____ не обраща́лся за по́мощью.

   A. не́ к кому   B. ни к кому́

   C. кому́-нибудь   D. кому́-то

⑧ Сама́ ты винова́та, не жа́луйся _____ .

A. на никого́   B. не на кого́

C. ни на кого́   D. никого́

⑨ Все за́няты. _____ забо́титься о нём.

A. Не́ о ком   B. Ни о ко́м

C. Никому́   D. Не́кому

⑩ Он оста́лся без роди́телей. О нём забо́титься _____ .

A. не́ о ком   B. не́кому

C. никому́   D. ни о ко́м

⑪ Об э́том бе́дном ма́льчике никто́ не бу́дет забо́титься, и _____ бу́дет забо́титься.

A. не́кто   C. не́кого

C. не́кому   D. не́ о ком

⑫ Он уже́ рассказа́л мне о себе́ всё, а мне бы́ло _____ ему́ расска́зывать.

A. ничего́   B. не́чего

C. ничто́   D. не́что

⑬ Нам боя́ться _____ .

A. ничего́   B. не́чего

C. ниче́м   D. ничто́

⑭ Никогда́ не ду́май, что ты всё зна́ешь и тебе́ бо́льше _____ учи́ться.

A. ничему́   B. не́чему

C. ничего́   D. не́чего

⑮ Все за́няты свои́ми дела́ми, и _____ посла́ть за биле́тами.

A. никого́   B. не́кого

C. никому́   D. не́кому

⑯ Замести́тель заболе́л, вме́сто него́ _____ посла́ть на совеща́ние.

A. никого́   B. не́кого

C. ко́е-кого́   D. не́кто

⑰ Ма́ленькому цветку́ _____ бы́ло пита́ться в ка́мне.

A. ко́е-че́м   B. ниче́м

C. не́чем   D. не́что

⑱ ＿＿＿＿＿＿＿ бы́ло обрати́ться по вопро́су экску́рсии. Отвеча́ющий за э́то рабо́тник уе́хал в о́тпуск.

    A. Не́ к кому   B. Ни к кому́

    C. Не́ с кем   D. Ни с ке́м

⑲ Всё в поря́дке, бо́льше забо́титься ＿＿＿＿＿＿ .

    A. ни о чём   B. не́ о чём

    C. о чём-нибудь   D. о чём-то

⑳ В э́том винова́т то́лько ты оди́н. Жа́ловаться тебе́ ＿＿＿＿＿＿ .

    A. ни на кого́   B. не́ на кого

    C. никого́   D. не́кого

㉑ Все това́рищи собира́ются пое́хать домо́й на зи́мние кани́кулы, мне бу́дет пойти́ ＿＿＿＿＿＿ .

    A. ни к кому́   B. не́ к кому

    C. не́кого   D. никого́

㉒ По́сле ги́бели семьи́ ему́ ＿＿＿＿＿＿ бы́ло получа́ть пи́сем и ＿＿＿＿＿＿ бы́ло бо́льше писа́ть.

    A. не́ от кого, не́кому   B. ни от кого́, не́ к кому

    C. от не́кого, не́кому   D. не́ от кого, никому́

㉓ У них быва́ет ＿＿＿＿＿＿ угости́ть го́стя.

    A. не́чего   B. чем

    C. ничего́   D. что

㉔ Нам есть ＿＿＿＿＿＿ учи́ться.

    A. что   B. чего́

    C. чему   D. чем

㉕ Ва́ши роди́тели прие́хали. Там есть ＿＿＿＿＿＿ посове́товаться.

    A. ни с ке́м   B. не́ к кому

    C. с кем   D. к кому́

III 把括号里的词变成适当形式填空。 **20分**

❶ Я интересу́юсь ＿＿＿＿＿＿ (спорт), а он увлека́ется ＿＿＿＿＿＿ (му́зыка).

❷ В свобо́дное ＿＿＿＿＿＿ (заня́тия) вре́мя я занима́юсь ＿＿＿＿＿＿ (спорт).

③ Брат записа́лся _____ (се́кция пинг-по́нг), а сестра́ равноду́шна _____ (насто́льный те́ннис).

④ Эта фотогра́фия _____ (я) интересу́ет.

⑤ Я коллекциони́рую ма́рки _____ (те́ма) космона́втика.

⑥ Он уже́ потеря́л интере́с _____ (матема́тика).

⑦ _____ (Мой взгляд), увлече́ния челове́ка зави́сят _____ (его́ о́браз жи́зни).

⑧ Дома́шняя работа тре́бует _____ (вре́мя) _____ (хозя́йка).

⑨ Что каса́ется _____ (учёба), то сейча́с на пе́рвом ме́сте среди́ мои́х интере́сов, несомне́нно, стои́т хи́мия.

⑩ Кро́ме _____ (чте́ние), я смотрю́ телеви́зор.

⑪ _____ (Я) ка́жется, что мои́ увлече́ния отлича́ются _____ (увлече́ния) мои́х рове́сников.

⑫ Заня́тия _____ (спорт) — э́то о́чень хорошо́.

⑬ Ремо́нт до́ма тре́бует _____ (больши́е де́ньги).

⑭ Сестра́ тре́бует _____ (я) _____ (биле́т) в теа́тр.

⑮ Увлече́ние _____ (му́зыка) о́чень помога́ет ему́.

⑯ Мы гото́вимся _____ (экза́мен).

⑰ Студе́нты перепи́сываются _____ (иностра́нцы).

⑱ В э́том магази́не я нашёл _____ (ну́жный я кни́га).

⑲ По́сле институ́та он стал _____ (большо́й люби́тель) джа́за.

⑳ Я достига́ю _____ (больши́е успе́хи) в ша́хматах.

Ⅳ 把下列词组翻译成汉语。 5分

поє́хать за грани́цу _____

переє́хать грани́цу _____

стари́нные дворцы́ _____

клуб филатели́стов _____

проє́хать всю Евро́пу _____

игра́ть ва́жную роль _____

потеря́ть ве́ру в бу́дущее _____

потеря́ть аппети́т и сон _____

бро́сить кури́ть _____

ду́мать над пла́ном _____

V 造句。 10分

сли́шком _____

несомне́нно _____

про́сто _____

по-пре́жнему _____

бо́льше всего́ _____

в осо́бенности _____

зна́чит _____

предпочита́ть _____

найти́сь _____

звёзд с не́ба не хвата́ть

_____

VI 把下列句子翻译成俄语。 15分

❶ 我没有出众的才华。

_____

❷ 科学需要付出极大的精力及热情。

_____

❸ 我们班每个同学都有自己的兴趣及爱好。

_____

❹ 集邮是我的爱好，我花了很多时间。

_____

❺ 中秋节是阴历的八月十五日。

_____

❻ 他出国游历了整个欧洲。

_____

❼ 妈妈亲吻了女儿的脸颊。

_____

⑧ 我是京剧的发烧友。

_____

⑨ 购物带给我们极大的快乐。

_____

⑩ 我们没有共同语言。

_____

VII **解释下列谚语或俗语。** 5分

① О вку́сах не спо́рят.

_____

② На вкус и цвет това́рища нет.

_____

③ Ста́рый друг лу́чше но́вых двух.

_____

④ Де́лу вре́мя, поте́хе час.

_____

⑤ Сде́лал де́ло — гуля́й сме́ло.

_____

VIII **选择下列其中一个题目写一篇俄语作文，不少于200词。** 10分

① «Увлече́ний сам себе́ не выбира́ет, они́ са́ми выбира́ют его́»

② «Моё увлече́ние»

_____

_____

_____

_____

_____

_____

五、日积月累

Друзья́ познаю́тся в беде́. 患难识知己。

Нет ды́ма без огня́. 无火不冒烟；无风不起浪。

六、国情点滴

谢尔盖·瓦西里耶维奇·拉赫玛尼诺夫（Серге́й Васи́льевич Рахма́нинов）（1873—1943），俄罗斯作曲家、钢琴家、指挥家，19—20 世纪之交最著名的俄罗斯音乐文化活动家。拉赫玛尼诺夫被誉为"最具俄罗斯风格的作曲家"。拉赫玛尼诺夫音乐创作的一个显著特点是节奏雄浑有力，充满激情，旋律起伏宏亮，同时又轻松自如，浑然天成。在他众多不同体裁的作品中，钢琴曲作品占有最重要的地位。拉赫玛尼诺夫的主要作品有《第二交响乐》«Втора́я симфо́ния»（1907）、《第三交响乐》«Тре́тья симфо́ния»（1936）、《第二钢琴协奏曲》«Конце́рт для фортепиа́но с орке́стром №2»（1891）、《第三钢琴协奏曲》«Конце́рт №3 для фортепиа́но с орке́стром»（1891）等。

七、练习答案

练习1　中, 阴, 五, дворца́, в ком-чём, исче́з, исче́зла, исче́зло, исче́зли, возни́к, возни́кла, возни́кло, возни́кли, привёз, привезла́, привезло́, привезли́, отошёл, отошла́, отошло́, отошли́

练习2　贸易伙伴, 自信的, 对胜利有信心的, 迷恋乒乓球, 迷恋足球, 对音乐漠不关心的, 对数学漠不关心的, 花费女主人很多时间, 把乘客送到飞机场, 送货到家, 按期送达邮件, 根本地, 这样地（因此）, 要求乘客买票, 要求自由, 很多大学生, 很多情况, 病因, 时间不够, 劳动力不够, 对该问题有很大的怀疑, 怀疑地看着他, 毫无疑问, 在电影中演主角, 起重要作用, 从国外带来纪念品, 带回书作礼物, 带有莫斯科风景的明信片, 台历, 阴历, 吻女儿的脸颊, 冬宫

练习3　ра́зные хо́бби, те́ннисный корт, торго́вый партнёр, уве́ренный в себе́, уве́ренный в побе́де, да́вняя мечта́, увлече́ние насто́льным те́ннисом, увлече́ние футбо́лом, равноду́шный к му́зыке, равноду́шный к матема́тике, отня́ть мно́го вре́мени от хозя́йки, боле́знь отняла́ у неё ребёнка, переста́ть петь, доста́вить това́ры на́ дом, доста́вить по́чту в срок, конве́рт с ма́ркой, коллекциони́ровать ма́рки, ли́шние ве́щи, тре́бовать свобо́ды, нехва́тка рабо́чих рук, но́вое полуго́дие, ежедне́вная газе́та, откры́тый хара́ктер, игра́ть ва́жную роль, большо́й вы́бор, отва́жный солда́т, привезти́ сувени́ры из-за грани́цы, откры́тка с ма́ркой, по лу́нному календарю́, отойти́ от окна́, в тру́дный моме́нт, целова́ть дочь в щёку, одина́ковый вопро́с, Зи́мний дворе́ц

练习8 游泳, 下象棋, 迷恋旅行, 迷恋绘画, 自信的小伙子, 在课余时间, 对现代音乐的兴趣, 对中餐的兴趣, 对轻音乐的兴趣, 兴致勃勃地听讲座, 毫无兴致地听报告, 对数学漠不关心的, 戒烟, 共同语言, 集邮, 收藏, 集飞机题材的邮票, 送朋友书, 锻炼, 迷恋邮票, 迷恋电影, 爵士乐发烧友, 京剧爱好者, 乘坐飞机飞行, 时间不够, 才华不够, 下棋取得成绩, 锦标赛冠军, 要求特别注意, 向父母要钱, 要求外国人出示护照, 出国, 集邮, 收集带有莫斯科风景的明信片, 带有城市风光的明信片, 儿童玩具, 认为乘地铁好, 穿越国境, 古老的宫殿, 穿越整个欧洲, 想女儿, 思考幸福, 思考习题, 思考老师的话, 迷路, 丧失希望, 失去信心

练习9 занима́ться спо́ртом, занима́ться пла́ванием, игра́ть в те́ннис, увлека́ться те́ннисом, ходи́ть на те́ннисный корт, сла́бый сопе́рник, в свобо́дное от заня́тий вре́мя, футбо́льный матч, интере́с к футбо́лу, равноду́шный к футбо́лу, люби́ть фотографи́ровать, бро́сить спорт, записа́ться в се́кцию пинг-по́нга, Фотогра́фия доставля́ет мне удово́льствие. Это увлече́ние помогло́ мне узна́ть мно́го но́вого и интере́сного. собира́ть ма́рки, коллекциони́ровать ма́рки на те́му самолёты, на мой взгляд, о́браз жи́зни, звёзд с не́ба не хвата́ть, стра́стный коллекционе́р, собира́ть моне́ты, откры́тки с ви́дами городо́в, диск с за́писями наро́дной му́зыки, де́тская игру́шка, поцелова́ть меня́ в щёку, отноше́ние к приро́де

练习10

1 Я занима́юсь пла́ванием, а он лю́бит игра́ть в те́ннис.

2 Дава́й вме́сте ходи́ть на те́ннисный корт по утра́м пе́ред заня́тиями.

3 Како́е(ие) у вас хо́бби?

4 Что ты лю́бишь де́лать в свобо́дное от заня́тий вре́мя?

5 Я интересу́юсь те́ннисом.

6 Когда́-то я увлека́лся футбо́лом, а тепе́рь стал к нему́ равноду́шен.

7 Я не могу́ сказа́ть, что увлека́юсь фотогра́фией, но фотогра́фия меня́ по-пре́жнему интересу́ет.

8 Фотогра́фия доставля́ет мне удово́льствие.

9 Это увлече́ние помогло́ мне узна́ть мно́го но́вого и интере́сного.

10 От чего́ зави́сят увлече́ния челове́ка?

⑪ На мой взгляд, увлече́ния челове́ка зави́сят от него́ самого́, от его́ о́браза жи́зни.

⑫ Ведь изве́стно, что не́которые увлече́ния тре́буют нема́лых де́нег, и из-за э́того далеко́ не ка́ждый да́же мо́жет их попро́бовать.

⑬ Во второ́м полуго́дии в седьмо́м кла́ссе я переста́л игра́ть в ша́хматы.

⑭ Мне пришло́сь выбира́ть ме́жду ша́хматами и учёбой, потому́ что совмеща́ть э́ти два заня́тия оказа́лось невозмо́жным.

⑮ Что каса́ется учёбы, то сейча́с на пе́рвом ме́сте среди́ мои́х интере́сов, несомне́нно, стои́т хи́мия.

⑯ Мне ка́жется, что мои́ увлече́ния отлича́ются от увлече́ний мои́х рове́сников.

⑰ С пе́рвого же дня войны́ де́вушка насто́йчиво тре́бовала, что́бы её напра́вили на фронт.

⑱ Нау́ка тре́бует от челове́ка большо́го напряже́ния и вели́кой стра́сти.

⑲ Ва́ша боле́знь осо́бенных лека́рств не тре́бует, ну́жно то́лько, что́бы был поко́й, о́тдых и хоро́шее пита́ние.

⑳ Преподава́тель тре́бует от студе́нтов сдава́ть тетра́ди во́время.

㉑ Все до́лго ду́мают над э́тим вопро́сом, но ника́к не мо́гут найти́ отве́т.

㉒ В воскресе́нье я ду́маю пое́хать в библиоте́ку за кни́гой о ма́рках.

㉓ На вокза́ле друзья́ потеря́ли друг дру́га в толпе́.

㉔ В после́днее вре́мя он потеря́л аппети́т и сон.

㉕ Никогда́ не на́до теря́ть ве́ру в своё бу́дущее.

㉖ В письме́ не оста́лось никаки́х други́х слов.

练习13

① Я увлека́юсь те́ннисом, я хожу́ на те́ннисный корт по утра́м пе́ред заня́тиями.

② Чем вы интересу́етесь?

③ Что вы лю́бите де́лать в свобо́дное от заня́тий вре́мя?

④ Я бо́льше всего́ люблю́ футбо́л.

⑤ За́втра по телеви́зору бу́дет футбо́льный матч.

⑥ Тепе́рь я совсе́м потеря́л интере́с к насто́льному те́ннису.

⑦ Фотогра́фия доставля́ет мне удово́льствие.

⑧ Э́то увлече́ние помогло́ мне узна́ть мно́го но́вого и интере́сного.

⑨ На мой взгляд, увлече́ния челове́ка зави́сят от него́ самого́, от его́ о́браза жи́зни.

⑩ Всем изве́стно, что не́которые увлече́ния тре́буют нема́лых де́нег.

⑪ К э́тим ви́дам увлече́ний отно́сятся воздухопла́вание, полёты на самолётах, пла́вание на я́хтах.

⑫ Звёзд с не́ба я не хвата́л, но не́которые успе́хи у меня́ бы́ли.

⑬ До сих пор у меня́ иногда́ возника́ют сомне́ния, пра́вильно ли я поступи́л?

⑭ Что каса́ется учёбы, то сейча́с на пе́рвом ме́сте среди́ мои́х интере́сов, несомне́нно, стои́т хи́мия.

⑮ Кро́ме чте́ния, я смотрю́ телеви́зор.

⑯ Мне ка́жется, что мои́ увлече́ния отлича́ются от увлече́ний мои́х рове́сников.

练习15

① мо́ем, вытира́ем
② мо́емся, вытира́емся
③ умыва́ется, вытира́ется
④ умыва́ет, причёсывает
⑤ купа́ет, раздева́ет
⑥ раздева́ется, купа́ется
⑦ бре́ется, причёсывается
⑧ бре́ет, причёсывает
⑨ встре́тим
⑩ встреча́емся
⑪ фотографи́руются
⑫ фотографи́руют
⑬ уви́дели
⑭ уви́делись
⑮ познако́милdoch
⑮ познако́мились
⑯ познако́мили
⑰ интересу́ет
⑱ интересу́ется
⑲ чита́ет
⑳ чита́ется
㉑ изуча́ется
㉒ изуча́ют
㉓ проверя́ются
㉔ проверя́ют
㉕ гото́вят
㉖ гото́вится

练习16

① мо́ет
② мо́ет
③ мо́ется
④ мо́ет
⑤ мыть
⑥ одева́ет
⑦ одева́ется
⑧ одева́ет
⑨ умыва́емся
⑩ умыва́ет
⑪ купа́ться
⑫ купа́ет
⑬ купа́лись
⑭ встре́тил
⑮ встре́тились
⑯ встре́тил
⑰ встре́титься
⑱ познако́мился
⑲ познако́мил
⑳ познако́мились
㉑ познако́мите
㉒ уви́дел
㉓ уви́делись
㉔ уви́делись, увидел
㉕ сове́тует
㉖ сове́туюсь
㉗ интересу́ет
㉘ интересу́юсь
㉙ удивля́ть
㉚ удивля́ться
㉛ ра́дуют
㉜ ра́дуется
㉝ беспоко́ит
㉞ беспоко́ится
㉟ волну́ет
㊱ волну́ется
㊲ останови́л
㊳ останови́лся

练习17

① Инжене́рами создаю́тся сло́жные маши́ны.

② Учёными ра́зных стран иссле́дуются пробле́мы долголе́тия.

③ Этой гру́ппой инжене́ров гото́вится прое́кт но́вой ли́нии метро́.

④ Экскурсио́нным бюро́ организу́ется экску́рсия по го́роду.

⑤ Студе́нтами на́шего факульте́та изуча́ются иностра́нные языки́.

⑥ Учёными э́того институ́та реша́ются ва́жные пробле́мы хи́мии.

⑦ Молоды́ми кинорежиссёрами создаю́тся интере́сные фи́льмы.

⑧ Врача́ми э́той кли́ники де́лаются сло́жные опера́ции на се́рдце

⑨ В на́шем райо́не стро́ится но́вая гости́ница.

⑩ В э́том кинотеа́тре демонстри́руются но́вые фи́льмы.

⑪ В на́шем клу́бе организу́ются интере́сные вечера́.

⑫ В э́том магази́не продаётся де́тская литерату́ра.

⑬ В 9 часо́в по ра́дио передаю́тся после́дние изве́стия.

⑭ В э́том за́ле чита́ются ле́кции.

⑮ Сейча́с в на́шем клу́бе гото́вят вы́ставку молоды́х худо́жников.

⑯ В э́том райо́не стро́ят ещё одну́ шко́лу.

⑰ Ско́ро здесь откро́ют но́вую ста́нцию метро́.

⑱ На э́том факульте́те преподаю́т иностра́нные языки́.

⑲ В э́том кио́ске продаю́т газе́ты на иностра́нных языка́х.

⑳ Сейча́с по ра́дио передаю́т после́дние изве́стия.

练习18

① познако́мились ② ви́делся ③ встре́титься ④ верну́лся
⑤ продолжа́ется ⑥ ко́нчился ⑦ посове́товаться ⑧ волну́юсь
⑨ забо́тится ⑩ смею́тся ⑪ интересу́ется ⑫ гото́вится

练习19

у́чится, умыва́ется, одева́ется, причёсывается, у́чится, начина́ется, продолжа́ются, конча́ются, гото́вит, у́чит, де́лает, интересу́ется, ко́нчит, гото́вится, сове́туется

练习20

① Никто́ ② Не́кому ③ Никаки́е ④ Нигде́, никогда́
⑤ Не́кого ⑥ никуда́ ⑦ не́ у кого ⑧ Ничьё
⑨ Не́ с кем, никто́ ⑩ ниче́м (никогда́) ⑪ Не́куда ⑫ никуда́, нигде́
⑬ ни у кого́ (ниотку́да) ⑭ Не́кому ⑮ Не́кому
⑯ ничего́ ⑰ Ничто́ ⑱ Не́где

练习21

① ничего́ ② ниче́м ③ не́ к кому ④ не́кого
⑤ никого́ ⑥ не́кому ⑦ с кем ⑧ ни с ке́м, никого́
⑨ не́где ⑩ куда́ ⑪ Ни на чью ⑫ никто́
⑬ Никогда́, не́чему ⑭ Нигде́ ⑮ Никого́, не́ с кем ⑯ не́когда
⑰ не́ за что ⑱ не́чем ⑲ с кем ⑳ где

测验 I （每题1分）

1. Наш университе́т организу́ет междунаро́дные конфере́нции.
2. Профессора́ э́того институ́та де́лают сло́жные опера́ции.
3. Наш клуб гото́вит большу́ю фотовы́ставку.
4. Не́сколько раз в день моско́вское ра́дио передаёт после́дние изве́стия.
5. Ка́ждый день студе́нты выполня́ют дома́шние зада́ния.
6. Наш го́род ча́сто посеща́ют тури́сты.
7. Ру́сскую литерату́ру изуча́ют студе́нты ста́рших ку́рсов.
8. В поликли́нике больны́х осма́тривают о́пытные врачи́.
9. Учёными э́того институ́та реша́ются ва́жные пробле́мы хи́мии.
10. Молоды́ми кинорежиссёрами создаю́тся интере́сные фи́льмы.

测验 II （每题1分）

1. B   2. B   3. A   4. D   5. A   6. C   7. B   8. C   9. D   10. B
11. C   12. B   13. B   14. B   15. B   16. B   17. C   18. A   19. B   20. B
21. B   22. A   23. B   24. C   25. C

测验 III （每题1分）

1. спо́ртом, му́зыкой
2. от заня́тий, спо́ртом
3. в се́кцию понг-по́нга, к насто́льному те́ннису
4. меня́
5. на те́му
6. к матема́тике
7. На мой взгляд, от его́ о́браза жи́зни
8. вре́мени, от хозя́йки
9. учёбы
10. чте́ния
11. Мне, от увлече́ний
12. спо́ртом
13. больши́х де́нег
14. от меня́, биле́та
15. му́зыкой
16. к экза́мену
17. с иностра́нцами
18. ну́жную мне кни́гу
19. больши́м люби́телем
20. больши́х успе́хов

测验 IV （每题0.5分）

出国, 穿越国界, 古老的宫殿, 集邮者俱乐部, 游历整个欧洲, 起重要作用, 对未来失去信心, 没有胃口并失眠, 戒烟, 思考计划

测验 VI （每题0.5分）

1. Звёзд с не́ба я не хвата́ю.
2. Нау́ка тре́бует от ка́ждого большо́го напряже́ния и вели́кой стра́сти.

③ В нашей гру́ппе у ка́ждого свои́ хо́бби и увлече́ния.

④ Колле́кция ма́рок — моё хо́бби, на кото́рое я тра́чу мно́го вре́мени.

⑤ Пра́здник луны́ отмеча́ется пятна́дцатого а́вгуста по лу́нному календарю́.

⑥ Он уе́хал за грани́цу и прое́хал всю Евро́пу.

⑦ Ма́ма поцелова́ла дочь в щёку.

⑧ Я большо́й люби́тель пеки́нской о́перы.

⑨ Поку́пка доставля́ет нам удово́льствие.

⑩ У нас нет о́бщего языка́.

Урок 4

一、词 汇

练习1　填空。

ст́оимость 是＿＿＿＿＿＿＿＿性名词; достопримеч́ательность 是
＿＿＿＿＿＿＿性名词; путь 是＿＿＿＿＿＿性名词, 其二、三、六格按阴
性名词变化, 是＿＿＿＿＿, 第五格按阳性名词变化, 是＿＿＿＿＿;
луг 的复数形式是＿＿＿＿＿, 第六格是＿＿＿＿＿; б́ерег 的复
数形式是＿＿＿＿＿, 第六格是＿＿＿＿＿; дом 的复数形式是
＿＿＿＿＿; бой 第六格是＿＿＿＿＿; уќачивать 用作无人称动词,
接格关系是＿＿＿＿＿; разочаров́аться 接格关系是＿＿＿＿＿。

练习2　把下列词组（句子）翻译成汉语。

перенест́и чемод́ан в н́омер	＿＿＿＿＿＿＿＿＿＿＿＿
перенест́и в́ещи ч́ерез р́еку	＿＿＿＿＿＿＿＿＿＿＿＿
перенест́и мор́оз	＿＿＿＿＿＿＿＿＿＿＿＿
Мен́я укач́ает в самол́ете.	＿＿＿＿＿＿＿＿＿＿＿＿
Мен́я укач́ает на теплох́оде.	＿＿＿＿＿＿＿＿＿＿＿＿
дипломат́ический аѓент	＿＿＿＿＿＿＿＿＿＿＿＿
торѓовый аѓент	＿＿＿＿＿＿＿＿＿＿＿＿
прожив́ание за гран́ицей	＿＿＿＿＿＿＿＿＿＿＿＿
ст́оимость ж́изни	＿＿＿＿＿＿＿＿＿＿＿＿
ст́оимость бил́ета	＿＿＿＿＿＿＿＿＿＿＿＿
ч́астое посещ́ение те́атра	＿＿＿＿＿＿＿＿＿＿＿＿
посещ́ение больн́ого	＿＿＿＿＿＿＿＿＿＿＿＿

посещéние музéя   _____

устрáивать егó в гостúницу   _____

устрóить сы́на на рабóту   _____

устрáивать егó   _____

совершúть ошúбку   _____

совершúть рабóту   _____

совершúть полёт   _____

великолéпный вид   _____

великолéпный дворéц   _____

картúнная галерéя   _____

Третьякóвская галерéя   _____

осмотрéть достопримечáтельности

   _____

разочаровáться в сы́не   _____

разочаровáться в побéде   _____

вокрýг свéта   _____

получúть трóйку по истóрии   _____

настоя́щее врéмя   _____

настоя́щий друг   _____

катáться на саня́х   _____

отмéтить на поля́х кнúги   _____

отмéтить прáздник   _____

востóчный стиль в искýсстве   _____

литератýрный стиль   _____

наýчный стиль   _____

основáтель гóрода   _____

основáть университéт   _____

древнегрéческая архитектýра   _____

дом рýсской архитектýры   _____

Очкú придаю́т емý вáжность.   _____

Улы́бка придаёт емý дóбрый вид.

   _____

придава́ть фи́зике большо́е значе́ние

_____

придава́ть большо́е значе́ние его́ слова́м

_____

включа́ть студе́нтов в лаборато́рию

_____

включи́ть свет   _____

включи́ть телеви́зор   _____

те́ма сочине́ния   _____

те́ма до́кторской диссерта́ции _____

си́мвол сча́стья   _____

явля́ться на рабо́ту   _____

явля́ться профе́ссором   _____

练习3 把下列词组（句子）翻译成俄语。

把东西搬过河 _____

经受寒冷 _____

经历手术 _____

方便的条件 _____

修路 _____

看望病人 _____

参观博物馆 _____

安置他住宾馆 _____

安排儿子工作 _____

美术馆 _____

参观名胜古迹 _____

对胜利失望 _____

民族英雄 _____

全民节日 _____

庆祝胜利日 _____

舒适的住宅 _____

乘电气火车 _____

历史的缔造者　＿＿＿＿＿＿＿＿＿＿＿＿＿＿

听唱片　＿＿＿＿＿＿＿＿＿＿＿＿＿＿

坐三套车　＿＿＿＿＿＿＿＿＿＿＿＿＿＿

历史得三分　＿＿＿＿＿＿＿＿＿＿＿＿＿＿

坐雪橇

在书边做标记　＿＿＿＿＿＿＿＿＿＿＿＿＿＿

庆祝节日　＿＿＿＿＿＿＿＿＿＿＿＿＿＿

文学体裁　＿＿＿＿＿＿＿＿＿＿＿＿＿＿

科技体裁　＿＿＿＿＿＿＿＿＿＿＿＿＿＿

城市的奠基人

创建大学　＿＿＿＿＿＿＿＿＿＿＿＿＿＿

俄罗斯沙皇　＿＿＿＿＿＿＿＿＿＿＿＿＿＿

外貌　＿＿＿＿＿＿＿＿＿＿＿＿＿＿

城市外观　＿＿＿＿＿＿＿＿＿＿＿＿＿＿

古希腊建筑　＿＿＿＿＿＿＿＿＿＿＿＿＿＿

俄罗斯建筑风格楼房

　＿＿＿＿＿＿＿＿＿＿＿＿＿＿

浪漫主义长诗　＿＿＿＿＿＿＿＿＿＿＿＿＿＿

浪漫主义交响乐　＿＿＿＿＿＿＿＿＿＿＿＿＿＿

眼镜使他显得很傲慢。

　＿＿＿＿＿＿＿＿＿＿＿＿＿＿

微笑使他显得很善良。

　＿＿＿＿＿＿＿＿＿＿＿＿＿＿

认为物理学很有意义

　＿＿＿＿＿＿＿＿＿＿＿＿＿＿

建筑风格　＿＿＿＿＿＿＿＿＿＿＿＿＿＿

开灯　＿＿＿＿＿＿＿＿＿＿＿＿＿＿

开电视　＿＿＿＿＿＿＿＿＿＿＿＿＿＿

博士论文题目　＿＿＿＿＿＿＿＿＿＿＿＿＿＿

幸福的象征　＿＿＿＿＿＿＿＿＿＿＿＿＿＿

来上班　＿＿＿＿＿＿＿＿＿＿＿＿＿＿

是教授　＿＿＿＿＿＿＿＿＿＿＿＿＿＿

广泛使用 _____

吸引人的外貌 _____

吸引人的问题 _____

练习4 写出下列动词的对应体形式。

переноси́ть _____

устро́ить _____

соверши́ть _____

разочаро́вываться _____

развлека́ться _____

пра́здновать _____

гре́ться _____

накопи́ться _____

отмеча́ть _____

основа́ть _____

прида́ть _____

включа́ть _____

явля́ться _____

练习5 把下列动词变位。

переноси́ть _____

перенести́ _____

устро́ить _____

соверши́ть _____

разочарова́ться _____

развле́чься _____

пра́здновать _____

гре́ться _____

накопи́ться _____

отме́тить _____

основа́ть _____

прида́ть _____

придава́ть   _____

включи́ть   _____

яви́ться   _____

练习6   **写出下列动词的过去时形式。**

перенести́   _____

развле́чься   _____

练习7   **造句。**

укача́ть   _____

устра́ивать   _____

соверши́ть   _____

разочарова́ться   _____

отме́тить   _____

прида́ть   _____

включи́ть   _____

яви́ться   _____

вокру́г   _____

чуть   _____

гора́здо   _____

二、对话及课文

练习8   **把下列词组（句子）翻译成汉语。**

лета́ть самолётом   _____

е́здить авто́бусом   _____

е́здить по́ездом   _____

Ти́ше е́дешь, да́льше бу́дешь.   _____

пло́хо переноси́ть по́езд   _____

пло́хо переноси́ть самолёт   _____

сверхскоростно́й по́езд   _____

предпочитать самолёт поезду _____

предпочитать ездить поездом _____

предпочитать летать на самолёте

_____

счастливого пути _____

в добрый путь _____

доброго пути _____

до скорой встречи _____

агент туристической фирмы _____

тур в Финляндию _____

пятидневный тур _____

тур на неделю _____

национальный праздник _____

русский карнавал _____

ездить на комфортабельной электричке

_____

музыкальный инструмент _____

на следующий день _____

русская тройка _____

основатель города _____

облик города _____

туристический маршрут _____

как правило _____

Исаакиевский собор _____

Казанский собор _____

Памятник Петру Великому _____

Летний сад _____

белые ночи _____

круглые сутки _____

народные гулянья _____

ЮНЕСКО _____

северная столица _____

пользоваться популя́рностью　_____

в о́бщем　_____

练习9　把下列词组翻译成俄语。

去上海几天　_____

乘飞机　_____

乘飞机很难受　_____

高速列车　_____

更喜欢乘火车　_____

宁静致远　_____

一路顺风　_____

坐飞机晕机　_____

坐火车晕车　_____

五天旅行　_____

单人间　_____

看画展　_____

历史古迹　_____

全民节日　_____

俄罗斯狂欢节　_____

吃饼　_____

喝伏特加　_____

乘舒适的电气火车　_____

乐器　_____

第二天　_____

俄罗斯三套车　_____

城市奠基人　_____

城市外貌　_____

旅游线路　_____

通常　_____

伊萨基耶夫教堂　_____

喀山大教堂　_____

彼得大帝纪念碑　_____

夏园　　　　　＿＿＿＿＿＿＿＿＿＿

涅瓦河上的桥　＿＿＿＿＿＿＿＿＿＿

白夜　　　　　＿＿＿＿＿＿＿＿＿＿

联合国教科文组织　＿＿＿＿＿＿＿＿

北方首都　　　＿＿＿＿＿＿＿＿＿＿

享有声誉（受欢迎）＿＿＿＿＿＿＿＿

总之　　　　　＿＿＿＿＿＿＿＿＿＿

练习10 **连词成句。**

❶ Я, ну́жен, тур, на, неде́ля.

＿＿＿＿＿＿＿＿＿＿＿＿＿＿＿＿＿

❷ Я, хоте́ться, бы, купи́ть, неде́льный, тур.

＿＿＿＿＿＿＿＿＿＿＿＿＿＿＿＿＿

❸ Этот, костю́м, вы, не, подходи́ть.

＿＿＿＿＿＿＿＿＿＿＿＿＿＿＿＿＿

❹ Этот, но́мер, на, оди́н, вы, устра́ивать?

＿＿＿＿＿＿＿＿＿＿＿＿＿＿＿＿＿

❺ Аквапа́рк, мы, не, интересова́ть.

＿＿＿＿＿＿＿＿＿＿＿＿＿＿＿＿＿

❻ Про́шлый, ле́то, я, соверши́ть, це́лый, путеше́ствие, по, Во́лга, на, теплохо́д.

＿＿＿＿＿＿＿＿＿＿＿＿＿＿＿＿＿

❼ Тури́сты, привлека́ть, истори́ческий, достопримеча́тельности.

＿＿＿＿＿＿＿＿＿＿＿＿＿＿＿＿＿

❽ Я, сове́товать, вы, побыва́ть, на, Во́лга.

＿＿＿＿＿＿＿＿＿＿＿＿＿＿＿＿＿

❾ На, мо́ре, дуть, си́льный, ве́тер, мы, си́льно, ука́чивать, на, парохо́д.

＿＿＿＿＿＿＿＿＿＿＿＿＿＿＿＿＿

❿ У, я, есть, возмо́жность, э́тот, весна́, пое́хать, за, грани́ца.

＿＿＿＿＿＿＿＿＿＿＿＿＿＿＿＿＿

⓫ В, Наки́н, находи́ться, изве́стный, весь, страна́, обсервато́рия.

＿＿＿＿＿＿＿＿＿＿＿＿＿＿＿＿＿

⓬ О́блик, го́род, напомина́ть, Вене́ция, и́ли, Пари́ж.

＿＿＿＿＿＿＿＿＿＿＿＿＿＿＿＿＿

⑬ Это, го́род, мосты́, иногда́, он, да́же, называ́ть, музе́й, мосты́.

_____

⑭ Мосты́, не то́лько, игра́ть, ва́жный, роль, в, жизнь, го́род, но и, придава́ть, он, романти́ческий, о́блик.

_____

_____

⑮ Туристи́ческий, маршру́т, как пра́вило, включа́ть, Каза́нский, собо́р, па́мятник, Пётр Вели́кий, и, мосты́, че́рез, Нева́.

_____

_____

练习11 补充句子。

❶ — Куда́ э́то ты с чемода́ном?

— _____

❷ — Како́й вид тра́нспорта вы предпочита́ете?

— _____

❸ — Что вас интересу́ет?

— _____

❹ — Чем вы интересу́етесь?

— _____

❺ — Вы бы́ли когда́-нибудь на Во́лге?

— _____

❻ — Этот но́мер вас устра́ивает?

— _____

❼ — Кто тако́й Н. А. Некра́сов?

— _____

❽ — Кто тако́й Ива́н Суса́нин?

— _____

❾ — Что вы зна́ете о Яросла́вле?

— _____

❿ — Что тако́е Ма́сленица?

— _____

练习12 造句。

укача́ть _____

устра́ивать _____

побыва́ть _____

разочарова́ться _____

пра́здновать _____

отмеча́ть _____

включа́ть _____

подходи́ть кому́ _____

подходи́ть к чему́ _____

по́льзоваться популя́рностью

_____

представля́ть собо́й

_____

напомина́ть что

_____

вокру́г _____

к сожале́нию _____

неуже́ли _____

в конце́ концо́в _____

как пра́вило _____

не то́лько, но и _____

练习13 把下列句子翻译成俄语。

❶ 我更喜欢乘飞机，因为我晕火车。

_____

❷ 去年夏天我们乘船沿伏尔加河而下，参观了许多名胜古迹。

_____

❸ 他以自己优美的嗓音闻名全国。

_____

❹ 我本来可以在北京多呆几天，但还是回来了，因为有考试。

_____

⑤ 冬天结束时人们欢度谢肉节。

_____

⑥ 圣彼得堡被称为"通向欧洲的窗口"，城市外貌很象威尼斯。

_____

⑦ 这位作家在读者中享有很高声誉。

_____

⑧ 我认为物理学具有很大意义。

_____

三、语法

练习14 用不定代词或不定副词填空。

① Спóйте нам _____ из пекúнских óпер.

② _____ ко мне приходúл?

③ Брат _____ воевáл на войнé, но я не пóмню, в какóм годý.

④ Мне вы́слали _____ кнúги по пóчте, óчень хорóшие, рéдкие.

⑤ На столé лежúт _____ кáрта, не моя́.

⑥ Когдá _____ не понимáешь, нýжно спрáшивать у товáрищей.

⑦ Тебя́ úщет секретáрь. Он хóчет спросúть тебя́ _____ .

⑧ Мы ещё не знáем, поéдут ли ребя́та _____ в канúкулы.

⑨ Её заставля́ли петь _____ пéсню. В э́то врéмя меня́ вы́звали.

⑩ Дáйте мне _____ почитáть.

练习15 选择正确答案填空。

① Встрéтились ли мы _____ ?

　　A. кóе-когдá　　　　　B. когдá-то　　　　　C. когдá-нибýдь

② Мы услы́шали, что _____ вошёл в сосéднюю кóмнату.

　　A. ктó-то　　　　　B. ктó-нибудь　　　　　C. кóе-ктó

③ _____ на поля́х ещё лежúт снег.

　　A. Кóе-гдé　　　　　B. Где-нибýдь　　　　　C. Гдé-то

④ Об э́том я ужé посовéтовался _____ .

　　A. с кéм-то　　　　　B. с кéм-нибудь　　　　　C. кóе с кéм

⑤ Говоря́т, _____ за́ го́родом стро́ится огро́мный заво́д.

    А. где́-то   В. ко́е-где́   С. где́-нибудь

⑥ По э́тому де́лу поговори́те _____ из ва́ших това́рищей.

    А. с ке́м-то   В. ко́е с ке́м   С. с ке́м-нибудь

⑦ Не пое́хать ли вам _____ ?

    А. куда́-то   В. ко́е-куда́   С. куда́-нибудь

⑧ Е́сли я узна́ю _____ интере́сное, я сообщу́ вам.

    А. что́-нибудь   В. что́-то   С. како́е-либо

⑨ _____ из студе́нтов писа́л упражне́ние неаккура́тно.

    А. Ко́е-кто́   В. Кто́-то   С. Кто́-нибудь

⑩ Пойдёмте _____ погуля́ть.

    А. куда́-то   В. ко́е-куда́   С. куда́-нибудь

⑪ Е́сли _____ вы ещё бу́дете в на́шем го́роде, обяза́тельно остана́вливайтесь.

    А. когда́-то   В. когда́-нибудь   С. ко́е-когда́

⑫ Об э́том я слы́шал _____ .

    А. ко́е от кого́   В. от кого́-то   С. от кого́-нибудь

⑬ _____ бу́дет э́тим недово́лен ты, коне́чно, зна́ешь, о ком я говорю́.

    А. Кто́-нибудь   В. Кто́-то   С. Ко́е-кто́

⑭ Мы с ва́ми, ка́жется, _____ встреча́лись.

    А. когда́-нибудь   В. когда́-то   С. ко́е-когда́

⑮ Е́сли я уе́ду _____, то с ка́ждой большо́й ста́нции бу́ду посыла́ть вам откры́тые пи́сьма.

    А. куда́-то   В. куда́-нибудь   С. ко́е-куда́

⑯ Они́ _____ не пришли́ во́время.

    А. почему́-то   В. почему́-нибудь   С. ко́е почему́

⑰ Больно́й _____ добра́лся домо́й.

    А. ка́к-то   В. ка́к-нибудь   С. ко́е-ка́к

⑱ Ты мне бу́дешь ну́жен. Дава́й _____ встре́тимся: в библиоте́ке, на ле́кции и́ли в столо́вой.

    А. ко́е-где́   В. где́-нибудь   С. где́-то

⑲ Я _____ хотéл вам сказáть, подождúте немнóго, сейчáс вспóмню.

　　А. чтó-то　　　　　　В. кóе-чтó　　　　　　С. чтó-нибудь

⑳ Я _____ хотéл вам сказáть, но сейчáс покá секрéт.

　　А. чтó-то　　　　　　В. кóе-чтó　　　　　　С. чтó-нибудь

练习16 **直接引语和间接引语相互转换。**

❶ «Как вы себя чýвствуете?» — спросúл егó дóктор.

_____

❷ «Был какóй-нибудь отвéт на э́тот вопрóс?» — спросúл Кóстя.

_____

❸ «У вас бýдет нóвый учúтель, ребя́та!» — сказáл дирéктор шкóлы.

_____

❹ Сестрá сказáла: «Я вернýсь пóздно, не ждúте меня́».

_____

❺ Он предложúл: «Давáйте вмéсте пойдём в теáтр, ребя́та!»

_____

❻ Я спросúл мойх сосéдей, кудá онú éдут.

_____

❼ Сын поросúл, чтóбы отéц взял егó с собóй в Парк Хуншáнь.

_____

❽ Кóстя спросúл Лéну, бýдет ли у них собрáние.

_____

❾ Вáля спросúла меня́, скóлько мне нýжно врéмени, чтóбы закóнчить рабóту.

_____

❿ Стáроста сообщúл студéнтам, что в 8 часóв вéчером бýдет кинó.

_____

四、本课测验

I 选择正确答案填空。 *30分*

1 Я хочу _____ вам показать, но это пока секрет.

    A. что-то   B. что-нибудь

    C. кое-что   D. что-либо

2 Если учёный задумал исследовать _____ новое, ему необходимо знать всё, что в этом направлении.

    A. ничто   B. что-нибудь

    C. что-то   D. чего-то

3 Мама хочет, чтобы _____ из детей купил билеты в театр.

    A. кто-нибудь   B. кто-то

    C. кое-кто   D. кто

4 _____ из студентов писал упражнение неаккуратно.

    A. Кое-кто   B. Кто-то

    C. Кто-нибудь   D. Кто

5 Брат пригласил к себе в гости _____ из друзей. Некоторые из них учились с ним в одной школе.

    A. кого   B. кое-кого

    C. кого-нибудь   D. кого-либо

6 Точно помню, что об этом я слышал _____ .

    A. кое от кого   B. от кого-то

    C. от кого-нибудь   D. от кого-либо

7 Об этом я уже посоветовался _____ .

    A. с кем-то   B. с кем-нибудь

    C. кое с кем   D. с кем-либо

8 Я _____ хотел вам сказать, подождите немного, сейчас вспомню.

    A. что-то   B. кое-что

    C. что-нибудь   D. что-либо

9 Староста сказал мне _____ , но что — я не могу сейчас вспомнить.

    A. что-нибудь   B. что-то

    C. чего-то   D. чего

⑩ Он сказа́л мне _____, но я не расслы́шал.

    A. что́-нибудь   B. что-то

    C. ко́е-что́   D. что́-либо

⑪ А мо́жет быть, в магази́не _____ оши́бся и вме́сто хле́ба положи́л мне пиро́жное.

    A. кое́-кто́   B. кто́-нибудь

    C. кто́-то   D. что́-то

⑫ Об э́том я слы́шал _____, но то́чно не скажу́.

    A. ко́е от кого́   B. от кого́-то

    C. от кого́-нибудь   D. кого́

⑬ Мы услы́шали, что _____ вошёл в сосе́днюю ко́мнату.

    A. кто́-то   B. кто́-нибудь

    C. ко́е-кто́   D. кто́-либо

⑭ Глаза́ у де́вочки у́мные, но гру́стные, и ка́жется, что она́ хо́чет _____ сказа́ть мне.

    A. что́-нибудь   B. что́-либо

    C. что́-то   D. что

⑮ Вдруг _____ упа́ло на́ пол.

    A. что́-либо   B. что́-то

    C. не́что   D. чего́-то

⑯ Он заду́мался, опуска́л пле́чи и повора́чивался лицо́м к окну́, как бу́дто пыта́лся там _____ разгляде́ть.

    A. что́-либо   B. что́-то

    C. не́что   D. чего́-то

⑰ Лю́ся посмотре́ла по сторона́м, хоте́ла позва́ть _____ из прохо́жих на по́мощь.

    A. кого́-то   B. кого́-нибудь

    C. ко́е-кого́   D. кто́-то

⑱ Мне хо́чется почита́ть _____ но́вую кни́гу.

    A. каку́ю-то   B. что́-нибудь

    C. каку́ю-нибудь   D. что́-то

⑲ С ним невозмо́жно поговори́ть, у него́ в кабине́те всё вре́мя _____ сиди́т.

    A. ко́е-кто́   B. кто́-нибудь

    C. кто́-то   D. кто

20 Да́йте мне _____ почита́ть.

A. что́-то   B. что́-нибудь

C. ко́е-что   D. что

21 Я го́лоден, да́йте мне _____ пое́сть.

A. чем   B. че́м-то

C. что́-нибудь   D. ко́е-что́

22 По доро́ге домо́й купи́ к у́жину _____ из сла́денького.

A. что́-нибудь   B. ско́лько-нибудь

C. како́е-нибудь   D. ко́е-каки́е

23 Если _____ придёт, позови́те меня́.

A. кто́-то   B. ко́е-кто́

C. кто́-нибудь   D. кто

24 По э́тому де́лу поговори́те _____ из ва́ших това́рищей.

A. с ке́м-то   B. ко́е с ке́м

C. с ке́м-нибудь   D. с кем

25 Не забы́ли бы ребя́та _____ ну́жного. На́до ещё раз прове́рить.

A. чего́-нибудь   B. чего́-то

C. ко́е-чего́   D. ко́е-что́

26 Здесь есть _____ уме́ет чита́ть ?

A. ко́е-кто́   B. кто́-нибудь

C. кто́-то   D. тот

27 К ска́занному мо́жно ли ещё _____ доба́вить?

A. что́-то   B. что́-нибудь

C. ко́е-что   D. каки́е-нибудь

28 Ра́зве мо́жет быть в живо́м органи́зме _____ ине́ртное и пасси́вное?

A. не́что   B. что́-то

C. что́-нибудь   D. че́м-то

29 Если _____ из вас нужна́ э́та кни́га, возьми́ её.

A. кто́-то   B. кто́-нибудь

C. кому́-то   D. кому́-нибудь

30 Если _____ из вас ну́жен рома́н «А зо́ри здесь ти́хие. . . », возьми́ у меня́.

A. кто́-то   B. кто́-нибудь

C. кому́-то   D. кому́-нибудь

II 把括号里的词变成适当形式，如果需，要加前置词　10分

1. Я уезжа́ю в Пеки́н _____ (не́сколько дней).

2. Я пло́хо переношу́ _____ (самолёт), _____ (я) ука́чивает.

3. Этот цвет _____ (он) подхо́дит.

4. Это _____ (вы) устра́ивает?

5. Он поги́б (牺牲) _____ (бой).

6. Они́ иду́т гора́здо _____ (бы́стро).

7. Этот певе́ц изве́стен _____ (свой прекра́сный го́лос) _____ (вся страна́).

8. Вокру́г _____ (мы) шумя́т.

9. Этот писа́тель по́льзуется _____ (больша́я популя́рность) _____ (чита́тели).

10. Ре́ктор прида́л _____ (большо́е значе́ние) _____ (слова́) профе́ссора.

III 把下列词组翻译成汉语。　10分

спорти́вный костю́м　　_____

крича́ть от стра́ха　　_____

слома́ть ру́ку　　_____

прийти́ к врачу́ на приём　　_____

Па́мятник Петру́ Вели́кому　　_____

архитекту́рный стиль　　_____

наро́дное гуля́нье　　_____

национа́льный пра́здник　　_____

нау́чный стиль　　_____

кру́глые су́тки　　_____

IV 造句。　20分

изве́стен　　_____

не то́лько, но и _____

как пра́вило   _____

ука́чивать   _____

переноси́ть   _____

включа́ть   _____

побыва́ть   _____

съе́здить   _____

напомина́ть что

_____

по́льзоваться чем

_____

V 把下列句子翻译成俄语。 10分

❶ 我更喜欢乘飞机，因为我晕火车。

_____

❷ 去年夏天我们沿乘船伏尔加河而下，参观了许多名胜古迹。

_____

❸ 他以自己优美的嗓音闻名全国。

_____

❹ 北京保留下了许多历史古迹。

_____

❺ 喀山大学坐落在伏尔加河岸。

_____

VI 用俄语描述俄罗斯人是怎样过谢肉节的。 5分

_____

_____

_____

_____

VII 列举圣彼得堡的名胜古迹。 5分

_____

_____

_____

_____

Ⅶ 选择下列其中一个题目写一篇俄语作文，不少于200词。 10分

① 了解自己所在城市的历史、地理和文化，写一篇短文 «Мой родно́й го́род»。

② 了解北京的历史、地理和文化，写一篇短文 «Пеки́н»。

_____

_____

_____

_____

五、日积月累

Ли́ха беда́ нача́ло. 万事开头难。

На вкус и цвет това́рища нет. 穿衣戴帽，各有所好。

六、国情点滴

　　德米特里·德米特里耶维奇·肖斯塔科维奇（Дми́трий Дми́триевич Шостако́вич）（1906 – 1975），苏联时期伟大的俄罗斯作曲家、20世纪最杰出的作曲家之一。他为世界经典音乐文化作出了巨大贡献。肖斯塔科维奇是世界上作品被演奏最多的作曲家之一。其音乐风格的显著特点是富于表现力的节奏、激烈的情节冲突、独创的音乐幽默。其主要作品有歌剧《鼻子》«Нос»（1930）、芭蕾舞剧《黄金时代》«Золото́й век»（1930）、15部交响乐（最著名的有《列宁格勒交响乐》«Ленингра́дская»（1941）和声乐交响诗《斯捷潘·拉辛的死刑》«Казнь Степа́на Рази́на»（1964））、室内乐及话剧配乐等。

七、练习答案

练习1 阴，阴，阳，пути́，путём，луга́，на лугу́, берега́，на берегу́，дома́，в бою́，кого́，в ком-чём

练习2 把行李搬到房间, 把东西搬过河, 经受严寒, 我晕机。我晕船。外交代表, 商务代表, 住在国外, 生命的价值, 票价, 经常看剧, 看望病人, 参观博物馆, 安置他住宾馆, 安排儿子工作, 安顿他, 犯错误, 做工作, 飞行, 宏伟的景色, 宏伟的宫殿, 美术馆, 特列季亚科夫美术馆, 参观名胜古迹, 对儿子失望, 对胜利失望, 环球, 历史得三分, 现在, 真正的朋友, 坐雪橇, 在书边做标记, 庆祝节日, 艺术的东方风格, 文学体裁, 科技体裁, 城市的奠基人, 创建大学, 古希腊建筑, 俄罗斯建筑风格的楼房, 眼镜使他显得很傲慢。微笑使他显得很善良。认为物理学很有意义, 认为他的话很有意义, 让学生进实验室, 开灯, 开电视, 作文题目, 博士论文题目, 幸福的象征, 来上班, 是教授

练习3 перенести́ ве́щи че́рез ре́ку, перенести́ хо́лод, перенести́ опера́цию, удо́бное усло́вие, ремо́нт пути́, посеще́ние больно́го, посеще́ние музе́я, устра́ивать его́ в гости́ницу, устро́ить сы́на на рабо́ту, карти́нная галере́я, осмотре́ть достопримеча́тельности, разочарова́ться в побе́де, национа́льный геро́й, национа́льный пра́здник, пра́здновать День побе́ды, комфорта́бельная кварти́ра, е́здить на электри́чке, созда́тель исто́рии, слу́шать пласти́нку, е́здить на тро́йке, получи́ть тро́йку по исто́рии, ката́ться на саня́х, отме́тить на поля́х кни́ги, отме́тить пра́здник, литерату́рный стиль, нау́чный стиль, основа́тель го́рода, основа́ть университе́т, ру́сский царь, вне́шний о́блик, о́блик го́рода, древнегре́ческая архитекту́ра, дом ру́сской архитекту́ры, романти́ческая поэ́ма, романти́ческая симфо́ния, Очки́ придаю́т ему́ ва́жность. Улы́бка придаёт ему́ до́брый вид. придава́ть фи́зике большо́е значе́ние, стиль постро́йки, включи́ть свет, включи́ть телеви́зор, те́ма до́кторской диссерта́ции, си́мвол сча́стья, явля́ться на рабо́ту, явля́ться профе́ссором, широко́ испо́льзоваться, привлека́тельная вне́шность, привлека́тельный вопро́с

练习8 乘飞机, 乘公共汽车, 乘火车, 宁静致远。乘火车很难受, 乘飞机难受, 高速火车, 认为飞机比火车好, 更喜欢乘火车, 更喜欢乘飞机, 一路顺风, 一路顺利, 一路平安, 再见, 旅行社代办员, 去芬兰旅行, 五天旅行, 一周的旅行, 全民节日, 俄罗斯狂欢节, 乘舒适的电气火车, 乐器, 第二天, 俄罗斯三套车, 城市奠基人, 城市外貌, 旅游线路, 通常, 伊萨基耶夫教堂, 喀山大教堂, 彼得大帝纪念碑, 夏园, 白夜, 整个昼夜, 群众游园会, 联合国教科文组织, 北方首都, 享有声誉(受欢迎), 总之

练习9 уезжа́ть в Шанха́й на не́сколько дней, лета́ть самолётом, пло́хо переноси́ть самолёт, сверхскоростно́й по́езд, предпочита́ть по́езд, Ти́ше е́дешь, да́льше бу́дешь, счастли́вого пути́, в самолёте кого́ ука́чивает, в по́езде кого́ укачивает, пятидне́вный тур, но́мер на одного́, посмотре́ть карти́нную галере́ю, истори́ческие достопримеча́тельности, национа́льный пра́здник, ру́сский карнава́л, есть блины́, пить во́дки, е́здить на комфорта́бельной электри́чке, музыка́льный инструме́нт, на сле́дующий день, ру́сская тро́йка, основа́тель го́рода, о́блик го́рода, туристи́ческий маршру́т, как пра́вило, Иса́акиевский собо́р, Каза́нский собо́р, Па́мятник Петру́ Вели́кому, Ле́тний сад, мосты́ че́рез Неву́, бе́лые но́чи, ЮНЕСКО, се́верная столи́ца, по́льзоваться популя́рностью, в о́бщем

练习10

① Мне ну́жен тур на неде́лю.

② Мне хоте́лось бы купи́ть неде́льный тур.

③ Этот костю́м вам не подхо́дит.

④ Этот но́мер на одного́ вас устра́ивает?

⑤ Аквапа́рк нас не интересу́ет.

⑥ Про́шлым ле́том я соверши́л це́лое путеше́ствие по Во́лге на теплохо́де.

⑦ Тури́стов привлека́ют истори́ческие достопримеча́тельности.

⑧ Я сове́тую вам побыва́ть на Во́лге.

⑨ На мо́ре ду́ет си́льный ве́тер, нас си́льно ука́чивает на парохо́де.

⑩ У меня́ есть возмо́жность э́той весно́й пое́хать за грани́цу.

⑪ В Наки́не нахо́дится изве́стная всей стране́ обсервато́рия.

⑫ О́блик го́рода напомина́ет Вене́цию и́ли Пари́ж.

⑬ Это го́род мосто́в, иногда́ его́ да́же называ́ют музе́ем мосто́в.

⑭ Мосты́ не то́лько игра́ют ва́жную роль в жи́зни го́рода, но и придаю́т ему́ романти́ческий о́блик.

⑮ Туристи́ческий маршру́т, как пра́вило, включа́ет Каза́нский собо́р, па́мятник Петру́ Вели́кому и мосты́ че́рез Неву́.

练习13

① Я предпочита́ю лета́ть на самолёте, потому́ что в по́езде меня́ ука́чивает.

② В прошлом году́ легом (去年夏天) мы пла́вали на теплохо́де по Во́лге, осмотре́ли мно́го достопримеча́тельностей.

③ Он изве́стен свои́м прекра́сным го́лосом всей стране́.

④ Мне бы́ло мо́жно гуля́ть до́лго в Пеки́не, но верну́лся: потому́ что ско́ро бу́дет экза́мен.

⑤ В конце́ зимы́ лю́ди отмеча́ют Ма́сленицу.

⑥ Санкт-Петербу́рг называ́ется окно́м в Евро́пу, его́ о́блик напомина́ет

Венéцию.

⑦ Этот писáтель пóльзуется большóй популя́рностью у читáтелей.

⑧ Я придаю́ фи́зике большóе значéние.

练习14
① чтó-нибудь　② Ктó-нибудь　③ когдá-то
④ кóе-каки́е　⑤ чья́-то　⑥ чтó-нибудь
⑦ о чём-нибудь　⑧ кудá-нибудь　⑨ каку́ю-то
⑩ чтó-нибудь

练习15
① C　② A　③ A　④ C　⑤ A　⑥ C　⑦ C　⑧ A　⑨ A　⑩ C
⑪ B　⑫ A　⑬ C　⑭ B　⑮ B　⑯ A　⑰ C　⑱ B　⑲ A　⑳ B

测验Ⅰ（每题1分）
① C　② B　③ A　④ A　⑤ B　⑥ A　⑦ C　⑧ A　⑨ B　⑩ B
⑪ C　⑫ B　⑬ A　⑭ A　⑮ B　⑯ B　⑰ B　⑱ C　⑲ B　⑳ B
㉑ C　㉒ A　㉓ C　㉔ C　㉕ A　㉖ B　㉗ B　㉘ C　㉙ D　㉚ D

测验Ⅱ（每题1分）
① на нéсколько дней　② самолёт, меня́
③ ему́　④ вас
⑤ в бою́　⑥ быстрéе
⑦ свои́м прекрáсным гóлосом, всей странé
⑧ нас　⑨ большóй популя́рностью, у читáтелей
⑩ большóе значéние, словáм

测验Ⅲ（每题1分）
运动服, 因恐惧而叫喊, 折断手臂, 去医生处就诊, 彼得大帝纪念碑, 建筑风格, 群众游园会, 全民节日, 科学体裁, 昼夜

测验Ⅴ（每题2分）
① Я предпочитáю летáть на самолёте, потому́ что в пóезде меня́ укáчивает.
② В прошлом году́ летом (去年夏天) мы плáвали на теплохóде по Вóлге, осмотрéли мнóго достопримечáтельностей.
③ Он извéстен прекрáсным свои́м гóлосом всей странé.
④ В Пеки́не сохрани́лось мнóго истори́ческих пáмятников.
⑤ Казáнский университéт нахóдится на берегу́ Вóлги.

Урок 5

一、词 汇

练习1 填空。

па́спорт 的复数是＿＿＿＿＿＿＿＿；отры́вок 的第二格是＿＿＿＿＿＿＿＿；о́тклик 的接格关系是＿＿＿＿＿＿＿＿＿＿＿；согла́сный 的接格关系是＿＿＿＿＿＿＿＿；вы́дать 变位形式是＿＿＿＿＿＿＿；разви́ть 的变位形式是＿＿＿＿＿＿＿＿。

练习2 把下列词组（句子）翻译成汉语。

предъяви́ть биле́т ＿＿＿＿＿＿＿＿＿＿＿＿＿＿＿＿

предъяви́ть докуме́нт ＿＿＿＿＿＿＿＿＿＿＿＿＿＿＿＿

запо́лнить анке́ту ＿＿＿＿＿＿＿＿＿＿＿＿＿＿＿＿

запо́лнить бланк ＿＿＿＿＿＿＿＿＿＿＿＿＿＿＿＿

визи́тная ка́рточка ＿＿＿＿＿＿＿＿＿＿＿＿＿＿＿＿

креди́тная ка́рточка ＿＿＿＿＿＿＿＿＿＿＿＿＿＿＿＿

чита́тельский биле́т ＿＿＿＿＿＿＿＿＿＿＿＿＿＿＿＿

электро́нная по́чта ＿＿＿＿＿＿＿＿＿＿＿＿＿＿＿＿

сбо́рник упражне́ний по грамма́тике

＿＿＿＿＿＿＿＿＿＿＿＿＿＿＿＿

продли́ть срок ＿＿＿＿＿＿＿＿＿＿＿＿＿＿＿＿

худо́жественная литерату́ра ＿＿＿＿＿＿＿＿＿＿＿＿＿＿＿＿

принадлежа́ть к развива́ющимся стра́нам

＿＿＿＿＿＿＿＿＿＿＿＿＿＿＿＿

заме́тить оши́бки ＿＿＿＿＿＿＿＿＿＿＿＿＿＿＿＿

заме́тить недоста́тки _____

о́тклик на статью́ _____

удиви́ть учи́теля спосо́бностями _____

удиви́ть зри́телей красото́й _____

зачита́ть до дыр _____

кана́дская литерату́ра _____

вы́растить цветы́ _____

вы́растить сы́на трудолюби́вым _____

вы́растить дете́й ве́жливыми _____

перерабо́тать информа́цию _____

вы́учить наизу́сть _____

включи́ть моби́льник _____

включи́ть его́ в клуб _____

духо́вное го́ре _____

рабо́тать в реда́кции _____

согла́сен с ва́ми _____

согла́сен с его́ мне́ниями _____

согла́сен на опера́цию _____

ли́чный секрета́рь _____

потре́бность в кни́гах _____

разви́ть эконо́мику _____

разви́ть нау́ку и те́хнику _____

разви́ть ум и тала́нт _____

разви́ть в сы́не хоро́шую привы́чку

_____

пода́ть приме́р де́тям _____

брать приме́р с отца́ _____

стоя́ть в о́череди _____

в пе́рвую о́чередь _____

раскры́ть се́рдце _____

раскры́ть студе́нтам глаза́ на огро́мный мир

_____

в но́вую эпо́ху _____

электро́нная маши́на _____

бу́рное разви́тие _____

练习3 把下列词组（句子）翻译成俄语。

出示车票 _____

出示证件 _____

填调查表 _____

填表 _____

名片 _____

借贷（信用）卡 _____

图书证 _____

在地图上指出首都 _____

全称 _____

国名 _____

受到系统的教育 _____

语法练习集 _____

发工资 _____

延长期限 _____

文艺作品 _____

属于发展中国家 _____

发现错误 _____

发现缺点 _____

文章的评论 _____

培养孩子 _____

背诵 _____

开电视 _____

心灵的痛苦 _____

私人秘书 _____

需要书 _____

发展经济 _____

吸引人的地方 _____

在新时代	_____
电子机器	_____
迅猛发展	_____
便宜商品	_____

练习4 写出下列动词的对应体形式。

предъяви́ть	_____
запо́лнить	_____
указа́ть	_____
уточни́ть	_____
вы́дать	_____
выдава́ть	_____
продли́ть	_____
перечита́ть	_____
принадлежа́ть	_____
оста́вить	_____
присла́ть	_____
удиви́ть	_____
вы́растить	_____
запо́мнить	_____
заучи́ть	_____
разви́ть	_____
раскры́ть	_____
попо́лнить	_____
нашуме́ть	_____
скача́ть	_____
исходи́ть	_____
эконо́мить	_____
восприня́ть	_____

练习5 把下列动词变位。

| предъяви́ть | _____ |

заполнить _____

указа́ть _____

уточни́ть _____

вы́дать _____

выдава́ть _____

продли́ть _____

перечита́ть _____

принадлежа́ть _____

оста́вить _____

присла́ть _____

удиви́ть _____

вы́растить _____

запо́мнить _____

заучи́ть _____

разви́ть _____

раскры́ть _____

попо́лнить _____

нашуме́ть _____

скача́ть _____

исходи́ть _____

эконо́мить _____

восприня́ть _____

练习6 造句。

принадлежа́ть _____

удиви́ть _____

вы́растить _____

согла́сный _____

исходи́ть от (из) чего _____

жела́тельно _____

две неде́ли _____

на две неде́ли _____

за две неде́ли _____

тот и́ли ино́й _____

во-пе́рвых _____

во-вторы́х _____

исходя́ из _____

二、对话及课文

练习7 把下列词组（句子）翻译成汉语。

записа́ться в библиоте́ку _____

записа́ться в клуб _____

предъяви́ть студе́нческий биле́т _____

предъяви́ть чита́тельский биле́т _____

по́льзоваться туале́том _____

по́льзоваться компью́тером для по́иска книг

_____

обрати́ться к врачу́ _____

обрати́ться к преподава́телю за сове́том _____

обрати́ться к профе́ссору за по́мощью _____

обрати́ться к роди́телям с вопро́сами _____

рома́н Шо́лохова «Ти́хий Дон» _____

о́тклик на статью́ _____

о́тклик на кни́гу _____

зачита́ть кни́ги до дыр _____

вы́растить культу́рного челове́ка _____

де́лать заме́тки на поля́х кни́ги _____

приобрести́ зна́ние _____

приобрести́ кни́ги _____

перерабо́тать информа́цию _____

духо́вный мир _____

пода́ть приме́р де́тям _____

в пе́рвую о́чередь _____

бу́рное разви́тие электро́нных техноло́гий

_____

по́льзоваться Интерне́том _____

нашуме́вший детекти́в _____

любо́вный рома́н _____

тот и́ли ино́й _____

иска́ть материа́лы _____

в электро́нном ви́де _____

с удово́льствием чита́ть детекти́в _____

у́мственный труд _____

физи́ческий труд _____

ма́ссовая культу́ра _____

练习8　把下列词组翻译成俄语。

在图书馆注册 _____

出示护照 _____

学生证 _____

填借阅卡 _____

阅读证 _____

书名 _____

小说《静静的顿河》 _____

诗集 _____

续借书一个月 _____

不外借 _____

阅览室 _____

带插图的书 _____

带有侦探情节的书 _____

幽默文学 _____

电子书 _____

下载作品 _____

练习9 连词成句。

❶ По́льзование, Интерне́т, приноси́ть, они́, ра́дость, и, удово́льствие.

_____

❷ Поку́пка, приноси́ть, мы, удово́льствие.

_____

❸ Мы, прийти́, в, го́сти, к, но́вый, знако́мый, и, заинтересова́ться, дома́шний, библиоте́ка.

_____

❹ Электро́нный, библиоте́ки, находи́ться, в, са́мый, нача́ло, свой, разви́тие, и, бу́дущее, за, они́.

_____

❺ Кла́ссика, открыва́ть, в, челове́к, то, что, поня́тный, и, бли́зкий, ка́ждый.

_____

❻ Прие́зжие, в, Росси́я, удивля́ться, то, что, там, лю́ди, чита́ть, мно́го, и, везде́.

_____

❼ Роди́тели, до́лжен, следи́ть, за, то, что, чита́ть, их, де́ти.

_____

❽ Без, кни́ги, в, дом, нельзя́, вы́растить, по-настоя́щему, культу́рный, челове́к.

_____

❾ В, отноше́ние, чте́ние, роди́тели, до́лжен, подава́ть, приме́р, де́ти.

_____

❿ Мо́жет, быть, е́сли, бы, И́горь, в, свой, вре́мя, не, зачита́ть, кни́ги, до, ды́ры, он, не, стать, бы, био́лог.

_____

_____

练习10 补充对话。

❶ — Скажи́те, как записа́ться в библиоте́ку?

— _____

② — На какóй срок вы даёте кнѝги?

— _____

③ — Где мóжно уточнѝть назвáние нýжной нам кнѝги?

— _____

④ — _____

— Благодарю́ вас.

⑤ — Словáрь мóжно взять нá дом?

— _____

⑥ —Скóлько дней вы бы́ли в Пекѝне?

— _____

⑦ — За скóлько дней вы прочитáли ромáн?

— _____

⑧ — На скóлько дней вы уезжáете в Пекѝн?

— _____

⑨ — Какѝе кнѝги вы обы́чно берёте в библиотéке?

— _____

⑩ — Какѝе кнѝги вы лю́бите читáть?

— _____

练习11　　造句。

пóльзоваться　　_____

обратѝться　　_____

слéдует　　_____

предпочитáть　　_____

к сожалéнию　　_____

навéрное　　_____

нá дом　　_____

в течéние　　_____

мóжет быть　　_____

в своё врéмя　　_____

зачитáть до дыр　　_____

в пéрвую óчередь　　_____

к сожале́нию   _____

исходя́ из чего́   _____

练习12 把下列句子翻译成俄语。

① 图书编目专家会给你讲述怎样使用计算机查找书目。

② 在阅览室里词典、手册和百科全书不外借。

③ 总之，书是属于大家的。

④ 读者寄来数千份文章评论，积极讨论家庭图书馆的作用与意义问题。

⑤ 许多来俄罗斯的人都非常吃惊，在地铁里、公共汽车里、电气火车里人们到处都在读书。

⑥ 依我看，家里没有书就培养不出有文化的人。

⑦ 随着因特网时代的来临传统书籍已经不再是读者唯一的选择。

⑧ 在电子工艺迅猛发展的情况下，越来越多的读者更青睐于因特网。

⑨ 因特网中电子书表现为某种电子信息，读者出于自己的需要可以选择某种信息。

⑩ 使用因特网给我们带来愉悦和满足。

三、语 法

练习13 选择适当体动词的过去时形式填空。

① — Вы до́лго занима́лись? — Да, я _____ сочине́ние 2 часа́ и наконе́ц че́рез 2 часа́ я _____ его́. (писа́ть — написа́ть)

② Врач прие́хал к больно́му по вы́зову. Он _____ его́ 20 мину́т. Когда́ врач _____ больно́го, он вы́писал ему́ лека́рство и уе́хал в поликли́нику. (осма́тривать — осмотре́ть)

③ В аудито́рии чи́сто: убо́рщица _____ её у́тром до заня́тий. Она́ _____ аудито́рию 15 мину́т. (убира́ть — убра́ть)

④ Дире́ктор _____ пе́ред студе́нтами 40 мину́т. Когда́ он _____ , он стал отвеча́ть на вопро́сы. (выступа́ть — вы́ступить)

⑤ — Ты зна́ешь уро́к? — Да, я _____ его́. — Ты до́лго _____ его́? — Нет, недо́лго. (учи́ть — вы́учить)

⑥ Весь день она́ _____ для госте́й пра́здничный у́жин. Она́ _____ 5 национа́льных блюд. (гото́вить — пригото́вить)

⑦ Ле́том студе́нты 2 неде́ли _____ на Чёрном мо́ре. Они́ _____ , тепе́рь они́ мо́гут хорошо́ учи́ться. (отдыха́ть -отдохну́ть)

⑧ Тури́сты _____ го́род 2 часа́. Когда́ они́ _____ , они́ пое́хали обе́дать. (осма́тривать — осмотре́ть)

⑨ Обы́чно по утра́м оте́ц _____ све́жие газе́ты. Вчера́ он _____ интере́сную статью́ о Мари́не. Она́ еди́нственная в ми́ре же́нщина-лётчик-испыта́тель. (чита́ть — прочита́ть)

⑩ Обы́чно по вечера́м Анто́н _____ пи́сьма родны́м и друзья́м. Вчера́ он _____ два письма́: одно́ — бра́ту, друго́е — дру́гу. (писа́ть — написа́ть)

⑪ Альпини́сты не́сколько раз _____ на́ гору Казбе́к. Альпини́сты _____ на́ гору и уви́дели прекра́сный вид на доли́ну. (поднима́ться — подня́ться)

⑫ Я всегда́ _____ своему́ мла́дшему бра́ту. Вчера́ я _____ мла́дшему бра́ту реши́ть тру́дную зада́чу. (помога́ть — помо́чь)

⑬ Он _____ лека́рство три ра́за в день. Он _____ лека́рство, и ему́ ста́ло лу́чше. (принима́ть — приня́ть)

⑭ Преподава́тель ка́ждый день _____ дома́шнее зада́ние у студе́нтов. Преподава́тель _____ экзаменацио́нные рабо́ты студе́нтов и поста́вил им оце́нки. (проверя́ть — прове́рить)

⑮ Я напо́мнил поэ́ту, что мы _____ с ним в Кишинёве в 1820 году́. (встреча́ться — встре́титься)

⑯ Оди́н альпини́ст _____ на са́мый высо́кий небоскрёб. Он семь с полови́ной часо́в. (поднима́ться — подня́ться)

17 Он не раз _____ себе́ вопро́с о смы́сле жи́зни. (задава́ть — зада́ть)

18 С. И. Даль всю жизнь _____ «Толко́вой слова́рь великору́сского языка́». (создава́ть — созда́ть)

19 Они́ _____ план за не́сколько ме́сяцев. (выполня́ть — вы́полнить)

20 В де́тстве он _____ францу́зский язы́к, но сейча́с пло́хо владе́ет им. (изуча́ть — изучи́ть)

21 Бра́тья Па́вел Миха́йлович и Серге́й Миха́йлович Третьяко́вы до́лгие го́ды _____ карти́ны, кото́рые они́ подари́ли Москве́. (собира́ть — собра́ть)

22 Пётр Пе́рвый _____ (встава́ть — встать) до рассве́та, _____ (чита́ть — прочита́ть) журна́лы и газе́ты, а пото́м _____ (осма́тривать — осмотре́ть) рабо́ты — строи́тельство корабле́й.

23 На про́шлой неде́ле он _____ гри́ппом, поэ́тому не ходи́л на заня́тия. Он простуди́лся и _____ , поэ́тому тепе́рь не хо́дит на заня́тия. (боле́ть — заболе́ть)

24 Поэ́т _____ в нём челове́ка с я́сным умо́м и прекра́сной душо́й. Когда́ я лу́чше узна́л э́того челове́ка, я _____ его́ всей душо́й. (люби́ть — полюби́ть)

25 Ребёнок пло́хо спал, _____ всю ночь. Ребёнку ста́ло хо́лодно, и он _____ . (пла́кать — запла́кать)

26 Арти́сты прекра́сно игра́ли комеди́йные ро́ли, и зри́тели дру́жно _____ . Кло́ун упа́л, и зри́тели _____ . (смея́ться — засмея́ться)

27 В мо́лодости ей _____ бале́т. Вчера́ она́ была́ в Большо́м теа́тре на бале́те «Спарта́к». Бале́т ей о́чень _____ . (нра́виться — понра́виться)

28 Он _____ , что лю́ди ра́но и́ли по́здно полетя́т в ко́смос. 12 апре́ля 1961 го́да все лю́ди _____ , что Юрий Гага́рин полете́л в ко́смос. (знать — узна́ть)

29 Это сло́во я ника́к не могу́ запо́мнить. Я _____ его́, но ещё не

_____ . (учи́ть — вы́учить)

㉚ Мы _____ его́ вы́ступить на собра́нии, но он отказа́лся. (угова́ривать — уговори́ть)

㉛ Вы _____ дома́шние зада́ния, кото́рые за́дал преподава́тель? (выполня́ть — вы́полнить)

㉜ Я _____ все э́ти поздрави́тельные откры́тки за оди́н ве́чер. (писа́ть — написа́ть)

㉝ Она́ всё воскре́сенье _____ до́ма, потому́ что была́ нездоро́ва. (сиде́ть — посиде́ть)

㉞ Когда́ я пришёл к нему́, он _____ свою́ ко́мнату: все ве́щи на своём ме́сте. (убира́ть — убра́ть)

㉟ Кто _____ телеви́зор? Он уже́ не рабо́тает. (включа́ть — включи́ть)

㊱ Вчера́ он до́лго _____ сочине́ние и _____ его́ то́лько к ве́черу. (писа́ть — написа́ть)

㊲ Когда́ мы _____ домо́й, мы уви́дели мно́го госте́й. (возвраща́ться — верну́ться)

㊳ Когда́ оте́ц _____ и́з дому, сестра́ попроси́ла его́ купи́ть ей ру́чку. (выходи́ть — вы́йти)

㊴ Всё ле́то он пла́вал, гуля́л, игра́л, и так он сказа́л, что он ещё не _____ . (отдыха́ть– отдохну́ть)

㊵ Когда́ я верну́лся, мне сказа́ли, что ко мне _____ како́й-то молодо́й челове́к, посиде́л и ушёл. (приходи́ть — прийти́)

㊶ Кто _____ мой слова́рь. Он то́лько что ещё лежа́л на моём столе́. (брать — взять)

㊷ Я давно́ не _____ пи́сьма от бра́та. (получа́ть — получи́ть)

㊸ Когда́ они́ жи́ли ле́том в дере́вне, они́ _____ спать о́чень ра́но. (ложи́ться — лечь)

㊹ Когда́ оте́ц _____ и́з дому, сестра́ вспо́мнила, что забы́ла попроси́ть его́ купи́ть ру́чку, но уже́ по́здно. (выходи́ть — вы́йти)

㊺ Я ничего́ о ней не зна́ю. Мы давно́ не _____ . (встреча́ться — встре́титься)

㊻ Пе́тя, тебя́ ждут в общежи́тии. Роди́тели из Пеки́на _____ к тебе. (приезжа́ть — прие́хать)

47 Мы ещё не _____ . Дава́йте посиди́м ещё немно́го. (отдыха́ть — отдохну́ть).

48 По-мо́ему кто́-то _____ в мою́ ко́мнату, кни́га лежи́т не на своём ме́сте. (входи́ть — войти́)

49 Ви́тя, заче́м _____ окно́. Здесь о́чень жа́рко и ду́шно. (закрыва́ть — закры́ть)

50 Когда́ мы _____ домо́й, мы встре́тили на́шего учи́теля на у́лице. (возвраща́ться — верну́ться)

51 Мы ду́мали, что она́ нам позвони́т. Но она́ не _____ . (звони́ть — позвони́ть)

52 — Пе́тя, дай мне почита́ть твой рома́н «Пе́сня о мо́лодости». — У меня́ нет э́той кни́ги, я _____ её Ва́ле. (дава́ть — дать).

练习14 用适当体动词的过去时完成对话。

1 — Вчера́ я два часа́ учи́ла стихотворе́ние?

— Ну ты _____ его́?

— Да. Тепе́рь я хорошо́ зна́ю его́. (учи́ть — вы́учить)

2 — Вчера́ я прочита́л интере́сную статью́ о ру́сских худо́жниках.

— Статья́ больша́я?

— Да, о́чень.

— Ско́лько вре́мени ты _____ её?

— Весь ве́чер. (чита́ть — прочита́ть)

3 — У тебя́ уже́ есть ви́за?

— Да, я уже́ _____ её. (получа́ть — получи́ть)

4 — Мой друг о́чень хорошо́ говори́т по-ру́сски.

— Ско́лько вре́мени он _____ ру́сский язы́к?

— 5 лет. (изуча́ть — изучи́ть)

5 — У вас вчера́ был у́стный и́ли пи́сьменный экза́мен?

— Пи́сьменный.

— Ско́лько вре́мени вы _____ ?

— 4 часа́. (сдава́ть — сда́ть)

⑥ — Ты уже́ свобо́ден?

— Да, дома́шнее зада́ние я уже́ _____ .

— Тогда́ пойдём погуля́ем немно́го. (де́лать — сде́лать)

⑦ — Что ты де́лал на по́чте?

— _____ посы́лку.

— Ну и как? _____ ?

— Да, коне́чно. В э́том году́ я уже́ два ра́за _____ посы́лки от роди́телей. (получа́ть — получи́ть)

⑧ — Вчера́ я пло́хо себя́ чу́вствовал и не ходи́л на заня́тия. Что там бы́ло?

— Преподава́тель _____ но́вый текст. Когда́ он _____ его́, мы ста́ли запи́сывать в тетра́ди но́вые слова́. (объясня́ть — объясни́ть)

⑨ — Что ты де́лал в суббо́ту ве́чером?

— _____ детекти́вный расска́з. Я _____ его́ це́лый час. Он тако́й интере́сный, что я закры́л кни́гу то́лько тогда́, когда́ _____ его́ до конца́. (чита́ть — прочита́ть)

⑩ — Ты _____ свои́м роди́телям в воскресе́нье?

— Да, _____ . Ра́ньше я им _____ ка́ждую неде́лю, а тепе́рь то́лько раз в ме́сяц. А по́сле разгово́ра с роди́телями я _____ дру́гу и пригласи́л его́ к себе́ в го́сти. (звони́ть — позвони́ть)

⑪ — Ты вчера́ смотре́л по телеви́зору но́вый фильм?

— Нет, _____ материа́л пе́ред контро́льной рабо́той.

— И ско́лько вре́мени ты э́тим занима́лся.

— Весь ве́чер _____ грамма́тику и но́вые слова́.

— Всё _____ ?

— Ду́маю, что да. (повторя́ть — повтори́ть)

⑫ — Анто́н уже́ три ра́за _____ на семина́ре.

— А вчера́ он то́же _____ ?

— Да. И _____ о́чень хорошо́. (выступа́ть — вы́ступить)

⑬ — Что вчера́ бы́ло на заня́тиях по литерату́ре?

— Мы _____ .

— И ско́лько страни́ц вы _____ .

— Де́сять. (чита́ть — прочита́ть)

⑭ — Я слы́шал, что вы вчера́ бы́ли в Музе́е изобрази́тельных иску́сств им. А. С. Пу́шкина.

— Да, _____ .

— Он о́чень большо́й, там мно́го за́лов. Вы _____ весь музе́й?

— Коне́чно нет, то́лько 4 за́ла. (осма́тривать — осмотре́ть)

⑮ — Пойдём в столо́вую, поза́втракаем. Я не люблю́ есть оди́н.

— Спаси́бо. Но я уже́ _____ . Сейча́с сыт. (за́втракать — поза́втракать)

⑯ — Вы когда́-нибудь бы́ли в рестора́не «Седьмо́е не́бо»?

— Да, я _____ . (обе́дать — пообе́дать)

⑰ — Анто́н посове́товал нам купи́ть толко́вый слова́рь ру́сского языка́. Ты уже́ _____ ?

— Да, вот он. (покупа́ть — купи́ть)

⑱ — У вас уже́ был экза́мен по исто́рии?

— Да, _____ . (сдава́ть — сдать)

练习15 选词填空。

① Пого́да была́ ужа́сная, _____ (дул — поду́л) се́верный ве́тер, _____ (па́дал — упа́л) мо́крый снег хло́пьями.

② Вдруг появи́лся импера́тор на коне́. Толпа́ _____ (шуме́ла — зашуме́ла).

③ В мо́лодости он _____ (люби́л — полюби́л) бесе́довать с бе́дными людьми́.

④ Я лёг на дива́н и ско́ро _____ (дрема́л — задрема́л).

⑤ В тече́ние ма́я ча́сто _____ (ду́ли — поду́ли) восто́чные ве́тры.

⑥ Же́нщина оберну́лась, и я _____ (ви́дел — уви́дел) све́тлые глаза́ на живо́м подви́жном лице́.

练习16 用动词适当体的过去时填空，注意未完成体和完成体动词过去时意义的不同。

1 Был уже́ ве́чер, по́езд _____ (подходи́ть — подойти́) к ста́нции, где мы должны́ бы́ли вы́йти.

2 Ка́ждый раз, когда́ дед _____ (уходи́ть — уйти́) из до́ма, ба́бушка устра́ивала в ку́хне интере́снейшие собра́ния.

3 По больши́м пра́здникам царь _____ (приезжа́ть — прие́хать) в Москву́ в Кремль.

4 _____ (Проходи́ть — Пройти́) го́ды оди́н за други́м, а в мое́й жи́зни ничего́ не меня́лось.

5 Мы _____ (доезжа́ть — дое́хать) до гости́ницы за 20 мину́т.

6 В про́шлом ме́сяце Анто́на не́ было в го́роде, он _____ (уезжа́ть — уе́хать) на Ура́л.

7 Он _____ (обходи́ть — обойти́) о́зеро за 40 мину́т.

8 Инжене́р ждёт вас, он _____ (проезжа́ть — прие́хать) из министе́рства 25 мину́т наза́д.

9 Профе́ссор _____ (входи́ть — войти́) в аудито́роию, и ле́кция начала́сь.

10 Вчера́ ко мне _____ (приезжа́ть — прие́хать) роди́тели. Они́ бу́дут жить у меня́ ме́сяц.

11 Мой друг око́нчил университе́т и _____ (уезжа́ть — уе́хать) на ро́дину.

12 Когда́ Ви́ктор _____ (уходи́ть — уйти́) в университе́т, он закры́л окно́.

13 Ни́на _____ (брать — взять) одну́ интере́сную кни́гу в библиоте́ке. Сейча́с она́ чита́ет её.

14 На про́шлой неде́ле Ни́на _____ (брать — взять) одну́ интере́сную кни́гу, прочита́ла её и верну́ла в библиоте́ку.

15 Вчера́ ма́ма _____ (надева́ть — наде́ть) но́вое пла́тье, потому́ что ходи́ла в теа́тр.

16 Ве́ра _____ (надева́ть — наде́ть) спорти́вный костю́м для заня́тия спо́ртом.

⑰ Когда́ он _____ (ложи́ться — лечь) спать, он забы́л вы́ключить свет на ку́хне.

⑱ Он о́чень уста́л, верну́лся и _____ (ложи́ться — лечь) спать.

⑲ Почему́ телеви́зор не рабо́тает? Кто _____ (включа́ть — включи́ть) его́?

⑳ В про́шлом году́ ко мне _____ (приезжа́ть — прие́хать) роди́тели. Тепе́рь они́ на Ро́дине.

练习17 用动词适当体的过去时填空，注意完成体和未完成体动词过去时表示否定意义的不同。

❶ Я собира́лся написа́ть сочине́ние, но не _____ , потому́ что у меня́ бы́ло ма́ло вре́мени. (писа́ть — написа́ть)

❷ Вчера́ ве́чером я не _____ сочине́ние, а повторя́л но́вые слова́. (писа́ть — написа́ть)

❸ К сожале́нию, я не _____ ни одного́ произведе́ния э́того писа́теля. (чита́ть — прочита́ть)

❹ Этот рома́н я чита́л, но не _____ , потому́ что я не успе́л. (чита́ть — прочита́ть)

❺ В про́шлом году́ мой брат не _____ в университе́т, в то вре́мя он был за грани́цей. (поступа́ть — поступи́ть)

❻ Мой брат пло́хо сдал экза́мены и не _____ в университе́т. (поступа́ть — поступи́ть)

❼ Вчера́ он никому́ не _____ , потому́ что у него́ не рабо́тал телефо́н. (звони́ть — позвони́ть)

❽ Извини́, я не _____ тебе́ вчера́, потому́ что совсе́м забы́л об э́том. (звони́ть — позвони́ть)

练习18 选择正确答案填空。

❶ Вся́кий раз, когда́ мы _____ , ме́жду на́ми возника́ли несконча́емые спо́ры.

A. встре́тили   B. встре́тились

C. встреча́лись   D. встреча́ли

2 Ре́дко _____ мне в кни́гах мы́сли, кото́рых я не слы́шал бы ра́ньше в жи́зни.

A. встреча́лись   B. встреча́ли

C. встре́тились   D. встре́тили

3 В де́тстве я _____ ре́дко и то́лько от оби́ды.

A. пла́кал   B. пла́чу

C. запла́кал   D. запла́чу

4 В про́шлом ме́сяце мы с сы́ном ка́ждый день _____ в 6 часо́в утра́.

A. вста́ли   B. встаём

C. встава́ли   D. бу́дем встава́ть

5 Ра́ньше ка́ждый день он _____ в 8 часо́в. А сего́дня он _____ в 9 часо́в.

A. встава́л, встава́л   B. встал, встал

C. встава́л, встал   D. встал, встава́л

6 Ра́ньше твой друг ча́сто тебе́ _____ .

A. позвони́л   B. звони́л

C. звони́т   D. позвони́т

7 Мы вчера́ це́лый день сиде́ли и _____ телеви́зор.

A. смотре́ли   B. посмотре́ли

C. смо́трим   D. посмо́трим

8 У меня́ бы́ли кани́кулы, и я _____ це́лый ме́сяц.

A. отдохну́л   B. отдыха́л

C. отдыха́ю   D. бу́ду отдыха́ть

9 На́ша гру́ппа _____ экза́мен по англи́йскому языку́ 5 часо́в.

A. сдала́   B. сда́ли

C. сдава́ла   D. сдава́ли

10 Ви́ктор вчера́ весь ве́чер _____ пи́сьма.

A. писа́ть   B. написа́л

C. написа́ть   D. писа́л

11 Строи́тельство электроста́нции _____ 15 ме́сяцев.

A. продолжа́ло   B. продо́лжилось

C. продо́лжило   D. продолжа́лось

⑫ Дом, в кото́ром ты живёшь, _____ це́лых три го́да.

A. постро́или   B. постро́ят

C. стро́или   D. стро́ят

⑬ С. И. Даль всю жизнь _____ «Толко́вый слова́рь ру́сского языка́».

A. создава́л   B. создаёт

C. со́здал   D. созда́ст

⑭ По́сле боле́зни сестра́ _____ до́ма пять дней и она́ хорошо́ _____ .

A. отдыха́ла, отдыха́ла   B. отдохну́ла, отдохну́ла

C. отдыха́ла, отдохну́ла   D. отдохну́ла, отдыха́ла

⑮ Преподава́тель проверя́л дома́шнее зада́ние студе́нтов, пока́ они́ _____ сочине́ние.

A. писа́ли   B. написа́ли

C. пи́шут   D. напи́шут

⑯ Когда́ она́ вошла́ в аудито́рию, студе́нты _____ текст.

A. перево́дят   B. переводи́ли

C. бу́дут переводи́ть   D. переведу́т

⑰ Вчера́ я опозда́л на уро́к. Когда́ я пришёл, все студе́нты уже́ _____ в аудито́рии.

A. сидя́т   B. посиде́ли

C. сиде́ли   D. се́ли

⑱ Вчера́ я не мог прийти́ к вам, потому́ что _____ ма́тери.

A. помо́г   B. помога́л

C. помога́ть   D. помо́чь

⑲ — Почему́ ты не пришёл вчера́ к Никола́ю! — Я _____ сро́чную рабо́ту.

A. зако́нчил   B. зака́нчивал

C. зако́нчу   D. зака́нчиваю

⑳ Ма́льчик бежа́л, потому́ что _____ на заня́тия.

A. опа́здывает   B. опозда́ет

C. опа́здывал   D. опозда́л

㉑ Я заходи́л к Семёновым, но Анну Серге́евну не уви́дел: она́ _____ посы́лку на по́чте.

A. отправля́ет   B. отпра́вит

C. отправля́ла   D. отпра́вила

㉒ Выключа́тель в коридо́ре не рабо́тает, наве́рное, Бори́с слома́л его́, когда́ у́тром _____ там свет.

A. включа́ет

B. включа́л

C. включи́т

D. включи́л

㉓ Когда́ мы _____ , он кре́пко пожа́л мне ру́ку.

A. проща́лись

B. прости́лись

C. проща́емся

D. прости́мся

㉔ Когда́ ма́ма _____ из до́ма, она́ взяла́ с собо́й зо́нтик.

A. выхо́дит

B. вы́йдет

C. выходи́ла

D. вы́шла

㉕ Когда́ мы _____ домо́й, нас заста́л си́льный дождь.

A. вернёмся

B. верну́лись

C. возвраща́лись

D. возвраща́емся

㉖ Когда́ мы _____ домо́й, мы встре́тили на́шего учи́теля на у́лице.

A. возвраща́лись

B. возвраща́емся

C. верну́лись

D. вернёмся

㉗ Когда́ оте́ц _____ из до́ма, он веле́л Андре́ю посмотре́ть за сестрёнкой.

A. ушёл

B. уходи́л

C. уйдёт

D. ухо́дит

㉘ Когда́ ма́ма _____ из ко́мнаты, она́ вы́ключила свет.

A. выхо́дит

B. вы́шла

C. выходи́ла

D. вы́йдет

㉙ Когда́ он _____ на заня́тия в университе́т, он забы́л вы́ключить свет.

A. уходи́л

B. ухо́дит

C. ушёл

D. уйдёт

㉚ Когда́ я _____ из до́ма, я веле́л сы́ну оста́ться с сестрёнкой.

A. ушёл

B. уходи́л

C. уйду́

D. ухожу́

㉛ Когда́ оте́ц _____ и́з дому, сестра́ попроси́ла его́ купи́ть ей ру́чку.

A. выхо́дит

B. выходи́л

C. вы́йдет

D. вы́шел

32 Когда Андрей _____ , его проводили друзья.

A. уе́хал   B. уезжа́л

C. уе́дет   D. уезжа́ет

33 Когда брат _____ , его това́рищи пришли́ к нему́ прости́ться.

A. уезжа́л   B. уе́хал

C. пое́хал   D. е́хал

34 Когда _____ из дере́вни, я реши́л после́дний раз сходи́ть в лес.

A. уезжа́л   B. уе́хал

C. пое́хал   D. е́хал

35 Когда он _____ с рабо́ты, он проси́л переда́ть тебе́ э́ту запи́ску.

A. ухо́дит   B. уходи́л

C. ушёл   D. уйдёт

36 Когда Ви́ктор _____ на заня́тия в университе́т, вдруг _____ телефо́н.

A. уходи́л, звони́л   B. ушёл, зазвони́л

C. уходи́л, зазвони́л   D. ушёл, звони́л

37 Одна́жды у́тром он _____ ми́мо сосе́днего до́ма и вдруг _____ чей-то плач.

A. проходи́л, слы́шал   B. проходи́л, услы́шал

C. прошёл, слы́шал   D. прошёл, услы́шал

38 Кто _____ телеви́зор? Он уже́ не рабо́тает.

A. включа́л   B. включи́л

C. включа́ет   D. включи́тся

39 Почему́ ра́дио не рабо́тает? Кто _____ его́?

A. включа́л   B. включа́лся

C. включи́л   D. включи́лся

40 В переры́в студе́нты _____ окно́, но в аудито́рии опя́ть ду́шно.

A. откры́ли   B. открыва́ли

C. откры́лись   D. открыва́лись

41 — Окно́ так и откры́то це́лый день? И во вре́мя дождя́ бы́ло откры́то? — Нет, мы _____ его́.

A. закры́ли   B. закро́ем

C. закрыва́ли   D. закрыва́ем

㊷ — Как жаль, что я не смог посмотре́ть ва́ши но́вые фотогра́фии. — Я же _____ их вчера́. Мо́жет быть, заходи́те ко мне?

A. принёс   B. принесу́

C. приноси́л   D. приношу́

㊸ — Почтальо́н _____ мне письмо́? — Да, он _____ письмо́, но так как не́кому бы́ло переда́ть по́чту, он унёс его́ обра́тно и обеща́л принести́ за́втра у́тром.

A. приноси́л, приноси́л   B. принёс, принёс

C. приноси́л, принёс   D. принёс, приноси́л

㊹ Утром врач _____ к больно́му. Он осмотре́л его́ и уе́хал в поликли́нику.

A. приходи́л   B. пришёл

C. прихо́дит   D. придёт

㊺ Кто за челове́к, кото́рый то́лько что _____ к нам в аудито́рию?

A. приходи́л   B. пришёл

C. прихо́дит   D. придёт

㊻ К тебе́ у́тром _____ това́рищ, он оста́вил тебе́ запи́ску.

A. приходи́л   B. пришёл

C. уходи́л   D. ушёл

㊼ — Пе́тя, почему́ ты не подходи́л к телефо́ну? — Я _____ .

A. выходи́л   B. уходи́л

C. вы́шел   D. ушёл

㊽ — Где ты был вчера́? — Я _____ в центр го́рода.

A. е́хал   B. пое́хал

C. уезжа́л   D. е́здит

㊾ — Где ты был вчера́? Я _____ тебе́. — _____ в поликли́нику к врачу́.

A. звони́л, Уходи́л   B. позвони́л, Ходи́л

C. звони́л, Шёл   D. позвони́л, Шёл

㊿ Утром Анто́на не́ было до́ма, он _____ на заня́тия.

A. уходи́л   B. ушёл

C. уйдёт   D. ухо́дит

51 Этой кни́ги у Ко́ли до́ма нет. Как я по́мню, он _____ её в библиоте́ке.

A. брал   B. взял

C. берёт   D. возьмёт

52 Анна _____ этот роман в библиотеке. Она прочитала и вернула его.

A. брала   B. взяла

C. берёт   D. возьмёт

53 Картина висит не на том месте, что раньше. Вы не знаете, зачем её _____ .

A. снимали   B. сняли

C. снимают   D. снимут

54 Рабочие этого завода всегда перевыполняют план. И в этом году они _____ годовой план за десять месяцев.

A. выполняли   B. выполняют

C. выполнили   D. выполнятся

55 Павел хотел убежать, но вдруг на дороге _____ незнакомого мужчину.

A. видел   B. виделся

C. увидел   D. увиделся

56 Мы уже _____ и теперь мы можем продолжить работу.

A. отдыхали   B. отдохнули

C. отдыхаем   D. отдохнём

57 В субботу я купил в магазине продукты, пришёл домой и _____ прекрасный ужин.

A. готовил   B. приготовит

C. готовлю   D. приготовил

58 Ты уже _____ все свои проблемы?

A. решишь   B. решил

C. решал   D. решать

59 Вчера Сергей был на концерте, поэтому _____ спать поздно.

A. лёг   B. ложится

C. ложился   D. ляжет

60 Только что Наташа _____ спать, как её поднял стук в дверь.

A. легла   B. ложилась

C. ложится   D. ляжет

61 Когда мы _____ домой, мы увидели много гостей.

A. возвращались   B. возвращаясь

C. вернули   D. вернулись

62 — Та́ня сейча́с свобо́дна? — Да, она́ уже́ _____ ко́мнату.

A. убира́ла   B. убрала́

C. убира́ет   D. уберёт

63 Вчера́ я весь день ждал звонка́ Алёши. Он _____ то́лько ве́чером.

A. звони́т   B. звони́л

C. позвони́л   D. позвони́т

64 Ты собира́лся сра́зу отве́тить на письмо́ роди́телей. Ты _____ им?

A. писа́л   B. написа́л

C. пи́шешь   D. напи́шешь

65 Едва́ я вошёл в ко́мнату, как _____ телефо́н.

A. зазвони́л   B. звони́л

C. звони́лся   D. зазвони́ли

66 Де́ти уви́дели отца́ и _____ к нему́.

A. бежа́ли   B. побежа́ли

C. бе́гали   D. побега́ли

67 Когда́ я откры́л окно́, бума́ги _____ со стола́.

A. лета́ли   B. лете́ли

C. полета́ли   D. полете́ли

68 Утром я немно́го _____ над статьёй.

A. рабо́тал   B. порабо́тал

C. зарабо́тал   D. прорабо́тал

69 Анна _____ э́тот рома́н в библиоте́ке и тепе́рь чита́ет его́.

A. брала́   B. взяла́

C. берёт   D. возьмёт

70 У меня́ есть э́та кни́га: я _____ её в библиоте́ке.

A. брал   B. взял

C. возьму́   D. бу́ду брать

71 Анна _____ э́тот рома́н в библиоте́ке, прочита́ла и верну́ла его́.

A. брала́   B. взяла́

C. берёт   D. возьмёт

72 — Кто́-то _____ мою́ кни́гу со стола́. Тепе́рь я не зна́ю, где она́.

— Не зна́ю, я не _____ .

A. брал, брал	B. взял, взял
C. взял, брал	D. брал, взял

73 К тебе́ _____ това́рищ, он ждёт тебя́ уже́ полчаса́.

A. приходи́л	B. пришёл
C. ходи́л	D. шёл

74 Анто́на нет до́ма: он _____ на заня́тия.

A. ушёл	B. уходи́л
C. уйдёт	D. ухо́дит

75 Ва́ля, заче́м _____ окно́. Здесь о́чень жа́рко и ду́шно.

A. закрыва́ли	B. закрыва́лись
C. закры́ли	D. закры́лись

76 Я ничего́ о ней не зна́ю. Мы давно́ не _____ .

A. встреча́ли	B. встреча́лись
C. встре́тили	D. встре́тились

77 Бо́льше я никогда́ не _____ учи́теля и не хоте́л уви́деть его́.

A. встре́тил	B. встре́чу
C. встреча́ю	D. встреча́л

78 Ма́ма говори́т, что Шу́ра измени́лся. Они́ не _____ мно́го лет.

A. виде́лись	B. увиде́лись
C. ви́дели	D. уви́дели

79 Я о́чень волну́юсь: це́лый ме́сяц роди́тели не _____ .

A. писа́ли	C. бу́дут писать
C. написа́ли	D. напи́шут

80 Я давно́ не _____ письма́ от бра́та.

A. получа́л	B. получи́л
C. получа́лся	D. получи́лся

81 — Кто принёс но́вый слова́рь? — Не зна́ю, я не _____ .

A. принёс	B. принесу́
C. приношу́	D. приноси́л

(82) Студе́нты не ____________ вчера́ экза́мен, так как преподава́тель заболе́л.

A. сдава́ли B. сда́ли
C. сданы́ D. сдаду́т

(83) — Это вы слома́ли магнитофо́н? — Нет, я не ____________ .

A. лома́л B. лома́лся
C. слома́л D. слома́лся

(84) — Это вы вы́ключили свет? — Нет, я не ____________ .

A. выключа́л B. выключа́лся
C. выключи́л D. выключи́лся

(85) Вчера́ он никому́ не ____________, потому́ что у него́ не рабо́тает телефо́н.

A. звони́л B. звони́т
C. позвони́л D. позвони́т

(86) — Ты позвони́л Са́ше? — Нет, я ему́ не ____________ , ты меня́ об э́том не проси́л.

A. звони́л B. звоню́
C. позвони́л D. позвоню́

(87) Алёша не ____________ текст, потому́ что преподава́тель не задава́л перево́да.

A. переводи́л B. перево́дит
C. перевёл D. переведёт

(88) Алёша не ____________ текст, потому́ что в нём сли́шком мно́го но́вых слов.

A. переводи́л B. перевёл
C. переводи́ла D. перевела́

(89) Все собрали́сь во́время, никто́ не ____________ .

A. опа́здывал B. опа́здывает
C. опозда́л D. опозда́ли

(90) Оте́ц с нетерпе́нием ждал сы́на. Ча́сто подходи́л к окну́ и смотре́л, не ____________ ли маши́на.

A. придёт B. пришла́
C. прихо́дит D. приходи́ла

91 — Ве́ра у вас ? — Нет, она́ не _____ . Она́ должна́ прийти́, но не

_____ .

   A. приходи́ла, пришла́   B. приходи́ла, приходи́ла

   C. пришла́, пришла́   D. пришла́, приходи́ла

92 Мы так ждали его́, надея́лись встре́титься с ним, но он так и не _____ .

   A. приезжа́л   B. приезжа́ет

   C. прие́хал   D. прие́дет

93 — Анто́н _____ на экску́рсию? — Нет, он собира́лся

_____ , но не _____ , потому́ он заболе́л.

   A. е́здил, е́хать, е́хал   B. е́здил, пое́хать, пое́хал

   C. е́хал, е́хать, е́хал   D. е́хал, пое́хать, пое́хал

94 Мы ду́мали, что она́ нам позвони́т, но она́ не _____ .

   A. звони́ла   B. звони́т

   C. позвони́ла   D. позвони́т

95 Извини́, я не _____ тебе́ вчера́, потому́ что совсе́м забы́л об

э́том.

   A. звони́л   B. звони́т

   C. позвони́л   D. позвони́т

96 Ле́на заболе́ла и на конце́рте не _____ .

   A. выступа́ла   B. вы́ступила

   C. выступа́ет   D. вы́ступит

97 Наш хорово́й кружо́к не _____ на ве́чере: заболе́л дирижёр.

   A. выступа́л   B. вы́ступил

   C. выступа́ть   D. вы́ступить

98 Он _____ расска́зывать, но вдруг замолча́л.

   A. на́чал бы   B. начина́л бы

   C. начина́л было   D. на́чал было

99 Он _____ с на́ми, но пото́м опя́ть на́чал спо́рить.

   A. согласи́лся бы   B. соглаша́лся бы

   C. согласи́лся бы́ло   D. соглаша́лся бы́ло

100 Я _____ к нему́, да вспо́мнил, что сего́дня его́ нет до́ма.

   A. пошёл бы   B. шёл бы

   C. пошёл было   D. шёл бы́ло

四、本课测验

I 选择正确词语填空。 15分

1 К тебе ＿＿＿＿＿＿＿ оди́н молодо́й челове́к. Он до́лго ждал и ушёл. (приходи́л, пришёл)

2 Он ＿＿＿＿＿＿＿ и отве́тил на мои́ вопро́сы. (ду́мал, поду́мал)

3 По́сле боле́зни сестра́ ＿＿＿＿＿＿＿ до́ма пять дней и она́ хорошо́ ＿＿＿＿＿＿＿ . (отдыха́ла, отдохну́ла)

4 Мой брат до́лго ＿＿＿＿＿＿＿ меня́ пла́вать, но не ＿＿＿＿＿＿＿ . (учи́л, научи́л)

5 Вре́мени оста́лось ма́ло, я взял такси́ и ＿＿＿＿＿＿＿ на аэропо́рт. (е́хал, пое́хал)

6 Она́ уви́дела меня́ и ＿＿＿＿＿＿＿ . (смея́лась, засмея́лась)

7 Сейча́с в ко́мнате о́чень жа́рко, почему́ ты ＿＿＿＿＿＿＿ дверь. (закрыва́ла, закры́ла)

8 По́сле у́жина они́ ＿＿＿＿＿＿＿ немно́го. (гуля́ли, погуля́ли)

9 Он встал и ＿＿＿＿＿＿＿ расска́зывать. (начина́л, на́чал)

10 — Что ты де́лал вчера́, Оле́г? — Я ＿＿＿＿＿＿＿ журна́л «Кита́й». Я ＿＿＿＿＿＿＿ два часа́, к ве́черу ＿＿＿＿＿＿＿ его́. (чита́л, прочита́л)

11 В шко́ле На́дя ＿＿＿＿＿＿＿ 40 лет. (рабо́тала, прорабо́тала)

12 Она́ иногда́ ＿＿＿＿＿＿＿ на уро́ки, но сего́дня не ＿＿＿＿＿＿＿ на уро́к. (опа́здывала, опозда́ла)

13 Когда́ мы жи́ли в дере́вне, мы ＿＿＿＿＿＿＿ о́чень ра́но. (ложи́лись спать, легли́ спать)

14 Рабо́чие ＿＿＿＿＿＿＿ э́тот дом за два ме́сяца. (стро́или, постро́или)

15 Студне́ты ＿＿＿＿＿＿＿ на э́ти вопро́сы де́сять мину́т. (отвеча́ли, отве́тили)

II 用适当体动词的过去时填空。 15分

1 Па́вел хоте́л убежа́ть, но вдруг на доро́ге ＿＿＿＿＿＿＿ (ви́деть — уви́деть) незнако́мого мужчи́ну.

② Всю жизнь он та́йно и глубоко́ _____ (люби́ть — полюби́ть) её.

③ Все собрали́сь во́время, никто́ не _____ (опа́здывать — опозда́ть).

④ В де́тстве я _____ (пла́кать — запла́кать) ре́дко и то́лько от оби́ды.

⑤ Мы так жда́ли его́, наде́ялись встре́титься с ним, но он так и не _____ (приезжа́ть — прие́хать).

⑥ Вчера́ Ли́да до́лго _____ письмо́. Она́ _____ письмо́ и пошла́ домо́й. (писа́ть — написа́ть)

⑦ Сего́дня весь уро́к преподава́тель _____ но́вый текст. Преподава́тель _____ но́вый текст и на́чал де́лать упражне́ния. (объясня́ть — объясни́ть)

⑧ Когда́ ба́бушка _____ ска́зку, де́ти внима́тельно слу́шали. За ве́чер она́ _____ не́сколько ска́зок. (расска́зывать — рассказа́ть)

⑨ Не́сколько дней Алёша _____ материа́л для сочине́ния. А Анто́н за оди́н день _____ все материа́лы. (собира́ть — собра́ть)

⑩ — Ве́ра у вас ? — Нет, она́ не _____ . — Она́ должна́ прийти́, но не _____ . (приходи́ть — прийти́)

⑪ — Кто́-то _____ мою́ кни́гу со стола́. Тепе́рь я не зна́ю, где она́ ?— Не зна́ю, я не _____ . (брать — взять)

⑫ Я ви́дел, как он _____ мне руко́й, но не слы́шал ни одного́ сло́ва. Он _____ мне руко́й и ушёл. (маха́ть — махну́ть)

⑬ Де́ти сиде́ли до́ма и _____ конце́рт по телеви́зору. Де́ти _____ конце́рт и вы́ключили телеви́зор. (смотре́ть — посмотре́ть)

⑭ Ра́ньше ка́ждый день он _____ в 8 часо́в. А сего́дня он _____ в 9 часо́в. (встава́ть — встать)

⑮ — Где ты был по́сле заня́тий ? — _____ в теа́тр за биле́тами . (е́здить — пое́хать) — Ну и как ? _____ ? — Да. (покупа́ть — купи́ть)

Ⅲ 把下列词组翻译成汉语。 10分

дома́шняя библиоте́ка _____

о́тклики на кни́гу _____

характе́рные черты́ _____

зачита́ть до дыр _____

де́лать заме́тки на поля́х   _____

заучи́ть наизу́сть отры́вки от те́кста

     _____

приобрести́ зна́ние   _____

перерабо́тать информа́цию   _____

подава́ть приме́р кому́   _____

в пе́рвую о́чередь   _____

раскры́ть кому́ глаза́   _____

ока́зываться на высоте́   _____

развива́ть потре́бности   _____

удиви́ться ва́шему посту́пку   _____

слу́шать популя́рную му́зыку   _____

любо́вные рома́ны   _____

эпо́ха Интерне́та   _____

интерне́т-изда́ния   _____

зайти́ на сайт   _____

скача́ть текст произведе́ния   _____

записа́ть на диск   _____

исходя́ из чего́   _____

Ⅳ   把括号里的词变成适当形式填空，如果需要加前置词。   15分

❶ Я не зна́ю, как записа́ться _____ (библиоте́ка).

❷ Где мо́жно уточни́ть назва́ние ну́жной _____ (я) кни́ги.

❸ Нельзя́ вы́дать слова́рь _____ (дом).

❹ Эта кни́га принадлежи́т _____ (э́тот студе́нт).

❺ На́ша страна́ принадлежи́т _____ (развива́ющиеся стра́ны).

❻ Чита́тели присла́ли о́тклик _____ (э́та статья́).

❼ Мы удивля́емся _____ (её красота́).

❽ В отноше́нии чте́ния роди́тели должны́ подава́ть приме́р _____ (де́ти).

❾ Вы́растить _____ (сын) _____ (настоя́щий челове́к) сло́жно.

⑩ Дéти ужé _____ (вы́расти).

⑪ Зáвтра мы _____ (присла́ть) вам кни́гу. _____ (Присла́ть) (命令式) нам дéньги.

⑫ Роди́тели _____ (разви́ть) (将来时) ум у ребя́т.

⑬ Что _____ (тако́й) кни́га?

⑭ Они́ _____ (цéлые дни) вмéсто рабо́ты чита́ют кни́ги on-line.

⑮ _____ (Бу́рные тéмпы) разви́тия электро́нных технологий чита́тели предпочита́ют _____ (по́льзоваться Интернéт).

V 造句。 15分

к сожалéнию _____

обрати́ться _____

удиви́ть _____

включи́ть _____

вы́растить _____

слéдовать _____

скача́ть _____

на рука́х _____

под руко́й _____

для того́ что́бы _____

в своё врéмя _____

с удово́льствием _____

приходи́ться _____

пода́ть примéр дéтям _____

в пéрвую о́чередь _____

VI 把下列句子翻译成俄语。 15分

❶ 我想在学校图书馆借肖洛霍夫的《静静的顿河》，但很可惜，这本书在别人手里。

_____

❷ 我们手头应该有俄汉词典，因为图书馆的词典不外借。

_____

❸ 我最喜欢在线读经典文学。

_____

❹ 一期《星期》杂志登载了一篇家庭图书馆的文章，读者给编辑部寄来了上千篇该文的评论。

_____

_____

❺ 父母首先应该让孩子开眼界，给孩子做榜样。

_____

❻ 第一，因特网上的电子书通常表现为某种信息，读者可以出于自身需求选择阅读。

_____

❼ 这些人不工作整天整天地阅读爱情小说、轰动一时的侦探小说。

_____

❽ 在电子工艺迅猛发展的情况下越来越多的读者更青睐于使用因特网。

_____

❾ 可能，如果当时伊格尔不把书都读破了，他就成不了全国著名的生物学家了。

_____

❿ 购物给我们带来愉悦和满足。

_____

Ⅶ 默写5条关于书籍和阅读的名言。 5分

_____

_____

_____

_____

_____

Ⅷ 选择下列其中一个题目写一篇俄语作文，不少于200词。 10分

① 你平时喜欢什么样的阅读方式，是在网上阅读还是买书阅读，你觉得哪种方式好，以此写一篇作文。

② «Моя любимая книга»。

_____

_____
_____
_____
_____
_____

五、日积月累

Не в слу́жбу, а в дру́жбу. 不为尽责，而为交情。

Не име́й сто рубле́й, а име́й сто друзе́й. 宁要一百个朋友，不要一百个卢布。

六、国情点滴

卡尔·巴甫洛维奇·勃留洛夫 (Карл Па́влович Брюлло́в) (1799—1852)，伟大的俄罗斯画家、雕塑家、水彩画家、素描画家、肖像画家、风景画家、学院画派的代表。勃留洛夫的创作生动活泼，使俄罗斯古典主义具有浪漫主义的特点。其作品的特点是突出人物的外在形态美、景象的紧张感、现实主义的趋势及细腻的心理刻画。他的主要作品有：《意大利的早晨》(Италья́нское у́тро) (1823)、《意大利的中午》(Италья́нский по́лдень) (1827)、《女骑士》(Вса́дница) (1832)、《庞贝城的末日》(Последний день Помпе́и) (1827—1833) 等。

七、练习答案

练习1 паспорта́, отры́вка, на что, с кем-чем, вы́дам, вы́дашь, вы́даст, вы́дадим, вы́дадите, вы́дадут, разовью́, разовьёшь, разовью́т

练习2 出示车票，出示证件，填调查表，填表，名片，借贷（信用）卡，图书证，电子邮箱，语法练习集，延长期限，文艺作品，属于发展中国家，发现错误，发现缺点，文章的评论，能力让老师吃惊，美貌让观众吃惊，把书读破，加拿大文学，种花，培养儿子爱劳动，培养孩子们有礼貌，处理信息，背诵，开手机，使他加入俱乐部，心灵的痛苦，在编辑部工作，同意您的想法，同意他的意见，同意做手术，私人秘书，需要书，发展经济，发展科技，开发智慧及才能，培养儿子好习惯，给孩子们做榜样，以父亲为榜样，站队，首先，敞开心扉，开阔学生视野，在新时代，电子机器，迅猛发展

练习3　предъяви́ть биле́т, предъяви́ть докуме́нт, запо́лнить анке́ту, запо́лнить бланк, визи́тная ка́рточка, креди́тная ка́рточка, чита́тельский биле́т, указа́ть столи́цу на ка́рте, по́лное назва́ние, назва́ние госуда́рства, получи́ть системати́ческое образова́ние, сбо́рник упражне́ний по грамма́тике, вы́дать пла́ту, продли́ть срок, худо́жественная литерату́ра, принадлежа́ть к развива́ющимся стра́нам, заме́тить оши́бки, заме́тить недоста́тки, о́тклик на статью́, вы́растить дете́й, вы́учить наизу́сть, включи́ть телеви́зор, духо́вное го́ре, ли́чный секрета́рь, потре́бность в кни́гах, разви́ть эконо́мику, увлека́тельное ме́сто, в но́вую эпо́ху, электро́нная маши́на, бу́рное разви́тие, дешёвый това́р

练习7　在图书馆注册, 报名参加俱乐部, 出示学生证, 出示借阅证, 使用洗手间, 使用计算机查询书目, 看医生, 征求老师意见, 请求教授帮助, 向父母问问题, 肖洛霍夫的小说《静静的顿河》, 文章评论, 书评, 把书读破, 培养有文化的人, 在书边做记号, 获得知识, 买书, 处理信息, 精神世界, 给孩子做榜样, 首先, 电子工艺迅猛发展, 使用网络, 轰动一时的侦探小说, 爱情小说, 某个, 查资料, 以电子形式, 很喜欢读侦探小说, 脑力劳动, 体力劳动, 大众文化

练习8　записа́ться в библиоте́ку, предъяви́ть па́спорт, студе́нческий биле́т, запо́лнить чита́тельскую ка́рточку, чита́тельский биле́т, назва́ние кни́ги, рома́н «Ти́хий Дон», сбо́рник стихотворе́ний, продли́ть кни́гу на ме́сяц, не вы́дать на́ дом, чита́льный зал, кни́ги с иллюстра́циями, кни́ги с детекти́вными сюже́тами, юмористи́ческая литерату́ра, электро́нная кни́га, скача́ть произведе́ние

练习9

① По́льзование Интерне́том прино́сит им ра́дость и удово́льствие.

② Поку́пка прино́сит нам удово́льствие.

③ Мы пришли́ в го́сти к но́вым знако́мым и заинтересова́лись дома́шней библиоте́кой.

④ Электро́нные библиоте́ки нахо́дятся в са́мом нача́ле своего́ разви́тия и бу́дущее за ни́ми.

⑤ Кла́ссика открыва́ет в челове́ке то, что поня́тно и бли́зко ка́ждому.

⑥ Прие́зжие в Росси́ю удивля́ются тому́, что там лю́ди чита́ют мно́го и везде́.

⑦ Роди́тели должны́ следи́ть за тем, что чита́ют их де́ти.

⑧ Без книг в до́ме нельзя́ вы́растить по-настоя́щему культу́рного челове́ка.

⑨ В отношéнии чтéния родúтели должны́ подавáть примéр дéтям.

⑩ Мóжет быть, éсли бы Игорь в своё врéмя не зачитáл кнúги до дыр, он не стал бы биóлогом.

练习12

① Библиогрáф вам расскáжет, как пóльзоваться компью́тером для пóиска книг.

② В читáльном зáле словарú, спрáвочники и энциклопéдии не выдаю́т нá дом.

③ В óбщем, кнúги принадлежáт всем.

④ Читáтели прислáли ты́сячу óткликов на статью́, актúвно обсуждáли вопрóс о рóли и значéнии домáшних библиотéк.

⑤ Мнóгих приезжáющих в Россúю удивля́ет то, что читáют вездé — в метрó, в автóбусе, в электрúчке.

⑥ По-мóему без книг дóма нельзя́ вы́растить культýрного человéка.

⑦ По мéре наступлéния эпóхи Интеренéта традициóнные кнúги ужé не явля́ются едúнственным вы́бором для читáтелей.

⑧ При бýрных тéмпах развúтия электрóнных технолóгий всё бóльше читáтелей предпочитáют пóльзоваться Интернéтом.

⑨ Электрóнные кнúги в Интернéте обы́чно представля́ют ту úли инýю информáцию, читáтели мóгут, исходя́ из сóбственных потрéбностей, вы́брать нýжную.

⑩ Пóльзование Интернéтом принóсит рáдость и удовóльствие.

练习13

① писáл, написáл	② осмáтривал, осмотрéл
③ убралá, убирáла	④ выступáл, вы́ступил
⑤ вы́учил, учúл	⑥ готóвила, приготóвила
⑦ отдыхáли, отдохнýли	⑧ осмáтривали, осмотрéли
⑨ читáл, прочитáл	⑩ писáл, написáл
⑪ поднимáлись, подня́лись	⑫ помогáл, помóг
⑬ принимáл, прúнял	⑭ проверя́л, провéрил
⑮ встречáлись	⑯ подня́лся, поднимáлся
⑰ задавáл	⑱ создавáл
⑲ вы́полнили	⑳ изучáл
㉑ собирáли	㉒ встал, прочитáл, осмотрéл
㉓ болéл, заболéл	㉔ любúл, полюбúл
㉕ плáкал, заплáкал	㉖ смея́лись, засмея́лись
㉗ нрáвился, понрáвился	㉘ знал, узнáл

㉙ учи́л, вы́учил   ㉚ угова́ривали

㉛ вы́полнили   ㉜ написа́л

㉝ сиде́ла   ㉞ убрала́

㉟ включа́л   ㊱ писа́л, написа́л

㊲ верну́лись   ㊳ выходи́л

㊴ отдохну́л   ㊵ пришёл

㊶ взял   ㊷ получа́л

㊸ ложи́лись   ㊹ вы́шел

㊺ встреча́лись   ㊻ прие́хали

㊼ отдохну́ли   ㊽ входи́л

㊾ закры́ли   ㊿ возвраща́лись

51 позвони́л   52 дал

练习14

① вы́учила ② чита́л ③ получи́л ④ изуча́л

⑤ сдава́ли ⑥ сде́лал

⑦ Получа́л, Получи́ли, получа́ли (получи́ли)

⑧ объясня́л, объясни́л   ⑨ Чита́л, чита́л, прочита́л

⑩ звони́л (позвони́л), звони́л (позвони́л), звони́л, позвони́л

⑪ повторя́л, проверя́л, прове́рил

⑫ выступа́ли, вы́ступил, вы́ступил   ⑬ чита́ли, прочита́ли

⑭ осма́тривал, осмотре́ли   ⑮ за́втракал   ⑯ обе́дал

⑰ купи́л   ⑱ сдава́ли

练习15 ① поду́л, упа́л ② зашуме́ла ③ люби́л (полюби́л)

④ задрема́л ⑤ ду́ли ⑥ уви́дел

练习16 ① подходи́л (подошёл) ② уходи́л ③ приезжа́л ④ Проходи́ли

⑤ дое́хали ⑥ уезжа́л ⑦ обошёл ⑧ прие́хал

⑨ вошёл ⑩ прие́хали ⑪ уе́хали ⑫ уходи́л

⑬ взяла́ ⑭ взяла́ ⑮ надева́ла ⑯ наде́ла

⑰ ложи́лся ⑱ лёг ⑲ включа́л ⑳ приезжа́ли

练习17 ① написа́л ② писа́л ③ чита́л ④ прочита́л

⑤ поступа́л ⑥ поступи́л ⑦ звони́л ⑧ позвони́л

练习18 ① C ② A ③ A ④ C ⑤ C ⑥ B ⑦ A ⑧ B ⑨ C ⑩ D

⑪ D ⑫ C ⑬ A ⑭ C ⑮ A ⑯ B ⑰ C ⑱ B ⑲ B ⑳ C

㉑ C ㉒ B ㉓ A ㉔ C ㉕ C ㉖ A ㉗ B ㉘ C ㉙ A ㉚ B

㉛ B ㉜ B ㉝ A ㉞ A ㉟ B ㊱ C ㊲ B ㊳ A ㊴ A ㊵ B

㊶ C ㊷ C ㊸ D ㊹ A ㊺ A ㊻ A ㊼ A ㊽ C ㊾ A ㊿ A

51 A 52 A 53 A 54 C 55 C 56 B 57 D 58 B 59 A 60 A

61 D 62 B 63 C 64 B 65 A 66 B 67 D 68 B 69 B 70 B

71 B 72 C 73 B 74 A 75 C 76 B 77 D 78 A 79 A 80 A

81 D 82 A 83 A 84 A 85 B 86 A 87 A 88 B 89 C 90 B

91 A 92 C 93 B 94 C 95 C 96 B 97 B 98 D 99 C 100 C

测验 I （每题1分）

1 приходи́л
2 поду́мал
3 отдыха́ла, отдохну́ла
4 учи́л, научи́л
5 пое́хал
6 засмея́лась
7 закры́ла
8 погуля́ли
9 на́чал
10 чита́л, чита́л, прочита́л
11 рабо́тала
12 опа́здывала, опозда́ла
13 ложи́лись спать
14 постро́или
15 отвеча́ли

测验 II （每题1分）

1 уви́дел
2 люби́л
3 опозда́л
4 пла́кал
5 прие́хал
6 писа́л, написа́л
7 объясня́л, объясни́л
8 расска́зывала, рассказа́ла
9 собира́л, собра́л
10 приходи́ла, пришла́
11 взял, брал
12 маха́л, махну́л
13 смотре́ли, посмотре́ли
14 встава́л, встал
15 Ездил, купи́л

测验 III （每题0.5分）

家庭图书馆, 书评, 最典型特点, 把书读破, 在书边做记号, 背诵课文片段, 获得知识, 处理信息, 给谁做榜样, 首先, 为谁开眼界, 水平很高, 发展需求, 对您的行为感到惊讶, 听流行音乐, 爱情小说, 因特网时代, 网上出版物（读物）, 上网, 下载作品, 刻盘, 根据

测验 IV （每题1分）

1 в библиоте́ку
2 мне
3 на́ дом
4 э́тому студе́нту
5 к развива́ющимся стра́нам
6 на э́ту статью́
7 её красоте́
8 де́тям
9 сы́на, настоя́щим челове́ком
10 вы́росли
11 пришлём, Пришли́те
12 разовью́т

⑬ така́я　　　　　　　　⑭ це́лыми дня́ми

⑮ При бу́рных те́мпах, по́льзоваться Интерне́том

测验 VI （每题 2 分）

① Я хочу́ взять в институ́тской библиоте́ке рома́н Шо́лохова «Ти́хий Дон», к сожале́нию, э́тот рома́н сейча́с на рука́х друго́го.

② Мы должны́ име́ть под руко́й ру́сско-кита́йский слова́рь, потому́ что в библиоте́ке нельзя́ выдава́ть слова́рь на́ дом.

③ Я бо́льше всего́ люблю́ чита́ть класси́ческую литерату́ру on-line.

④ В одно́м из номеро́в «Неде́ли» была́ статья́ о дома́шней библиоте́ке, чита́тели присла́ли ты́сячу о́ткликов на э́ту статью́.

⑤ В пе́рвую о́чередь роди́тели должны́ раскры́ть де́тям глаза́, подава́ть им приме́р.

⑥ Во-пе́рвых, электро́нные кни́ги в Интерне́те обы́чно представля́ют ту и́ли ину́ю информа́цию, чита́тели мо́гут, исходя́ из со́бственных потре́бностей, вы́брать ну́жную.

⑦ Эти лю́ди вме́сто рабо́ты це́лыми дня́ми чита́ют любо́вные рома́ны и нашуме́вший детекти́в.

⑧ При бу́рных те́мпах разви́тия электро́нных техноло́гий всё бо́льше чита́телей предпочита́ют по́льзоваться Интерне́том.

⑨ Мо́жет быть, е́сли бы И́горь в своё вре́мя не зачита́л кни́ги до дыр, он не стал бы изве́стным всей стране́ био́логом.

⑩ Поку́пка прино́сит нам ра́дость и удово́льствие.

一、词 汇

练习1　　填空。

связь 是 _____ 性名词; сеть 是 _____ 性名词; скóрость 是_____ 性名词; пóльзователь 是_____性名词; раскóванность 是_____性名词; увéренность 是_____性名词, 接格关系是_____; завúсимость 是_____性名词, 接格关系是_____; ряд 的第六格是_____; подрóсток 的第二格是_____; надоéсть 是无人称动词, 句中主体用第_____格; спрáвиться 接格关系是_____; придáть 变位是_____, 接格关系是_____; нажáть 变位是_____, удивúться 接格关系是_____; препя́тствовать 接格关系是_____。

练习2　　把下列词组（句子）翻译成汉语。

técная связь　　　　　　_____

установúть свя́зи　　　　_____

пóлный беспоря́док　　　_____

компью́терная сеть　　　_____

магазúн céти Карфýр　　 _____

скóрость полёта　　　　 _____

скóрость вéтра　　　　　_____

компью́терный вúрус　　 _____

клавиатýра и мышь　　　_____

проголосовáть за президéнта

_____

171

политическая борьба　　　＿＿＿＿＿＿＿＿＿＿＿＿＿＿＿

объективный мир　　　　　＿＿＿＿＿＿＿＿＿＿＿＿＿＿＿

объективная причина　　　＿＿＿＿＿＿＿＿＿＿＿＿＿＿＿

молодое поколение　　　　＿＿＿＿＿＿＿＿＿＿＿＿＿＿＿

передавать из поколения в поколение

　　　　　　　　　　　　＿＿＿＿＿＿＿＿＿＿＿＿＿＿＿

спутник Земли　　　　　　＿＿＿＿＿＿＿＿＿＿＿＿＿＿＿

спутник жизни　　　　　　＿＿＿＿＿＿＿＿＿＿＿＿＿＿＿

работать подряд несколько дней

　　　　　　　　　　　　＿＿＿＿＿＿＿＿＿＿＿＿＿＿＿

искривление позвоночника ＿＿＿＿＿＿＿＿＿＿＿＿＿＿＿

точка зрения　　　　　　　＿＿＿＿＿＿＿＿＿＿＿＿＿＿＿

слабое зрение　　　　　　＿＿＿＿＿＿＿＿＿＿＿＿＿＿＿

чат в Интернете　　　　　＿＿＿＿＿＿＿＿＿＿＿＿＿＿＿

форум высшего образования

　　　　　　　　　　　　＿＿＿＿＿＿＿＿＿＿＿＿＿＿＿

прийти к выводу　　　　　＿＿＿＿＿＿＿＿＿＿＿＿＿＿＿

справиться с задачей　　　＿＿＿＿＿＿＿＿＿＿＿＿＿＿＿

справиться с работой　　　＿＿＿＿＿＿＿＿＿＿＿＿＿＿＿

четыре изобретения в древнем Китае

　　　　　　　　　　　　＿＿＿＿＿＿＿＿＿＿＿＿＿＿＿

массовая информация　　　＿＿＿＿＿＿＿＿＿＿＿＿＿＿＿

массовая литература　　　＿＿＿＿＿＿＿＿＿＿＿＿＿＿＿

русский сленг　　　　　　＿＿＿＿＿＿＿＿＿＿＿＿＿＿＿

интернетовский сленг　　　＿＿＿＿＿＿＿＿＿＿＿＿＿＿＿

нажать кнопку　　　　　　＿＿＿＿＿＿＿＿＿＿＿＿＿＿＿

широкий экран　　　　　　＿＿＿＿＿＿＿＿＿＿＿＿＿＿＿

уговорить брата идти в кино

　　　　　　　　　　　　＿＿＿＿＿＿＿＿＿＿＿＿＿＿＿

удивиться её красоте　　　＿＿＿＿＿＿＿＿＿＿＿＿＿＿＿

в зависимости от чего　　　＿＿＿＿＿＿＿＿＿＿＿＿＿＿＿

помощник профессора　　　＿＿＿＿＿＿＿＿＿＿＿＿＿＿＿

препя́тствовать поли́тике _____

препя́тствовать разви́тию _____

练习3 | **把下列词组翻译成俄语。**

彻底解决问题 _____

成为导游 _____

紧密联系 _____

建立联系 _____

房间里乱七八糟 _____

计算机网络 _____

电网 _____

煤气网络 _____

国际旅行 _____

强大的搜索引擎 _____

飞行速度 _____

风速 _____

高速 _____

搜索系统 _____

投总统的票 _____

政治问题 _____

政治斗争 _____

客观世界 _____

客观原因 _____

观点 _____

坐在第一排 _____

一系列问题 _____

脊柱弯曲 _____

得出结论 _____

胜任工作 _____

实际工资 _____

现实问题 _____

现实情况 _____

大众信息 　　_____

表达想法 　　_____

惊艳于她的美貌 　_____

老一辈 　　_____

年轻一代 　　_____

教授的助手 　　_____

练习4 **写出下列动词的对应体形式。**

ломáться 　　_____

голосовáть 　　_____

вычитáть 　　_____

затянýть 　　_____

утомúть 　　_____

надоéсть 　　_____

вы́рваться 　　_____

спрáвиться 　　_____

заменя́ться 　　_____

нажáть 　　_____

вы́разить 　　_____

уговорúть 　　_____

удивúться 　　_____

препя́тствовать 　_____

练习5 **把下列动词变位。**

сломáться 　　_____

голосовáть 　　_____

вычитáть 　　_____

затянýть 　　_____

утомúть 　　_____

надоéсть 　　_____

вы́рваться 　　_____

спрáвиться 　　_____

замени́ться   _____

нажа́ть   _____

вы́разить   _____

уговори́ть   _____

удиви́ться   _____

препя́тствовать   _____

练习6 写出下列动词的过去时形式。

надое́сть   _____

练习7 造句。

справля́ться   _____

отлича́ться   _____

по́льзоваться   _____

уговори́ть   _____

удиви́ться   _____

голосова́ть за кого́   _____

в зави́симости от чего́   _____

подря́д   _____

二、对话及课文

练习8 把下列词组翻译成汉语。

поиско́вая систе́ма   _____

по́льзоваться са́йтом   _____

ви́рус в компью́тере   _____

в Интерне́те   _____

полити́ческая па́ртия   _____

объекти́вная информа́ция   _____

с утра́ до́ ночи   _____

сиде́ть в Интерне́те   _____

сиде́ть за компью́терными и́грами

_____

искривле́ние позвоно́чника _____

плохо́е зре́ние _____

сре́дства свя́зи _____

моби́льный телефо́н _____

в связи́ с чем _____

как пра́вило _____

обменя́ться мне́ниями _____

обменя́ться информа́цией _____

обменя́ться студе́нтами _____

интерне́товский сленг _____

оди́н и тот же _____

электро́нное письмо́ _____

прийти́ к вам за сове́том _____

прийти́ к профе́ссору за по́мощью

_____

дать тебе́ знать _____

электро́нная по́чта _____

отпра́вить ваш а́дрес на мой моби́льник

_____

скача́ть материа́лы _____

экологи́ческий тури́зм _____

мо́щный поискови́к _____

войти́ на сайт _____

клавиату́ра и мышь _____

голосова́ть за президе́нта _____

свой веб-сайт _____

своя́ веб-страни́чка _____

练习9 把下列词组翻译成俄语。

搜索引擎 _____

使用网站 _____

投票支持　　　_____

计算机病毒　　_____

政党　　　　　_____

党纲　　　　　_____

客观信息　　　_____

从早到晚　　　_____

上网　　　　　_____

玩电脑游戏　　_____

脊柱弯曲　　　_____

视力不好　　　_____

网络的利弊　　_____

通讯工具　　　_____

手机　　　　　_____

电脑游戏　　　_____

交流信息　　　_____

交换学生　　　_____

虚拟交际　　　_____

网络俚语　　　_____

按键　　　　　_____

哭脸　　　　　_____

笑脸　　　　　_____

同一个　　　　_____

宽银幕　　　　_____

电子信件　　　_____

练习10 **连词成句。**

❶ Интернéт, стать, привы́чный, и, удóбный, спýтник, жизнь.

_____

❷ Сетевóй, технолóгия, игрáть, вáжный, роль, в, наш, жизнь.

_____

❸ В, наш, врéмя, Интернéт, ужé, преврати́ться, в, глобáльный (全球的), явлéние.

_____

④ В, Интернéт, мóжно, найти́, стóлько, информáция, скóлько, из, ýмный, кни́ги, быть, вычи́тывать, цéлый, дни.

_____

⑤ За, послéдний, врéмя, появи́ться, мнóго, нóвый, срéдства, связь.

_____

⑥ Благодаря́, такóй, изобретéния, как, моби́льный, телефóн, и, Интернéт, мы, мочь, общáться, с, лю́ди, котóрый, находи́ться, в, любóй, тóчка, планéта.

_____

_____

⑦ Я, хотéть, рассказáть, о, сáмый, популя́рный, сáмый, мáссовый, срéдство, общéние, и, о, проблéмы, котóрый, возникáть, в, связь, с, её, испóльзование.

_____

_____

⑧ Общéние, в, сеть, как, прáвило, рéзко, отличáться, от, реáльный.

_____

⑨ Интернéт, меня́ть, наш, жизнь. Он, приноси́ть, мнóго, вред, осóбенно, дéти.

_____

⑩ Общéние, в, сеть, ничтó, не, отличáться, от, реáльный.

_____

⑪ Роди́тели, препя́тствовать, дéти, пóльзоваться, Интернéт, так как, Интернéт, э́то, зло.

_____

⑫ Если, вы, болéть, витуáльный, зави́симость, вы, нáдо, обрати́ться, к, врач.

_____

练习11　补充句子。

❶ — Каки́е у вас плáны на лéтние кани́кулы?

— _____

❷ — Почемý у тебя́ в кóмнате пóлный беспоря́док?

— _____

❸ — У тебя́ есть имэ́йл?

— _____

④ — Вы уме́ете скача́ть материа́лы в Интерне́те?

— _____

⑤ — Каки́е материа́лы вы ча́сто скача́ете?

— _____

⑥ — У вас есть своя́ веб-страни́чка?

— _____

⑦ — Вы ча́сто по́льзуетесь Интерне́том?

— _____

⑧ — Интерне́т прино́сит по́льзу и́ли вред по ва́шему мне́нию?

— _____

⑨ — Ско́лько вре́мени вы по́льзуетесь Интерне́том ка́ждый день?

— _____

⑩ — Ско́лько вре́мени вы сиди́те за компью́тером ка́ждый день?

— _____

⑪ — Ско́лько вре́мени вы сиди́те за компью́терными и́грами?

— _____

⑫ — Как вы понима́ете Интерне́т-зави́симость?

— _____

⑬ — Что вы де́лаете в сети́?

— _____

⑭ — Как вы отно́ситесь к Интерне́ту?

— _____

⑮ — _____

— До свя́зи.

⑯ — _____

— Прия́тного о́тдыха.

练习12 造句。

в связи́ с чем	_____
как пра́вило	_____
пре́жде всего́	_____
с одно́й стороны́	_____
справля́ться	_____

отлича́ться _____

по́льзоваться _____

дать знать _____

на са́мом де́ле _____

оди́н и тот же _____

тот и́ли ино́й _____

на связи́ _____

не пробле́ма _____

练习13 把下列句子翻译成俄语。

❶ 我还没有假期的计划，我来你这儿征求建议。

_____

❷ 你患上了网络依赖症，应该去看医生。

_____

❸ 鼠标不好使。

_____

❹ 我打开电脑，很可惜，它坏了。

_____

❺ 很快就总统选举了。我想投普京一票。

_____

❻ 网络是我们生活重要的一部分，现在它已经变成全球现象。

_____

❼ 由于手机、网络等发明，我们能和世界上任何一个地方的人们交往。

_____

❽ 从一方面来讲，这会使你无拘无束，对自己的话更有信心，从另一方面来讲，
和你聊天的那个人可能不是实际上的那个人。

_____

_____

❾ 现在我们越来越多地见到网络依赖症这一术语。我们应该规范使用网络：
交流意见，查找资料。

_____

_____

⑩ 我们的家长通常阻止我们使用网络。

_____

三、语法

练习14　选择正确答案填空，注意动词将来时的意义。

① Всё ле́то Анто́н _____ к поступле́нию в университе́т. (бу́дет гото́виться, подгото́вится)

② На подготови́тельном факульте́те студе́нты _____ ру́сский язы́к 10 ме́сяцев. (бу́дут изуча́ть, изу́чат)

③ Когда́ Алёша уезжа́л в Москву́, он обеща́л роди́телям, что _____ им ка́ждую неде́лю. (бу́дет звони́ть, позвони́т)

④ Ма́рта купи́ла абонеме́нт, тепе́рь по воскресе́ньям она́ _____ симфони́ческую му́зыку. (бу́дет слу́шать, послу́шает)

⑤ В э́том году́ мой ста́рший брат _____ в университе́т на юриди́ческий факульте́т. (бу́дет поступа́ть, посту́пит)

⑥ В ию́не мой друг _____ диссерта́цию. (бу́дет защища́ть, защити́т)

⑦ Вы́ключите свет, пожа́луйста! Сейча́с мы _____ фильм. (бу́дем смотре́ть, посмо́трим)

⑧ Откро́йте уче́бник на страни́це 35, сейча́с мы _____ но́вый текст. (бу́дем чита́ть, прочита́ем)

⑨ Я не звони́л бра́ту две неде́ли. За́втра обяза́тельно _____ . (бу́ду звони́ть, позвоню́)

⑩ — Ты принима́л сего́дня лека́рство? — Нет, забы́л, сейча́с _____ . (бу́ду принима́ть, приму́)

⑪ Вы _____ своё образова́ние по́сле оконча́ния университе́та? (бу́дете продолжа́ть, продо́лжите)

⑫ Земля́ мо́жет поги́бнуть, е́сли лю́ди не _____ но́вых ви́дов эне́ргии. (бу́дут открыва́ть, откро́ют)

⑬ Учёные счита́ют, что че́рез сто лет всё челове́чество _____ на одно́м языке́. (бу́дет говори́ть, ска́жет)

⑭ Я никогда́ не ＿＿＿＿＿＿＿＿ э́того ска́зочного ве́чера. (бу́ду забыва́ть, забу́ду)

⑮ Я не ＿＿＿＿＿＿＿＿ ему́, я хочу́, что́бы он научи́лся рабо́тать самостоя́тельно. (бу́ду помога́ть, помогу́)

⑯ Опа́сность минова́ла, больно́й не ＿＿＿＿＿＿＿＿ , он бу́дет жить. (бу́дет умира́ть, умрёт)

⑰ — Что вы собира́етесь де́лать в выходны́е дни? — Мы ＿＿＿＿＿＿＿＿ (бу́дем отдыха́ть, отдохнём)

⑱ Сего́дня я обяза́тельно ＿＿＿＿＿＿＿＿ кни́гу, кото́рую я должна́ бу́ду верну́ть за́втра. (бу́ду чита́ть, прочита́ю)

⑲ Со сле́дующей неде́ли дежу́рные ＿＿＿＿＿＿＿＿ класс по́сле у́тренней заря́дки. (бу́дут убира́ть, уберу́т)

⑳ За́втра я ＿＿＿＿＿＿＿＿ кни́гу и отда́м её в библиоте́ку. (бу́ду чита́ть, прочита́ю)

练习15 用未完成体或完成体动词将来时填空。

❶ Пото́м ка́ждый день я ＿＿＿＿＿＿＿＿ спать в 12 часо́в. За́втра я ＿＿＿＿＿＿＿＿ ра́ньше. (ложи́ться — лечь)

❷ Я наде́юсь, что ＿＿＿＿＿＿＿＿ за три часа́. (чита́ть — прочита́ть)

❸ — Что ты так до́лго одева́ешься? — Сейча́с ＿＿＿＿＿＿＿＿ . (одева́ться — оде́ться)

❹ — Что вы бу́дете де́лать за́втра? — Утром ＿＿＿＿＿＿＿＿ зада́ния. Когда́ ＿＿＿＿＿＿＿＿ их, я пойду́ в теа́тр. (выполня́ть — вы́полнить)

❺ В э́том году́ она́ ＿＿＿＿＿＿＿＿ в институ́т, я ду́маю, что она́ ＿＿＿＿＿＿＿＿ (поступа́ть — поступи́ть)

❻ За́втра мы ＿＿＿＿＿＿＿＿ экза́мен по матема́тике. (сдать — сдава́ть)

❼ На тако́й вопро́с ка́ждый ребёнок тебе́ ＿＿＿＿＿＿＿＿ . (отвеча́ть — отве́тить)

❽ — Что ты бу́дешь де́лать ве́чером? — ＿＿＿＿＿＿＿＿ (занима́ться — заня́ться)

❾ Обрати́тесь к секретарю́, он вам всё ＿＿＿＿＿＿＿＿ . (разъясня́ть — разъясни́ть)

⑩ Если он _____ , вы́зовите меня́, я хочу́ его́ проводи́ть. (уходи́ть — уйти́)

⑪ Если ты _____ ему́, скажи́, что я не могу́ зайти́ к нему́ . (звони́ть — позвони́ть)

⑫ Послеза́втра я напишу́ письмо́ и _____ его́. (отправля́ть — отпра́вить)

练习16 **选择填空。**

❶ Я _____ э́тот журна́л. Он неинтере́сный. (не бу́ду чита́ть, не прочита́ю)

❷ Я _____ э́тот рома́н за два дня. (не бу́ду чита́ть, не прочита́ю)

❸ Сего́дня мы _____ текст, потому́ что бу́дем гото́виться к контро́льной рабо́те. (не бу́дем переводи́ть, не переведу́)

❹ Я _____ э́ту статью́ за день, в ней мно́го но́вых слов и выраже́ний. (не бу́дем переводи́ть, не переведу́)

❺ Она́ _____ на хими́ческий факульте́т, потому́ что пло́хо зна́ет хи́мию. (не бу́дет поступа́ть, не посту́пит)

❻ Она́ _____ на хими́ческий факульте́т, потому́ что не лю́бит э́тот предме́т. (не бу́дет поступа́ть, не посту́пит)

练习17 **用未完成体或完成体动词将来时填空, 注意将来时否定形式的意义。**

❶ Этот студе́нт не _____ экза́мены, потому́ что пропусти́л мно́го заня́тий.

❷ Анна не _____ экза́мен, потому́ что она́ бу́дет в командиро́вке. (сдава́ть — сдать)

❸ Этот актёр не _____ таку́ю сло́жную психологи́ческую роль.

❹ Этот актёр не _____ гла́вную роль в но́вом спекта́кле. Он сейча́с лежи́т в больни́це. (игра́ть — сыгра́ть)

❺ Я не _____ э́то стихотворе́ние. Оно́ не интере́сное.

❻ Это стихотворе́ние о́чень дли́нное, я не _____ его́. (учи́ть — вы́учить)

❼ Анна не _____ о случи́вшемся, кото́рое оказа́лось стра́нным.

⑧ Анна не _____ о случи́вшемся, кото́рое бы́ло мно́го лет наза́д. (вспомина́ть — вспо́мнить)

⑨ Этот текст мы не _____, потому́ что преподава́тель его́ не задава́л. (переводи́ть — перевести́)

⑩ Таки́е кни́ги в библиоте́ке не _____ , потому́ что мно́гие про́сят. (брать — взять)

练习18 选择适当体的动词命令式。

① _____ (Пиши́те — Напиши́те) ва́шей сестре́ ча́ще.

② _____ (Принима́йте — Прими́те) э́то лека́рство ка́ждое у́тро.

③ _____ (Пе́йте — Вы́пейте) молоко́ ка́ждый ве́чер.

④ _____ (Приноси́те — Принеси́те) на все уро́ки слова́рь ру́сского языка́.

⑤ _____ (Ложи́сь — Ляг) ка́ждый ве́чер спать не по́зже 11 часо́в.

⑥ _____ (Звони́те — Позвони́те) мне сего́дня ве́чером.

⑦ На столе́ мно́го гря́зной посу́ды, _____ (мой — вы́мой) её.

⑧ _____ (Пе́йте — Вы́пейте) ещё ча́шку ча́я.

⑨ _____ (Покупа́йте — Купи́те) э́ту кни́гу, она́ о́чень интере́сная.

⑩ _____ (Помога́йте — Помоги́те) мне, пожа́луйста, перевести́ э́тот текст.

⑪ Сего́дня бу́дет интере́сная переда́ча. Обяза́тельно _____ (включа́й — включи́те) ве́чером телеви́зор.

⑫ Ри́та, _____ (выключа́й — вы́ключи), пожа́луйста, телеви́зор, когда́ сади́шься занима́ться.

⑬ Серёжа, _____ (мой — вы́мой) ру́ки. Посмотри́, каки́е они́ у тебя́ гря́зные.

⑭ _____ (Дава́йте — Да́йте) мне, пожа́луйста, ру́чку: я забы́л свою́ до́ма.

⑮ _____ (Звони́те — Позвони́те) мне ча́ще.

⑯ _____ (Де́лайте — Сде́лайте) гимна́стику ка́ждое у́тро.

⑰ _____ (Говори́те — Скажи́те) со свои́ми друзья́ми то́лько по — ру́сски.

⑱ Всегда́ внима́тельно _____ (слу́шайте — послу́шайте) преподава́теля.

⑲ — Алло́!

— _____ к телефо́ну Бори́са. (Зови́те — Позови́те)

— _____ мину́точку, сейча́с он подойдёт. (Жди́те — Подожди́те)

⑳ — Здра́вствуй, Ви́ктор! Рад тебя́ ви́деть.

— Здра́вствуй, Алёша! Зна́ешь, у меня́ за́втра небольшо́й семе́йный пра́здник. _____ ко мне с жено́й. (приходи́ — приди́)

— С удово́льствием! А когда́?

— К шести́ часа́м ве́чера.

㉑ — Этот сто́лик не за́нят?

— Нет, _____ , пожа́луйста. (сади́тесь — ся́дьте) Вот меню́, _____ (выбира́йте — вы́берите)

㉒ — Официа́нт, _____ , пожа́луйста, счёт. Ско́лько с меня́? (дава́йте — да́йте)

— 50 рубле́й.

— _____ . (Получа́йте — Получи́те)

— Ва́ша сда́ча.

㉓ — Что вы жела́ете?

— Мне ну́жен торт к ча́ю.

— У нас сего́дня большо́й ассортиме́нт то́ртов. _____ витри́ну (Смотри́те — Посмотри́те) и _____ . (выбира́йте — вы́берите)

— Пожа́луй, я возьму́ торт «Ска́зка». А ско́лько он сто́ит?

— _____ в ка́ссу 40 рубле́й. (Плати́те — Заплати́те)

㉔ — _____ , пожа́луйста, э́ти сапоги́. (Пока́зывайте — Покажи́те)

— Како́й разме́р?

— 37 — й.

— Вы хоти́те приме́рить?

— Коне́чно.

— _____ и _____ . (Сади́тесь — Ся́дьте) (примеря́йте — приме́рите).

— Сапоги́ мне как раз. Ско́лько они́ сто́ят?

— _____ в ка́ссу 800 рубле́й. (Плати́те — Заплати́те)

练习19 选择正确答案填空。

① Он пошёл на телегра́ф и посла́л жене́ телегра́мму: «Неме́дленно _____ мне моско́вский а́дрес твоего́ бра́та».

    A. сообщи́   B. сообщи́те

    C. сообща́ть   D. сообщи́ть

② Ребя́та, е́сли у вас вопро́сы, _____ .

    A. подними́те ру́ки   B. подними́те ру́ку

    C. поднима́йте ру́ки   D. поднима́йте ру́ку

③ Поста́вьте я́щик на стол. _____ осторо́жно, там посу́да.

    A. Поста́вь   B. Поста́вьте

    C. Ста́вьте   D. Ставь

④ Никогда́ не _____ , что мы — друзья́.

    A. забыва́йте   B. забу́дьте

    C. забу́дут   D. забыва́ете

⑤ Это лека́рство _____ три ра́за в день !

    A. принима́й   B. прими́те

    C. принима́ть   D. при́няли

⑥ Никогда́ не _____ того́, что ты не мо́жешь вы́полнить.

    A. пообеща́йте   B. пообеща́й

    C. обеща́йте   D. обеща́й

⑦ За́втра у меня́ небольшо́й семе́йный пра́здник. _____ ко мне с жено́й.

    A. Приходи́те   B. Приди́те

    C. Проходи́те   D. Пройди́те

⑧ — Почему́ вы переста́ли писа́ть? _____ да́льше.

    A. Пиши́   B. Пиши́те

    C. Напиши́   D. Напиши́те

⑨ — Всё вам поня́тно? Вопро́сы есть? — Нет! — Тогда́ _____ .

    A. пиши́   B. пиши́те

    C. напиши́   D. напиши́те

⑩ Что же вы остановились, _____ дáльше!

    A. расскажи́те   B. расскажи́

    C. расскáзывайте   D. расскáзывай

⑪ Что же вы замолчáли? _____ дáльше.

    A. Расскáзывай   B. Расскáзывайте

    C. Расскажи́   D. Расскажи́те

⑫ Торопи́ться нé к чему, _____ помéдленнее.

    A. расскáзываешь   B. расскажи́

    C. расскáзывай   D. расскáжешь

⑬ Сейчáс бýдем читáть текст. Все откры́ли учéбник? Алёша, _____ .

    A. читáйте   B. прочитáйте

    C. читáй   D. прочитáй

⑭ — У меня́ вопрóс. Мóжно? — Конéчно, _____ . Что у вас непоня́тно?

    A. спрáшивая   B. спрáшивайте

    C. спроси́   D. спрáшивай

⑮ Что же вы не берёте конфéты? _____ , пожáлуйста!

    A. Возьми́те   B. Бери́те

    C. Взять   D. Брать

⑯ Ужé 8 часóв! _____ ! Мóжешь опоздáть на заня́тия.

    A. Вставáй   B. Встань

    C. Вставáйте   D. Встáньте

⑰ Я вас плóхо слы́шу, _____ грóмче.

    A. скажи́те   B. говори́те

    C. скажи́   D. говори́

⑱ _____ э́тот расскáз. _____ мéдленно, следи́те за произношéнием.

    A. Прочитáйте, Прочитáйте   B. Читáйте, Читáйте

    C. Прочитáйте, Читáйте   D. Читáйте, Прочитáйте

⑲ Когдá он услы́шал стук в дверь, он сказáл: " _____ !". Он замéтил дрýга, котóрый стои́т у двéри, он сказáл: " _____ !".

    A. Войди́те, Входи́   B. Войди́те, Войди́

    C. Входи́те, Войди́   D. Входи́те, Входи́

20 — Этот столик не занят? — Нет, _____ пожалуйста. Вот меню, _____ .

A. садись, выбирай

B. садитесь, выбирайте

C. сядь, выбери

D. сядьте, выберите

21 Не _____ здесь, пожалуйста.

A. покурите

B. курят

C. курите

D. покурят

22 (Учитель очень рассердился на ученика.) Не _____ на урок.

A. опоздай

B. опаздывай

C. опоздать

D. опаздывать

23 Раз вы начали эту работу, не _____ её на полпути.

A. бросаете

B. бросите

C. бросьте

D. бросайте

24 Здесь яма, будьте осторожны, не _____ в неё.

A. упадать

B. упасть

C. упадайте

D. упадите

25 Не _____ этот торт: он невкусный!

A. купи

B. покупайте

C. покупать

D. купил

26 Оденьтесь потеплее, смотрите, не _____ !

A. простужайся

B. простужайтесь

C. простудись

D. простудитесь

27 Ты ходишь медленно. Смотри не _____ .

A. опаздывай

B. опаздывайте

C. опоздай

D. опоздайте

28 Приходите завтра в шесть, не _____ , мы не можем вас ждать.

A. опаздывать

B. опаздывайте

C. опоздать

D. будете опаздывать

29 До отхода поезда остался всего час, смотрите, не _____ .

A. опоздайте

B. опаздывайте

C. опоздай

D. опаздывай

30 Смотри, не _____ запереть дверь!

A. забывай

B. забывайте

C. забудь

D. забудьте

四、本课测验

I 选择正确答案填空。 35分

① Когда́ ты бу́дешь _____ э́тот текст?

    A. перевести́   B. переведёшь

    C. перево́дишь   D. переводи́ть

② За́втра у́тром все бу́дут занима́ться в библиоте́ке, а Ле́на и Марк _____ .

    A. загоря́т   B. бу́дут загора́ть

    C. загора́ют   D. загора́ли

③ — Ваш сын _____ в университе́т в бу́дущем году́?

    A. бу́дет поступа́ть   B. посту́пит

    C. поступа́л   D. поступи́л

④ — Что вы собира́етесь де́лать в выходны́е дни? — Мы _____ .

    A. отдыха́ем   B. бу́дем отдыха́ть

    C. отдохнём   D. бу́дем отдохну́ть

⑤ Я _____ в шесть часо́в ка́ждый день в сле́дующем ме́сяце.

    A. встаю́   B. бу́ду встава́ть

    C. вста́ну   D. бу́ду встать

⑥ С 1-го ноября́ пе́рвый уро́к _____ в 8 часо́в утра́.

    A. бу́дет начина́ться   B. начнётся

    C. бу́дет начина́ть   D. начнёт

⑦ Уве́рен, что на э́тот раз ты _____ пра́вильное реше́ние.

    A. принима́ешь   B. бу́дешь принима́ть

    C. при́мешь   D. принима́л

⑧ Ду́маю, что э́того я уже́ никогда́ не _____ .

    A. забы́л   B. забу́ду

    C. забыва́л   D. забыва́ю

⑨ Лю́ди ве́рили, что но́вый год _____ измене́ния к лу́чшему, е́сли встре́тить его́ с ра́достью и наде́ждой.

    A. принёс   B. приноси́л

    C. принесёт   D. принёс бы

⑩ Я ду́маю, что че́рез час Та́ня _____ статью́ и бу́дет свобо́дна.

    A. перевела́   B. переведёт

    C. переводи́ла   D. перево́дит

⑪ Когда́ я _____, то́же бу́ду бе́гать на лы́жах и пры́гать с высо́ких гор.

    A. расту́   B. вы́расту

    C. рос   D. вы́рос

⑫ Кто приле́жно у́чится, того́ обяза́тельно _____ в университе́т.

    A. при́няли   B. бу́дут принима́ть

    C. принима́ли   D. при́мут

⑬ Когда́ вы _____ статью́, позвони́те мне, пожа́луйста.

    A. писа́ли   B. пи́шете

    C. написа́ли   D. напи́шете

⑭ Мари́на обяза́тельно _____ вам, потому́ что она́ нашла́ ваш ста́рый прое́кт.

    A. позвони́т   B. звони́т

    C. звони́ла   D. позвони́ла

⑮ Я ду́маю, что че́рез ме́сяц она́ обяза́тельно _____ свою́ роль.

    A. учи́ла   B. вы́учила

    C. вы́учит   D. у́чит

⑯ Сего́дня я обяза́тельно _____ кни́гу, кото́рую я должна́ бу́ду верну́ть за́втра.

    A. чита́л   B. чита́ю

    C. прочита́ю   D. прочита́л

⑰ Мать боя́лась, что её сын _____ .

    A. заболе́ет   B. заболе́л

    C. заболе́ть   D. заболе́ла

⑱ Анна не _____ экза́мен, потому́ что она́ бу́дет в командиро́вке.

    A. бу́дет сдать   B. бу́дет сдава́ть

    C. сдади́т   D. сдава́ла

⑲ Я не _____ э́то стихотворе́ние. Оно́ не интере́сное.

    A. бу́ду учи́ть   B. бу́ду учу́

    C. вы́учу   D. научу́

⑳ — Скажи́те, где нахо́дится поликли́ника? — К сожале́нию, не _____, я не зде́шний, спроси́те кого́-нибудь ещё.

    A. скажу́   B. говорю́

    C. сказа́л   D. говори́л

㉑ Этот студе́нт не _____ экза́мены, потому́ что пропусти́л мно́го заня́тий.

A. бу́дет сдава́ть   B. бу́дет сдать

C. сдади́т   D. сдава́л

㉒ Это стихотворе́ние о́чень дли́нное, я не _____ его́.

A. учу́   B. бу́ду учу́

C. вы́учу   D. научу́

㉓ — Официа́нт, _____ пожа́луйста, счёт. Ско́лько с меня́? — 50 рубле́й, _____ в ка́ссе.

A. дава́йте, плати́те   B. да́йте, заплати́те

C. да́йте, плати́те   D. дава́йте, заплати́те

㉔ Почему́ ты так ре́дко пи́шешь мне? _____, пожа́луйста, поча́ще.

A. Пиши́   B. Пиши́те

C. Напиши́   D. Напиши́те

㉕ Заря́дка о́чень поле́зна для здоро́вья. Не _____ де́лать её ка́ждое у́тро.

A. забу́дете   B. забу́дьте

C. забыва́йте   D. забыва́ете

㉖ _____ к нам сего́дня ве́чером.

A. Приходи́те   B. Приди́те

C. Зайди́те   D. Проходи́те

㉗ Неме́дленно _____ э́то лека́рство: оно́ тебе́ хорошо́ помо́жет.

A. принима́й   B. прими́

C. принима́ешь   D. при́мешь

㉘ Вас пло́хо слы́шно, _____ гро́мче.

A. скажи́те   B. говори́те

C. скажи́   D. говори́

㉙ Что же ты молчи́шь? _____ .

A. Отвеча́й   B. Отвеча́йте

C. Отве́ть   D. Отве́тьте

㉚ Уже́ во́семь часо́в. Сыно́к, _____ .

A. встань   B. вста́ньте

C. встава́й   D. встава́йте

㉛ Почему́ вы не берёте я́блоки? _____, пожа́луйста!

    A. Возьми́те   B. Бери́те

    C. Взять   D. Брать

㉜ _____, пожа́луйста, где здесь спра́вочное бюро́? _____

мéдленнее, я пло́хо понима́ю по-ру́сски.

    A. Скажи́те, Скажи́те   B. Говори́те, Говори́те

    C. Говори́те, Скажи́те   D. Скажи́те, Говори́те

㉝ Разда́лся стук в дверь. Вéра кри́кнула:" _____ !" Но никто́ не

появля́лся. Она́ вы́глянула в коридо́р и уви́дела свою́ подру́гу. — Что же ты

стои́шь? _____.

    A. Войди́те, Войди́   B. Входи́те, Входи́

    C. Войди́те, Входи́   D. Входи́те, Войди́

㉞ Смотри́, не _____ ва́зу.

    A. разбива́й   B. разбéй

    C. разобьёт   D. разбéйте

㉟ Здесь я́ма, бу́дьте осторо́жны, не _____ в неё.

    A. упада́ть   B. упа́сть

    C. упада́йте   D. упади́те

II 翻译下列词组。 10分

电脑游戏   _____

脊柱弯曲   _____

最终结论   _____

新的通讯方式   _____

网上交流   _____

交换意见   _____

虚拟交际   _____

网络俚语   _____

网络依赖症   _____

электро́нная по́чта   _____

моби́льный телефо́н   _____

быть на связи́   _____

скача́ть материа́лы   _____

мо́щный поисковйк   _____

поиско́вая систе́ма   _____

ви́рус в компью́тере   _____

обща́ться с незнако́мыми людьми́   _____

оди́н и тот же вопро́с   _____

объекти́вная информа́ция   _____

в действи́тельности   _____

III 把括号里的词变成适当形式填空，如果需要加前置词。 10分

1. Каки́е у вас план _____ (кани́кулы).

2. Ско́ро бу́дут вы́боры. _____ (Кто) вы бу́дете голосова́ть?

3. Обще́ние, как пра́вило, ре́зко отлича́ется _____ (реа́льное).

4. Лю́ди обме́ниваются _____ (мне́ния и информа́ция).

5. Тепе́рь норма́льный язы́к заменя́ется _____ (интерне́товский сленг).

6. На́ши роди́тели ча́сто препя́тствуют _____ (мы) по́льзоваться _____ (Интерне́т).

7. Челове́чество вступа́ет _____ (но́вый эта́п) разви́тия.

8. Мы продолжа́ем подключа́ться _____ (сеть).

9. Вы боле́ете _____ (виртуа́льная зави́симость), на́до обраща́ться _____ (врач).

10. Благодаря́ _____ (Интерне́т) мы спра́вились _____ (э́та зада́ча).

IV 造句。 15分

дать кому́ знать   _____

меня́ть   _____

спра́виться   _____

отлича́ться   _____

сиде́ть за чем   _____

преврати́ться   _____

на сего́дняшний день _____

с утра́ до́ ночи _____

сто́лько, ско́лько _____

как изве́стно _____

в связи́ с чем _____

на са́мом де́ле _____

пре́жде всего́ _____

как пра́вило _____

к тому́ же _____

Ⅴ 把下列句子翻译成俄语。 20分

❶ 网络是我们生活的一部分，现在它已经变成全球现象。

_____

❷ 据统计现在全球有 10 亿网络用户。

_____

❸ 有些孩子整天整天地在网络上玩游戏。

_____

❹ 由于手机、网络等发明，我们能和世界上任何一个地方的人们交往。

_____

❺ 通常网络交往与实际交往不同。

_____

❻ 现在正常语言被网络俚语代替。

_____

❼ 从一方面来讲，这会使你无拘无束，对自己的话更有信心，从另一方面来讲，和你聊天的那个人可能不是实际上的那个人。

_____

_____

❽ 现在网络依赖症这一术语越来越常见。

_____

❾ 我们应该规范使用网络：交流意见，查找资料。

_____

❿ 我们的家长通常阻止我们使用网络。

_____

VI 选择下列其中一个题目写一篇俄语作文，不少于200词。 10分

① 你经常利用俄罗斯网站吗？以 «Я сижу́ в Интерне́те» 为题介绍你在俄罗斯网站可以做什么。

② «Я люблю́ Интерне́т»。

_____

_____

_____

_____

_____

_____

五、日积月累

Оди́н в по́ле не во́ин. 独木不成林；孤掌难鸣。

Пе́рвый блин — ко́мом. 万事开头难。

六、国情点滴

亚历山大·安德烈耶维奇·伊万诺夫（Алекса́ндр Андре́евич Ивано́в）（1806—1858），俄罗斯19世纪著名的艺术家、风景画家、肖像画家、历史题材画家、第一个外光派画家、学院派的代表人物之一。伊万诺夫的绘画创作忠于生活，深得古希腊罗马时代基督教神话之精髓，他把古典艺术的宏伟性与现实主义有机地结合在一起。他的外光画成绩斐然，素描肖像和风景画是俄国学院派中不可多得的杰作，在19世纪的风景画领域开辟了一个新时代。其代表作有《基督现身人间》（Явле́ние Христа́ наро́ду）（1837—1857）等。

七、练习答案

练习1 阴，阴，阴，阳，阴，阴，в ком-чём，阴，от кого́-чего́，в ряду́，подро́стка，三，с кем-чем，прида́м，прида́шь，прида́ст，придади́м，придади́те，придаду́т，что кому́-чему́，нажму́，нажмёшь，нажму́т，кому́-чему́，кому́-чему́

练习2 紧密联系, 建立联系, 非常杂乱, 计算机网络, 家乐福连锁店, 飞行速度, 风速, 计算机病毒, 键盘和鼠标, 投总统的票, 政治斗争, 客观世界, 客观原因, 年轻一代, 代代相传, 地球卫星, 生活伴侣, 连续工作几天, 脊柱弯曲, 观点, 弱视, 网上聊天室, 高教论坛, 得出结论, 胜任任务, 胜任工作, 中国古代四大发明, 大众信息, 大众文学, 俄语俚语, 网络俚语, 按键, 宽银幕, 劝哥哥看电影, 惊艳于她的美貌, 依赖于, 教授的助手, 阻碍政治, 阻碍发展

练习3 оконча́тельно реши́ть пробле́му, стать ги́дом, те́сная связь, установи́ть свя́зи, ха́ос в ко́мнате, компью́терная сеть, электри́ческая сеть, га́зовая сеть, междунаро́дный тури́зм, мо́щный поискови́к, ско́рость полёта, ско́рость ве́тра, больша́я ско́рость (высо́кая ско́рость), поиско́вая систе́ма, проголосова́ть за президе́нта, полити́ческая пробле́ма, полити́ческая борьба́, объекти́вный мир, объекти́вная причи́на, то́чка зре́ния, сиде́ть в пе́рвом ряду́, ряд вопро́сов, искривле́ние позвоно́чника, прийти́ к вы́воду, спра́виться с зада́чей, реа́льная пла́та, реа́льная пробле́ма, реа́льная ситуа́ция, ма́ссовая информа́ция, вы́разить мысль, удиви́ться её красоте́, ста́рое поколе́ние, молодо́е поколе́ние, помо́щник профе́ссора

练习8 搜索引擎, 使用网站, 计算机病毒, 在网络上, 政党, 客观信息, 从早到晚, 上网, 玩电脑游戏, 脊柱弯曲, 视力不好, 通讯工具, 手机, 由于, 通常, 交换意见, 交流信息, 交换学生, 网络俚语, 同一个, 电子信件, 找您征求意见, 找教授帮助, 让你知道, 电子邮箱, 往我的手机上发你的地址, 把您的地址发到我的手机上, 下载资料, 生态游, 强大的搜索引擎, 上网, 键盘和鼠标, 投总统的票, 自己的网站, 自己的网页

练习9 поиско́вая систе́ма, по́льзоваться са́йтом, голосова́ть за кого́, ви́рус в компью́тере, полити́ческая па́ртия, програ́мма па́ртии, объекти́вная информа́ция, с утра́ до́ ночи, сиде́ть в Интерне́те, сиде́ть за компью́терными и́грами, искривле́ние позвоно́чника, плохо́е зре́ние, вред и по́льза Интерне́та, сре́дства свя́зи, моби́льный телефо́н, компью́терные и́гры, обменя́ться информа́цией, обменя́ться студе́нтами, виртуа́льное обще́ние, интерне́товский сленг, нажа́ть кно́пку, гру́стная ро́жица, улыба́ющаяся ро́жица, оди́н и тот же, широ́кий экра́н, электро́нное письмо́

练习10

① Интерне́т стал привы́чным и удо́бным спу́тником жи́зни.

② Сетева́я техноло́гия игра́ет ва́жную роль в на́шей жи́зни.

③ В на́ше вре́мя Интерне́т уже́ преврати́лся в глоба́льное явле́ние.

④ В Интернете можно найти столько информации, сколько из умных книг будешь вычитывать целыми днями.

⑤ За последнее время появилось много новых средств связи.

⑥ Благодаря таким изобретениям, как мобильный телефон и Интернет, мы можем общаться с людьми, которые находятся в любой точке планеты.

⑦ Я хочу рассказать о самом популярном, самом массовом средстве общения и о проблемах, которые возникают в связи с её использованием.

⑧ Общение в сети, как правило, резко отличается от реального.

⑨ Интернет меняет нашу жизнь. Он приносит много вреда, особенно детям.

⑩ Общение в сети ничем не отличается от реального.

⑪ Родители препятствуют детям пользоваться Интернетом, так как Интернет — это зло.

⑫ Если вы болеете виртуальной зависимостью, вам надо обратиться к врачу.

练习13

① У меня нет плана на каникулы, я пришёл к тебе за советом.

② Вы болеете Интернет-зависимостью, вам надо обратиться к врачу.

③ Мышка не работает.

④ Я включил компьютер, но, к сожалению, он сломался.

⑤ Скоро будут выборы президента. Я хочу проголосовать за Путина.

⑥ Интернет является важной частью нашей жизни, в наше время он превратился в глобальное явление.

⑦ Благодаря таким изобретениям, как мобильный телефон и Интернет, мы можем общаться с людьми, которые находятся в любой точке планеты.

⑧ С одной стороны, это придаёт раскованность, уверенность в своих словах, а с другой — твой собеседник может оказаться не тем, кем он является на самом деле.

⑨ Теперь мы всё чаще встречаемся с термином «Интернет-зависимость». Мы должны пользоваться Интернетом грамотно:обменяться мнениями, найти сведения.

⑩ Наши родители часто активно препятствуют нам пользоваться Интернетом.

练习14   ① будет готовиться   ② будут изучать   ③ будет звонить

④ бу́дет слу́шать　⑤ бу́дет поступа́ть　⑥ бу́дет защища́ть

⑦ бу́дем смотре́ть　⑧ бу́дем чита́ть　⑨ позвоню́

⑩ приму́　⑪ бу́дете продолжа́ть　⑫ откро́ют

⑬ бу́дет говори́ть　⑭ забу́ду　⑮ бу́ду помога́ть

⑯ умрёт　⑰ бу́дем отдыха́ть　⑱ прочита́ю

⑲ бу́дут убира́ть　⑳ прочита́ю

练习15
① бу́ду ложи́ться, ля́гу　② прочита́ю　③ оде́нусь

④ бу́ду выполня́ть, вы́полню　⑤ бу́дет поступа́ть, поступи́т

⑥ бу́дем сдава́ть　⑦ отве́тит　⑧ Бу́ду занима́ться

⑨ разъясни́т　⑩ уйдёт　⑪ позвони́т

⑫ отпра́влю

练习16
① не бу́ду чита́ть　② не прочита́ю　③ не бу́дем переводи́ть

④ не переведу́　⑤ не посту́пит　⑥ не бу́дет поступа́ть

练习17
① сдади́т　② бу́дет сдава́ть　③ сыгра́ет

④ бу́дет игра́ть　⑤ бу́ду учи́ть　⑥ вы́учу

⑦ бу́дет вспомина́ть　⑧ вспо́мнит　⑨ бу́дем переводи́ть

⑩ возьмёшь

练习18
① Пиши́те　② Принима́йте　③ Пе́йте　④ Приноси́те

⑤ Ложи́сь　⑥ Позвони́те　⑦ мой　⑧ Вы́пейте

⑨ Купи́те　⑩ Помоги́те　⑪ включи́те　⑫ вы́ключи

⑬ вы́мой　⑭ Да́йте　⑮ Звони́те　⑯ Де́лайте

⑰ Говори́те　⑱ слу́шайте　⑲ Позови́те, Подожди́те

⑳ приходи́　㉑ сади́тесь, выбира́йте

㉒ да́йте, Получи́те　㉓ Смотри́те, выбира́йте плати́те

㉔ Покажи́те, Сади́тесь, примеря́йте, Плати́те

练习19
① A　② B　③ C　④ A　⑤ A　⑥ D　⑦ C　⑧ B　⑨ B　⑩ C

⑪ B　⑫ C　⑬ C　⑭ B　⑮ B　⑯ A　⑰ B　⑱ C　⑲ A　⑳ B

㉑ C　㉒ B　㉓ D　㉔ D　㉕ B　㉖ D　㉗ C　㉘ B　㉙ A　㉚ C

测验 I（每题0.5分）

① D　② B　③ A　④ B　⑤ B　⑥ A　⑦ C　⑧ B　⑨ C　⑩ B

⑪ B　⑫ D　⑬ D　⑭ A　⑮ C　⑯ C　⑰ A　⑱ B　⑲ A　⑳ A

㉑ C ㉒ C ㉓ C ㉔ A ㉕ C ㉖ A ㉗ A ㉘ B ㉙ A ㉚ C
㉛ B ㉜ D ㉝ C ㉞ B ㉟ D

测验 II （每题1分）

компью́терные и́гры, искривле́ние позвоно́чника, коне́чный вы́вод, но́вое сре́дство свя́зи, обще́ние в Интерне́те, обме́ниваться мне́ниями, виртуа́льное обще́ние, интерне́товский сленг, Интерне́т-зави́симость, 电子邮件, 手机, 保持联系, 下载材料, 强大的搜索引擎, 搜索系统, 计算机病毒, 和陌生人交往, 同一个问题, 客观信息, 实际上

测验 III （每题1分）

① на кани́кулы　　　② За кого́　　　③ от реа́льного

④ мне́ниями и информа́цией　　　⑤ интерне́товским сле́нгом

⑥ нам, Интерне́том　　　⑦ в но́вый эта́п　　　⑧ к се́ти

⑨ виртуа́льной зави́симостью, к врачу́

⑩ Интерне́ту, с э́той зада́чей

测验 V （每题2分）

① Интерне́т явля́ется ча́стью на́шей жи́зни, в на́ше вре́мя он преврати́лся в глоба́льное явле́ние.

② По стати́стике в ми́ре на сего́дняшний день почти́ 1 миллиа́рд по́льзователей Интерне́та.

③ Не́которые де́ти це́лыми дня́ми сидя́т в Интерне́те и игра́ют в компью́терные и́гры.

④ Благодаря́ таки́м изобрете́ниям, как моби́льный телефо́н и Интерне́т, мы мо́жем обща́ться с людьми́, кото́рые нахо́дятся в любо́й то́чке плане́ты.

⑤ Обще́ние в се́ти, как пра́вило, ре́зко отлича́ется от реа́льного.

⑥ Тепе́рь норма́льный язы́к заменя́ется интерне́товским сле́нгом.

⑦ С одно́й стороны́, э́то придаёт раско́ванность, уве́ренность в свои́х слова́х, а с друго́й — твой собесе́дник мо́жет оказа́ться не тем, кем он явля́ется на са́мом де́ле.

⑧ Всё ча́ще сейча́с мы встреча́емся с те́рмином Интерне́т-зави́симость.

⑨ Мы должны́ по́льзоваться Интерне́том гра́мотно: обменя́ться мне́ниями, найти́ све́дения.

⑩ На́ши роди́тели ча́сто акти́вно препя́тствуют нам по́льзоваться Интерне́том.

Урок 7

一、词 汇

练习1 填空。

речь 是 ＿＿＿＿＿＿ 性名词; па́мять 是 ＿＿＿＿＿＿ 性名词; повторя́емость 是＿＿＿＿＿＿性名词; осо́бенность 是＿＿＿＿＿＿性名词; ра́звитость 是 ＿＿＿＿＿＿ 性名词; спосо́бность 是 ＿＿＿＿＿＿ 性名词, 接格关系是＿＿＿＿＿＿; владе́ние 的接格关系是＿＿＿＿＿＿; надея́ться 的接格关系是 ＿＿＿＿＿＿; овладе́ть 的接格关系是 ＿＿＿＿＿＿; владе́ть 的接格关系是＿＿＿＿＿＿; состоя́ть 的接格关系是＿＿＿＿＿＿; привести́ 的接格关系是＿＿＿＿＿＿, 过去时是 ＿＿＿＿＿＿; включа́ться 的接格关系是＿＿＿＿＿＿; облада́ть 的接格关系是＿＿＿＿＿＿。

练习2 把下列词组（句子）翻译成汉语。

стажиро́вка в Институ́те ру́сского языка́ и́мени А. С. Пу́шкина

＿＿＿＿＿＿＿＿＿＿＿＿＿

проходи́ть стажиро́вку ме́сяц ＿＿＿＿＿＿＿＿＿＿＿＿＿

стажиро́вка за рубежо́м ＿＿＿＿＿＿＿＿＿＿＿＿＿

надея́ться на побе́ду ＿＿＿＿＿＿＿＿＿＿＿＿＿

надея́ться на дру́га ＿＿＿＿＿＿＿＿＿＿＿＿＿

надея́ться на свою́ па́мять ＿＿＿＿＿＿＿＿＿＿＿＿＿

улу́чшить жизнь ＿＿＿＿＿＿＿＿＿＿＿＿＿

улу́чшить усло́вие ＿＿＿＿＿＿＿＿＿＿＿＿＿

духо́вная культу́ра ＿＿＿＿＿＿＿＿＿＿＿＿＿

памятник культу́ры _____

граммати́ческая оши́бка _____

усво́ить но́вые слова́ _____

усво́ить пра́вила у́личного движе́ния

_____

усво́ить но́вый о́браз жи́зни _____

кита́йский иеро́глиф _____

овладе́ть иностра́нными языка́ми _____

овладе́ть внима́нием слу́шателей _____

овладе́ть се́рдцем чита́телей _____

владе́ть землёй _____

владе́ть ресу́рсами _____

владе́ть аудито́рией _____

владе́ть судьбо́й _____

владе́ть собо́й _____

уступи́ть ме́сто старику́ _____

уступи́ть това́рищу в зна́ниях _____

разобра́ться в ле́се _____

разобра́ться в му́зыке _____

приложи́ть си́лу к рабо́те _____

состоя́ть в э́том _____

состоя́ть из пяти́ челове́к _____

большо́й запа́с слов _____

овладе́ние языко́м _____

овладе́ние те́хникой _____

у́стная речь _____

у́стный экза́мен _____

биологи́ческий факульте́т _____

привести́ к вы́воду _____

привести́ к поте́ре _____

включи́ться в рабо́ту _____

включи́ться в клуб _____

способность к му́зыке　_____

в преде́лах чего́　_____

вы́йти за преде́л　_____

облада́ть тала́нтом　_____

твёрдая во́ля　_____

练习3　把下列词组（句子）翻译成俄语。

进修一个月　_____

坚信胜利　_____

寄希望于朋友　_____

改善生活　_____

改善条件　_____

古代文化　_____

世界文化　_____

文化遗迹　_____

语法系统　_____

语法错误　_____

掌握交通规则　_____

掌握理论　_____

掌握语法规则　_____

掌握外语　_____

掌握（各种）职业（技能）　_____

吸引听众的注意力　_____

吸引读者的心　_____

拥有房屋　_____

占有市场　_____

占有财产　_____

掌握命运　_____

掌控自己　_____

给老人让座　_____

在知识方面逊色于同学

_____

求知欲强的孩子　　　_____

失聪　　　_____

世界闻名的语言学家　_____

精通林业　　　_____

精通音乐　　　_____

军队　　　_____

根据上下文理解词义　_____

凭记忆　　　_____

难住大学生　　　_____

口语　　　_____

口试　　　_____

生物系　　　_____

得出结论　　　_____

导致损失　　　_____

有效的工作　　　_____

音乐才能　　　_____

语言实验室　　　_____

练习4　　**词义辨析(**овладе́ть — усво́ить — владе́ть — облада́ть**)。**

① За два го́да студе́нты _____ ру́сским языко́м.

② Осно́вы грамма́тики он _____ о́чень бы́стро и легко́.

③ Этот ма́льчик _____ тала́нтом.

④ Нам тру́дно _____ ви́ды глаго́ла.

⑤ Инжене́р не́сколько лет _____ но́вой те́хникой.

⑥ Все рабо́чие должны́ _____ но́вой те́хникой.

⑦ Де́вочка _____ спосо́бностью к му́зыке.

⑧ За́втра бу́дет экза́мен, мы уже́ _____ пра́вила фи́зики.

⑨ Что́бы _____ зна́ния, на́до занима́ться ка́ждый день.

⑩ _____ иностра́нными языка́ми в соверше́нстве — э́то не легко́.

练习5　　**写出下列动词的对应体。**

улу́чшить　_____

усво́ить　　_____

овладе́ть　　_____

уступи́ть　　_____

утверди́ть　　_____

робе́ть　　_____

разобра́ться　　_____

прилага́ть　　_____

затрудня́ть　　_____

обуча́ться　　_____

обучи́ться　　_____

练习6　把下列动词变位。

улу́чшить　　_____

усво́ить　　_____

уступи́ть　　_____

утверди́ть　　_____

разобра́ться　　_____

приложи́ть　　_____

затрудни́ть　　_____

молча́ть　　_____

练习7　把下列动词变成过去时形式。

привести́　　_____

练习8　造句。

вокру́г　　_____

в о́бщем　　_____

обща́ться　　_____

запо́мниться　　_____

да́ться　　_____

каса́ться　　_____

зави́сеть　　_____

состоя́ть   _____

приложи́ть   _____

затрудня́ть   _____

Что каса́ется   _____

во что бы то ни ста́ло

   _____

как мо́жно   _____

мя́гко говоря́   _____

二、对话及课文

练习9 把下列词组翻译成俄语。

привыка́ть ра́но встава́ть   _____

привыка́ть к зи́мней пого́де   _____

знако́миться с ру́сской литерату́рой   _____

знако́миться с но́выми студе́нтами   _____

обща́ться с иностра́нцами   _____

обща́ться на родно́м языке́   _____

перейти́ на но́вую рабо́ту   _____

перейти́ на второ́й курс   _____

Ру́сская грамма́тика мне не даётся   _____

Матема́тика мне даётся легко́   _____

обраща́ть внима́ние на оши́бки   _____

обраща́ть внима́ние на произноше́ние   _____

обраща́ть внима́ние на ударе́ние   _____

испра́вить оши́бки   _____

глаго́лы движе́ния   _____

ви́ды глаго́лов   _____

сде́лать вы́вод   _____

как мо́жно бо́льше   _____

как мо́жно лу́чше   _____

приложи́ть все си́лы к рабо́те _____

смотре́ть в слова́рь _____

развива́ть дога́дку по конте́ксту _____

в оди́н го́лос _____

во что бы то ни ста́ло _____

запа́с слов _____

таки́м о́бразом _____

练习10 把下列词组翻译成俄语。

习惯早起 _____

习惯冬天的气候 _____

了解俄罗斯文学 _____

了解新学生 _____

用母语交往 _____

俄语语法我不行。 _____

数学我学得不轻松 _____

记住所有语法规则 _____

做语法练习 _____

注意发音 _____

注意重音 _____

工作两年多 _____

运动动词 _____

动词的体 _____

了解所学语言的国家 _____

了解传统与风俗 _____

做出结论 _____

用外语表达自己的想法 _____

根据上下文猜词 _____

掌握语言 _____

异口同声 _____

无论如何 _____

词汇量 _____

因此 _____

练习11 连词成句。

① Я, наде́яться, за, э́тот, вре́мя, улу́чшить, свой, ру́сский, язы́к, ведь, все, вокру́г, мы, то́лько, говори́ть, по-ру́сски.

_____

_____

② В, живо́й, речь, слова́, запомина́ться, бы́стро, и, легко́.

_____

③ Я, мочь, обща́ться, с, иностра́нцы, на, ру́сский, язы́к.

_____

④ Я, нача́ть, изуча́ть, ру́сский, язы́к, ещё, с, шко́ла.

_____

⑤ Как, ты, дава́ться, ру́сский, язы́к?

_____

⑥ На, уро́ки, преподава́тель, никогда́, не, по́льзоваться, родно́й, язы́к.

_____

⑦ На́до, регуля́рно, занима́ться, иностра́нный, языки́, что́бы, овладе́ть, они́, в, соверше́нство.

_____

_____

⑧ Алексе́й, занима́ться, жи́вопись, серьёзно, с, шко́ла, у, он, заме́тный, успе́хи.

_____

⑨ С, де́тство, он, привы́кнуть, ра́но, встава́ть, тепе́рь, он, регуля́рно, занима́ться, бег.

_____

⑩ Я, молча́ть, в, тот, ве́чер, но, э́то, не, зна́чить, что, я, не, согласи́ться, с, вы.

_____

⑪ Учи́ться, язы́к, в, языково́й, среда́, э́то, о́чень, хорошо́.

_____

⑫ Спосо́бности, к, иностра́нный, языки́, игра́ть, ва́жный, роль, в, жизнь.

_____

⑬ Полиглóты, овладéть, деся́тки, языки́, в, совершéнство.

_____

⑭ Я, о́чень, молодóй, но, в, зна́ния, не, уступáть, свой, това́рищи.

_____

⑮ Полиглóты, в, оди́н, гóлос, утвержда́ть, что, гла́вное, не, робéть.

_____

⑯ Стара́ться, во что бы то ни ста́ло, вы́разить, мысль, на, язы́к, котóрый, вы, хотéть, овладéть.

_____

_____

⑰ Стара́ться, как мóжно, мнóго, обща́ться, с, те, кто, знать, язы́к, и, мочь, вы, помóчь.

_____

_____

⑱ Когда́, вы, ужé, усвóить, осно́вы, грамма́тика, и, научи́ться, разбира́ться, в, текст, с, пóмощь, словáрь, на́до, нача́ть, мнóго, чита́ть.

_____

_____

⑲ Цель, такóй, чтéние, состоя́ть, в, накоплéние, в, па́мять, слова́, и, обороты, иностра́нный, язы́к, благодаря́, их, повторя́емость, в, живóй, контéксты.

_____

_____

⑳ Таки́м óбразом, ваш, успéх, быть, зави́сеть, от, коли́чество, прочи́танное.

_____

㉑ Макси́м, владéть, замеча́тельный, тала́нт, расска́зчик.

_____

㉒ Весь, дорóга, он, владéть, оди́н, жела́ние, скорéе, уви́деть, люби́мый, Пеки́н.

_____

㉓ Рабóта, подойти́, к, конéц, и, я, почу́вствовать, что, уста́лость, овладéть, я.

_____

㉔ Одна́ко, есть, нéсколько, момéнт, котóрый, мочь, затрудня́ть, овладéние, язы́к.

_____

㉕ Существовáть, связь, изучéние, инострáнный, язы́к, с, владéние, роднóй, язы́к.

_____

㉖ Биологи́ческий, физиологи́ческий, и, психологи́ческий, осóбенности, привести́, к, то, что, человéк, не, мочь, бы́стро, включи́ться, в, общéние.

_____

_____

㉗ Что, касáться, изучéние, язы́к, взрóслые, то, здесь, большóй, роль, игрáть, интеллектуáльный, спосóбности, спосóбности, мышлéние, пáмяти, и, т. д.

_____

_____

㉘ Оди́н, лю́ди, интенси́вный, мéтод, давáться, легкó, и, прóсто, а, други́е, трýдно, так как, они́, подходи́ть, систéмный, мéтод.

_____

_____

㉙ Язы́к, мóжно, изучáть, весь, жизнь, совершéнтство, нет, предéл.

_____

㉚ Человéк, котóрый, плóхо, владéть, роднóй, язы́к, трýдно, овладéть, инострáнный, язы́ки.

_____

_____

练习12 回答问题。

❶ — Вы стажёр и́ли студéнт нáшего университéта?

— _____

❷ — Скóлько врéмени вы бýдете на стажирóвке за грани́цей?

— _____

❸ — Почемý вы хоти́те учи́ться в Росси́и?

— _____

❹ — Посовéтуйте, как лýчше запóмнить граммати́ческие прáвила?

— _____

❺ — Скажи́те, как лýчше усвóить граммáтику?

— _____

❻ —Скóлько лет вы изучáете рýсский язы́к?

— _____

⑦ — Тебе́ нра́вится изуча́ть ру́сский язы́к?

— _____

⑧ — Как тебе́ даётся ру́сский язы́к?

— _____

⑨ — Как называ́ются лю́ди, кото́рые зна́ют мно́го языко́в?

— _____

⑩ — От чего́ зави́сит успе́х в изуче́нии языко́в по мне́нию акаде́мика Л. С. Ще́рбы?

— _____

⑪ — Каку́ю роль игра́ет родно́й язы́к в изуче́нии иностра́нного языка́?

— _____

⑫ — Каки́е моме́нты ока́зывают влия́ние на уме́ние обща́ться?

— _____

⑬ — Как вы отно́ситесь к самостоя́тельному изуче́нию иностра́нных языко́в?

— _____

⑭ — Како́го у́ровня владе́ния языко́м вы хоте́ли бы стреми́ться дости́чь?

— _____

练习13　造句。

обща́ться　_____

запо́мниться　_____

да́ться　_____

каса́ться　_____

зави́сеть　_____

состоя́ть　_____

приложи́ть　_____

затрудня́ть　_____

Что каса́ется　_____

во что бы то ни ста́ло

_____

в оди́н го́лос　_____

вокру́г   _____

в о́бщем   _____

как мо́жно   _____

мя́гко говоря́   _____

练习14   **把下列句子翻译成俄语。**

① 我在普希金俄语学院进修了一个月。

_____

② 请记住，语言中最重要的不是规则，而是实践。

_____

③ 最好在语言环境中学习外语。

_____

④ 开始阅读会很慢，但应尽全力加速阅读。

_____

⑤ 没有学不会外语的人。

_____

⑥ 学习外语和掌握母语存在联系。

_____

⑦ 外语的基础是母语。

_____

⑧ 生理和心理特点会导致人不会很快融入交际中。

_____

⑨ 至于谈到成年人学习外语，其智力、思维和记忆力都起重要作用。

_____

⑩ 语言需要终身学习，语言的完善永无止境。

_____

三、语 法

练习15 选择适当的动词不定式体填空。

1 Ви́дим, Ду́ся гото́вит обе́д. Мы ста́ли _____ (помога́ть — помо́чь).

2 Студе́нты не уме́ют _____ (петь — спеть) ру́сскую пе́сню.

3 Мы не успе́ли _____ (выполня́ть — вы́полнить) зада́ние.

4 Он ко́нчил _____ (расска́зывать — рассказа́ть) и на́чал ждать, что мы ска́жем.

5 Мне удало́сь _____ (чита́ть — прочита́ть) э́ту кни́гу на ру́сском языке́.

6 Лю́ди привы́кли _____ (обраща́ться — обрати́ться) к нему́ за по́мощью в тру́дные мину́ты.

7 К сожале́нию, я забы́л _____ (спра́шивать — спроси́ть) его́ об э́том.

8 Он совсе́м отвы́к _____ (говори́ть — сказа́ть) по — англи́йски.

9 Мне надое́ло _____ (переводи́ть — перевести́) лёгкие те́ксты.

10 Я хочу́ _____ (объясня́ть — объясни́ть) вам, почему́ я не пришёл вчера́.

11 Ещё в шко́ле брат научи́лся _____ (ката́ться — поката́ться) на конька́х.

12 Он переста́л _____ (чита́ть — прочита́ть) рома́н и прислу́шался к на́шему разгово́ру.

13 Мы всегда́ успева́ем _____ (выполня́ть — вы́полнить) зада́ние.

14 Мой оте́ц давно́ бро́сил _____ (кури́ть — курну́ть).

15 Мне понра́вилось _____ (лови́ть — пойма́ть) ры́бу у́дочкой.

16 Она́ про́бовала _____ (выража́ть — вы́разить) свою́ мысль по — ру́сски, на э́то ей не удало́сь.

17 Вам сле́дует _____ (обраща́ться — обрати́ться) к нему́ с э́тим вопро́сом.

18 Он обеща́л _____ (возвраща́ться — верну́ться) домо́й до восьми́ часо́в ве́чера.

⑲ На́дя сове́тует мне _____ но́вое пла́тье. (покупа́ть — купи́ть)

⑳ На́дя сове́тует мне не _____ э́то пла́тье. (покупа́ть — купи́ть)

㉑ Этот фильм интере́сный, его́ сто́ит _____ . (смотре́ть — посмотре́ть)

㉒ Этот фильм неинтере́сный, его́ не сто́ит _____ . (смотре́ть — посмотре́ть)

㉓ Ви́ктор реши́л не _____ (отвеча́ть — отве́тить) на письмо́ Анны, потому́ что оби́делся на неё.

㉔ Я реши́л не _____ (уезжа́ть — уе́хать) из Москвы́ во вре́мя кани́кул, так как мои́ роди́тели собира́лись прие́хать ко мне.

㉕ Здесь о́чень шу́мно, поэ́тому нельзя́ _____ (чита́ть — прочита́ть) кни́ги.

㉖ Здесь река́ глубо́кая, нельзя́ _____ (купа́ться — вы́купаться).

㉗ Мать сказа́ла де́вочке «Это чужи́е ве́щи, их нельзя́ _____ (брать — взять)».

㉘ Сейча́с нельзя́ _____ в кабине́т, там идёт собра́ние. (входи́ть — войти́)

㉙ В кабине́т нельзя́ _____ , кто́-то его́ за́пер. (входи́ть — войти́)

㉚ Нельзя́ _____ че́рез у́лицу, когда́ дви́жутся маши́ны. (переходи́ть — перейти́)

㉛ Маши́на дви́жутся непреры́вно, и нельзя́ _____ че́рез у́лицу. (переходи́ть — перейти́)

㉜ Сейча́с плоха́я пого́да. На да́че хо́лодно, поэ́тому вы мо́жете не _____ (приезжа́ть — прие́хать) к нам в воскресе́нье.

㉝ Я пригласи́л Анто́на в го́сти, но он мо́жет не _____ (приезжа́ть — прие́хать), так как у него́ мно́го ра́зных дел.

㉞ Вы мо́жете не _____ (отвеча́ть — отве́тить) мне, э́то необяза́тельно.

㉟ Он мо́жет не _____ (отвеча́ть — отве́тить) на моё письмо́, по — мо́ему, я забы́ла на конве́рте написа́ть обра́тный а́дрес.

练习16 选择正确答案填空。

1 У меня́ сро́чное де́ло. К кому́ мне _____ ?

A. обраща́ть   B. обрати́ться

C. обраща́ться   D. обрати́ть

2 С таки́ми вопро́сами лу́чше _____ к дека́ну.

A. обраща́ешься   B. обраща́ются

C. обрати́шься   D. обрати́ться

3 У него́ вы́работалась привы́чка _____ ра́но у́тром.

A. встава́ть   B. встать

C. встаёт   D. вста́нет

4 Он привы́к _____ но́вые слова́ пе́ред сном.

A. вы́учить   B. учи́л

C. вы́учил   D. учи́ть

5 Преподава́тель сказа́л, что студе́нты должны́ _____ э́тот но́вый текст к понеде́льнику.

A. чита́ть   B. чита́ли

C. прочита́ть   D. прочита́ли

6 — Са́ша, чего́ ты в коридо́ре стои́шь? — У меня́ ключ сло́ман, дверь _____ не могу́.

A. откры́ть   B. открыва́ть

C. открыва́ться   D. откры́ться

7 Он ещё мал, ему́ э́того не _____ .

A. мо́жно поня́ть   B. понима́ть

C. поня́ть   D. понима́ет

8 Говоря́т, жела́ющих на э́тот спекта́кль мно́го, тебе́ не _____ биле́ты.

A. достава́ть   B. доста́ть

C. мо́жно доста́ть   D. мо́жно достава́ть

9 Не сто́ит _____ э́ту статью́, она́ не интере́сная.

A. чита́ть   B. почита́ть

C. прочита́ть   D. проче́сть

10 — А мне как вас найти́? — Тебе́ меня́ _____ не на́до.

A. найти́   B. находи́ть

C. иска́ть   D. найти́сь

⑪ Ка́жется, что на новосе́лье не́зачем _____ так мно́го госте́й.

A. зовём   B. позва́ть

C. позовём   D. звать

⑫ — Он уже́ написа́л письмо́ домо́й? — Нет, он продолжа́ет его́ _____ .

A. писа́ть   B. написа́ть

C. пи́шет   D. напи́шет

⑬ Ма́ша пришла́ на по́чту, се́ла за стол и начала́ _____ письмо́ подру́ге.

A. писа́ть   B. написа́ть

C. пи́шет   D. напи́шет

⑭ Брось _____ . Это вре́дно тебе́ и други́м.

A. кури́ть   B. покури́ть

C. закури́ть   D. ку́рят

⑮ Ви́ктор вошёл в аудито́рию, когда́ преподава́тель на́чал _____ экзаменацио́нную рабо́ту.

A. раздава́ть   B. разда́ть

C. раздава́ться   D. разда́ться

⑯ К сожале́нию, он переста́л _____ заня́тия кружка́.

A. посеща́ть   B. посети́ть

C. навеща́ть   D. навести́

⑰ К э́тому вре́мени мы зако́нчили _____ .

A. пообе́дали   B. пообе́дать

C. обе́дать   D. обе́дали

⑱ Мне надое́ло _____ на таки́е вопро́сы.

A. отвеча́ть   B. отве́тить

C. отвеча́л   D. отве́тили

⑲ Зо́я уже́ научи́лась пра́вильно _____ звук "р".

A. произноси́ть   B. произнести́

C. произноси́ться   D. произнести́сь

⑳ Ему́ надое́ло _____ статьёй.

A. писа́ть   B. написа́ть

C. пи́шет   D. писа́л

㉑ От нéчего дéлать я принялся _____ журнáлы, котóрые лежáли на столé.

    A. рассмáтривать   B. рассмотрéть

    C. рассмáтриваю   D. рассмотрю́

㉒ Кнúга скýчная, не стóит её _____ .

    A. покупáть   B. купúть

    C. покупáют   D. кýпят

㉓ Прошёл мéсяц, и дéти привы́кли рáно _____ .

    A. встать   C. встáли

    C. вставáть   D. вставáли

㉔ Тебé не слéдует так _____ . Это не хорошó.

    A. поступáть   C. поступúть

    C. поступáешь   D. постýпишь

㉕ — Вы собирáетесь _____ в буфéте? — Нет, мне надоéло _____ холóдные блю́да. Давáйте поедúм в столóвой.

    A. поéсть, есть   C. поéсть, поéсть

    C. съесть, есть   D. есть, поéсть

㉖ Отéц обещáл _____ Серёже фотоаппарáт.

    A. покупáть   B. купúть

    C. покупáет   D. кýпит

㉗ Они договорúлись _____ вéчером.

    A. встречáть   B. встрéтить

    C. встречáться   D. встрéтиться

㉘ Емý остáлось _____ упражнéние.

    A. писáть   B. написáть

    C. пúшет   D. напúшет

㉙ Не успéли студéнты _____ в инститýт, как онú приступúли к обрабóтке материáлов.

    A. возвращáть   B. возвращáться

    C. вернýть   D. вернýться

㉚ Стóит емý _____ , все замолчáт.

    A. говорúть   B. заговорúть

    C. поговорúть   D. сказáть

31 Ужé вóсемь часóв. Порá _____ .

A. встать   B. вставáть

C. встань   D. вставáй

32 Турúстам удалóсь _____ до дождя́.

A. возвращáть   B. вернýть

C. возвращáться   D. вернýться

33 Не успéл я _____ на пéрвый вопрóс, как Николáй зáдал вторóй и трéтий.

A. отвечáл   B. отвечáть

C. отвéтил   D. отвéтить

34 — Ты успéл _____ билéт на самолёт? — Нет, мне не удалóсь _____ . Я передýмал, поéду на пóезде.

A. заказáть, закáзывать   B. заказáть, заказáть

C. закáзывать, закáзывать   D. закáзывать, заказáть

35 Товáрищ убедúл меня́ не _____ э́ту нóвую кнúгу.

A. покупáть   B. купúть

C. покупáю   D. куплю́

36 Онú совéтовали нам не _____ э́тот фильм.

A. смотрéть   B. посмотрéть

C. смóтрим   D. посмóтрим

37 Нам совéтовали не _____ э́тот фильм.

A. смотрéть   B. посмотрéть

C. смóтрят   D. посмóтрим

38 Мы решúли не _____ с э́тим предложéнием.

A. согласúться   B. соглашáться

C. соглашáемся   D. согласúмся

39 Сестрá сказáла, что нóвое плáтье мне не идёт, и я решúла не _____ егó.

A. надéть   B. одéть

C . надевáть   D. одевáть

40 Мы решúли не _____ на пóезде пóсле экзáменов домóй.

A. уéхать   B. уезжáть

C. уйтú   D. уходúть

㊶ Есть таки́е мину́ты тишины́, их никогда́ невозмо́жно _____ .

    A. забыва́ть   B. забы́ть

    C. забыва́ем   D. забу́дем

㊷ В ко́мнату нельзя́ _____ : там идёт собра́ние.

    A. входи́ть   B. войти́

    C. войдёшь   D. вхо́дят

㊸ Вади́м мо́жет _____ , и тогда́ всё сорвётся.

    A. не прийти́   B. не приходи́ть

    C. приходи́ть   D. прийти́

㊹ Упражне́ния сего́дня не за́даны, мы мо́жем не _____ .

    A. де́лать   B. сде́лать

    C. де́латься   D. сде́латься

㊺ — Он обяза́тельно придёт на встре́чу? — Я бою́сь, что он мо́жет не _____ . Он о́чень за́нят.

    A. приходи́ть   B. прийти́

    C. придёт   D. приходи́л

练习17   选择正确答案填空。

❶ _____ у меня́ бу́дет вре́мя, я обяза́тельно приду́ к тебе́.

    A. Е́сли   B. Раз   C. Пока́   D. Е́сли бы

❷ _____ ему́ нра́вилась кака́я-либо кни́га, он всегда́ покупа́л её.

    A. Е́сли   B. Раз   C. Когда́   D. Е́сли бы

❸ _____ перево́дчик хо́чет хорошо́ переводи́ть, ему́ необходи́мо знать не то́лько язы́к, но и культу́ру и исто́рию страны́.

    A. Е́сли   B. Раз   C. Когда́   D. Е́сли бы

❹ _____ бу́дешь звони́ть А́нне, переда́й ей от меня́ приве́т.

    A. Е́сли   B. Раз   C. Когда́   D. Е́сли бы

❺ _____ за́втра бу́дет хоро́шая пого́да, мы пое́дем за́ город.

    A. Е́сли   B. Раз   C. Когда́   D. Е́сли бы

❻ _____ за́втра была́ хоро́шая пого́да, мы бы пое́хали за́ город.

    A. Е́сли   B. Раз   C. Когда́   D. Е́сли бы

❼ _____ вы бу́дете хорошо́ занима́ться, вы ско́ро бу́дете свобо́дно говори́ть по-ру́сски.

    A. Е́сли   B. Раз   C. Когда́   D. Е́сли бы

⑧ _____ я знал, что ты бо́лен, я бы прошёл к тебе́.

 A. Если   B. Раз   C. Когда́   D. Если бы

⑨ _____ не́ бы́ло дождя́, мы пошли́ бы в лес.

 A. Если   B. Раз   C. Когда́   D. Если бы

⑩ Я сде́лал бы э́то ра́ньше, _____ бы мне не меша́ли.

 A. когда́   B. так   C. потому́   D. если

四、本课测验

I 选择正确答案填空。   30分

① Че́рез 10 мину́т мне на́до _____ пешко́м: меня́ ждут.

 A. уходи́ть   B. уйти́

 C. уезжа́ть   D. уе́хать

② Больно́му запрещено́ _____ с посте́ли.

 A. встава́ть   B. встать

 C. встаёт   D. вста́нет

③ Он не хо́чет _____ э́ту статью́, хотя́ он смо́жет её _____ .

 A. переводи́ть, перевести́   B. переводи́ть, переводи́ть

 C. перевести́, переводи́ть   D. перевести́, перевести́

④ У него́ привы́чка ра́но _____ .

 A. встать   B. встава́ть

 C. вста́нет   D. встаёт

⑤ До́ма Ната́ша продолжа́ла _____ текст.

 A. переводи́ла   B. переводи́ть

 C. перевела́   D. перевести́

⑥ Ма́ша научи́лась _____ на велосипе́де ещё в де́тстве.

 A. е́здить   C. е́хать

 C. води́ть   D. вести́

⑦ Авто́буса всё не́ бы́ло, мы ста́ли _____ , что опозда́ем на заня́тия.

 A. беспоко́иться   B. беспоко́ить

 C. беспоко́им   D. беспоко́имся

⑧ Портфе́ль не _____ : в нём сли́шком мно́го веще́й.

    A. закрыва́ть   B. закрыва́ться

    C. закры́ть   D. закры́ться

⑨ Фильм неинтере́сный. Его́ не сто́ит _____ .

    A. смотре́ть   B. смо́трят

    C. посмотре́ть   D. посмо́трят

⑩ На э́том вопро́се не сле́дует _____, все уже́ по́няли.

    A. остана́вливать   B. останови́ть

    C. остана́вливаться   D. останови́ться

⑪ Я ду́маю, что тебе́ не ну́жно _____, почему́ ты не пришёл вчера́.

    A. объясня́ть   B. объясни́ть

    C. объясня́ться   D. объясни́ться

⑫ Он так спеши́л на ле́кцию, что да́же забы́л _____ .

    A. за́втракать   B. поза́втракать

    C. за́втракает   D. поза́втракает

⑬ Хотя́ мне удало́сь доста́ть кни́гу всего́ на оди́н день, я успе́л _____ её.

    A. чита́ть   B. чита́ю

    C. прочита́ть   D. прочита́ю

⑭ Мне удало́сь _____ биле́ты.

    A. достава́ть   B. доста́ть

    C. достаю́   D. доста́ну

⑮ На́дя сове́тует мне не _____ э́то пла́тье.

    A. покупа́ть   B. купи́ть

    C. покупа́ю   D. куплю́

⑯ Мы реши́ли не _____ на э́то предложе́ние.

    A. согласи́ться   B. соглаша́ться

    C. соглаша́емся   D. согласи́мся

⑰ Нас до́лго угова́ривали не _____ здесь рабо́тать.

    A. остава́ться   C. оста́ться

    C. отста́ть   D. отстава́ть

⑱ Дверь нельзя́ бы́ло _____ : она́ заперта́ изнутри́ на клю́чок.

A. открыва́ть   B. откры́ть

C. открыва́ться   D. откры́ться

⑲ В аудито́рию нельзя́ _____ : дверь заперта́.

A. входи́ть   B. войти́

C. вхо́дят   D. войду́т

⑳ Рабо́та о́чень сло́жная, её нельзя́ _____ в срок.

A. выполня́ть   B. выполня́ешь

C. вы́полнить   D. вы́полнишь

㉑ В аудито́рию нельзя́ _____ : там идёт собра́ние.

A. входи́ть   B. войти́

C. вхо́дят   D. дойду́т

㉒ — Бою́сь, что Андре́й не придёт на заня́тия. — Да, он мо́жет не _____ ,
а ему́ ну́жно на них прису́тствовать.

A. приходи́ть   B. прийти́

C. прихо́дит   D. пришёл

㉓ Ты мо́жешь не _____ э́тот материа́л, ты и так всё прекра́сно
по́мнишь.

A. повторя́ть   B. повтори́ть

C. повторя́ешь   D. повтори́шь

㉔ На́до серьёзно относи́ться к свое́й рабо́те, да́же _____ она́ тебе́ не
нра́вится.

A. так как   B. е́сли

C. что   D. потому́ что

㉕ С тако́й тяжёлой физи́ческой рабо́той се́рдце мо́жет спра́виться, _____
о нём забо́титься и тренирова́ть его́.

A. е́сли   B. что

C. е́сли бы   D. что́бы

㉖ _____ мы хоти́м ви́деть лес здоро́вым и краси́вым, ну́жно
гаранти́ровать ему́ норма́льные усло́вия существова́ния.

A. Когда́   B. Е́сли

C. Е́сли бы   D. Пока́

㉗ Я сдéлал бы э́то ра́ньше, _____ бы мне не меша́ли.

　　A. когда́　　　　　　　　　B. так

　　C. е́сли　　　　　　　　　　D. потому́

㉘ _____ мы задержа́лись хоть на мину́ту, мы бы его́ не заста́ли.

　　A. Éсли бы　　　　　　　　B. Хотя́

　　C. Раз　　　　　　　　　　D. Éсли

㉙ _____ не война́, я был стал учи́телем.

　　A. Éсли　　　　　　　　　　B. Éсли бы

　　C. Éсли бы была́　　　　　　D. Раз

㉚ _____ не ва́ши сове́ты, я не смог бы зако́нчить рабо́ту во́время.

　　A. Éсли бы　　　　　　　　B. Éсли

　　C. Хотя́ бы　　　　　　　　D. Хотя́

II　把括号里的词变成适当形式填空，如需要加前置词。 10分

❶ Я уже́ _____ (привы́кнуть) _____ (университе́тская жизнь).

❷ В живо́й ре́чи но́вые слова́ легко́ _____ (я) запомина́ются.

❸ Речь идёт _____ (овладе́ние) _____ (ру́сский язы́к).

❹ Как _____ (вы) даётся ру́сский язы́к?

❺ Мы наде́емся _____ (но́вый учи́тель), кото́рый овладе́л _____ (деся́тки языко́в).

❻ Спосо́бности _____ (иностра́нные языки́) игра́ют ва́жную роль.

❼ Снача́ла мы усво́или _____ (грамма́тика), и тепе́рь мы уже́ овладе́ли _____ (ру́сский язы́к).

❽ _____ (Челове́к), кото́рый пло́хо владе́ет _____ (родно́й язы́к) в у́стной и пи́сьменной фо́рмах, бу́дет тру́дно.

❾ Не́которые лю́ди мо́гут бы́стро включи́ться _____ (обще́ние).

❿ _____ (Соверше́нство) нет преде́ла.

III　把下列词组翻译成俄语。 10分

异口同声　　_____

无论如何　　　　　　_____

发展听力　　　　　　_____

发展根据上下文猜测的能力

　　　　　　　　　　_____

理解课文　　　　　　_____

努力做　　　　　　　_____

放过不理解的内容　　_____

词汇量　　　　　　　_____

因此　　　　　　　　_____

在所学语言国家居住　_____

经常与母语持有者进行语言实践

　　　　　　　　　　_____

阅读文学作品　　　　_____

经常复习学过的资料　_____

Ⅳ **造句。** 20分

овладе́ть　　　　　_____

речь идёт　　　　　_____

улу́чшить　　　　　_____

состо́ять в чём　　_____

приложи́ть си́лы к чему́

　　　　　　　　　　_____

как мо́жно　　　　　_____

с по́мощью чего́　　_____

во что бы то ни ста́ло

　　　　　　　　　　_____

таки́м о́бразом　　_____

Что каса́ется　　　_____

Ⅴ **把下列句子翻译成俄语。** 20分

❶ 我们知道很多掌握几十门语言的人。

_____

❷ 学习语言时，无论如何要努力多用要掌握的语言来表达想法。

_____

❸ 努力尽可能多地与通晓该语言的人交往。

_____

❹ 应该掌握语法规则并学会借助词典理解课文。

_____

❺ 阅读的目的就在于积累外语词汇量和短语。

_____

❻ 因此，您的成功取决于阅读量。

_____

❼ 越早越好。

_____

❽ 至于谈到成年人学习外语，其智力、思维和记忆力都起重要作用。

_____

❾ 语言需要终身学习，语言的完善永无止境。

_____

❿ 不借助其他帮助能自己学会外语吗？

_____

Ⅵ **选择下列其中一个题目写一篇俄语作文，不少于200词** 10分

① «Как я изуча́ю ру́сский язы́к».
② 你喜欢俄语吗？ 以 «Ру́сский язы́к и я» 为题写一篇短文。

_____

_____

_____

_____

_____

_____

_____

_____

五、日积月累

Се́меро одного́ не ждут. 七个人不等一个人；不能让多数人等少数人。

Семь раз отме́рь, оди́н раз отре́жь. 三思而后行。

六、国情点滴

伊凡·尼古拉耶维奇·克拉姆斯柯依（Ива́н Никола́евич Крамско́й）（1837—1887），俄罗斯著名画家、肖像画大师、艺术评论家、社会活动家、巡回展览画派（Това́рищество передви́жных худо́жественных вы́ставок）的创始人。他对俄罗斯 19 世纪后期批判现实主义的创作理论和艺术实践作出了贡献。他的艺术见解和创作活动对巡回展览画派产生重要影响。他为俄罗斯许多杰出的画家、艺术家和社会活动家画过肖像。其主要作品有《希施金像》（Ши́шкин）（1880）、《无名女郎》（Неизве́стная）（1883）等。

七、练习答案

练习1 阴，阴，阴，阴，阴，阴，к чему́, чем, на кого́-что, чем, чем, в чём 或из кого́-чего́, кого́-что к чему́, привёл, привела́, привело́, привели́, во что, чем

练习2 在普希金俄语学院进修，进修一个月，在国外进修，希望胜利，寄希望于朋友，相信自己的记忆力，改善生活，改善条件，精神文化，文化遗迹，语法错误，掌握生词，掌握交通规则，掌握新的生活方式，汉字，掌握外语，吸引听众的注意力，吸引读者的心，掌握土地，占有资源，掌控听众，掌握命运，掌控自己，给老人让座，在知识方面逊色于同学，精通林业，精通音乐，努力工作，在于此，有五人组成，大的词汇量，掌握语言，掌握技术，口语，口试，生物系，得出结论，导致损失，加入工作，加入俱乐部，音乐才能，在……范围内，超出……范围，有天分，坚定的意志力

练习3 проходи́ть стажиро́вку ме́сяц, твёрдо наде́яться на побе́ду, наде́яться на дру́га, улу́чшить жизнь, улу́чшить усло́вие, дре́вняя культу́ра, мирова́я культу́ра, па́мятник культу́ры, граммати́ческая систе́ма, граммати́ческая оши́бка, усво́ить пра́вила у́личного движе́ния, усво́ить тео́рию, усво́ить граммати́ческие пра́вила, овладе́ть иностра́нными языка́ми, овладе́ть профе́ссиями, овладе́ть внима́нием слу́шателей, овладе́ть се́рдцем чита́телей, владе́ть до́мом, владе́ть ры́нком, владе́ть иму́ществом, владе́ть судьбо́й, владе́ть собо́й, уступи́ть ме́сто старику́, уступи́ть това́рищу в зна́ниях, любозна́тельный ма́льчик, потеря́ть слух, изве́стный всему́ ми́ру языкове́д, разобра́ться в ле́се, разобра́ться в му́зыке, вое́нные си́лы, понима́ть сло́во по конте́ксту, на па́мять, затрудни́ть студе́нтов, у́стная речь, у́стный экза́мен, биологи́ческий факульте́т, привести́ к вы́воду, привести́ к поте́ре, эффе́ктная рабо́та, спосо́бность к му́зыке, лингафо́нная лаборато́рия

练习4

1 овладе́ли 2 усво́ил 3 облада́ет 4 усво́ить
5 владе́ет 6 овладе́ть 7 облада́ет 8 усво́или
9 усво́ить 10 Овладе́ть

练习9

习惯早起，习惯冬天的气候，了解俄罗斯文学，了解新学生，和外国人交往，用母语交往，换新工作，升入二年级，俄语语法我不行，数学我学得轻松，注意错误，注意发音，注意重音，改错，运动动词，动词的体，作出结论，尽可能多，尽可能好，努力工作，查词典，根据上下文猜词，异口同声，无论如何，词汇量，因此

练习10

привыка́ть ра́но встава́ть, привыка́ть к зи́мней пого́де, знако́миться с ру́сской литерату́рой, знако́миться с но́выми студе́нтами, обща́ться на родно́м языке́, перейти́ на но́вую рабо́ту, Ру́сская грамма́тика мне не даётся. Матема́тика мне даётся нелегко́, запо́мнить все граммати́ческие пра́вила, де́лать граммати́ческие упражне́ния, обраща́ть внима́ние на произноше́ние, обраща́ть внима́ние на ударе́ние, рабо́тать тре́тий год, глаго́лы движе́ния, ви́ды глаго́лов, узна́ть страну́ изуча́емого языка́, узна́ть тради́ции и обы́чаи, сде́лать вы́вод, вы́разить свою́ мысль на иностра́нном языке́, развива́ть дога́дку по конте́ксту, овладе́ть языка́ми, в оди́н го́лос, во что бы то ни ста́ло, запа́с слов, таки́м о́бразом

练习11

1 Я наде́юсь за э́то вре́мя улу́чшить свой ру́сский язы́к, ведь все вокру́г нас то́лько говоря́т по-ру́сски.

2 В живо́й ре́чи слова́ запомина́ются бы́стро и легко́.

3 Я могу́ обща́ться с иностра́нцами на ру́сском языке́.

4 Я на́чал изуча́ть ру́сский язы́к ещё со шко́лы.

5 Как тебе́ даётся ру́сский язы́к?

6 На уро́ках преподава́тель никогда́ не по́льзуется родны́м языко́м.

7 На́до регуля́рно занима́ться иностра́нными языка́ми, чтобы овладе́ть и́ми в соверше́нстве.

⑧ Алексе́й занима́ется жи́вописью серьёзно со шко́лы, у него́ заме́тные успе́хи.

⑨ С де́тства он привы́к ра́но встава́ть, тепе́рь он регуля́рно занима́ется бе́гом.

⑩ Я молча́л в тот ве́чер, но э́то не зна́чит, что я не согласи́лся с ва́ми.

⑪ Учи́ться языку́ в языково́й среде́ — э́то о́чень хорошо́.

⑫ Спосо́бности к иностра́нным языка́м игра́ют ва́жную роль в жи́зни.

⑬ Полигло́ты овладе́ли деся́тками языко́в в соверше́нстве.

⑭ Я о́чень молодо́й, но в зна́ниях не уступа́ю свои́м това́рищам.

⑮ Полигло́ты в оди́н го́лос утвержда́ют, что гла́вное не робе́ть.

⑯ Стара́йтесь во что бы то ни ста́ло вы́разить мысль на языке́, кото́рым вы хоти́те овладе́ть.

⑰ Стара́йтесь как мо́жно бо́льше обща́ться с те́ми, кто зна́ет язы́к и мо́жет вам помо́чь.

⑱ Когда́ вы уже́ усво́или осно́вы грамма́тики и научи́лись разбира́ться в те́ксте с по́мощью словаря́, на́до нача́ть мно́го чита́ть.

⑲ Цель тако́го чте́ния состои́т в накопле́нии в па́мяти слов и оборо́тов иностра́нного языка́ благодаря́ их повторя́емости в живы́х конте́кстах.

⑳ Таки́м о́бразом, ваш успе́х бу́дет зави́сеть от коли́чества прочи́танного.

㉑ Макси́м владе́ет замеча́тельным тала́нтом расска́зчика.

㉒ Всю доро́гу им владе́ет одно́ жела́ние скоре́е уви́деть люби́мый Пеки́н.

㉓ Рабо́та подошла́ к концу́ и я почу́вствовал, что уста́лость овладе́ла мной.

㉔ Одна́ко есть не́сколько моме́нтов, кото́рые мо́гут затрудня́ть овладе́ние языко́м.

㉕ Существу́ет связь изуче́ния иностра́нного языка́ с владе́нием родны́м языко́м.

㉖ Биологи́ческий, физиолологи́ческий и психологи́ческий осо́бенности привели́ к тому́, что челове́к не мо́жет бы́стро включи́ться в обще́ние.

㉗ Что каса́ется изуче́ния языка́ взро́слыми, то здесь большу́ю роль игра́ют интеллектуа́льные спосо́бности, спосо́бности мышле́ния, па́мяти и т. д.

㉘ Одни́м лю́дям интенси́вный ме́тод даётся легко́ и про́сто, а други́м тру́дно, так как им подхо́дит систе́мный ме́тод.

㉙ Язы́к мо́жно изуча́ть всю жизнь, соверше́нству нет преде́ла.

㉚ Челове́ку, кото́рый пло́хо владе́ет родны́м языко́м, тру́дно овладе́ть иностра́нными языка́ми.

练习14

① Я был на стажиро́вке в Институ́те ру́сского языка́ и́мени А. С.Пу́шкина ме́сяц.

② Запо́мните, в языке́ гла́вное не пра́вила, а пра́ктика.

③ Хорошо́ бы́ло бы учи́ться языку́ в языково́й среде́.

④ Внача́ле чте́ние бу́дет идти́ о́чень ме́дленно, на́до приложи́ть все си́лы к его́ ускоре́нию.

⑤ Нет тако́го челове́ка, кото́рый не мог бы изуча́ть иностра́нный язы́к.

⑥ Существу́ет связь изуче́ния иностра́нного языка́ с владе́нием родны́м языко́м.

⑦ Ба́за, на кото́рую ложи́тся иностра́нный язы́к, — э́то родно́й язы́к.

⑧ Физиологи́ческие и психологи́ческие осо́бенности мо́гут привести́ к тому́, что челове́к не мо́жет бы́стро включи́ться в обще́ние.

⑨ Что каса́тся изуче́ния языка́ взро́слыми, то здесь большу́ю роль игра́ют интеллектуа́льные спосо́бности, спосо́бности мышле́ния, па́мяти и т.д.

⑩ Язы́к ну́жно изуча́ть всю жизнь, соверше́нству нет преде́ла.

练习15

① помога́ть ② петь ③ вы́полнить ④ расска́зывать
⑤ прочита́ть ⑥ обраща́ться ⑦ спроси́ть ⑧ говори́ть
⑨ переводи́ть ⑩ объясни́ть ⑪ ката́ться ⑫ чита́ть
⑬ выполня́ть或вы́полнить ⑭ кури́ть ⑮ лови́ть
⑯ вы́разить ⑰ обрати́ться ⑱ верну́ться ⑲ купи́ть
⑳ покупа́ть ㉑ посмотре́ть ㉒ смотре́ть ㉓ отвеча́ть
㉔ уезжа́ть ㉕ чита́ть ㉖ купа́ться ㉗ брать
㉘ входи́ть ㉙ войти́ ㉚ переходи́ть ㉛ перейти́
㉜ приезжа́ть ㉝ прие́хать ㉞ отвеча́ть ㉟ отве́тить

练习16

① B ② D ③ A ④ D ⑤ C ⑥ A ⑦ C ⑧ B ⑨ A ⑩ C
⑪ D ⑫ A ⑬ A ⑭ A ⑮ A ⑯ A ⑰ C ⑱ A ⑲ A ⑳ A
㉑ A ㉒ A ㉓ C ㉔ A ㉕ A ㉖ B ㉗ D ㉘ B ㉙ D ㉚ B
㉛ B ㉜ D ㉝ D ㉞ A ㉟ A ㊱ A ㊲ A ㊳ B ㊴ C ㊵ B
㊶ B ㊷ A ㊸ A ㊹ A ㊺ B

练习17 ① A ② A ③ A ④ A ⑤ A ⑥ D ⑦ A ⑧ D ⑨ D ⑩ D

测验I （每题1分）

① B ② A ③ A ④ B ⑤ B ⑥ A ⑦ A ⑧ C ⑨ A ⑩ C
⑪ A ⑫ B ⑬ C ⑭ B ⑮ A ⑯ B ⑰ A ⑱ B ⑲ B ⑳ C
㉑ A ㉒ B ㉓ A ㉔ B ㉕ A ㉖ B ㉗ C ㉘ A ㉙ A ㉚ B

测验 II （每题1分）

1. привы́к, к университе́тской жи́зни
2. мне
3. об овладе́нии, ру́сским языко́м
4. вам
5. на но́вого учи́теля, деся́тками языко́в
6. к иностра́нным языка́м
7. грамма́тику, ру́сским языко́м
8. Челове́ку, родны́м языко́м
9. в обще́ние
10. Соверше́нству

测验 III （每题1分）

в оди́н го́лос, во что бы то ста́ло, развива́ть слух, развива́ть дога́дку по конте́ксту, разбира́ться по те́ксту, приложи́ть си́лы к чему́, пропуска́ть непоня́тное, запа́с слов, таки́м о́бразом, пребыва́ние в стране́ изуча́емого языка́, регуля́рная пра́ктика на языке́ с носи́телями языка́, чте́ние худо́жественной литерату́ры, регуля́рное повторе́ние про́йденного материа́ла

测验 V （每题2分）

1. Нам изве́стны мно́гие лю́ди, кото́рые овладе́ли деся́тками языко́в.
2. Изуча́я язы́к, стара́йтесь во что бы то ни ста́ло вы́разить мысль на языке́, кото́рым вы хоти́те овладе́ть.
3. Стара́йтесь как мо́жно бо́льше обща́ться с те́ми, кто зна́ет э́тот язы́к.
4. На́до усво́ить пра́вила грамма́тики и научи́ться разбира́ться в те́ксте с по́мощью словаря́.
5. Цель чте́ния состои́т в накопле́нии в па́мяти запа́са слов и оборо́тов иностра́нного языка́.
6. Таки́м о́бразом, ваш успе́х зави́сит от коли́чества прочи́танного.
7. Чем ра́ньше, тем лу́чше.
8. Что каса́ется изуче́ния языка́ взро́слыми, то большу́ю роль игра́ют их интеллектуа́льные спосо́бности, спосо́бности мышле́ния и па́мяти.
9. Язы́к ну́жно изуча́ть всю жизнь, соверше́нству нет преде́ла.
10. Мо́жно ли обучи́ться иностра́нному языку́ самому́ без посторо́нней по́мощи?

Урок 8

一、词 汇

练习1 填空。

радиоспекта́кль 是 ＿＿＿＿＿＿ 性名词; молодёжь 是 ＿＿＿＿＿ 性名词; напи́ток 的 第 二 格 是 ＿＿＿＿＿＿; владе́лец 的 第 二 格 是 ＿＿＿＿＿; влия́ние 的 接 格 关 系 是 ＿＿＿＿＿; контро́ль 是 ＿＿＿＿＿ 性名词, 接格关系是 ＿＿＿＿＿; изда́ть 变位形式是 ＿＿＿＿＿; подписа́ться 接格关系是 ＿＿＿＿＿; склони́ть 接格关系是 ＿＿＿＿＿; подверга́ться 接格关系是 ＿＿＿＿＿。

练习2 把下列词组翻译成汉语。

речно́й кана́л ＿＿＿＿＿＿＿＿＿＿＿＿

переключи́ть телеви́зор на друго́й кана́л

＿＿＿＿＿＿＿＿＿＿＿＿

дать информа́цию о больши́х собы́тиях

＿＿＿＿＿＿＿＿＿＿＿＿

торго́вая рекла́ма ＿＿＿＿＿＿＿＿＿＿＿＿

театра́льная рекла́ма ＿＿＿＿＿＿＿＿＿＿＿＿

подписа́ться на газе́ты ＿＿＿＿＿＿＿＿＿＿＿＿

подписа́ться на журна́лы ＿＿＿＿＿＿＿＿＿＿＿＿

офо́рмить ви́зу ＿＿＿＿＿＿＿＿＿＿＿＿

офо́рмить докуме́нт ＿＿＿＿＿＿＿＿＿＿＿＿

опубликова́ть о́тклик на кни́гу ＿＿＿＿＿＿＿＿＿＿＿＿

счи́танные дни ＿＿＿＿＿＿＿＿＿＿＿＿

скопи́ровать докуме́нт   _____

скопи́ровать кинозвезду́   _____

предложи́ть студе́нтам поступи́ть в медици́нский институ́т

                                _____

предложи́ть сигаре́ту   _____

предложи́ть ча́шку ча́я   _____

материа́л на любо́й вкус   _____

оде́ться с вку́сом   _____

вы́сшее образова́ние   _____

сре́днее образова́ние   _____

нача́льное образова́ние   _____

подо́бный ему́ челове́к   _____

подо́бная кру́гу фо́рма   _____

позити́вный отве́т   _____

позити́вное влия́ние   _____

негати́вный отве́т   _____

негати́вное влия́ние   _____

оказа́ть внима́ние   _____

оказа́ть уваже́ние   _____

оказа́ть дове́рие   _____

оказа́ть тёплый приём   _____

оказа́ть подде́ржку   _____

оказа́ть большо́е влия́ние на молодёжь

                                _____

оказа́ть негати́вное влия́ние на студе́нчество

                                _____

ограни́чить власть   _____

ограни́чить вре́мя   _____

ограни́чить докла́дчика вре́менем _____

употребле́ние но́вых слов и оборо́тов

                                _____

употребле́ние алкого́льного напи́тка _____

употребле́ние пи́щи   _____

пестре́ть ра́зными карти́нками _____

склоня́ть подро́стков к куре́нию _____

склоня́ть подро́стков к употребле́нию алкого́льных напи́тков

_____

доби́ться хоро́ших результа́тов _____

подверга́ться ри́ску _____

подверга́ться опа́сности _____

возникнове́ние жи́зни на Земли́ _____

возникнове́ние тру́дностей _____

заболева́ние ра́ком _____

владе́лец до́ма _____

владе́лец кни́ги _____

жи́рное мя́со _____

жи́рная у́тка _____

экологи́чески чи́стые проду́кты пита́ния

_____

призва́ть молодёжь в а́рмию _____

потеря́ть ли́шний вес _____

призыва́ть люде́й теря́ть ли́шний вес _____

подда́ться плохо́му влия́нию _____

подда́ться де́йствию _____

подда́ться жёсткому контро́лю _____

контро́ль над рабо́той _____

анализи́ровать вопро́с _____

анализи́ровать кровь _____

анализи́ровать текст _____

де́йствовать на те́ло _____

де́йствовать на приро́ду _____

练习3 **把下列词组翻译成俄语。**

河渠 _____

把电视转到另一个频道 _____

订报纸

订杂志

出版小说

道德问题

办签证

办证件

屈指可数的日子

往窗外看

递烟

提供另一个方案

穿得有品位

高等教育

中等教育

初等教育

与他相似的人

肯定回答

正面影响

否定回答

负面影响

对年轻人影响很大

对大学生产生负面影响

限制权力

限制时间

限制报告人时间

使用新词和词组

饮酒

号召年轻人参军

经受严格的监督

监督工作

迅猛发展

影响身体

影响自然

练习4 写出下列动词对应体形式。

прерыва́ться _____

подписа́ться _____

изда́ть _____

оформля́ть _____

опубликова́ть _____

скопи́ровать _____

загля́дывать _____

предлага́ть _____

ограни́чивать _____

склоня́ть _____

призыва́ть _____

волнова́ть _____

демонстри́роваться _____

сложи́ть _____

подда́ться _____

练习5 把下列动词变位。

прерва́ться _____

подписа́ться _____

изда́ть _____

издава́ть _____

офо́рмить _____

публикова́ть _____

копи́ровать _____

загляну́ть _____

предложи́ть _____

ограни́чить _____

пестре́ть _____

кури́ть _____

склони́ть _____

подверга́ться _____

реклами́ровать _____

призва́ть _____

волнова́ть _____

демонстри́роваться _____

сложи́ть _____

окружа́ть _____

подда́ться _____

поддава́ться _____

练习6 造句。

прерва́ться _____

подписа́ться _____

офо́рмить _____

предложи́ть _____

ограни́чить _____

пестре́ть _____

склони́ть _____

подверга́ться _____

волнова́ть _____

демонстри́роваться _____

подда́ться _____

二、对话及课文

练习7 把下列词组翻译成汉语。

скопи́ровать люби́мого киногеро́я _____

веду́щий популя́рной телепереда́чи _____

загляну́ть на веб-страни́чку _____

неотъе́млемая часть _____

негати́вное влия́ние _____

рекламировать нездоровое питание _____

поддерживать стройную фигуру _____

садиться на диету _____

поддаться жёсткому контролю _____

подвергаться риску _____

художественный фильм _____

дать информацию о больших событиях _____

показать фильм в клубе _____

показать рекламу _____

музыкальная передача _____

международная панорама _____

радиопрограмма на сегодня _____

телепрограмма на следующую неделю _____

подписаться на газеты и журналы _____

статья на моральную проблему _____

оформить подписку _____

заполнить бланк _____

заплатить деньги _____

выписать газету _____

читать с удовольствием _____

средства массовой информации _____

включить телевизор _____

приём пищи _____

употребление алкогольных напитков _____

склонять подростков к курению _____

склонять подростков к употреблению алкогольных напитков

_____

сообщать негативную информацию _____

подвергаться риску _____

указать причину заболевания _____

владе́лец журна́ла   _____

здоро́вое пита́ние   _____

потеря́ть ли́шний вес   _____

призыва́ть люде́й теря́ть ли́шний вес   _____

игра́ть в компью́терные и́гры   _____

подда́ться жёсткому контро́лю   _____

разви́ть спосо́бность у дете́й пра́вильно анализи́ровать и оце́нивать

      _____

облада́ть гра́мотностью   _____

принима́ть информа́цию сле́по   _____

согла́сен с ва́ми   _____

спо́рить с ним   _____

练习8   **把下列词组翻译成俄语。**

模仿喜欢的电影主人公   _____

流行节目的主持人   _____

看网页   _____

不可分割的部分   _____

负面影响   _____

饮酒   _____

宣传不健康的饮食   _____

保持匀称的体型   _____

节食   _____

经受严格监督   _____

历险   _____

指出病因   _____

健康的饮食   _____

减肥   _____

号召人们减肥   _____

玩电脑游戏   _____

盲目接受信息   _____

大众媒体   _____

练习9 连词成句。

1. Быва́ть, жаль, что, на, са́мый, интере́сный, ме́сто, фильм, прерыва́ться, рекла́ма.

_____

2. В, наш, дни, для, получе́ние, разли́чный, род, информа́ция, де́ти, доста́точно, то́лько, откры́ть, журна́л, загляну́ть, на, веб-сайт, и́ли, про́сто, включи́ть, телеви́зор.

_____

3. Сре́дства, ма́ссовый, информа́ция, предлага́ть, материа́лы, на, любо́й, вкус, и, явля́ться, неотъе́млемый, часть, наш, жизнь, и, мно́гое, мы, учи́ть.

_____

4. Я, мочь, предложи́ть, вы, но́мер, на, второ́й, и́ли, тре́тий, эта́ж.

_____

5. Я, подня́ть, бока́л, и, предложи́ть, вы́пить, за, здоро́вье, весь, прису́тствующие.

_____

6. Специали́сты, мочь, оказа́ть, мы, психологи́ческий, подде́ржка, в, тру́дный, мину́та.

_____

7. Де́вочки, весь, во́зрасты, волнова́ть, проблема, со́бственный, вес.

_____

8. Роди́тели, не, знать, в, како́й, ме́ра, масс-ме́диа, быть, владе́ть, ум, свой, ребёнок.

_____

9. Роди́тели, не, до́лжен, ограни́чивать, ребёнок, в, получе́ние, информа́ция.

_____

10. В, результа́т, молодо́й, лю́ди, и, не, ду́мать, о, то, како́й, риск, они́, подверга́ться.

_____

练习10 回答问题。

① — Вы ча́сто смо́трите телеви́зор?

— _____

② — На каки́е журна́лы вы подпи́сываетесь?

— _____

③ — Отку́да вы получа́ете информа́цию в настоя́щее вре́мя?

— _____

④ — Каку́ю роль игра́ет масс-ме́диа в на́шей жи́зни?

— _____

练习11 造句。

согла́сен _____

подписа́ться _____

офо́рмить _____

зави́сеть _____

как раз _____

пре́жде всего́ _____

почти́ _____

кста́ти _____

в счи́танные секу́нды

_____

доста́точно _____

будь то _____

оказа́ть влия́ние на что

_____

ограни́чить кого́ в чём

_____

пестре́ть _____

склоня́ть _____

в результа́те _____

сле́дует _____

подда́ться _____

подверга́ться _____

练习12 **把下列句子翻译成俄语。**

❶ 可惜的是电影经常被广告打断。

_____

❷ 医生不同意做手术。

_____

❸ 我想订杂志，但不知道怎样办理手续。

_____

❹ 大多数孩子在几秒钟内就能模仿电影中的主人公。

_____

❺ 当今，人们只要打开电视或者浏览一下网页就可以获取各种信息。

_____

❻ 大众媒体可以提供各种信息。

_____

❼ 任何信息都会对孩子产生正面或负面影响。

_____

❽ 在烟酒广告中故意隐瞒产品的负面信息。

_____

❾ 大众媒体广泛宣传不健康的饮食，同时号召人们减肥保持匀称的身材。

_____

❿ 换句话说，孩子们自己应该具有和媒体交往的常识。

_____

练习13 **写出下列缩写词的全称。**

СМИ _____

РИА _____

РТР _____

НТВ _____

КП _____

АиФ _____

三、语 法

练习14 用сам或самый的适当形式填空。

① Пришёл _____ дире́ктор.

② Исто́рия челове́чества и _____ челове́чество бы́ли со́зданы трудо́м.

③ Об э́том он говори́л с _____ дека́ном.

④ Скажи́те об э́том не мне, а ему́ _____ .

⑤ Труд создаёт _____ челове́ка.

⑥ Мы пойдём обра́тно той же _____ доро́гой.

⑦ На сце́ну вы́шел тот _____ арти́ст, кото́рого мы ви́дели в про́шлое воскресе́нье.

⑧ Уже́ у _____ теа́тра он вспо́мнил, что забы́л биле́т до́ма.

⑨ Он пришёл в _____ вре́мя.

⑩ Остано́вка была́ у _____ воро́т завода.

⑪ В _____ це́нтре а́тома нахо́дится а́томное ядро́.

⑫ Всю ночь, до _____ рассве́та, шёл си́льный дождь.

练习15 选择正确答案填空。

① Об э́том на́до поговори́ть с _____ дека́ном.

    A. сам   B. са́мым   C. сами́м   D. са́мом

② Пе́ред _____ до́мом стари́к нашёл _____ ме́сто для о́тдыха.

    A. его́, себе́   B. его́, себя́   C. свои́м, себя́   D. свои́м, себе́

③ Жди́те меня́ у _____ вхо́да теа́тра.

    A. са́мого   B. самого́   C. са́мой   D. самой́

④ Для ма́тери ты всегда́ оста́нешься _____ до́черью.

    A. свое́й   B. свои́м   C. её   D. его́

⑤ Труд создаёт _____ челове́ка.

    A. сам   B. са́мый   C. са́мого   D. самого́

⑥ Скажи́те э́то не мне, а Ната́ше _____ .

    A. са́мой   B. само́й   C. сам   D. сама́

⑦ Николай был бо́лен, поэ́тому мне пришло́сь э́то сде́лать _____ .

  A. сам   B. самому́   C. са́мым   D. сами́м

⑧ Об э́той пробле́ме на́до посове́товаться с _____ дире́ктором.

  A. сам   B. са́мым   C. сами́м   D. са́мом

⑨ Дождь шёл до _____ у́тра.

  A. самого́   B. са́мого   C. сами́м   D. са́мом

⑩ Это _____ челове́к, кото́рого мы вчера́ уви́дели.

  A. сам   B. са́мый   C. са́мого   D. самого́

练习16 用чей替换从句中的кото́рый或用кото́рый 替换чей。

① Мы вошли́ в сад, все дере́вья кото́рого бы́ли в цвета́х.

_____

② Я был рад ви́деть дру́га, сове́ты кото́рого мне бы́ли нужны́.

_____

③ Мы вошли́ в ко́мнату, о́кна кото́рой выходи́ли на пло́щадь.

_____

④ Сего́дня прие́дет ко мне подру́га, в чьих сове́тах я о́чень нужда́лась.

_____

⑤ Геро́и о́тдали свою́ жизнь де́лу револю́ции, чьё и́мя мы должны́ всегда́ по́мнить.

_____

⑥ Па́влов — ру́сский учёный, чьё и́мя изве́стно всему́ ми́ру.

_____

⑦ К преподава́телю, чья консульта́ция мне о́чень нужна́, мо́жно бу́дет обрати́ться в суббо́ту.

_____

⑧ Они́ те лю́ди, чьи́ми рука́ми постро́или э́тот го́род.

_____

⑨ Это изве́стный писа́тель, кни́га кото́рого неда́вно вы́шла в свет.

_____

⑩ Мы лю́бим профессоро́в, чьи ле́кции интере́сные.

_____

练习17 选择正确答案填空。

① Есть мно́го люде́й вели́ких, _____ дела́ в века́х живу́т.

　　A. чьё　　　　B. чьи　　　　　C. кото́рое　　　　D. кото́рого

② Са́мое гла́вное, _____ мы должны́ доби́ться в э́том де́ле – получи́ть подде́ржку со стороны́ наро́да.

　　A. кото́рого　　B. како́го　　　C. чего́　　　　　D. что

③ Это была́ та са́мая же́нщина, _____ го́лос мне давно́ надое́л.

　　A. како́й　　　B. кото́рый　　　C. чей　　　　　D. кто

④ Фильм поста́влен по расска́зу писа́теля, _____ произведе́ния по́льзуются большо́й популя́рностью среди́ молодёжи.

　　A. кто　　　　B. каки́е　　　　C. кото́рые　　　D. чьи

⑤ В э́том го́роде жи́ли и труди́лись учёные, _____ имена́ зна́ет мирова́я исто́рия.

　　A. кото́рые　　B. кто　　　　　C. каки́е　　　　D. чьи

练习18 用что替换从句中的кото́рый或用кото́рый替换что, 指出不能替换的情况。

① Со́лнце спря́талось за ту́чи, кото́рые покры́ли всё не́бо.

_____

② Он о́чень люби́л свою́ ба́бушку, кото́рая его́ вы́растила.

_____

③ Дере́вня, что мы прое́хали, стоя́ла на берегу́ о́зера.

_____

④ Эта та де́вушка, что обраща́лась к нам за по́мощью вчера́.

_____

⑤ Это интере́сные го́сти, что в про́шлом году́ бы́ли у нас в университе́те.

_____

⑥ Кни́гу, что вы предложи́ли мне чита́ть, я уже́ прочёл.

_____

⑦ Я познако́мился с профе́ссором, кото́рого вчера́ мы уви́дели.

_____

⑧ Это са́мая доро́га, кото́рая ведёт в лес.

_____

⑨ Они жи́ли в дере́вне, кото́рая стоя́ла на берегу́ реки́.

_____

⑩ Студе́нты ча́сто вспомина́ют го́ды, кото́рые прошли́ в шко́ле.

_____

四、本课测验

I 选择正确的答案填空。 **10分**

① Сего́дня по́сле заня́тий преподава́тель пригласи́л нас _____ в го́сти.

    A. к нему́   B. к ним   C. к самому́   D. к себе́

② Мы все хорошо́ сда́ли экза́мены и бы́ли о́чень дово́льны _____.

    A. собо́й   B. сами́ми   C. на́ми   D. себе́

③ Никто́ меня́ не бил, я упа́л и сам _____ разби́л лицо́.

    A. себе́   B. своё   C. мне   D. моё

④ Пе́ред _____ прихо́дом в кино́ я вспо́мнил, что оста́вил биле́т до́ма.

    A. са́мом   B. сами́м   C. са́мым   D. самой

⑤ Па́вел остава́лся до _____ сме́рти мои́м ве́рным дру́гом.

    A. само́й   B. са́мой   C. са́мым   D. сами́м

⑥ Пе́ред _____ нача́лом фи́льма в за́ле появи́лась Тама́ра.

    A. сами́м   B. са́мым   C. са́мом   D. самой

⑦ Я бесе́довал с профе́ссором, _____ и́мя изве́стно всей стране́.

    A. чья   B. чьё   C. кото́рый   D. кото́рого

⑧ До́ма, что _____ на берегу́ реки́, тепе́рь уже́ не́ было.

    A. стоя́л   B. стоя́ла   C. стоя́ло   D. стоя́ли

⑨ Организа́тор вы́разил благода́рность студе́нтам, _____ уча́ствовали в подгото́вке э́того всеми́рного пра́здника.

    A. что   B. како́й   C. кото́рый   D. кото́рых

⑩ В институ́те мно́го друзе́й, _____ уже́ могли́ бы помо́чь вам.

    A. кого́   B. что   C. кото́рый   D. где

II 把括号里的词变成适当形式填空，如需要，加上前置词。 30分

❶ Очень жаль, что фильм часто прерывается _____ (реклама).

❷ Я не согласен _____ (вы).

❸ Я не буду _____ (вы)спорить.

❹ Каждый год наша семья подписывается _____ (журнал).

❺ В одном из журналов публикуется статья _____ (моральная тема).

❻ Большинство детей _____ (считанные секунды) могут скопировать любимого киногероя.

❼ _____ (Наши дни) для получения различного рода информации _____ (люди) достаточно только включить телевизор или заглянуть на веб-сайт.

❽ Средства массовой информации являются _____ (неотъемлемая часть) нашей жизни, они предлагают материалы _____ _____ (любой вкус).

❾ Родители всегда ограничивают _____ (дети) _____ (приём) пищи, которую они вредной _____ (здоровье) детей.

❿ Любая информация может оказать позитивное или отрицательное влияние _____ (дети).

⓫ Родители сами решат, в какой мере масс-медиа будет владеть_____ (умы) детей.

⓬ _____ (Родители) следует внимательно относиться к тому, какие телепередачи дети смотрят, какие журналы читают, _____ _____ (какие компьютерные игры) они играют.

⓭ Многие из девочек садятся_____ (диеты) в достаточно раннем возрасте.

⓮ Реклама склоняет подростков_____ (курение).

⓯ Наш фонд оказывает финансовую поддержку _____ (научные проекты).

⓰ Специалисты могут оказать психологическую поддержку _____ (люди) _____ (трудная минута).

⑰ Чита́тельская аудито́рия «АиФ» включа́ет _____ (себя) _____ (представи́тели)са́мых ра́зных во́зрастов.

⑱ В 1990 году́ еженеде́льник «АиФ» с реко́рдом тиражо́м _____ _____ (33, 4 млн.) экземпля́ров был внесён в «Кни́гу реко́рдов Гинне́сса».

⑲ Он посове́товал _____ (я)сходи́ть на конце́рт.

⑳ Я по́днял бока́л и предложи́л вы́пить _____ (здоро́вье).

Ⅲ 把下列词组翻译成俄语。 10分

模仿喜欢的电影主人公 _____

流行节目的主持人 _____

看网页 _____

不可分割的部分 _____

负面影响 _____

饮酒 _____

宣传不健康的饮食 _____

保持匀称的体型 _____

经受严格的监督 _____

历险 _____

Ⅳ 造句。 20分

обла́дать _____

подда́ться _____

подверга́ться _____

пестре́ть _____

сове́товать _____

ограни́чить _____

склоня́ть _____

оказа́ть влия́ние _____

включа́ть в себя́ _____

пре́жде всего́ _____

другими словами _____

как, так и _____

в результáте _____

среди _____

будь то _____

Ⅴ 把下列句子翻译成俄语。 20分

❶ 每周俱乐部里都演电影。

_____

❷ 大众媒体充斥着各种烟酒资料。

_____

❸ 广告怂恿青少年吸烟、喝酒。

_____

❹ 在烟酒广告中故意隐瞒产品的负面信息。

_____

❺ 其结果是年轻人不会想到他们会经历风险。

_____

❻ 杂志的所有人会因刊登在其杂志中的香烟广告获利。

_____

❼ 大众媒体广泛宣传不健康的饮食，同时号召人们减肥保持匀称的身材。

_____

❽ 研究表明，所有年龄的女孩都担心自己的体重。

_____

❾ 大众信息不可能得到家长方面的严格监督。

_____

❿ 换句话说，孩子们自己应该具有和媒体交往的常识。

_____

Ⅵ 你喜欢读书还是看电视？以《Я люблю...》为题写一篇俄语作文，不少于200词。

10分

_____

_____

_____

_____

_____

五、日积月累

С кем поведёшься, от того́ и наберёшься. 近朱者赤，近墨者黑。

Ти́ше е́дешь, да́льше бу́дешь. 宁静致远。

六、国情点滴

伊里亚·叶菲莫维奇·列宾 (Илья́ Ефи́мович Ре́пин, 1844—1930) 是 19 世纪后期伟大的俄罗斯批判现实主义绘画大师。列宾在充分观察和深刻理解生活的基础上，以其丰富、鲜明的艺术语言创作了大量的历史画、肖像画，他的画作如此之多，展示当时俄罗斯社会生活的广阔和全面，是任何一个画家都无法与之比拟的。《伏尔加河上的纤夫》(Бурлаги́ на Во́лге) 是画家的成名之作，而且成为俄罗斯绘画史上一个里程碑式的作品。其作品还有《意外归来》(Не ждали)、《伊凡雷帝和他的儿子伊凡》(Ива́н Гро́зный и сын его́ Ива́н)、《扎波罗什人给土耳其苏丹的回信》(Запоро́жцы пи́шут письмо́ туре́цкому султа́ну) 等。

七、练习答案

练习1 阳，阴，напи́тка，владе́льца，на кого́-что，阳，над чем或 за чем，изда́м，изда́шь，изда́ст，издади́м，издади́те，издаду́т，на кого́-что，кого́ к чему́，чему́

练习2 河渠，把电视转到另一个频道，报道大事的信息，商业广告，戏剧广告，订报纸，订杂志，办签证，办证件，发表书评，屈指可数的日子，复制文件，模仿电影明星，建议学生考医学院，递烟，递一杯茶，各种风格的资料，穿得有品位，高等教育，中等教育，初等教育，与他相似的人，类似于圆的形状，肯定回答，正面影响，否定回答，负面影响，注意，尊敬，信任，热情接待，支持，对年轻人影响很大，对大学生产生负面影响，限制权力，限制时间，限制报告人时间，使用新词和词组，饮酒，进食，充斥不同的画面，怂恿青少年吸烟，怂勇青少年饮酒，取得好成绩，历险，经历危险，地球上生命的产生，产生困难，得癌症, 房主, 书的主人, 肥肉, 肥鸭, 绿色食品, 号召年轻人参军, 减肥, 号召年轻人减肥, 受到坏影响, 受影响, 经受严格的监督, 监督工作, 分析问题, 验血, 分析课文, 作用于物体, 对自然界产生影响

练习3 речно́й кана́л, переключи́ть телеви́зор на друго́й кана́л, подписа́ться на газе́ты, подписа́ться на журна́лы, изда́ть рома́н, мора́льная пробле́ма, офо́рмить ви́зу, офо́рмить докуме́нт, счи́танные дни, загляну́ть в окно́, предложи́ть сигаре́ту, предложи́ть друго́й вариа́нт, оде́ться с вку́сом, вы́сшее образова́ние, сре́днее образова́ние, нача́льное образова́ние, подо́бный ему́ челове́к, позити́вный отве́т, позити́вное влия́ние, негати́вный отве́т, негати́вное влия́ние, оказа́ть большо́е влия́ние на молодёжь, оказа́ть негати́вное влия́ние на студе́нчество, ограни́чить власть, ограни́чить вре́мя, ограни́чить докла́дчика вре́менем, употребле́ние но́вых слов и оборо́тов, употребле́ние алкого́льного напи́тка, призва́ть молодёжь в а́рмию, подда́ться жёсткому контро́лю, контро́ль над рабо́той, бу́рное разви́тие, де́йствовать на те́ло, де́йствовать на приро́ду

练习7 模仿喜欢的电影主人公, 流行节目的主持人, 看网页, 不可分割的部分, 负面影响, 宣传不健康的饮食, 保持匀称的体型, 节食, 经受严格的监督, 历险, 艺术片, 提供大事的信息, 在俱乐部演电影, 播出广告, 音乐节目, 国际全景, 今天的广播节目, 下周的电视节目, 订报纸和杂志, 道德方面的文章, 办理订阅, 填表, 付钱, 订报, 高兴地阅读, 大众媒体, 开电视, 进食, 饮酒, 怂恿青少年吸烟, 怂恿青少年饮酒, 报道负面信息, 历险, 指出病因, 杂志的主人, 健康的饮食, 减肥, 号召人们减肥, 玩电脑游戏, 经受严格的监督, 发展孩子正确分析和评价的能力, 有文化, 盲目接受信息, 同意您的意见, 和他争论

练习8 скопи́ровать люби́мого киногеро́я, веду́щий попула́рной телепереда́чи, загляну́ть на веб-страни́чку, неотъе́млемая часть, негати́вное влия́ние, употребле́ние алкого́льных напи́тков, реклами́ровать нездоро́вое пита́ние, подде́рживать стро́йную фигу́ру, сади́ться на дие́ту, подда́ться жёсткому контро́лю, подверга́ться ри́ску, указа́ть причи́ну боле́зни, здоро́вое пита́ние, потеря́ть ли́шний вес, призыва́ть люде́й теря́ть ли́шний вес, игра́ть в компью́терные и́гры, принима́ть информа́цию сле́по, сре́дства ма́ссовой информа́ции

练习9 ❶ Быва́ет жаль, что на са́мом интере́сном ме́сте фильм прерыва́ется рекла́ма.

② В на́ши дни для получе́ния разли́чного ро́да информа́ции де́тям доста́точно то́лько откры́ть журна́л, загляну́ть на веб-сайт и́ли про́сто включи́ть телеви́зор.

③ Сре́дства ма́ссовой информа́ции предлага́ют материа́лы на любо́й вкус и явля́ются неотъе́млемой ча́стью на́шей жи́зни и мно́гому нас у́чит.

④ Я могу́ предложи́ть вам но́мер на второ́м и́ли тре́тьем этаже́.

⑤ Я по́днял бока́л и предложи́л вы́пить за здоро́вье всех прису́тствующих.

⑥ Специали́сты мо́гут оказа́ть нам психологи́ческую подде́ржку в тру́дную мину́ту.

⑦ Де́вочек всех во́зрастов волну́ет проблема́ со́бственного ве́са.

⑧ Роди́тели не зна́ют, в како́й ме́ре масс-ме́диа бу́дет владе́ть умо́м своего́ ребёнка.

⑨ Роди́тели не должны́ ограни́чивать ребёнка в получе́нии информа́ции.

⑩ В результа́те молоды́е лю́ди и не ду́мают о том, како́му ри́ску они́ подверга́ются.

练习12

① Жаль, что фильм ча́сто прерыва́ется рекла́мой.

② Врач не согла́сен на опера́цию.

③ Я хочу́ подписа́ться на журна́л, но не зна́ю, как офо́рмить подпи́ску.

④ Большинство́ дете́й в счи́танные секу́нды мо́гут скопи́ровать люби́мого киногеро́я.

⑤ В на́ши дни для получе́ния разли́чного ро́да информа́ции лю́дям доста́точно то́лько включи́ть телеви́зор и́ли загляну́ть на веб-сайт.

⑥ Сре́дства ма́ссовой информа́ции предлага́ют материа́лы на любо́й вкус.

⑦ Люба́я информа́ция мо́жет оказа́ть позити́вное и́ли отрица́тельное влия́ние на дете́й.

⑧ В рекла́ме сигаре́т и алкого́льных напи́тков умы́шленно не сообща́ют негати́вную информа́цию о проду́кции.

⑨ Сре́дства ма́ссовой информа́ции широко́ реклами́руют нездоро́вое пита́ние, но одновре́менно призыва́ет люде́й теря́ть ли́шний вес и подде́рживать стро́йную фигу́ру.

⑩ Други́ми слова́ми, де́ти са́ми должны́ облада́ть гра́мотностью обще́ния с масс-ме́диа.

练习14

① сам ② само́ ③ сами́м ④ самому́

⑤ самого́ ⑥ са́мой ⑦ са́мый ⑧ са́мого

⑨ са́мое   ⑩ са́мых   ⑪ са́мом   ⑫ са́мого

练习15 ①C ②D ③A ④C ⑤D ⑥B ⑦B ⑧C ⑨B ⑩B

练习16
① Мы вошли́ в сад, чьи все дере́вья бы́ли в цвета́х.

② Я был рад ви́деть дру́га, чьи сове́ты мне бы́ли нужны́.

③ Мы вошли́ в ко́мнату, чьи о́кна выходи́ли на пло́щадь.

④ Сего́дня прие́дет ко мне подру́га, в сове́тах кото́рой я о́чень нужда́лась.

⑤ Геро́и о́тдали свою́ жизнь де́лу револю́ции, и́мя кото́рых мы должны́ всегда́ по́мнить.

⑥ Па́влов—ру́сский учёный, и́мя кото́рого изве́стно всему́ ми́ру.

⑦ К преподава́телю, консульта́ция кото́рого мне о́чень нужна́, мо́жно бу́дет обрати́ться в суббо́ту.

⑧ Они́ те лю́ди, рука́ми кото́рых постро́или э́тот го́род.

⑨ Это изве́стный писа́тель, чья кни́га неда́вно вы́шла в свет.

⑩ Мы лю́бим профессоро́в, ле́кции кото́рых интере́сные.

练习17 ①B ②C ③C ④D ⑤D

练习18
① Со́лнце спря́талось за ту́чи, что покры́ли всё не́бо.

② Он о́чень люби́л свою́ ба́бушку, что его́ вы́растила.

③ Дере́вня, кото́рую мы прое́хали, стоя́ла на берегу́ о́зера.

④ Эта та де́вушка, кото́рая обраща́лась к нам за по́мощью вчера́.

⑤ Это интере́сные го́сти, кото́рые в про́шлом году́ бы́ли у нас в униве-рсите́те.

⑥ Кни́гу, кото́рую вы предложи́ли мне чита́ть, я уже́ прочёл.

⑦ 不能

⑧ Это са́мая доро́га, что ведёт в лес.

⑨ Они́ жи́ли в дере́вне, что стоя́ла на берегу́ реки́.

⑩ Студе́нты ча́сто вспомина́ют го́ды, что прошли́ в шко́ле.

测验 I (每题1分)
①D ②A ③A ④C ⑤B ⑥B ⑦B ⑧D ⑨A ⑩B

测验 II (每题1分)
① рекла́мой   ② с ва́ми
③ с ва́ми   ④ на журна́л

⑤ на мора́льную те́му ⑥ в счи́танные секу́нды

⑦ В на́ши дни, лю́дям ⑧ неотъе́млемой ча́стью, на любо́й вкус

⑨ дете́й, в приёме, для здоро́вья ⑩ на дете́й

⑪ ума́ми ⑫ Роди́телям, в каки́е компью́терные и́гры

⑬ на дие́ты ⑭ к куре́нию

⑮ нау́чным прое́ктам ⑯ лю́дям, в тру́дную мину́ту

⑰ в себя́, представи́телей ⑱ в 33, 4 млн.

⑲ мне ⑳ за здоро́вье

测验 III （每题1分）

скопи́ровать люби́мого киногеро́я, веду́щий популя́рной телепереда́чи, загляну́ть на веб-страни́чку, неотъе́млемая часть, негати́вное влия́ние, употребле́ние алкого́льных напи́тков, реклами́ровать нездоро́вое пита́ние, подде́рживать стро́йную фигу́ру, подда́ться жёсткому контро́лю, подверга́ться ри́ску

测验 V （每题2分）

① Ка́ждую неде́лю в клу́бе пока́зывают фильм.

② Сре́дства ма́ссовой информа́ции пестря́т материа́лами о куре́нии и алкого́льных напи́тках.

③ Рекла́ма склоня́ет подро́стков к куре́нию и употребле́нию алкого́льных напи́тков.

④ В рекла́ме сигаре́т и алкого́льных напи́тков умышле́нно не сообща́ют негати́вную информа́цию о проду́кции.

⑤ В результа́те молоды́е лю́ди и не ду́мают о том, како́му ри́ску они подверга́ются.

⑥ Владе́льцы журна́ла получа́ют де́ньги за размеще́ние рекла́мы сигаре́т в своём журна́ле.

⑦ Сре́дства ма́ссовой информа́ции широко́ реклами́руют нездоро́вое пита́ние, одновре́менно призыва́я люде́й теря́ть ли́шний вес и подде́рживать стро́йную фигу́ру.

⑧ Иссле́дования показа́ли, что де́вочек всех во́зрастов волну́ет пробле́ма со́бственного ве́са.

⑨ Сре́дства ма́ссовой информа́ции не мо́гут поддава́ться жёсткому контро́лю со стороны́ роди́телей.

⑩ Други́ми слова́ми, де́ти должны́ облада́ть гра́мотностью обще́ния с масс-ме́диа.

一、词 汇

练习1 填空。

руль 是 ＿＿＿＿＿ 性名词; морко́вь 是 ＿＿＿＿＿ 性名词; сельдь 是 ＿＿＿＿＿ 性名词; фасо́ль 是 ＿＿＿＿＿ 性名词; гусь 是 ＿＿＿＿＿ 性名词; меню́ 是 ＿＿＿＿＿ 性名词; пере́ц 的第二格是 ＿＿＿＿＿; щи 的第二格是 ＿＿＿＿＿; копе́йка 复数第二格是 ＿＿＿＿＿。

练习2 把下列词组翻译成汉语。

ча́шка ча́я ＿＿＿＿＿＿＿＿＿＿＿＿＿＿

ча́шка ко́фе ＿＿＿＿＿＿＿＿＿＿＿＿＿＿

минера́льная вода́ ＿＿＿＿＿＿＿＿＿＿＿＿＿＿

корми́ть семью́ ＿＿＿＿＿＿＿＿＿＿＿＿＿＿

сок из лимо́на ＿＿＿＿＿＿＿＿＿＿＿＿＿＿

упакова́ть вещь ＿＿＿＿＿＿＿＿＿＿＿＿＿＿

упакова́ть това́р ＿＿＿＿＿＿＿＿＿＿＿＿＿＿

интернациона́льная компа́ния ＿＿＿＿＿＿＿＿＿＿＿＿＿＿

подня́ть бока́л ＿＿＿＿＿＿＿＿＿＿＿＿＿＿

своди́ть концы́ с конца́ми ＿＿＿＿＿＿＿＿＿＿＿＿＿＿

чёрная икра́ ＿＿＿＿＿＿＿＿＿＿＿＿＿＿

бе́лое вино́ ＿＿＿＿＿＿＿＿＿＿＿＿＿＿

францу́зское шампа́нское ＿＿＿＿＿＿＿＿＿＿＿＿＿＿

чёрный ко́фе _____

шокола́дное моро́женое _____

заказа́ть пи́ццу _____

европе́йская ку́хня _____

вку́сный с плиты́ _____

гото́вить борщ из овоще́й _____

де́лать блины́ из муки́ _____

печь блины́ на сковороде́ _____

марино́ванные грибы́ _____

солёные огурцы́ _____

снима́ть кварти́ру _____

练习3 把下列词组翻译成俄语。

新菜单 _____

一杯茶 _____

一杯咖啡 _____

矿泉水 _____

供养家庭 _____

柠檬汁 _____

跨国集团 _____

举杯 _____

黑鱼子 _____

白葡萄酒 _____

法国香槟 _____

新鲜沙拉 _____

肉炒土豆 _____

黑咖啡 _____

巧克力冰激凌 _____

西餐 _____

用蔬菜做红甜菜汤 _____

用面做饼 _____

在锅上烙饼 _____

腌蘑菇 _____

酸黄瓜 _____

租房子 _____

练习4 写出下列动词的对应体形式。

кормѝть _____

упакóвывать _____

расписáться _____

перечѝслить _____

поливáть _____

сводѝть _____

потемнéть _____

успокóить _____

练习5 把下列动词变位。

прокормѝть _____

упаковáть _____

расписáться _____

перечѝслить _____

полѝть _____

свестѝ _____

болтáть _____

темнéть _____

успокóить _____

练习6 写出下列动词的过去时形式。

свестѝ _____

练习7 造句。

прокормѝть _____

упаковáть _____

расписа́ться _____

перечи́слить _____

поли́ть _____

свести́ _____

болта́ть _____

темне́ть _____

успоко́ить _____

二、对话及课文

练习8　把下列词组翻译成汉语。

овощно́й сала́т _____

зелёный чай _____

голо́дный, как волк _____

ко́фе с са́харом _____

ко́фе с молоко́м _____

сто́лик на 8 челове́к _____

ме́сто с ви́дом на мо́ре _____

ме́сто с ви́дом на пляж _____

буты́лка минера́льной воды́ _____

взять с собо́й _____

большо́й вы́бор _____

нали́чные де́ньги _____

ба́нковская ка́рточка _____

расписа́ться в квита́ции _____

креди́тная ка́рточка _____

солёные грибы́ _____

чёрная икра́ _____

кра́сная икра́ _____

гре́чневая ка́ша _____

кру́глый год _____

снима́ть кварти́ру　　_____

болтли́вая же́нщина　　_____

потемне́ть в глаза́х　　_____

морска́я ры́ба　　_____

жа́реное мя́со с карто́шкой　　_____

брать приме́р с меня́　　_____

бе́лое вино́　　_____

францу́зское шампа́нское　　_____

чёрный ко́фе　　_____

练习9　把下列词组翻译成俄语。

蔬菜沙拉　　_____

绿茶　　_____

饿得像狼一样　　_____

加糖的咖啡　　_____

加牛奶的咖啡　　_____

靠窗户的位置　　_____

看得见大海的位置　　_____

一瓶矿泉水　　_____

祝胃口好　　_____

橘汁　　_____

北京烤鸭　　_____

招牌菜　　_____

信用卡　　_____

浇汁乳猪　　_____

鱼菜　　_____

肉菜　　_____

白面饼　　_____

在锅上烤　　_____

黑鱼子　　_____

红鱼子　　_____

燕麦粥　　_____

租房子　　　　　_____

海鱼　　　　　　_____

土豆炒肉　　　　_____

白葡萄酒　　　　_____

法国香槟　　　　_____

黑咖啡（不加牛奶的咖啡）

_____

练习10　连词成句。

❶ Я, уже́, надое́сть, ходи́ть, в, столо́вая. Там, пло́хо, корми́ть.

_____

❷ Недалеко́, от, наш, институ́т, откры́ться, но́вый, кафе́. Там, ко́фе, о́чень, вку́сный.

_____

❸ Дава́йте, сесть, за, тот, сто́лик.

_____

❹ Что, тако́й, ру́сский, ку́хня, что, она́, отлича́ться, от, весь, други́е, что, в, она́, осо́бенное?

_____

❺ Что, тако́й, щи? Это, суп, из, капу́ста, там, есть, немно́го, карто́фель, морко́вь, и, тома́т.

_____

❻ Писа́тель, о́чень, рад, что, же́нщина, обрати́ть, внима́ние, на, его́, но́вый, кни́га, и, хоте́ть, поговори́ть, с, она́.

_____

❼ Мо́жет быть, у, он, хвати́ть, де́ньги, на, дорого́й, рестора́н.

练习11　补充句子。

❶ — Что обы́чно ру́сские беру́т на пе́рвое?

— _____

❷ — Что обы́чно ру́сские беру́т на второ́е?

— _____

③ — Что обы́чно ру́сские беру́т на тре́тье?

    — _____

④ — Каки́е кита́йские блю́да вам нра́вятся?

    — _____

⑤ — Вы са́ми гото́вите?

    — _____

练习12 造句。

мо́жет быть _____

кру́глый год _____

недалеко́ от _____

(констру́кция) обе́дать как обе́дать

_____

голо́дный, как волк

_____

кста́ти _____

с трудо́м _____

надое́сть _____

снима́ть _____

заказа́ть _____

своди́ть концы́ с конца́ми

_____

брать приме́р с кого́

_____

волнова́ться за кого́

_____

потемне́ть в глаза́х

_____

тот и́ли ино́й _____

练习13 把下列句子翻译成俄语。

① 我喜欢靠窗的能看海景的座位。
_____

② 你第一道菜点什么?
_____

③ 我们接受银行卡，请在账单上签字。
_____

④ 北京烤鸭是我们饭店的招牌菜。
_____

⑤ 我想点一份比萨在大堂吃、一份带走。
_____

⑥ 俄餐是什么，它的特点是什么，它有什么特别之处?
_____

三、语 法

练习14 把下列动词变成现在时主动形动词形式。

① рабо́тать, слу́шать, ду́мать, знать, па́дать, возвраща́ться, занима́ться
_____

② спра́шивать, расска́зывать, разгова́ривать, рассма́тривать, закрыва́ть, открыва́ть, покрыва́ть, умыва́ться, одева́ться
_____

③ бесе́довать, испо́льзоваться, ра́доваться, иссле́довать, спосо́бствовать, сле́довать
_____

④ га́снуть
_____

⑤ говори́ть, е́здить, стро́ить, забо́титься, смотре́ть, ви́деть, лете́ть, нра́виться, стоя́ть
_____

6 писа́ть, иска́ть, пла́кать, класть

_____

7 смея́ться, наде́яться

_____

8 звать, ждать, брать

_____

9 дава́ть, создава́ть, признава́ть, встава́ть, сдава́ть, продава́ть

_____

10 боро́ться

_____

11 лить, ли́ться, пить, шить, бить

_____

12 мыть, петь

_____

13 жить, плыть

_____

14 бере́чь, печь

_____

15 нести́, вести́, везти́, цвести́

_____

16 дыша́ть, слы́шать, держа́ть

_____

17 крича́ть, стуча́ть, молча́ть

_____

18 спать

_____

19 идти́, бежа́ть, е́хать

_____

练习15 选择形动词的适当形式填空。

1 На сце́ну вы́шла певи́ца, _____.

Зри́тели до́лго аплоди́ровали певи́це, _____.

Мы о́чень лю́бим певи́цу, _____.

В газе́те мы ви́дели фо́то певи́цы, _____.

(исполня́ющая ру́сские рома́нсы)

2 Же́нщина сиде́ла у окна́, _____.

Он подошёл к окну́, _____.

На окне́, _____, стоя́ла ва́за с цвета́ми.

В ко́мнате бы́ло окно́, _____.(выходя́щее в сад)

3 Маши́на подъе́хала к до́му, _____.

Маши́на останови́лась у до́ма, _____.

Они́ бу́дут жить в до́ме, _____.

Из окна́ ви́ден дом, _____.(стро́ящийся недалеко́

от ста́нции метро́)

4 Пассажи́ры, _____, бы́стро познако́мились.

Пассажи́рам, _____, принесли́ чай.

У пассажи́ров, _____, бы́ли све́жие газе́ты.

Проводни́к разгова́ривал с пассажи́рами, _____

(е́дущие в э́том купе́)

练习16 用形动词短语替换定语从句。

Образец: Я зна́ю де́вушку, кото́рая идёт нам навстре́чу. — Я зна́ю
де́вушку, иду́щую нам навстре́чу.

1 Мы разгова́риваем со студе́нтами, кото́рые изуча́ют медици́ну.

_____

2 Он хорошо́ понима́ет люде́й, кото́рые говоря́т по-англи́йски.

_____

3 Студе́нты ходи́ли к профе́ссору, кото́рый рабо́тает в университе́те.

_____

4 Я подошёл к гру́ппе тури́стов, кото́рые фотографи́руются о́коло Эрмита́жа.

_____

5 Вчера́ в теа́тре мы встре́тили мла́дшую дочь свои́х друзе́й, кото́рая зани-
ма́ется бале́том.

_____

⑥ Карти́ну, кото́рая виси́т над дива́ном, им подари́л их друг.

_____

用定语从句替换形动词短语。

Образец: _Я познако́мился с инжене́ром, рабо́тающим на большо́м заво́де. —_
Я познако́мился с инжене́ром, кото́рый рабо́тает на большо́м
заво́де.

❶ Он ча́сто пи́шет бра́ту, живу́щему в Москве́.

_____

❷ Мать подошла́ к ребёнку, спя́щему на крова́тке.

_____

❸ Мы смо́трим на авто́бус, подъезжа́ющий к авто́бусной ста́нции.

_____

❹ Преподава́тель фи́зики рассказа́л нам об учёных, изуча́ющих ко́смос.

_____

❺ Студе́нтам, жела́ющим е́хать на экску́рсию, ну́жно прийти́ на вокза́л в 8
часо́в.

_____

❻ Филоло́гия — э́то гру́ппа гуманита́рных дисципли́н, изуча́ющих духо́вную
культу́ру челове́ка че́рез ана́лиз те́кста.

_____

Образец: _Он с уваже́нием относи́лся к лю́дям, лю́бящим спорт. — К_
лю́дям, лю́бящим спорт, он относи́лся с уваже́нием. — К
лю́бящим спорт лю́дям он относи́лся с уваже́нием.

❼ Во́зле доро́ги, веду́щей в лес, стоя́л дом.

_____

❽ Пе́ред до́мом лежа́л снег, сверка́ющий на со́лнце.

_____

❾ Мои́ друзья́, живу́щие у мо́ря, ча́сто приглаша́ют меня́ к себе́ в го́сти.

_____

❿ Он е́здил в Япо́нию со свои́м дру́гом, говоря́щим по-япо́нски.

_____

⑪ Де́вочка смотре́ла на тури́стов, фотографи́рующихся о́коло па́мятника.

_____

⑫ У сидя́щих в зри́тельном за́ле дете́й бы́ли ра́достные ли́ца.

_____

⑬ Еду́щая на экску́рсию гру́ппа студе́нтов на́шего факульте́та собрала́сь на вокза́ле ро́вно в 8 часо́в.

_____

⑭ Находя́щиеся в аэропорту́ встреча́ющие услы́шали шум иду́щего на поса́дку самолёта.

_____

⑮ Секрета́рь попроси́л занима́ющихся в на́шей гру́ппе студе́нтов зайти́ по́сле заня́тий к дека́ну.

_____

⑯ Нача́льник от де́ла подошёл к рабо́тающему за компью́тером опера́тору.

_____

练习18 把下列动词变成过去时主动形动词形式。

❶ выполня́ть — вы́полнить, опа́здывать — опозда́ть, дава́ть — дать, ви́деть — уви́деть, мыть — вы́мыть, отдыха́ть — отдохну́ть, встреча́ться — встре́титься, интересова́ться — заинтересова́ться, возвраща́ться — возврати́ться

_____

❷ поги́бнуть, дости́гнуть

_____

❸ лечь, смочь, бере́чь, увле́чься

_____

❹ расти́

_____

❺ сесть, пропа́сть

_____

❻ идти́, нести́, найти́, везти́, принести́

_____

❼ умере́ть

_____

练习19 用过去时主动形动词的适当形式填空。

❶ Я купи́л альбо́м Ре́пина дру́гу, _____.

На вы́ставку я ходи́л с дру́гом, _____.

Я о́чень люби́л быва́ть у своего́ дру́га, _____.

У меня́ был друг, _____.(увлека́вшийся жи́вописью)

❷ Ребёнок вздро́гнул от мо́лнии, _____.

Мы все вдруг уви́дели мо́лнию, _____.

Все сра́зу заговори́ли о мо́лнии, _____.

Это была́ мо́лния, _____.(неожи́данно сверкну́вший за окно́м)

❸ Смотри́, вон кафе́, _____.

Ты уже́ был в кафе́, _____?

Мы подхо́дим к кафе́, _____.

За́втра мы пойдём в кафе́, _____.

Они́ встре́тились о́коло кафе́, _____. (откры́вшийся совсе́м неда́вно)

❹ Вчера́ нам звони́ли на́ши колле́ги, _____.

Макси́м расска́зывал о на́ших колле́гах, _____.

Нас пригласи́ли в го́сти к на́шим колле́гам, _____.

Нам о́чень хоте́лось послу́шать на́ших колле́г, _____.

Мы все получи́ли прекра́сные сувени́ры от на́ших колле́г _____

_____.

Бы́ло бы о́чень интере́сно поговори́ть с на́шими колле́гами, _____. (верну́вшийся неде́лю наза́д из Ри́ги)

练习20 用过去时主动形动词替换定语从句。

Образец: Сын подошёл к отцу́. Оте́ц неда́вно пришёл с рабо́ты. — Сын подошёл к отцу́, неда́вно прише́дшему с рабо́ты.

❶ Мы смотре́ли на спортсме́нов. Спортсме́ны пры́гали с парашю́том.

_____

② Ле́на подошла́ к же́нщине. Же́нщина продава́ла осе́нние цветы́.

_____

③ Друзья́ купи́ли фру́кты для своего́ дру́га. Друг боле́л уже́ две неде́ли.

_____

④ Навстре́чу нам шла же́нщина. Же́нщина несла́ в рука́х ма́ленького котёнка.

_____

⑤ В рука́х у люде́й бы́ли плака́ты и фла́ги. Лю́ди вы́шли на ми́тинг.

_____

⑥ Мы вошли́ в небольшо́е помеще́ние. Помеще́ние бы́ло ча́стью изве́стного музе́я.

_____

Образец: В па́рке сиде́ла де́вушка, кото́рая чита́ла кни́гу. — В па́рке сиде́ла де́вушка, чита́вшая кни́гу.

⑦ Худо́жник, кото́рый написа́л э́ту карти́ну, жил в про́шлом ве́ке.

_____

⑧ Его́ де́ду, кото́рый роди́лся в 1920 году́, сейча́с о́чень мно́го лет.

_____

⑨ У двух де́вушек, кото́рые шли нам навстре́чу, мы спроси́ли, как нам добра́ться до Ру́сского музе́я.

_____

⑩ У Алёши, кото́рый встреча́л на вокза́ле свои́х друзе́й, был счастли́вый и радо́стный вид.

_____

⑪ Нам о́чень понра́вилась балери́на, кото́рая исполня́ла гла́вную роль в бале́те «Лебеди́ное о́зеро».

_____

⑫ С Ле́ной, кото́рая е́хала в больни́цу к подру́ге и везла́ ей фру́кты, мы встре́тились в по́езде метро́.

_____

练习21 用定语从句替换过去时主动形动词。

Образец: По улицам бежали люди, промокшие под тёплым летним дождём. — По улицам бежали люди, которые промокли под тёплым летним дождём.

❶ Декан поздравил студентов, хорошо сдавших экзамен.

_____

❷ Я сказал товарищу, позвонившему мне, что вечером я буду дома.

_____

❸ На выставку приходили люди, интересовавшиеся фотографией.

_____

❹ Я долго не виделся с ребятами, учившимися со мной в одном классе.

_____

❺ Я была благодарна подруге, принёсшей мне лекарство.

_____

❻ Утром мать долго не будила сына, лёгшего спать очень поздно.

_____

练习22 选择正确答案填空。

❶ Не нужно спешить, _____ до отхода поезда у нас ещё целый час.

A. поэтому   B. потому что

C. как   D. так что

❷ Мы чувствовали себя прекрасно, _____ провели отпуск на море.

A. поэтому   B. потому что

C. что   D. так что

❸ Я пошла работать в школу, _____ это моя профессия.

A. поэтому   B. потому что

C. что   D. так что

❹ Он не выступал на концертах, _____ у него был плохой голос.

A. поэтому   B. потому что

C. притом   D. потому

⑤ Ве́ра реши́ла занима́ться со мной по понеде́льникам, _____ в други́е дни у неё нет свобо́дного вре́мени.

    A. к тому́ же   B. кро́ме того́

    C. прито́м   D. потому́ что

⑥ _____ я опозда́ла, я постесня́лась войти́.

    A. По́этому   B. Потому́ что

    C. Так как   D. Так что

⑦ Алекса́ндр не поступи́л в институ́т, _____ ему́ не хвати́ло двух ба́ллов.

    A. поэ́тому   B. так как

    C. как   D. так что

⑧ Он зна́ет, что не прав, но наста́ивает на своём, _____ у него́ о́чень упря́мый хара́ктер.

    A. что   B. так как

    C. как   D. так что

⑨ Мы возврати́лись домо́й по́здно, _____ мы задержа́лись на рабо́те.

    A. что   B. так что

    C. так как   D. как бы

⑩ Я вам звоню́, _____ у меня́ вопро́с к вам.

    A. поэ́тому   B. поско́льку

    C. что   D. так что

四、本课测验

Ⅰ   **选择正确答案填空。** 24分

① Ве́чером мы пойдём в го́сти к това́рищу, _____ перево́дчиком в компа́нии тепе́рь.

    A. рабо́таемому   B. рабо́тающему

    C. рабо́тавшему   D. прорабо́тавшему

② Це́ны у э́той фи́рмы, _____ в настоя́щее вре́мя аналоги́чную проду́кцию, значи́тельно ни́же.

    A. выпуска́ющей   B. вы́пущенной

    C. выпуска́вшей   D. вы́пустившей

❸ В Олимпийской деревне построен новый бытовой комплекс, _____ большое современное здание.

A. представляющий собой   B. представляющий себе

C. представляющее себе   D. представляющее собой

❹ Медицина находит все новые способы и средства, _____ человеку бороться с болезнями.

A. помогавшие   B. помогающие

C. помогшие   D. помогшему

❺ _____ муж укладкой (暗中) берёт на себя часть её домашней работы.

A. Любящий   B. Любимый

C. Любя   D. Любивший

❻ Навсегда _____ зрение Корчагин вернулся в ряды строителей.

A. теряющий   B. потерянный

C. потерявший   D. теряемый

❼ Рабочие, _____ эту дорогу, уехали в другое место.

A. построенные   B. построившие

C. строящие   D. строившие

❽ Надя, _____ газету, сейчас в соседней комнате.

A. принесённая   B. приносящая

C. принёсшая   D. приносившая

❾ Слава принадлежала Октябрьской революции, _____ человечеству путь к свету и к свободе.

A. указавшей   B. указанный

C. указываемой   D. указывающей

❿ Студенты, _____ задание, могут сдать тетради и уходить.

A. выполняющие   B. выполнившие

C. выполняемые   D. выполненные

⓫ Я поблагодарил Нину, _____ мне эту рубашку.

A. купленную   B. купившую

C. покупающую   D. покупавшую

⓬ Мы всегда помним героев, _____ свою жизнь за освобождение нашего народа.

A. отданных   B. отдавших

C. отдающих   D. отдаваемых

⑬ Вчера́ на у́лице мы встре́тились с профе́ссором, _____ нам
докла́д на про́шлой неде́ле.

    A. сде́ланным   B. сде́ланного

    C. сде́лавшим   D. сде́лавшего

⑭ Меня́ о́чень интересу́ют стихи́ Маяко́вского, _____ све́тлый
о́браз Ле́нина.

    A. со́зданного   B. со́зданный

    C. созда́вший   D. созда́вшего

⑮ Вот э́то кита́йский наро́д, _____ герои́зм в стро́ительстве
социали́зма.

    A. проявля́ющие   B. проявля́емые

    C. проя́вленный   D. прояви́вший

⑯ Путеше́ственники с трево́гой следи́ли за дождём, _____ с ка́ждой
мину́той.

    A. уси́ливающим   B. уси́ливавшимся

    C. уси́лившим   D. уси́лившимся

⑰ Я вам звоню́, _____ у меня́ вопро́с к вам.

    A. поэ́тому   B. поско́льку

    C. что   D. так что

⑱ Я не смогла́ с ним встре́титься, _____ опозда́ла.

    A. поэ́тому   B. потому́ что

    C. что   D. так что

⑲ Пришло́сь останови́ться, _____ все уста́ли.

    A. поэ́тому   B. потому́ что

    C. как   D. так что

⑳ Мы почти́ ка́ждое воскресе́нье е́здили за́ город, _____ о́сень в э́том
году́ стоя́ла суха́я и я́сная.

    A. поэ́тому   B. потому́ что

    C. как   D. так что

㉑ Я не чита́ю без словаря́, _____ ещё пло́хо зна́ю англи́йский язы́к.

    A. поэ́тому   B. потому́ что

    C. как   D. так что

㉒ _____ Ни́на была́ за́нята, она́ не пошла́ со мной в кино́.

    A. Потому́ что   B. Так как

    C. Хотя   D. Поэ́тому

㉓ Пра́вда, Ли́да не посла́ла э́то письмо́, _____ она́ зна́ла, что ма́ма о́чень волнова́лась бы, е́сли бы получи́ла его́.

A. так что

B. поэ́тому

C. отчего́

D. так как

㉔ Но́вый дви́гатель назва́ли дви́гателем вну́треннего сгора́ния, _____ то́пливо сгора́ет внутри́ дви́гателя.

A. так как

B. так что

C. так же как

D. е́сли

II 把括号里的词变成适当形式填空，如需要加前置词。 10分

❶ Недалеко́ от на́шего университе́та нахо́дится _____ (ста́рый) кафе́, там меню́ _____ (но́вый).

❷ Я с удово́льствием _____ (вы́пить) ча́шку ча́я. Но говоря́т, _____ (жара́) хорошо́ зелёный чай.

❸ Мо́жет быть, у него́ не хвата́ет _____ (де́ньги) _____ (рестора́н).

❹ В столо́вой мно́го _____ (наро́д).

❺ Я предлага́ю вам сто́лик _____ (8 челове́к). Я ду́маю, тот сто́лик _____ (вы)устра́ивает.

❻ Принеси́те мне _____ (минера́льная вода́). _____ (Приня́ть) зака́з.

❼ Что _____ (тако́й) ру́сская ку́хня, _____ (что) она́ отлича́ется от всех други́х, что в ней _____ (осо́бенное)?

❽ Борщ гото́вят _____ (о́вощи), он вку́сен сра́зу же _____ (плита́).

❾ Блины́ де́лают _____ (мука́), _____ (печь)на сковороде́, пото́м полива́ют _____ (ма́сло).

❿ У него́ не́ было _____ (де́ньги), что́бы пойти́ в дорого́й рестора́н.

III 根据要求列举俄罗斯菜的名称。 24分

пе́рвое _____

второ́е _____

тре́тье _____

холо́дные заку́ски _____

горя́чие заку́ски _____

супы́ _____

мясны́е блю́да _____

блю́да из пти́цы _____

морепроду́кты _____

овощны́е блю́да _____

десе́рты _____

напи́тки _____

Ⅳ 造句。 20分

голо́дный, как волк

_____

с трудо́м _____

своди́ть концы́ с конца́ми

_____

брать приме́р с кого́

_____

потемне́ть в глаза́х

_____

снима́ть _____

успоко́ить _____

заказа́ть _____

волнова́ться за кого́

_____

болта́ть о чем _____

Ⅴ 把下列句子翻译成俄语。 12分

❶ 我喜欢靠窗的能看海景的座位。

_____

❷ 你第一道菜点什么？

_____

❸ 我们接受银行卡，请在账单上签字。

_____

❹ 北京烤鸭是我们饭店的招牌菜。

_____

❺ 我想点一份比萨在大堂吃、一份带走。

_____

❻ 俄餐是什么，它的特点是什么，它有什么特别之处?

_____

Ⅵ 以«Моё люби́мое блю́до»为题写一篇俄语作文，不少于200词。 10分

_____

_____

_____

_____

_____

五、日积月累

Ум хорошо́, а два лу́чше. 人多智广。

Утро ве́чера мудрене́е. 早晨头脑比晚上清醒；一日之计在于晨。

六、国情点滴

瓦西里·伊万诺维奇·苏里科夫（Васи́лий Ива́нович Су́риков, 1848—1916）是俄国画家，巡回展览画派的代表之一。代表作《近卫军临刑的早晨》(Утро стреле́цкой ка́зни) 以宏大的场面，生动地刻画了众多的人物形象，借历史事件影射沙皇对人民群众镇压的现实，获得艺术界的高度评价，巡回展览画派因此吸收他为正式会员。其重要作品还有《叶尔马征服西伯利亚》(Покоре́ние Сиби́ри Ерма́ком)、《女贵族莫洛卓娃》(Боя́рыня Моро́зова) 等。

七、练习答案

练习1
阳, 阴, 阴, 阴, 阳, 中, пе́рца, ще́й, копе́ек

练习2
一杯茶, 一杯咖啡, 矿泉水, 供养家庭, 柠檬汁, 包东西, 包商品, 跨国集团, 举杯, 靠收入勉强维持生活, 黑鱼子, 白葡萄酒, 法国香槟, 黑咖啡, 巧克力冰激凌, 订比萨, 西餐, 刚出锅更可口, 用蔬菜做红甜菜汤, 用面做饼, 在锅上烙饼, 腌蘑菇, 酸黄瓜, 租房子

练习3
но́вое меню́, ча́шка ча́я, ча́шка ко́фе, минера́льная вода́, корми́ть семью́, сок из лимо́на, интернациона́льная компа́ния, подня́ть бока́л, чёрная икра́, бе́лое вино́, францу́зское шампа́нское, све́жий сала́т, жа́реное мя́со с карто́шкой, чёрный ко́фе, шокола́дное моро́женое, европе́йская ку́хня(блю́до), гото́вить борщ из овоще́й, де́лать блины́ из муки́, печь блины́ на сковороде́, марино́ванные грибы́, солёные огурцы́, снима́ть кварти́ру

练习8
蔬菜沙拉, 绿茶, 饿得像狼一样, 加糖的咖啡, 加牛奶的咖啡, 八人桌, 看得见大海的位置, 看得见海滩的位置, 一瓶矿泉水, 随身带着, 很多选择, 现金, 银行卡, 结账, 信用卡, 腌蘑菇, 黑鱼子, 红鱼子, 燕麦粥, 整年, 租房子, 爱说话的女子, 眼神暗淡, 海鱼, 土豆炒肉, 以我为例, 白葡萄酒, 法国香槟, 黑咖啡（不加牛奶的咖啡）

练习9
овощно́й сала́т, зелёный чай, голо́дный, как волк, ко́фе с са́харом, ко́фе с молоко́м, ме́сто у окна́, ме́сто с ви́дом на мо́ре, буты́лка минера́льной воды́, прия́тного аппети́та, апельси́новый сок, у́тка по-пеки́нски, фи́рменое блю́до, креди́тная ка́рточка, заливно́й поросёнок, ры́бное блю́до, мясно́е блю́до, блины́ из муки́, печь на сковороде́, чёрная икра́, кра́сная икра́, гре́чневая ка́ша, снима́ть кварти́ру, морска́я ры́ба, жа́реное мя́со с карто́шкой, бе́лое вино́, францу́зское шампа́нское, чёрный ко́фе

练习10
① Мне уже́ надое́ло ходи́ть в столо́вую. Там пло́хо ко́рмят.

② Недалеко́ от на́шего институ́та откры́лось но́вое кафе́. Там ко́фе о́чень вку́сный.

③ Дава́йте ся́дем за тот сто́лик.

④ Что тако́е ру́сская ку́хня, чем она́ отлича́ется от всех други́х, что в ней осо́бенного?

⑤ Что тако́е щи? Э́то суп из капу́сты, там есть немно́го карто́феля, морко́ви и тома́та.

⑥ Писа́тель о́чень рад, что же́нщина обрати́ла внима́ние на его́ но́вую кни́гу и хо́чет поговори́ть с ней.

⑦ Мо́жет быть, у него́ хва́тит де́нег на дорого́й рестора́н.

练习13

① Мне нра́вятся места́ у окна́ с ви́дом на мо́ре.

② Что вы бу́дете брать на пе́рвое?

③ Мы принима́ем ба́нковскую ка́рточку, распиши́тесь в квита́ции.

④ Утка по-пеки́нски явля́ется фи́рменным блю́дом в на́шем рестора́не.

⑤ Я хочу́ заказа́ть одну́ пи́цу в зал и одну́ с собо́й.

⑥ Что тако́е ру́сская ку́хня, чем она́ отлича́ется от всех други́х, что в ней осо́бенного?

练习15

① исполня́ющая, исполня́ющей, исполня́ющую, исполня́ющей

② выходя́щего, выходя́щему, выходя́щем, выходя́щее

③ стро́ящемуся, стро́ящегося, стро́ящемся, стро́ящийся

④ е́дущие, е́дущим, е́дущих, е́дущими

练习16

① Мы разгова́риваем со студе́нтами, изуча́ющими медици́ну.

② Он хорошо́ понима́ет люде́й, говоря́щих по-англи́йски.

③ Студе́нты ходи́ли к профе́ссору, рабо́тающему в университе́те.

④ Я подошёл к гру́ппе тури́стов, фотографи́рующихся о́коло Эрмита́жа.

⑤ Вчера́ в теа́тре мы встре́тили мла́дшую дочь свои́х друзе́й, занима́ющуюся бале́том.

⑥ Карти́ну, вися́щую над дива́ном, им подари́л их друг.

练习17

① Он ча́сто пи́шет бра́ту, кото́рый живёт в Москве́.

② Мать подошла́ к ребёнку, кото́рый спит на крова́тке.

③ Мы смо́трим на авто́бус, кото́рый подъезжа́ет к авто́бусной ста́нции.

④ Преподава́тель фи́зики рассказа́л нам об учёных, кото́рые изуча́ют ко́смос.

⑤ Студе́нтам, кото́рые жела́ют е́хать на экску́рсию, ну́жно прийти́ на вокза́л в 8 часо́в.

⑥ Филоло́гия — э́то гру́ппа гуманита́рных дисципли́н, кото́рые изуча́ют духо́вную культу́ру челове́ка че́рез ана́лиз те́кста.

⑦ Во́зле доро́ги, кото́рая ведёт в лес, стоя́л дом.

⑧ Пе́ред до́мом лежа́л снег, кото́рый сверка́ет на со́лнце.

⑨ Мои́ друзья́, кото́рые живу́т у мо́ря, ча́сто приглаша́ют меня́ к себе́ в го́сти.

⑩ Он е́здил в Япо́нию со свои́м дру́гом, кото́рый говори́т по-япо́нски.

⑪ Де́вочка смотре́ла на тури́стов, кото́рые фотографи́руются о́коло па́мятника.

⑫ У дете́й, кото́рые сидя́т в зри́тельном за́ле, бы́ли ра́достные ли́ца.

⑬ Гру́ппа студе́нтов на́шего факульте́та, е́дущая на экску́рсию, собрала́сь на вокза́ле ро́вно в 8 часо́в.

⑭ Встреча́ющие, кото́рые нахо́дятся в аэропорту́, услы́шали шум иду́щего на поса́дку самолёта.

⑮ Секрета́рь попроси́л студе́нтов, кото́рые занима́ются в на́шей гру́ппе, зайти́ по́сле заня́тий к дека́ну.

⑯ Нача́льник от де́ла подошёл к опера́тору, кото́рый рабо́тает за компью́тером.

练习19

① увлека́вшемуся, увлека́вшимся, увлека́вшегося, увлека́вшийся

② сверкну́вшей, сверкну́вшую, сверкну́вшей, сверкну́вшая

③ откры́вшееся, откры́вшемся, откры́вшемуся, откры́вшееся, откры́вшегося

④ верну́вшиеся, верну́вшихся, верну́вшимся, верну́вшихся, верну́вшихся, верну́вшимися

练习20

① Мы смотре́ли на спортсме́нов, пры́гавших с парашю́том.

② Ле́на подошла́ к же́нщине, продава́вшей осе́нние цветы́.

③ Друзья́ купи́ли фру́кты для своего́ дру́га, боле́вшего уже́ две неде́ли.

④ Навстре́чу нам шла же́нщина, нёсшая в рука́х ма́ленького котёнка.

⑤ В рука́х у люде́й, вы́шедших на ми́тинг, бы́ли плака́ты и фла́ги.

⑥ Мы вошли́ в небольшо́е помеще́ние, бы́вшее ча́стью изве́стного музе́я.

⑦ Худо́жник, написа́вший э́ту карти́ну, жил в про́шлом ве́ке.

⑧ Его́ де́ду, роди́вшемуся в 1920 году́, сейча́с о́чень мно́го лет.

⑨ У двух де́вушек, ше́дших нам навстре́чу, мы спроси́ли, как нам добра́ться до Ру́сского музе́я.

⑩ У Алёши, встреча́вшего на вокза́ле свои́х друзе́й, был счастли́вый и ра́достный вид.

⑪ Нам о́чень понра́вилась балери́на, исполня́вшая гла́вную роль в бале́те «Лебеди́ное о́зеро».

⑫ С Лёной, ёхавшей в больнйцу к подрýге и вёзиши ей фрýкты, мы встрéтились в пóезде метрó.

练习21

① Декáн поздрáвил студéнтов, котóрые хорошó сдáли экзáмен.

② Я сказáл товáрищу, котóрый позвонйл мне, что вéчером я бýду дóма.

③ На выставку приходйли лю́ди, котóрые интересовáлись фотогрáфией.

④ Я дóлго не вйделся с ребя́тами, котóрые учйлись со мной в однóм клáссе.

⑤ Я былá благодáрна подрýге, котóрая принеслá мне лекáрство.

⑥ Утром мать дóлго не будйла сы́на, котóрый лёг спать óчень пóздно.

练习22 ① B ② B ③ B ④ B ⑤ D ⑥ C ⑦ B ⑧ B ⑨ C ⑩ B

测验 I （每题1分）

① B ② A ③ A ④ B ⑤ A ⑥ C ⑦ B ⑧ C ⑨ A ⑩ B
⑪ B ⑫ B ⑬ C ⑭ D ⑮ D ⑯ B ⑰ B ⑱ B ⑲ B ⑳ B
㉑ B ㉒ B ㉓ D ㉔ A

测验 II （每题1分）

① стáрое, нóвое ② вы́пью, в жарý

③ дéнег, на ресторáн ④ нарóду

⑤ на 8 человéк, вас ⑥ минерáльной воды́, примйте

⑦ такóе, чем, осóбенного ⑧ из овощéй, с плиты́

⑨ из мукй, пекýт, мáслом ⑩ дéнег

测验 V （每题1分）

① Мне нрáвятся местá у окнá с вйдами на мóре.

② Что вы бýдете брать на пéрвое?

③ Мы принимáем бáнковскую кáрточку, распишйтесь в квитáции.

④ Утка по-пекйнски явля́ется фйрменным блю́дом в нáшем рсторáне.

⑤ Я хочý заказáть однý ппйцу в зал и однý с собóй.

⑥ Что такóе рýсская кýхня, чем онá отличáется от всех другйх, что в ней осóбенного?

一、词 汇

练习1　填空。

воро́та 是 ＿＿＿＿＿＿＿ 数形式；портфе́ль 是 ＿＿＿＿＿＿＿ 性名词；основа́тель 是 ＿＿＿＿＿＿＿ 性名词；жи́вопись 是 ＿＿＿＿＿＿＿ 性名词；значо́к 的第二格是 ＿＿＿＿＿＿＿；купе́ц 的第二格是 ＿＿＿＿＿＿＿；переу́лок 的第二格是 ＿＿＿＿＿＿＿；петербу́ржец 的第二格是 ＿＿＿＿＿＿＿；граждани́н 的复数形式是 ＿＿＿＿＿＿＿，复数第二格是 ＿＿＿＿＿＿＿；правле́ние 的接格关系是 ＿＿＿＿＿＿＿；явля́ться 的接格关系是 ＿＿＿＿＿＿＿；пожа́ть 的变位形式是 ＿＿＿＿＿＿＿。

练习2　把下列词组（句子）翻译成汉语。

ру́сская ска́зка　　　　　　　　　　＿＿＿＿＿＿＿＿＿＿＿＿＿

ру́сская погово́рка　　　　　　　　　＿＿＿＿＿＿＿＿＿＿＿＿＿

переда́ться из поколе́ния в поколе́ние　＿＿＿＿＿＿＿＿＿＿＿＿＿

междунаро́дные отноше́ния　　　　　＿＿＿＿＿＿＿＿＿＿＿＿＿

прикладно́е иску́сство　　　　　　　＿＿＿＿＿＿＿＿＿＿＿＿＿

прикладно́е языкозна́ние　　　　　　＿＿＿＿＿＿＿＿＿＿＿＿＿

В Ту́лу со свои́м самова́ром не е́здят.　＿＿＿＿＿＿＿＿＿＿＿＿＿

музыка́льная шкату́лка　　　　　　　＿＿＿＿＿＿＿＿＿＿＿＿＿

шкату́лка для головны́х украше́ний　　＿＿＿＿＿＿＿＿＿＿＿＿＿

отме́тить но́вые слова́ в уро́ке　　　　＿＿＿＿＿＿＿＿＿＿＿＿＿

отме́тить оши́бки　　　　　　　　　　＿＿＿＿＿＿＿＿＿＿＿＿＿

отме́тить день рожде́ния　　　　　　　＿＿＿＿＿＿＿＿＿＿＿＿＿

отме́тить побе́ду   _____

пятизвёздочная гости́ница   _____

анти́чная литерату́ра   _____

деревя́нная скульпту́ра   _____

мра́морная скульпту́ра   _____

ору́жие труда́   _____

оруже́йная пала́та   _____

оруже́йный заво́д   _____

университе́тский значо́к   _____

президе́нт Росси́и   _____

сдава́ть в ка́меру хране́ния   _____

носово́й плато́к   _____

основа́тель университе́та   _____

шко́ла жи́вописи   _____

бе́дная семья́   _____

бе́дный ма́льчик   _____

бе́дная ле́сом страна́   _____

торже́ственное откры́тие   _____

пожа́ть кому́ ру́ку   _____

пожа́ть плеча́ми   _____

почётное зва́ние   _____

почётный до́ктор нау́к   _____

почётный профе́ссор   _____

почётный граждани́н   _____

древнеру́сский язы́к   _____

练习3 把下列词组翻译成俄语。

俄罗斯童话   _____

俄语俗语   _____

国际关系   _____

实用艺术   _____

应用语言学   _____

国家节日 _____

指出错误 _____

庆祝胜利 _____

在药店买药 _____

造型艺术 _____

古罗马文学 _____

俄罗斯总统 _____

大学的奠基人 _____

绘画流派 _____

不幸的(贫困的)家庭 _____

送礼物 _____

隆重开幕 _____

握手 _____

耸肩 _____

鞠躬 _____

练习4 写出下列动词的对应体形式。

яви́ться _____

переда́ться _____

отмеча́ть _____

пожима́ть _____

поклони́ться _____

练习5 把下列动词变位。

яви́ться _____

переда́ться _____

передава́ться _____

отме́тить _____

звене́ть _____

пожа́ть _____

поклони́ться _____

练习6 造句。

зара́нее _____

уника́льный _____

ва́жный _____

полтора́ _____

яви́ться _____

отмеча́ть _____

переда́ть в дар _____

пожа́ть _____

насчи́тывать _____

передава́ться из поколе́ния в поколе́ние

_____

не то́лько, но и

_____

二、对话及课文

练习7 把下列词组翻译成汉语。

ру́сская наро́дная ска́зка _____

ру́сская литерату́ра _____

Междунаро́дный день музе́ев _____

беспла́тный ход _____

музе́й прикладно́го иску́сства _____

познако́миться с ру́сской литерату́рой _____

стари́нные ве́щи _____

ру́сский самова́р _____

деревя́нные ло́жки и шкату́лки _____

ру́сские национа́льные костю́мы и украше́ния _____

день откры́тых двере́й _____

проводи́ть беспла́тные экску́рсии _____

Третьяко́вская галере́я _____

Ру́сский музе́й   _____

Зи́мний дворе́ц   _____

Истори́ческий музе́й   _____

ВВЦ (Всеросси́йский вы́ставочный центр)   _____

анти́чная скульпту́ра   _____

стари́нное ору́жие   _____

карти́ны за́падных худо́жников   _____

с древне́йших времён до на́ших дней   _____

Моско́вский Кремль   _____

Тро́ицкие воро́та   _____

Оруже́йная пала́та   _____

росси́йский президе́нт   _____

сдава́ть ве́щи в ка́меру хране́ния   _____

рабо́тать с обе́денным переры́вом   _____

снять ша́пки   _____

купе́ческий клуб   _____

переда́ть в дар   _____

练习8   把下列词组翻译成俄语。

俄罗斯民间童话   _____

俄罗斯文学   _____

国际博物馆日   _____

免费入馆   _____

实用艺术博物馆   _____

了解俄罗斯文学   _____

木制勺子和化妆盒   _____

俄罗斯民族服饰   _____

开放日   _____

特列季亚科夫美术馆   _____

俄罗斯博物馆   _____

历史博物馆   _____

全俄展览中心   _____

古罗马雕塑　　　　　_____

古老的兵器　　　　　_____

西方画家作品　　　　_____

从古至今　　　　　　_____

莫斯科克里姆林宫　　_____

三重门　　　　　　　_____

兵器馆　　　　　　　_____

俄罗斯总统　　　　　_____

寄存处　　　　　　　_____

午休　　　　　　　　_____

商会　　　　　　　　_____

赠送　　　　　　　　_____

练习9　**连词成句。**

❶ В, сказки, пословицы, и, поговорки, который, передаваться, из, поколение, в, поколение, храниться, традиции, и, обычаи, русский, народ.

_____

_____

❷ Московский, Кремль, работать, ежедневно, с, 10, до, 17, час, кроме, четверг. Четверг, выходной, день.

_____

_____

❸ При, вход, в, собор, мужчины, должен, снять, шапки, а, у, женщины, на, голова, должен, быть, платок.

_____

_____

❹ Чтобы, попасть, в, Музей, лес, надо, заказать, экскурсия, заранее — за, полтора, месяц, до, день, экскурсия.

_____

_____

❺ Кроме, то, вы, познакомиться, с, история, русский, лес, узнать, о, то, какóй, вáжный, роль, сыгрáть, Пётр I, в, борьбá, за, сохранéние, лесá, в, Россия.

_____

_____

6 Когдá, П. М. Третьякóв, начáть, собирáть, свой, коллéкция, картины, он, быть, 24, год.

_____

_____

7 В, 1892, год, П.М.Третьякóв, передáть, в, дар, гóрод, Москвá, свой, коллéкция.

_____

_____

8 Императóр, пéрвый, пожáть, коллекционéр, рукá, и, поблагодарить, он, за, дар.

_____

_____

9 За, создáние, пéрвый, национáльный, картинный, галерéя, котóрый, показáть, весь, мир, рýсский, шкóла, живопись, П. М. Третьяков, получить, звáние, Почётный, граждани́н, гóрод, Москвá.

_____

_____

10 Коллéкция, Третьякóвский, галерéя, насчитывать, бóлее, 100, тысяча, экспонáт.

_____

_____

练习10 补充句子。

1 — Какóе зáвтра числó?

— _____

2 — Что у вас нóвого и интерéсного?

— _____

3 — _____

— Обязáтельно!

④ — _____

— Хотéлось бы, но зáвтра я бýду занятá.

⑤ — Кто имéет прáво посещáть Третьякóвскую галерéю?

— _____

⑥ — Кто был основáтелем пéрвой национáльной картúнной галерéи в Россúи?

— _____

⑦ — За что П. М. Третьякóв получúл звáние почётного граждани́на гóрода Москвы́?

— _____

⑧ — Когдá закрывáются музéи Москóвского Кремля́?

— _____

⑨ — Мóжно фотографúровать внутрú музéя?

— _____

⑩ — Где вход в парк?

— _____

练习11　造句。

увéрен _____

во врéмя чегó _____

ря́дом с чем _____

чéрез _____

внутрú _____

напримéр _____

конéчно _____

пóльзоваться _____

отмечáть _____

передáть в дар _____

благодарúть _____

принадлежáть _____

поклонúться _____

включáть _____

насчи́тывать _____

брать с собо́й _____

игра́ть роль _____

пожа́ть ру́ку _____

передава́ться из поколе́ния в поколе́ние

_____

练习12 把下列句子翻译成俄语。

❶ 一代一代传承的俄语谚语中蕴含着俄罗斯民族的传统和习俗。

_____

❷ 5 月 18 日是国际博物馆日，所有博物馆对观众免费开放。

_____

❸ 在这一天所有博物馆举行对外开放日活动。

_____

❹ 售票处在兵器馆旁边，但在里边不能拍照。

_____

❺ 莫斯科克里姆林宫不仅是国家博物馆，而且还是俄罗斯总统工作的地方。

_____

❻ 在进教堂时男子要脱帽，女子要戴头巾。

_____

❼ 创建俄罗斯第一个国家美术馆成了特列季亚科夫毕生的事业。

_____

❽ 特列季亚科夫 24 岁时买了两幅画作。

_____

❾ 特列季亚科夫因创建第一个国家美术馆而获得莫斯科荣誉市民的称号。

_____

❿ 特列季亚科夫美术馆有十余万藏品，包括绘画、素描、圣画像和雕塑等。

_____

三、语法

练习13 把下列动词变成现在时被动形动词。

1 реша́ть, обсужда́ть, окружа́ть, наблюда́ть, жела́ть, опуска́ть, снима́ть

_____

2 устра́ивать, испы́тывать, зака́нчивать, опла́чивать, выпи́сывать

_____

3 создава́ть, признава́ть, издава́ть, продава́ть, сдава́ть

_____

4 волнова́ть, критикова́ть, испо́льзовать, организова́ть

_____

5 люби́ть, цени́ть, переводи́ть, произноси́ть, проводи́ть

_____

6 ви́деть

_____

7 слы́шать

_____

8 води́ть, вози́ть

_____

9 посыла́ть, присыла́ть, пересыла́ть

_____

练习14 用被动形动词的适当形式填空。

1 По вечера́м она́ сиде́ла у окна́, _____.

Он подви́нул кре́сло к окну́, _____.

Это была́ ко́мната с окно́м, _____

На окне́, _____, всегда́ мно́го цвето́в. (освеща́емый со́лнцем)

2 В мэ́рии обсужда́ли прое́кт, _____.

О прое́кте, _____ , написа́ли в городско́й газе́те.

В прое́кте, _____ , есть мно́го проти́вников.

В э́той статье́ мо́жно познако́миться с прое́ктом, _____

. (создава́емый гру́ппой молоды́х инжене́ров)

③ Он получа́ет большо́е удово́льствие от статье́й, _____.

В статья́х, _____, никогда́ не говори́тся о поли́тике.

Фотокорреспонде́нт принёс фо́то для стате́й, _____.

Статьи́, _____, дово́льно интере́сны. (публику́емые в э́том журна́ле)

④ Как я люблю́ чита́ть пи́сьма, _____!

Из пи́сем, _____, я узнаю́, что происхо́дит в на́шем го́роде.

Как ча́сто я смею́сь над пи́сьмами, _____!

Я о́чень привы́к к пи́сьмам _____. (присыла́емые ва́ми)

练习15　用定语从句替换被动形动词。

Образе́ц: В статье́, переводи́мой Лёной, мно́го интере́сного. — В статье́, кото́рую перево́дит Лёна, мно́го интере́сного.

① Кни́га, чита́емая студе́нтом, расска́зывает об исто́рии Росси́и.

_____

② Гроза́, наблюда́емая на́ми из окна́, начала́сь полчаса́ наза́д.

_____

③ Мне бы хоте́лось познако́миться с де́вушкой, встреча́емой мно́ю ка́ждый день по доро́ге в университе́т.

_____

④ Де́ти, люби́мые свои́ми роди́телями, всегда́ бо́лее сча́стливы в жи́зни.

_____

⑤ Нам не понра́вился конце́рт певца́, реклами́руемого по телеви́дению в после́днее вре́мя.

_____

⑥ Маши́ны, выпуска́емые э́тим заво́дом, обору́дованы совреме́нной те́хникой.

_____

练习16 用被动形动词替换定语从句。

Образец: Мне нравится песня, которую исполняет этот молодой певец.
   — Мне нравится песня, исполняемая этим молодым певцом.

❶ Из всех предметов, которые изучают в университете, больше всего я люблю историю.

_____

❷ Проблемы, которые обсуждают на этой конференции, играют большую роль в развитии физики.

_____

❸ В статье речь шла о банках, которые создают в нашем городе.

_____

❹ Спутники, которые люди посылают в космос, имеют постоянную связь с Землёй.

_____

❺ Это первый роман молодого писателя, который публикует столичный журнал.

_____

❻ Спортивная одежда, которую изготавливает эта фирма, популярна у молодых.

_____

练习17 把下列动词变成被动形动词。

❶ указать, сделать, прочитать, написать, продумать, выработать, показать, вызвать, дать, продать, признать, создать, призвать, увидеть, рассмотреть

_____

❷ построить, разрушить, выучить, изменить, подарить

_____

❸ в/вл: поставить, исправить, заставить, удивить, остановить

п/пл: купить

_____

д/ж: разбуди́ть

_____

дж/д: победи́ть, награди́ть, утверди́ть, присуди́ть

_____

т/ч: заме́тить, встре́тить, испо́ртить

_____

т/щ: запрети́ть, восхити́ть

_____

ст/щ: вы́растить, помести́ть, вы́пустить

_____

с/ш: пригласи́ть

_____

④ вы́вести, довести́, произвести́

_____

⑤ изобрести́

_____

⑥ принести́, унести́, спасти́

_____

⑦ мыть, сшить, вы́пить, спеть, закры́ть, поня́ть, забы́ть, нача́ть, оде́ть, взять, снять

_____

⑧ дости́гнуть, поки́нуть

_____

⑨ запере́ть

_____

练习18 选择被动形动词的适当形式填空。

① Мы внима́тельно слу́шали ле́ктора, _____.

Ле́ктор, _____, прочита́л прекра́сную ле́кцию.

Мы за́дали мно́го вопро́сов ле́ктору, _____.

Мы с ра́достью познако́мились с ле́ктором, _____.
(приглашённый в наш университе́т)

❷ В фи́льме, _____, игра́ют прекра́сные арти́сты.

Вы что́-нибудь слы́шали о фи́льме, _____.

Как вы отно́ситесь к фи́льму, _____.

У фи́льма, _____, была́ хоро́шая рекла́ма. (сня́тый изве́стным францу́зским режиссёром)

❸ В на́шем саду́ растёт я́блоня, _____.

Мы лю́бим сиде́ть под я́блоней, _____.

Кака́я-то пти́ца сиди́т на я́блоне, _____.

Когда́ я смотрю́ на я́блоню, _____. (поса́женная ещё на́шим де́дом)

❹ Он недово́лен спекта́клем, _____.

Они́ бы́ли в восто́рге от спекта́кля, _____.

Мы не ви́дели спекта́кля, _____.

О спекта́кле, _____, мы прочита́ли в у́тренних газе́тах. (поста́вленный в теа́тре коме́дии)

❺ Он взял кни́ги, _____.

Ему́ хоте́лось поговори́ть о кни́гах, _____.

Он пришёл к нам с кни́гами, _____.

Он отказа́лся от книг, _____ (привезённые ему́ в пода́рок)

练习19 用定语从句替换被动形动词短语。

Образе́ц: Вот карти́на, пода́ренная мне мои́ми друзья́ми. — Вот карти́на, кото́рую подари́ли мне мои́ друзья́.

❶ Мы живём в до́ме, постро́енном в середи́не 19-го ве́ка.

_____

❷ Волейбо́льная кома́нда, хорошо́ подгото́вленная тре́нером, заняла́ пе́рвое ме́сто на соревнова́ниях.

_____

❸ В ко́мнате вку́сно па́хло хле́бом, принесённым ма́мой из магази́на.

_____

❹ Из-за кре́пкого ча́я, вы́питого Ди́мой пе́ред сном, ему́ не спало́сь.

_____

⑤ На полу́ лежа́ли игру́шки, бро́шенные ма́льчиком.

_____

⑥ На вы́ставке экспони́ровались маши́ны, вы́пущенные в ра́зных стра́нах 30-е го́ды.

_____

练习20 用被动形动词短语替换定语从句。

Образе́ц: С Ви́ктором, кото́рого рассерди́ли слова́ отца́, невозмо́жно бы́ло разгова́ривать. — С Ви́ктором, рассе́рженным слова́ми отца́, невозмо́жно бы́ло разгова́ривать.

❶ На ли́стьях цвето́в, кото́рые освети́ли пе́рвые лучи́ со́лнца, бы́ли ка́пли росы́.

_____

❷ В кварти́ре стоя́ла ме́бель, кото́рую изгото́вили в конце́ 19-го ве́ка.

_____

❸ В програ́мме новосте́й, кото́рую показа́ли ве́чером, рассказа́ли о вы́ставке цвето́в в этнографи́ческом музе́е.

_____

❹ У люде́й, кото́рых потрясло́ то, что они́ уви́дели, на глаза́х бы́ли слёзы.

_____

❺ На де́реве, кото́рое посади́ли в про́шлом году́ о́сенью, неда́вно появи́лись пе́рвые ли́стья.

_____

❻ В журна́ле, кото́рый Све́та взяла́ у подру́ги, бы́ли стихи́ молоды́х поэ́тов.

_____

Образе́ц: В па́рке сруби́ли ста́рые дере́вья. Э́ти дере́вья посади́ли лет сто наза́д. — В па́рке сруби́ли ста́рые дере́вья, поса́женные лет сто наза́д.

❼ По телеви́зору пока́зывали слоно́в. Э́тих слоно́в привезли́ для на́шего па́рка из Африки.

_____

⑧ Объявле́ние о перено́се экза́менов пове́сили неде́лю наза́д. Мы прочита́ли объявле́ние то́лько сего́дня.

_____

⑨ К Но́вому го́ду они́ посла́ли своему́ дру́гу посы́лку. Их дру́гу понра́вилась посы́лка.

_____

⑩ Де́тям подари́ли игру́шки. Эти игру́шки сде́лали ученики́ худо́жественной шко́лы.

_____

⑪ Писа́тель описа́л в рома́не изве́стные истори́ческие собы́тия. Эти собы́тия произошли́ в нача́ле ве́ка.

_____

⑫ Неда́вно перевели́ поэ́му 18-го ве́ка. Эту поэ́му написа́л неизве́стный францу́зский поэ́т.

_____

练习21 选择适当的形式填空。

① В э́том магази́не продаётся посу́да, _____ (изгото́вившая — изгото́вленная) на изве́стной фа́брике фарфо́ра.

② Расписа́ние, _____ (соста́вившее — соста́вленное) декана́том, виси́т на пе́рвом этаже́.

③ Вы чита́ли статью́, _____ (написа́вшую — напи́санную) профе́ссором.

④ Соли́сты, _____ (исполня́вшие — испо́лненные) гла́вные ро́ли в э́той о́пере, око́нчили консервато́рию в про́шлом году́.

⑤ Спортсме́ны, _____ (пригото́вившиеся — пригото́вленные) к бе́гу, вы́шли на старт.

⑥ Мы с бра́том о́чень лю́бим чай, _____ (пригота́вливающий — пригота́вливаемый) на́шей ба́бушкой из ра́зных трав.

练习22 选择主动或被动形动词填空。

① Писа́тель, _____ э́ти кни́ги, живёт в на́шем го́роде.

Я прочита́л почти́ все кни́ги, _____ э́тим писа́телем. (написа́вший — напи́санный)

② Мы прочитáли письмó, _____ нам друзья́ми.

Друг, _____ это письмó, скóро приéдет ко мне. (присла́вший — при́сланный)

③ Он óчень обра́довался _____ пи́сьмам.

На пóчте я встрéтил студéнта, _____ нéсколько пи́сем из дóма. (получи́вший — полу́ченный)

④ Я читáю кни́гу, _____ мне дру́гом.

Друг, _____ кни́гу мне, привёз её из другóго гóрода. (подари́вший — пода́ренный)

⑤ Я óчень благода́рен дру́гу, _____ мне словáрь.

Макси́м принёс мне словáрь, _____ им для меня́. (купи́вший — ку́пленный)

⑥ Ребёнок, _____ (закры́вший — закры́тый) дверь, не мог войти́ в кварти́ру.

⑦ Мы ушли́ из теáтра, _____ (восхити́вший — восхищённый) спектáклем, _____ (поста́вивший — поста́вленный) по пьéсе Ни́ны Саду́р.

⑧ Мы дóлго стучáли в _____ (закры́вший — закры́тый) дверь.

⑨ В странé, _____ (получи́вший — полу́ченный) незави́симость, бы́ли при́няты нóвые закóны.

⑩ Чéрез нéсколько дней мы соберёмся ещё раз, чтóбы закóнчил рабóту над _____ (нереши́вший — нерешённый) нáми проблéмой.

⑪ В _____ (забы́вший — забы́тый) кéм-то кни́ге лежáло чьё-то письмó.

⑫ У специали́ста, _____ (прорабóтавший — прорабóтанный) в фи́рме бóлее десяти́ лет, большóй практи́ческий óпыт.

⑬ Материáл, _____ (прорабóтавший — прорабóтанный) в нáшей лаборатóрии, бу́дет испóльзован в прáктике сéльского хозя́йства.

练习23 把括号里的动词变成主动或被动形动词形式填空。

① Наш завóд, _____ (вы́полнить) план, получи́л прéмию.

② В _____ (решáть) нáми задáче мнóго тру́дностей.

③ В концéртах, _____ (передавáть) москóвским рáдио, большóе мéсто занимáет зáпадная му́зыка.

④ Самолёт, _____ (управля́ть) молоды́м лётчиком, отпра́вился на се́вер.

⑤ Молодёжь, _____ (интересова́ться) литерату́рой, собра́лась в библиоте́ке.

⑥ Зри́телям понра́вилась арти́стка, хорошо́ _____ (спеть) ру́сские пе́сни.

⑦ Пробле́ма, _____ (иссле́довать) а́втором, о́чень важна́.

⑧ В по́лках, _____ (находи́ться) в ко́мнате, стои́т мно́го книг.

⑨ Мать любу́ется _____ (спать) ребёнком.

⑩ С ка́ждым го́дом увели́чивается число́ ю́ношей и де́вушек, _____ (занима́ться) спо́ртом.

⑪ У студе́нтов, _____ (посети́ть) вы́ставку, оста́лось мно́го впечатле́ний.

⑫ Все кни́ги, _____ (взять) из библиоте́ки, мы прочита́ли.

⑬ Мы горячо́ лю́бим па́ртию, _____ (вести́) нас к сча́стью, к расцве́ту.

⑭ Тури́сты подошли́ к о́зеру, _____ (окружи́ть) ле́сом.

⑮ В _____ (прочита́ть) на́ми те́ксте не́ было незнако́мых слов.

⑯ В Ки́еве, _____ (стоя́ть) на высо́ком берегу́ Дне́пра, сохрани́лось мно́го дре́вних па́мятников.

⑰ Все гра́ждане, _____ (дости́гнуть) 18 лет, име́ют пра́во избира́ть и быть и́збранным.

⑱ Я получи́л посы́лку, _____ (присла́ть) по по́чте.

练习24 用定语从句替换形动词短语。

❶ Верну́вшийся из Пеки́на студе́нт расска́зывал свои́ но́вости.

_____

❷ Мы бесе́довали с писа́телями, написа́вшими по́весть о студе́нтах.

_____

❸ Но́вый ме́тод, испо́льзуемый э́тим рабо́чим, даёт ему́ возмо́жность перевыполня́ть зада́чу.

_____

❹ Маши́ны, выпуска́емые э́тим заво́дом, изве́стны всей стране́.

_____

⑤ Собы́тия, опи́санные в э́той кни́ге, происходи́ли лет 30 тому́ наза́д.

_____

⑥ Из кни́ги, расска́зывающей о зарубе́жной молодёжи, я узна́л мно́го интере́сного.

_____

⑦ Реше́ние, при́нятое на собра́нии, нельзя́ измени́ть.

_____

⑧ Вепера́, организу́емые в на́шем институ́те, обы́чно прохо́дят о́чень ве́село.

_____

⑨ Мы поздоро́вались с де́вушками, поднима́вшимися по ле́стнице.

_____

⑩ Маши́на подошла́ к до́му, стоя́щему на берегу́ реки́.

_____

⑪ Дай мне кни́гу, принесённую тебе́ инжене́ром Ва́ном.

_____

⑫ Де́ти, оста́вленные роди́телями до́ма, с интере́сом смотре́ли телеви́зор.

_____

⑬ Кита́йский наро́д, руководи́мый Компа́ртией Кита́я, непреме́нно осуществи́т модерниза́цию страны́.

_____

⑭ Мы должны́ помо́чь това́рищам, отста́вшим в учёбе.

_____

⑮ Мы встре́тили дя́дей, верну́вшихся из-за грани́цы.

_____

⑯ Она́ о́чень обра́довалась посы́лке, полу́ченной от дя́ди.

_____

⑰ Все горячо́ приве́тствуют космона́втов, соверши́вших полёт в ко́смос.

_____

⑱ Из окна́ уходя́щего по́езда я ви́дел свои́х ро́дственников.

_____

⑲ По ра́дио расска́зывали о молодо́й тала́нтливой певи́це, неда́вно ко́нчившей консервато́рию.

_____

20 Утром мы встретились с другом, по-старому работающим монтёром на одном маленьком заводе.

_____

练习25 用形动词短语替换定语从句。

❶ В лесу раздаются голоса девушек, которые собирают ягоды.

_____

❷ Рабочие, которые перевыполнили задачу, получили премию.

_____

❸ Вопрос, который мы обсудили на сегодняшнем собрании, очень важный.

_____

❹ Студент хорошо ответил на вопросы, которые задал ему преподаватель.

_____

❺ Моя школа находится в маленькой деревне, которую со всех сторон окружает густой лес.

_____

❻ Студентка, которая пересказала содержание текста, не сделала ни одной ошибки.

_____

❼ Я с большим интересом прочитал рассказы, которые ты подарила мне вчера.

_____

❽ Милиционер подошёл к машине, которая остановилась на углу улицы.

_____

❾ Анна Сергеевна, которую любят и уважают ученики, работает в школе уже 30 лет.

_____

❿ Она разговаривает с двумя мужчинами, которые сидят рядом с ней за столом.

_____

⓫ Машины, которые выпускают эти заводы, известны всей стране.

_____

⑫ Ты зна́ешь подру́гу Ко́ли, кото́рая покупа́л техни́ческие журна́лы в кио́ске?

_____

⑬ Мы должны́ помо́чь това́рищам, кото́рые отста́ли в учёбе.

_____

⑭ Слова́рь, кото́рый я взял у тебя́, верну́ в понеде́льник.

_____

⑮ Мы посети́ли фотовы́ставку, кото́рая расска́зывает об исто́рии кита́й-ской револю́ции.

_____

⑯ Стихотворе́ние, кото́рое напеча́тали в газе́те, мне понра́вилось.

_____

⑰ Мы повтори́ли все уро́ки, кото́рые прошли́ в э́том семе́стре.

_____

⑱ Все окружи́ли ма́льчика, кото́рого спасли́ незнако́мые бойцы́.

_____

⑲ Де́ти ча́сто е́здят на электроста́нцию, кото́рая нахо́дится далеко́ от дере́вни.

_____

⑳ Ви́ктор подошёл к столу́, кото́рый за́няли старики́.

_____

㉑ Ка́ждый день студе́нты выполня́ют упражне́ния, кото́рые задаёт им преподава́тель.

_____

练习26 选择正确答案填空。

❶ Где бы́ло тру́дно и опа́сно, _____ был и он.

　　A. там　　　　B. туда́　　　　C. отту́да　　　　D. что

❷ Все смотре́ли _____, отку́да до́лжен был появи́ться по́езд.

　　A. там　　　　B. туда́　　　　C. отту́да　　　　D. что

❸ Я получи́л письмо́ _____, отку́да я неда́вно верну́лся.

　　A. там　　　　B. туда́　　　　C. отту́да　　　　D. что

④ Пошли́те меня́ рабо́тать туда́, _____ я бо́льше всего́ бу́ду ну́жен.

    A. где   B. куда́   C. отку́да   D. что

⑤ Ни́на прие́хала отту́да, _____ кру́глый год тепло́.

    A. где   B. куда́   C. отку́да   D. что

⑥ Я верну́лся отту́да, _____ отдыха́л в про́шлом году́.

    A. куда́   B. где   C. отку́да   D. что

⑦ Мы бу́дем рабо́тать там, _____ нас пошлю́т.

    A. где   B. куда́   C. отку́да   D. что

⑧ Мы пошли́ туда́, _____ доноси́лись спо́ры.

    A. где   B. куда́   C. отку́да   D. что

⑨ Мои́ роди́тели живу́т там, _____ ты прие́хал.

    A. где   B. куда́   C. отку́да   D. что

⑩ Мы побежа́ли вперёд, _____ доноси́лись голоса́, смех и пе́сни.

    A. куда́   B. где   C. отку́да   D. что

四、本课测验

I **选择正确答案填空。** 15分

❶ Язык, _____ на́ми, — оди́н из богате́йших языко́в ми́ра.

    A. изуча́ющий   B. изу́ченный

    C. изуча́вший   D. изуча́емый

❷ Нам нельзя́ останови́ться на _____ успе́хах.

    A. дости́гнутых   B. дости́гших

    C. достига́емых   D. достига́ющих

❸ Все студе́нты внима́тельно слу́шали преподава́теля, _____ ле́кцию.

    A. прочи́танного   B. прочита́вшего

    C. чита́ющего   D. чита́емого

❹ Ну́жно как мо́жно скоре́е зако́нчить э́тот сбо́рник упражне́ний по ру́сскому языку́, _____ в про́шлом году́.

    A. начина́ющий   B. начина́емый

    C. нача́вший   D. на́чатый

❺ Вклад, _____ в нау́ку кита́йскими учёными, о́чень вели́кий.

    A. внесённый   B. внёсший

C. вноси́мый   D. внося́щий

⑥ Ве́чером мы пойдём в го́сти к това́рищу, _____ перево́дчиком в компа́нии ра́ньше.

A. рабо́таемому   B. рабо́тающему
C. рабо́тавшему   D. прорабо́тавшему

⑦ На́до испо́льзовать в рабо́те теорети́ческие зна́ния, _____ в институ́те.

A. получи́вшие   B. полу́ченные
C. получа́емые   D. получа́ющие

⑧ Собы́тия, _____ в э́той кни́ге, происходи́ли лет три́дцать тому́ наза́д.

A. опи́сывающие   B. опи́сывавшие
C. описа́вшие   D. опи́сываемые

⑨ Мне нра́вятся все пе́сни, _____ э́той певи́цей.

A. испо́лнившие   B. исполня́вшие
C. исполня́емые   D. исполня́ющие

⑩ Ход истори́ческого разви́тия доказа́л, что трудя́щиеся ма́ссы, _____ маркси́стской па́ртией, мо́гут постро́ить но́вое социалисти́ческое о́бщество.

A. руководя́щие   B. руководи́вшие
C. руководи́мые   D. руковождённые

⑪ Зада́чи, _____ па́ртией пе́ред на́ми, тру́дные и сла́вные.

A. поста́вившие   B. поста́вленные
C. поставля́ющие   D. поста́вившие

⑫ На поро́ге гости́ной их встре́тила же́нщина лет сорока́, _____ в ста́рое пла́тье.

A. одева́вшая   B. одёв
C. одева́ющая   D. оде́тая

⑬ Когда́ дире́ктор вошёл в кабине́т, в руке́ у него́ бы́ло письмо́, _____ у́тром.

A. полу́ченное   B. получи́вшее
C. полу́чено   D. получа́емое

⑭ Равни́на, _____ сне́гом, тяну́лась на мно́го киломе́тров.

A. покры́вшая   B. покрыва́емая

C. покрыва́ющая   D. покры́тая

⑮ В це́нтре го́рода стои́т прекра́сное зда́ние, _____ по прое́кту С. Ивано́ва.

A. создаю́щее   B. созда́вшее

C. создава́емое   D. со́зданное

II 翻译下列词组，并指出其所在城市。 15分

Третьяко́вская галере́я   _____

Ру́сский музе́й   _____

Зи́мний дворе́ц   _____

Истори́ческий музе́й   _____

ВВЦ   _____

Моско́вский Кремль   _____

Музе́й изобрази́тельных иску́сств им. Пу́шкина

                              _____

Эрмита́ж   _____

Музе́й ле́са   _____

Оруже́йная пала́та   _____

III 把括号里的词变成适当形式填空，如需要加前置词。 20分

❶ Во вре́мя_____ (экску́рсия) нам рассказа́ли ру́сскую наро́дную ска́зку.

❷ В посло́вицах, кото́рые передаю́тся _____ (поколе́ние, поколе́ние), храня́тся тради́ции и обы́чаи ру́сского наро́да.

❸ _____ (Вход) в собо́р мужчи́ны должны́ снять ша́пки.

❹ В ко́мнате мно́го _____ (со́лнце).

❺ Что́бы попа́сть в Музе́й ле́са, на́до заказа́ть экску́рсию за полтора́ ____ _____ (ме́сяц) _____ (экску́рсия).

❻ Пётр I игра́л ва́жную роль _____ (борьба́) _____ (сохране́ние) лесо́в в Росси́и.

❼ В 1892 году́ П. М. Третьяко́в пе́редал_____(дар)_____ (Москва́)свою́ колле́кцию карти́н.

⑧ Все кни́ги принадлежа́т_____(университе́т).

⑨ _____(Созда́ние) пе́рвой национа́льной карти́нной галере́и П. М. Третьяко́в получи́л зва́ние Почётного граждани́на го́рода Москвы́.

⑩ Импера́тор пе́рвым пожа́л коллекционе́ру _____ (рука́) и поблагодари́л _____ (он) _____ (дар).

Ⅳ 造句。 20分

уве́рен	_____
во вре́мя	_____
явля́ться	_____
посети́ть	_____
переда́ть в дар	_____
благодари́ть	_____
насчи́тывать	_____
брать с собо́й	_____
передава́ться из поколе́ния в поколе́ние	
	_____
не то́лько, но и	_____

Ⅴ 把下列句子翻译成俄语。 20分

① 一代一代传承的俄语谚语中蕴含着俄罗斯民族的传统和习俗。

_____

② 5月18日是国际博物馆日，所有博物馆对观众免费开放。

_____

③ 在这一天所有博物馆举行对外开放日活动。

_____

④ 售票处在兵器馆旁边，但在里边不能拍照。

_____

⑤ 莫斯科克里姆林宫不仅是国家博物馆，而且还是俄罗斯总统工作的地方。

_____

⑥ 在进教堂时男子要脱帽，女子要戴头巾。

_____

⑦ 创建俄罗斯第一个国家美术馆成了特列季亚科夫毕生的事业。

⑧ 特列季亚科夫 24 岁时买了两幅画作。

⑨ 特列季亚科夫因创建第一个国家美术馆而获得莫斯科荣誉市民的称号。

⑩ 特列季亚科夫美术馆有十余万藏品，包括绘画、素描、圣画像和雕塑等。

Ⅵ **选择下列其中一个题目写一篇俄语作文，不少于200词。** 10分

① 作文 «Я люблю́ карти́ну... »。

② 写一次你参观的经历，以 «Моя́ экску́рсия» 为题，尽可能多用带前缀的运动动词。

五、日积月累

Что посе́ешь, то и пожнёшь. 种瓜得瓜，种豆得豆。

Береги́ честь смо́лоду. 从少年时起就要珍重荣誉。

六、国情点滴

　　伊万·伊万诺维奇·希施金（Ива́н Ива́нович Ши́шкин, 1832—1898）是 19 世纪俄国巡回展览画派最具代表性的风景画家，也是 19 世纪后期现实主义风景画大师。其主要作品有《松林里的早晨》(Утро в сосно́вом лесу́)、《伐木》(Ру́бка)、《莫斯科郊外的晌午》(По́лдень. В окре́стностях Москвы́)、《黑麦田》(Рожь)、《橡树·夜晚》(Ду́бы. Ве́чер)、《金秋》(Золота́я о́сень)。

七、练习答案

练习1　复, 阳, 阳, 阴, значка́, купца́, переу́лка, петербу́ржца, гра́ждане, гра́ждан, кем-чем, чем, пожму́, пожмёшь, пожму́т

练习2　俄罗斯童话, 俄语俗语, 代代相传, 国际关系, 实用艺术, 应用语言学, 不要带自己的茶炊去图拉（不要多此一举）。音乐盒（八音盒）, 首饰盒, 标出课文中的生词, 指出错误, 庆祝生日, 庆祝胜利, 五星级宾馆, 古罗马文学, 木雕, 石雕, 劳动工具, 兵器馆, 兵工厂, 大学校徽, 俄罗斯总统, 存放在寄存处, 手绢, 大学的奠基人, 绘画流派, 不幸的（贫困的）家庭, 可怜的小孩, 森林缺乏的国家, 隆重开幕, 握手, 耸肩, 荣誉称号, 荣誉博士, 名誉教授, 荣誉市民, 古俄语

练习3　ру́сская ска́зка, ру́сская погово́рка, междунаро́дные отноше́ния, прикладно́е иску́сство, прикладно́е языкозна́ние, национа́льный пра́здник, отме́тить оши́бки, отме́тить побе́ду, купи́ть лека́рство в апте́ке, изобрази́тельное иску́сство, анти́чная литерату́ра, президе́нт Росси́и, основа́тель университе́та, шко́ла жи́вописи, бе́дная семья́, переда́ть в дар, торже́ственное откры́тие, пожа́ть кому́ ру́ку, пожа́ть плеча́ми, поклони́ться

练习7　俄罗斯民间童话, 俄罗斯文学, 国际博物馆日, 免费进入, 实用艺术博物馆, 了解俄罗斯文学, 古老的东西, 俄罗斯茶炊, 木制勺子和化妆盒, 俄罗斯民族服饰, 开放日, 进行免费旅行, 特列季亚科夫美术馆, 俄罗斯博物馆, 冬宫, 历史博物馆, 全俄展览中心, 古罗马雕塑, 古老的兵器, 西方画家作品, 从古至今, 莫斯科克里姆林宫, 三重门, 兵器馆, 俄罗斯总统, 寄存在存放处, 工作午间有休息, 摘帽子, 商会, 赠送

练习8　ру́сская наро́дная ска́зка, ру́сская литерату́ра, Междунаро́дный день музе́ев, беспла́тный вход, музе́й прикладно́го иску́сства, познако́миться с ру́сской литерату́рой, деревя́нные ло́жки и шкату́лки, ру́сские национа́льные костю́мы и украше́ния, день откры́тых двере́й, Третьяко́вская галере́я, Ру́сский музе́й, Истори́ческий музе́й, ВВЦ(Всеросси́йский вы́ставочный центр), анти́чная скульпту́ра, стари́нное ору́жие, карти́ны за́падных худо́жников, с древне́йших времён до на́ших дней, Моско́вский Кремль, Тро́ицкие воро́та, Оруже́йная пала́та, росси́йский президе́нт, ка́мера хране́ния, обе́денный переры́в, купе́ческий клуб, переда́ть в дар

练习9

1 В ска́зках, посло́вицах и погово́рках, кото́рые передаю́тся из поколе́ния в поколе́ние храня́тся тради́ции и обы́чаи ру́сского наро́да.

2 Моско́вский Кремль рабо́тает ежедне́вно с 10 до 17 часо́в, кро́ме четверга́. Четве́рг — выходно́й день.

3 При вхо́де в собо́р мужчи́ны должны́ снять ша́пки, а у же́нщин на голове́ до́лжен быть плато́к.

4 Что́бы попа́сть в Музе́й ле́са, на́до заказа́ть экску́рсию зара́нее — за полтора́ ме́сяца до дня экску́рсии.

5 Кро́ме того́, вы познако́митесь с исто́рией ру́сского ле́са, узна́ете о том, каку́ю ва́жную роль сыгра́л Пётр I в борьбе́ за сохране́ние лесо́в в Росси́и.

6 Когда́ П. М. Третьяко́в на́чал собира́ть свою́ колле́кцию карти́н, ему́ бы́ло 24 го́да.

7 В 1892 году́ П. М. Третьяко́в пе́редал в дар го́роду Москве́ свою́ колле́кцию.

8 Импера́тор пе́рвым пожа́л коллекционе́ру ру́ку и поблагодари́л его́ за дар.

9 За созда́ние пе́рвой национа́льной карти́нной галере́и, кото́рая показа́ла всему́ ми́ру ру́сскую шко́лу жи́вописи, П. М. Третьяко́в получи́л зва́ние Почётного граждани́на го́рода Москвы́.

10 Колле́кция Третьяко́вской галере́и насчи́тывает бо́лее 100 ты́сяч экспона́тов.

练习12

1 В посло́вицах, кото́рые передаю́тся из поколе́ния в поколе́ние, храня́тся тради́ции и обы́чаи ру́сского наро́да.

2 18 ма́я — э́то Междунаро́дный день музе́ев. Две́ри всех музе́ев откры́ты для посети́телей и вход беспла́тный.

3 В э́тот день во всех музе́ях устра́ивают дни откры́тых двере́й.

4 Биле́тная ка́сса нахо́дится ря́дом с Оруже́йной пала́той, но внутри́ нельзя́ фотографи́ровать.

5 Моско́вский Кремль — не то́лько госуда́рственный музе́й, но и ме́сто рабо́ты росси́йского президе́нта.

6 При вхо́де в собо́р мужчи́ны должны́ снять ша́пки, а у же́нщин на голове́ до́лжен быть плато́к.

7 Созда́ние пе́рвой национа́льной карти́нной галере́и в Росси́и ста́ло де́лом всей жи́зни П. М. Третьяко́ва.

8 Когда́ П. М. Третьяко́ву бы́ло 24 го́да, он купи́л две карти́ны.

⑨ За созда́ние пе́рвой национа́льной карти́нной галере́и П. М. Третьяко́в получи́л зва́ние Почётного граждани́на го́рода Москвы́.

⑩ Колле́кция Третьяко́вской галере́и насчи́тывает бо́лее 100 ты́сяч экспона́тов, в том числе́ и карти́ны, рису́нки, ико́ны, скульпту́ры и други́е произведе́ния иску́сства.

练习14

① освеща́емого, освеща́емому, освеща́емым, освеща́ем

② создава́емый, создава́ем, создава́ем, создава́емым

③ публику́емых, публику́емых, публику́емых, публику́емые

④ присыла́емые, присыла́емых, присыла́емыми, присыла́емым

练习15

① Кни́га, кото́рую чита́ет студе́нт, расска́зывает об исто́рии Росси́и.

② Гроза́, кото́рую мы наблюда́ем из окна́, начала́сь полчаса́ наза́д.

③ Мне бы хоте́лось познако́миться с де́вушкой, кото́рую я встреча́ю ка́ждый день по доро́ге в университе́т.

④ Де́ти, кото́рых свои́ роди́тели лю́бят, всегда́ бо́лее сча́стливы в жи́зни.

⑤ Нам не понра́вился конце́рт певца́, кото́рого реклами́руют по телеви́дению в после́днее вре́мя.

⑥ Маши́ны, кото́рые выпуска́ет э́тот заво́д, обору́дованы совреме́нной те́хникой.

练习16

① Из всех предме́тов, изуча́емых в университе́те, бо́льше всего́ я люблю́ исто́рию.

② Пробле́мы, обсужда́емые на э́той конфере́нции, игра́ют большу́ю роль в разви́тии фи́зики.

③ В статье́ речь шла о ба́нках, создава́емых в на́шем го́роде.

④ Спу́тники, посыла́емые людьми́в ко́смос, име́ют постоя́нную связь с Землёй.

⑤ Это пе́рвый рома́н молодо́го писа́теля, публику́емый столи́чным журна́лом.

⑥ Спорти́вная оде́жда, изгота́вливаемая э́той фи́рмой, популя́рна у молоды́х.

练习18

① приглашённого, приглашённый, приглашённому, приглашённым

② сня́том, сня́том, сня́тому, сня́того

③ поса́женная, поса́женной, поса́женной, поса́женную

④ поста́вленным, поста́вленного, поста́вленного, поста́вленном

⑤ привезённые, привезённых, привезёнными, привезённых

练习19

① Мы живём в доме, который построили в середине 19-го века.

② Волейбольная команда, которую хорошо подготовил тренер, заняла первое место на соревнованиях.

③ В комнате вкусно пахло хлебом, который принесла мама из магазина.

④ Из-за крепкого чая, который выпил Дима перед сном, ему не спалось.

⑤ На полу лежали игрушки, которые бросил мальчик.

⑥ На выставке экспонировались машины, выпустили в разных странах 30-е годы.

练习20

① На листьях цветов, освещённых первыми лучами солнца, были капли росы.

② В квартире стояла мебель, изготовленная в конце 19-го века.

③ В программе новостей, показанной вечером, рассказали о выставке цветов в этнографическом музее.

④ У людей, потрясённых тем, что они увидели, на глазах были слёзы.

⑤ На дереве, посаженном в прошлом году осенью, недавно появились первые листья.

⑥ В журнале, взятом Светой у подруги, были стихи молодых поэтов.

⑦ По телевизору показывали слонов, привезённых для нашего парка из Африки.

⑧ Объявление о переносе экзаменов, прочитанное нами только сегодня, повесили неделю назад.

⑨ К Новому году они послали своему другу посылку, понравившуюся их другу.

⑩ Детям подарили игрушки, сделанные учениками художественной школы.

⑪ Писатель описал в романе известные исторические события, произошедшие в начале века.

⑫ Недавно перевели поэму 18-го века, написанную неизвестным французским поэтом.

练习21

① изготовленная   ② составленное

③ написанную   ④ исполнявшие

⑤ приготовившиеся   ⑥ приготавливаемый

练习22
1 написа́вший, напи́санные
2 при́сланное, присла́вший
3 полу́ченным, получи́вшего
4 пода́ренную, подари́вший
5 купи́вшему, ку́пленный
6 закры́вший
7 восхищённого, поста́вленным
8 закры́тую
9 получи́вшей
10 нерешённой
11 забы́той
12 прорабо́тавшего
13 прорабо́танный

练习23
1 вы́полнивший
2 реша́емой
3 передава́емых
4 управля́емый
5 интересу́ющаяся
6 спе́вшая
7 иссле́дуемая
8 находя́щихся
9 спя́щим
10 занима́ющихся
11 посети́вших
12 взя́тые
13 веду́щую
14 окружённому
15 прочи́танном
16 стоя́щем
17 дости́гшие
18 при́сланную

练习24
1 Студе́нт, кото́рый верну́лся из Пеки́на, расска́зывал свои́ но́вости.
2 Мы бесе́довали с писа́телями, кото́рые написа́ли по́весть о студе́нтах.
3 Но́вый ме́тод, кото́рый испо́льзует э́тот рабо́чий, даёт ему́ возмо́жность перевыполня́ть зада́чу.
4 Маши́ны, кото́рые выпуска́ет э́тот заво́д, изве́стны всей стране́.
5 Собы́тия, кото́рые описа́ли в э́той кни́ге, происходи́ли лет 30 тому́ наза́д.
6 Из кни́ги, кото́рая расска́зывает о зарубе́жной молодёжи, я узна́л мно́го интере́сного.
7 Реше́ние, кото́рое при́няли на собра́нии, нельзя́ измени́ть.
8 Вечера́, кото́рый организу́ют в на́шем институ́те, обы́чно прохо́дят о́чень ве́село.
9 Мы поздоро́вались с де́вушками, кото́рые поднима́лись по ле́стнице.
10 Маши́на подошла́ к до́му, кото́рый стои́т на берегу́ реки́.
11 Дай мне кни́гу, кото́рую принёс тебе́ инжене́р Ва́н.
12 Де́ти, кото́рых оста́вили роди́тели до́ма, с интере́сом смотре́ли телеви́зор.
13 Кита́йский наро́д, кото́рым руково́дит Компа́ртия Кита́я, непреме́нно осуществи́т модерниза́цию страны́.
14 Мы должны́ помо́чь това́рищам, кото́рые отста́ли в учёбе.
15 Мы встре́тили дя́дей, кото́рый верну́лся из-за грани́цы.

⑯ Она́ о́чень обра́довалась посы́лке, кото́рую получи́ла от дя́ди.

⑰ Все горячо́ приве́тствуют космона́втов, кото́рые соверши́ли полёт в ко́смос.

⑱ Из окна́ по́езда, кото́рый ухо́дит (уходи́л), я ви́дел свои́х ро́дственников.

⑲ По ра́дио расска́зывали о молодо́й тала́нтливой певи́це, кото́рая неда́вно ко́нчила консервато́рию.

⑳ У́тром мы встре́тились с дру́гом, кото́рый по-ста́рому рабо́тает монтё-ром на одно́м ма́леньком заво́де.

 练习25

① В лесу́ раздаю́тся голоса́ де́вушек, собира́ющих я́годы.

② Рабо́чие, перевы́полнившие зада́чу, получи́ли пре́мию.

③ Вопро́с, обсуждённый на́ми на сего́дняшнем собра́нии, о́чень ва́жный.

④ Студе́нт хорошо́ отве́тил на вопро́сы, за́данные ему́ преподава́телем.

⑤ Моя́ шко́ла нахо́дится в ма́ленькой дере́вне, окружа́емой густы́м ле́сом со всех сторо́н.

⑥ Студе́нтка, пересказа́вшая содержа́ние те́кста, не сде́лала ни одно́й оши́бки.

⑦ Я с больши́м интере́сом прочита́л расска́зы, пода́ренные тобо́й мне вчера́.

⑧ Милиционе́р подошёл к маши́не, останови́вшейся на углу́ у́лицы.

⑨ А́нна Серге́евна, люби́мая и уважа́емая ученика́ми, рабо́тает в шко́ле уже́ 30 лет.

⑩ Она́ разгова́ривает с двумя́ мужчи́нами, сидя́щими ря́дом с ней за столо́м.

⑪ Маши́ны, выпуска́емые э́тими заво́дами, изве́стны всей стране́.

⑫ Ты зна́ешь подру́гу Ко́ли, покупа́вшую техни́ческие журна́лы в кио́ске?

⑬ Мы должны́ помо́чь това́рищам, отста́вшим в учёбе.

⑭ Слова́рь, взя́тый мной у тебя́, верну́ в поне́дельник.

⑮ Мы посети́ли фотовы́ставку, расска́зывающую об исто́рии кита́йской револю́ции.

⑯ Стихотворе́ние, напеча́танное в газе́те, мне понра́вилось.

⑰ Мы повтори́ли все уро́ки, про́йденные в э́том семе́стре.

⑱ Все окружи́ли ма́льчика, спасённого незнако́мыми бойца́ми.

⑲ Де́ти ча́сто е́здят на электроста́нцию, находя́щуюся далеко́ от дере́вни.

⑳ Ви́ктор подошёл к столу́, за́нятому старика́ми.

㉑ Ка́ждый день студе́нты выполня́ют упражне́ния, задава́емые им преподава́телем.

练习26 ① A ② B ③ C ④ A ⑤ A ⑥ B ⑦ B ⑧ C ⑨ C ⑩ C

测验 I （每题1分）

❶ D ❷ A ❸ C ❹ D ❺ A ❻ C ❼ B ❽ D ❾ C ❿ C
⓫ B ⓬ D ⓭ A ⓮ D ⓯ D

测验 II （每题15分）

特列季亚科夫美术馆（莫斯科），俄罗斯博物馆（圣彼得堡），冬宫（圣彼得堡），历史博物馆（莫斯科），全俄展览中心（莫斯科），克里姆林宫（莫斯科），普希金造型艺术博物馆（莫斯科），埃尔米塔日（圣彼得堡），森林博物馆（莫斯科），兵器馆（莫斯科）

测验 III （每题2分）

❶ экску́рсии
❷ из поколе́ния в поколе́ние
❸ При вхо́де
❹ со́лнца
❺ ме́сяца, до экску́рсии
❻ в борьбе́, за сохране́ние
❼ в дар, Москве́
❽ университе́ту
❾ За созда́ние
❿ ру́ку, его́, за дар

测验 V （每题2分）

❶ В посло́вицах, кото́рые передаю́тся из поколе́ния в поколе́ние, храня́тся тради́ции и обы́чаи ру́сского наро́да.

❷ 18 ма́я — э́то Междунаро́дный день музе́ев. Две́ри всех музе́ев откры́ты для посети́телей и вход беспла́тный.

❸ В э́тот день во всех музе́ях устра́ивают дни откры́тых двере́й.

❹ Биле́тная ка́сса нахо́дится ря́дом с Оруже́йной пала́ой, но внутри́ нельзя́ фотографи́ровать.

❺ Моско́вский Кремль — не то́лько госуда́рственный музе́й, но и ме́сто рабо́ты росси́йского президе́нта.

❻ При вхо́де в собо́р мужчи́ны должны́ снять ша́пки, а у же́нщин на голове́ до́лжен быть плато́к.

❼ Созда́ние пе́рвой национа́льной карти́нной галере́и в Росси́и ста́ло де́лом всей жи́зни П. М. Третьяко́ва.

❽ Когда́ П. М. Третьяко́ву бы́ло 24 го́да, он купи́л две карти́ны.

❾ За созда́ние пе́рвой национа́льной карти́нной галере́и П. М. Третьяко́в получи́л зва́ние Почётного граждани́на го́рода Москвы́.

❿ Колле́кция Третьяко́вской галере́и насчи́тывает бо́лее 100 ты́сяч экспона́тов, в том числе́ и карти́ны, рису́нки, ико́ны, скульпту́ры и други́е произведе́ния иску́сства.

Урок 11

一、词 汇

练习1　填空。

медве́дь是 ＿＿＿＿＿＿ 性名词；у́ровень是 ＿＿＿＿＿＿ 性名词；ла́герь是 ＿＿＿＿＿＿ 性名词；свиде́тель是 ＿＿＿＿＿＿ 性名词；степь是 ＿＿＿＿＿＿ 性名词；опа́сность是 ＿＿＿＿＿＿ 性名词；де́ятельность是 ＿＿＿＿＿＿ 性名词；князь是 ＿＿＿＿＿＿ 性名词，复数是 ＿＿＿＿＿＿ ，复数第二格是 ＿＿＿＿＿＿ ；зять是 ＿＿＿＿＿＿ 性名词，复数是 ＿＿＿＿＿＿ ，复数第二格是 ＿＿＿＿＿＿ ；лев第二格是 ＿＿＿＿＿＿ ；лёд第二格是 ＿＿＿＿＿＿ ，第六格是 ＿＿＿＿＿＿ ；о́ко复数是 ＿＿＿＿＿＿ ，复数第二格是 ＿＿＿＿＿＿ ；приобщи́ть的接格关系是 ＿＿＿＿＿＿ ；нужда́ться的接格关系是 ＿＿＿＿＿＿ ；забо́титься的接格关系是 ＿＿＿＿＿＿ ；де́латься的接格关系是 ＿＿＿＿＿＿ 。

练习2　把下列词组翻译成汉语。

зря тра́тить вре́мя　＿＿＿＿＿＿＿＿＿＿

Нобелевская пре́мия　＿＿＿＿＿＿＿＿＿＿

пре́мия за отли́чную рабо́ту　＿＿＿＿＿＿＿＿＿＿

боя́ться одино́чества　＿＿＿＿＿＿＿＿＿＿

жить в одино́честве　＿＿＿＿＿＿＿＿＿＿

траги́ческое собы́тие　＿＿＿＿＿＿＿＿＿＿

поста́вить буты́лку в холоди́льник　＿＿＿＿＿＿＿＿＿＿

поста́вить спекта́кль　＿＿＿＿＿＿＿＿＿＿

поста́вить фильм　＿＿＿＿＿＿＿＿＿＿

поставить балет   _____

драматическое искусство   _____

драматический театр   _____

поставить пьесу Чехова   _____

пальмовая ветвь   _____

храбрый как лев   _____

экранизация романа   _____

достать паспорт из кармана   _____

достать тетрадь из сумки   _____

достать деньги на поездку   _____

абсолютная тишина   _____

исполнить закон   _____

исполнить желание   _____

исполнить главную роль   _____

исполнить номер   _____

приобщить людей к культуре   _____

приобщить детей к общественной жизни

    _____

распродать популярные книги   _____

распродать редкие товары   _____

заставить сына учиться   _____

заставить детей ждать   _____

оказаться на высоте   _____

широкий кругозор   _____

политический кругозор   _____

шедевр русской литературы   _____

шедевр искусства   _____

Речь идёт о науке.   _____

Речь идёт о молодёжи.   _____

уровень воды в реке   _____

уровень моря   _____

уровень жизни   _____

у́ровень культу́ры _____

нужда́ться в материа́лах _____

нужда́ться в деньга́х _____

нужда́ться в ремо́нте _____

пеки́нская о́пера _____

голосова́ть про́тив его́ _____

лека́рство про́тив гри́ппа _____

со́лнечное затме́ние _____

забо́титься о де́тях _____

забо́титься о эконо́мике _____

отпусти́ть дете́й во двор _____

отпусти́ть больно́го студе́нта с уро́ка _____

отпусти́ть усы́ _____

подверга́ться опа́сности _____

задержа́ть студе́нтов на пять мину́т _____

задержа́ть нас до ве́чера _____

коме́дия в трёх де́йствиях _____

привести́ маши́ну в де́йствие _____

приве́тствовать аплодисме́нтами _____

исключи́ть но́мер из програ́ммы _____

исключи́ть студе́нта из университе́та _____

политехни́ческое учи́лище _____

педагоги́ческое учи́лище _____

нару́шить пра́вило _____

нару́шить тишину́ _____

выпуска́ть дете́й погуля́ть _____

выпуска́ть пти́цу на свобо́ду _____

выпуска́ть инжене́ров _____

выпуска́ть о́бувь _____

выпуска́ть журна́лы _____

механи́ческий факульте́т _____

игра́ть на пиани́но _____

жесто́кий рома́нс   _____

чёрные о́чи   _____

приступи́ть к рабо́те   _____

приступи́ть к учёбе   _____

оригина́льная статья́   _____

оригина́льное откры́тие   _____

оригина́льный докуме́нт   _____

масшта́бное разви́тие   _____

возгла́вить рабо́ту   _____

возгла́вить университе́т   _____

обще́ственная рабо́та   _____

обще́ственная де́ятельность   _____

возрожде́ние эконо́мики   _____

возрожде́ние страны́   _____

练习3　把下列词组翻译成俄语。

诺贝尔奖   _____

悲剧   _____

橄榄枝   _____

绝对寂静   _____

京剧   _____

日食   _____

关心孩子   _____

关心经济   _____

高尚的人   _____

在战场上战斗   _____

掌声欢迎   _____

破坏规则   _____

打破沉寂   _____

弹钢琴   _____

残酷的浪漫曲   _____

着手工作   _____

总之　　　　　　_____

生活水平　　　　_____

文化水平　　　　_____

明显的错误　　　_____

需要资料　　　　_____

需要钱　　　　　_____

练习4　　**写出下列动词的对应体形式。**

поста́вить　　　_____

доста́ть　　　　_____

тащи́ть　　　　_____

исполня́ть　　　_____

приобщи́ть　　　_____

распрода́ть　　　_____

заставля́ть　　　_____

утомля́ть　　　　_____

забо́титься　　　_____

отпуска́ть　　　_____

буди́ть　　　　　_____

задержа́ть　　　_____

исключи́ть　　　_____

нару́шить　　　　_____

возгла́вить　　　_____

练习5　　**把下列动词变位。**

ста́вить　　　　_____

доста́ть　　　　_____

достава́ть　　　_____

тащи́ть　　　　_____

испо́лнить　　　_____

приобщи́ть　　　_____

распрода́ть　　　_____

распродава́ть   _____

заста́вить   _____

посмея́ться   _____

утоми́ть   _____

забо́титься   _____

отпусти́ть   _____

воева́ть   _____

буди́ть   _____

задержа́ть   _____

исключи́ть   _____

нару́шить   _____

закле́ить   _____

возгла́вить   _____

练习6 造句。

исполня́ть   _____

приобщи́ть   _____

заста́вить   _____

тем бо́лее   _____

на высоте́   _____

речь идёт о   _____

нужда́ться   _____

про́тив   _____

забо́титься   _____

задержа́ть   _____

оста́вить   _____

сде́латься   _____

приступи́ть   _____

в ито́ге   _____

возгла́вить   _____

тащи́ть си́лой   _____

二、对话及课文

练习7 把下列词组翻译成汉语。

игра́ть гла́вного геро́я _____

золота́я па́льмовая ветвь _____

Ка́ннский кинофестива́ль _____

без ума́ от ру́сской литерату́ры _____

большо́й люби́тель ру́сской литерату́ры _____

экраниза́ция изве́стного рома́на _____

траги́ческая любо́вь за́мужней же́нщины _____

приобщи́ть молодо́е поколе́ние к прекра́сному _____

са́мая прести́жная кинопре́мия _____

лауреа́т Оска́ра _____

развлека́тельный фильм _____

интеллектуа́льный фильм _____

слу́шать ру́сскую о́перу _____

купи́ть биле́ты с рук _____

в плену́ _____

ма́стер своего́ де́ла _____

популя́рная пе́сня _____

练习8 把下列词组翻译成俄语。

演主人公 _____

金棕榈 _____

戛纳电影节 _____

疯狂地爱上俄罗斯文学 _____

俄罗斯文学的狂热者 _____

把著名小说搬上那个银幕 _____

已婚女子的悲惨爱情 _____

最权威的电影奖 _____

奥斯卡获奖者 _____

娱乐影片 _____

听俄罗斯歌剧　　　　　　_____

买二手票　　　　　　　　_____

被俘　　　　　　　　　　_____

行家　　　　　　　　　　_____

流行歌曲　　　　　　　　_____

练习9　连词成句。

① Назва́ние, я, о, ничто́, не, говори́ть.

_____

② Не, ка́ждый, сра́зу, поня́ть, в, интеллектуа́льный, фильм.

_____

③ Уровень, его́, фи́льмы, не, нужда́ться, в, дополни́тельный, разъясне́ния, и, доказа́тельства.

_____

④ Речь, идти́, о, любо́вь.

_____

练习10　补充句子。

① —Что э́то за фильм?

— _____

② —Кто снял э́тот фильм?

— _____

③ — _____

— Ну что ж.

④ —Что зна́чит купи́ть биле́т с рук?

— _____

⑤ —Каку́ю о́перу вы слу́шаете?

— _____

练习11　造句。

че́стно говоря́　_____

хотéться　　_____

кстáти　　_____

впервы́е　　_____

купи́ть биле́т с рук

　　_____

кро́ме того́　　_____

как раз　　_____

练习12 **把下列句子翻译成俄语。**

❶ 坦率地说，仅仅知道影片名对我来说毫无益处。

　_____

❷ 电影的水平不需要补充证明。

　_____

❸ 这里说的是高等教育问题。

　_____

❹ 老师很关心学生。

　_____

❺ 在家没遇到他，我给他留了字条。

　_____

❻ 实验没有成功，但科学家没有放弃新的研究途径的想法。

　_____

❼ 时间不够了，日程的最后一个问题没得到解决。

　_____

❽ 整夜窗户都是开着的。

　_____

❾ 离下课还有五分钟。

　_____

❿ 他在这部电影里演重要角色。

　_____

三、语 法

练习13 把形容词变成长尾或短尾形式填空。

① Сапоги́ ему́ _____ (вели́кий).

② Руба́шка мне _____ (ма́ленький).

③ Ребёнок о́чень _____ (живо́й).

④ Ба́бушка умерла́, а де́душка ещё _____ (живо́й).

⑤ Этот ма́льчик _____ (глухо́й) от рожде́ния.

⑥ Брат _____ (глухо́й) к мои́м про́сьбам.

⑦ Это _____ (нева́жный).

⑧ Что _____ (пра́вильный)?

⑨ Кака́я _____ (хоро́ший) пого́да!

⑩ Он так _____ (у́мный и си́льный).

⑪ Бу́дьте _____ (здоро́вый)!

⑫ Он _____ (согла́сный) переде́лать рабо́ту.

⑬ Дочь _____ (похо́жий) на мать.

⑭ _____ (Интере́сный) лю́ди, с кото́рыми мы познако́мились во вре́мя путеше́ствия.

⑮ _____ (Краси́вый) подмоско́вные леса́.

⑯ _____ (Прекра́сный) приро́да Сиби́ри.

⑰ Будь _____ (уве́ренный), мы зако́нчили рабо́ту во́время.

⑱ Почему́ ты так _____ (уве́ренный) в себе́? Нельзя́ быть таки́м _____ (стро́гий) к слу́шателям.

⑲ Эта исто́рия, уже́ _____ (знако́мый) слу́шателям, была́ ещё раз переска́зана со все́ми подро́бностями.

⑳ Ситуа́ция на э́тот раз сли́шком _____ (сло́жный), что́бы ты мог реши́ть её оди́н.

㉑ Аня счита́ла себя́ _____ (счастли́вый).

㉒ Тепе́рь он чу́вствовал себя́ _____ (отве́тственный) за судьбу́ э́той же́нщины.

㉓ До́ктор сказа́л, что _____ (необходи́мый) опера́ция.

㉔ Его́ движе́ния бы́ли то́чны и _____ (уве́ренный) .

㉕ Она́ така́я _____ (краси́вый), что заблуди́шься.

㉖ Она́ так _____ (краси́вый), что заблуди́шься.

㉗ Урожа́й тако́й _____ (большо́й), что се́рдце ра́дуется.

㉘ Урожа́й так _____ (вели́кий), что се́рдце ра́дуется.

㉙ Морско́й во́здух _____ (поле́зный) для здоро́вья.

㉚ Этот учёный _____ (изве́стный) свои́ми откры́тиями в о́бласти фи́зики.

练习14 选择正确答案填空。

❶ Ма́льчики вбежа́ли в ко́мнату _____ .

A. ве́селы   B. весёлые

C. весёлых   D. весёлым

❷ Она́ вы́росла _____ на мать.

A. похо́жа   B. похо́жая

C. похо́жим   D. похо́жий

❸ Алёша челове́к _____ , но сего́дня он _____ .

A. весёлый, гру́стный   B. ве́сел, гру́стен

C. весёлый, гру́стен   D. ве́сел, гру́стный

❹ Ко́мната _____ , но для нас _____ .

A. хоро́шая, ма́лая   B. хороша́, мала́

C. хоро́шая, мала́   D. хороша́, ма́лая

❺ Бу́дьте _____ , с ним ничего́ не случи́тся.

A. споко́йны   B. споко́йные

C. споко́йным   D. споко́йными

❻ Кита́й, _____ хле́бом, развива́ется бы́стро.

A. бога́тый   B. бога́т

C. бога́че   D. богате́йший

❼ Влади́мир Даль, _____ как а́втор «Толко́вого словаря́ ру́сского языка́», был по профе́ссии врачо́м.

A. изве́стен   B. изве́стного

C. изве́стный   D. изве́стным

❽ Компью́тер сейча́с всем _____ , без него́ бы́ло бы тру́дно рабо́тать.

A. необходи́м   B. необходи́мый

C. необходи́мым   D. необходи́мо

⑨ Челове́ку _____ зна́ния как во́здух и вода́.

    A. ну́жные   B. нужны́

    C. ну́жен   D. ну́жный

⑩ Столи́ца Пеки́н _____ ка́ждому из нас.

    A. до́рог   B. дорога́

    C. дорого́й   D. дорога́я

⑪ Мой друг хорошо́ _____ с литерату́рой дре́вней Ру́си.

    A. знако́м   B. знако́мый

    C. знако́мой   D. знако́мым

⑫ Однокóмнатная кварти́ра _____ для трои́х.

    A. ма́ленькая   B. мала́

    C. ма́лая   D. ме́ньшая

⑬ Как бы ни были _____ тру́дности, ну́жно упо́рно дви́гаться к це́ли.

    A. вели́кой   B. вели́ки

    C. вели́кие   D. вели́кими

⑭ Как бы ни бы́ли _____ вопро́сы, вы должны́ реши́ть их к концу́ ме́сяца.

    A. тру́дны   B. тру́дные

    C. тру́дными   D. тру́дно

⑮ Кака́я _____ пого́да!

    A. лу́чше   B. хоро́шая

    C. хороша́   D. хоро́шей

⑯ _____ ни был дождь, крестья́не продолжа́ли поса́дку ри́с A.

    A. Каки́м силён   B. Каки́м си́льным

    C. Как си́льным   D. Како́й си́льной

⑰ — Твой де́душка ещё _____ ? — Нет, в про́шлом году́ у́мер.

    A. жив   B. жива́

    C. живо́й   D. жива́я

⑱ Одно́ _____ : почему́ он оши́бся?

    A. стра́нное   B. стра́нно

    C. стра́нным   D. стра́нной

⑲ В челове́ке всё _____ .

    A. должно́ прекра́сное   B. должно́ быть прекра́сное

    C. должно́ быть прекра́сным   D. до́лжен быть прекра́сным

⑳ Всё то, что рассказа́л в своём выступле́нии э́тот выдаю́щийся учёный,

_____ .

A. интере́сное и но́вое   B. интере́сно и но́во

C. интере́сный и но́вый   D. интере́сен и нов

练习15   按示例变换句型。

Образец: Эта кни́га напи́сана мои́м отцо́м. — Эту кни́гу написа́л мой
отéц.

❶ Этот портре́т напи́сан изве́стным худо́жником.

_____

❷ Эти фотогра́фии сде́ланы молодо́й журнали́сткой.

_____

❸ Газ в э́том райо́не откры́т о́пытными гео́логами.

_____

❹ Этот заво́д постро́ен де́сять лет наза́д.

_____

❺ Эта исто́рия расска́зана мне мои́м ста́рым прия́телем.

_____

❻ Эта кни́га переведена́ на ру́сский язы́к прекра́сным перево́дчиком.

_____

Образец: Эти фотогра́фии сде́лал мой това́рищ. — Эти фотогра́фии
сде́ланы мои́м това́рищем.

❼ Эту кни́гу изда́ло столи́чное изда́тельство.

_____

❽ Эту запи́ску пе́редал мне секрета́рь.

_____

❾ Мой брат собра́л большу́ю колле́кцию ма́рок.

_____

❿ Этот уче́бник написа́ли для студе́нтов из Герма́нии.

_____

⓫ Эти стихи́ перевели́ на францу́зский язы́к.

_____

⑫ В университете организовали выставку фоторабóт студéнтов.

_____

Образец: Недáвно в клýбе открыли фотовыставку. — Недáвно в клýбе былá открыта фотовыставка.

⑬ На вéчере студéнтам показáли интерéсный фильм.

_____

⑭ Послéднее письмó отéц написáл в концé января.

_____

⑮ Это письмó я получил в серединe февраля.

_____

⑯ В этом годý в нáшем гóроде открóют ещё один кинотеáтр.

_____

⑰ В бýдущем годý здесь пострóят шкóлу.

_____

⑱ В слéдующем нóмере журнáла напечáтают мой стихи.

_____

Образец: Мы сдéлали рабóту в срок. — Рабóта сдéлана в срок.

⑲ Слóжную операцию сдéлал óпытный хирýрг.

_____

⑳ Квартиру отремонтировали óчень хорошó.

_____

㉑ Они быстро упаковáли и провéрили свой багáж.

_____

㉒ Пресс-конферéнцию с игрокáми хоккéйной комáнды показáли по телевидению.

_____

Образец: Студéнтам объявили решéние рéктора. — Студéнтам было объявлено решéние рéктора.

㉓ Больнóго тщáтельно обслéдовали.

_____

㉔ Госуда́рственную грани́цу в э́том регио́не серьёзно укрепи́ли.

_____

㉕ Имя э́того актёра мно́го раз упомяну́ли в статье́ о спекта́кле.

_____

㉖ Мя́со разморо́зили пе́ред тем, как его́ пригото́вить.

_____

㉗ На уро́ке нам показа́ли интере́сные диафи́льмы.

_____

㉘ На ве́чер пригласи́ли всех преподава́телей.

_____

练习16 指出哪些是句子，哪些是词组。

❶ Зда́ние постро́ено в про́шлом ве́ке… (   )

— Зда́ние, постро́енное в про́шлом ве́ке… (   )

❷ Кни́га и́здана совсе́м неда́вно… (   )

— Кни́га, и́зданная совсе́м неда́вно… (   )

❸ Прове́ренные учи́телем сочине́ния… (   )

— Сочине́ния прове́рены учи́телем… (   )

❹ Прочи́танная газе́та … (   )

— Газе́та про́читана … (   )

❺ Ве́чер организо́ван на́ми… (   )

— Ве́чер, организо́ванной на́ми… (   )

❻ Наш дом постро́ен в 30-е го́ды… (   )

— Постро́енный дом в 30-е го́ды… (   )

练习17 选择适当形式填空。

❶ Брат показа́л мне ма́рки, _____ (ку́пленные — ку́плены) в Москве́.

❷ Когда́ _____ (постро́енное — постро́ено) э́то зда́ние?

❸ Я забы́л до́ма письмо́, _____ (напи́санное — напи́сано) мной вчера́.

④ Ви́ктор показа́л нам фотогра́фии, _____ (при́сланные — при́сланы) ему́ из до́ма.

⑤ Шко́ла, в кото́рой у́чится моя́ сестра́, была́ _____ (постро́енная — постро́ена) в 1958 году́.

⑥ На сце́ну вы́шел арти́ст, тепло́ _____ (встре́ченный — встре́чен) зри́телями.

⑦ Мне нра́вится кинотеа́тр, _____ (откры́тый — откры́т) неда́вно на на́шей у́лице.

⑧ Ве́чер _____ (подгото́вленный — подгото́влен) на́шими студе́нтами.

⑨ Когда́ Андре́й вошёл в аудито́рию, в рука́х он держа́л письмо́, _____ (полу́чено — полу́ченное) им у́тром. Э́то письмо́ _____ (при́сланное — при́слано) из Москвы́. Оно́ _____ (напи́сано — напи́санное) дру́гом Андре́я.

⑩ Вчера́ на уро́ке фи́зики нам _____ (был пока́зан — пока́занный) о́пыт. О́пыт, _____ (был пока́зан — пока́занный) преподава́телем, мы ви́дели пе́рвый раз. Пото́м мы реша́ли зада́чу. По́сле того́ как зада́ча _____ (была́ решена́ — решённая), мы попроси́ли преподава́теля дать нам ещё одну́ зада́чу. Втора́я зада́ча, _____ (была́ дана́ — да́нная) преподава́телем, оказа́лась о́чень тру́дной.

⑪ Сейча́с в на́шем клу́бе _____ (организо́вана — организо́ванная) вы́ставка фотогра́фий. Фотогра́фии _____ (при́сланы — при́сланные) из ра́зных университе́тов страны́. Они́ _____ (сде́ланы — сде́ланные) фото́графами — люби́телями. Осо́бенно мне понра́вились фотогра́фии, _____ (сде́ланы — сде́ланные) студе́нтами на́шего университе́та.

⑫ Я чита́ю рома́н, _____ (напи́сан-напи́санный) одни́м францу́зским писа́телем. Рома́н _____ (был напи́сан — напи́санный) в 1955 году́. Не́сколько лет наза́д он _____ (был переведён — переведённый) на ру́сский язы́к. Собы́тия, _____ (опи́саны — опи́санные) в рома́не, происходи́ли во Фра́нции.

四、本课测验

I 选择正确答案填空。 18分

1 Он _____ вошёл в аудито́рию.

A. пе́рвая   B. пе́рвым

C. пе́рвой   D. пе́рвыми

2 Э́тот ма́льчик _____ от рожде́ния.

A. глухо́й   B. глухи́м

C. глух   D. глухи́ми

3 Оте́ц _____ и сего́дня не пойдёт на рабо́ту.

A. бо́лен   B. больно́й

C. заболе́ет   D. боле́л

4 Э́тот текст не _____, но для студе́нтов пе́рвого ку́рса _____.

A. тру́ден, тру́дный   B. тру́дный, тру́ден

C. тру́дным, тру́ден   D. тру́ден, тру́дным

5 Бу́дьте _____, мы зако́нчим зада́чу.

A. уве́рены   B. уве́ренными

C. уве́ренные   D. уве́ренным

6 Студе́нт, _____, получи́л пре́мию.

A. у́мный и спосо́бный   B. умён и спосо́бен

C. у́мным и спосо́бным   D. у́много и спосо́бного

7 На́ша страна́ _____ не́фтью.

A. бога́та   B. бога́тая

C. бога́т   D. бога́той

8 Чи́стый во́здух сосно́вых лесо́в _____ для здоро́вья.

A. поле́зен   B. поле́зный

C. поле́зным   D. поле́зного

9 Как ни _____ э́та зада́ча, мы постара́емся её реши́ть.

A. тру́дная   C. о́чень тру́дная

C. тру́дна   D. тру́дно

10 Ве́тер был так _____, что мы с трудо́м могли́ идти́.

A. си́льной   B. силён

C. си́льный   D. си́льным

⑪ Дед мой давно́ у́мер, а ба́бушка ещё _____ .

A. жив

B. живо́й

C. жива́

D. живы́м

⑫ Никто́ из нас не знал, что там случи́лось. Но одно́ бы́ло _____ :
Серге́й бо́льше не вернётся.

A. я́сно

B. я́сное

C. я́сный

D. я́сным

⑬ Не всё _____ , и́бо есть недоста́тки.

A. хорошо́

B. хоро́шее

C. лу́чше

D. хоро́шим

⑭ Случи́лась беда́, и э́то _____ .

A. непоправи́мо

B. непоправи́мое

C. не поправи́мо

D. не поправи́мое

⑮ Но́вое всегда́ _____ .

A. непобеди́мо

B. непобеди́мое

C. непобеди́мым

D. непобеди́мый

⑯ В э́том году́ сбо́рник нау́чных трудо́в _____ актуа́льным пробле́мам
эконо́мики.

A. посвящены́

B. посвящённый

C. посвящено́

D. посвящён

⑰ Уже́ темно́, но воро́та са́да ещё _____ .

A. откры́та

B. откры́лась

C. откры́лись

D. откры́ты

⑱ Магази́н _____ во́семь часо́в.

A. откры́т

B. открыва́ется

C. откры́лся

D. откры́ли

II 用被动形动词长尾或短尾的适当形式填空。 12分

❶ А́нна чита́ет рома́н, _____ в после́днем но́мере «Звёзды».

Рома́н _____ впервы́е. (опублико́ванный — опублико́ван)

❷ Докуме́нты _____ ре́ктором.

Все докуме́нты, _____ ре́ктором, лежа́т на столе́ у секретаря́.

(подпи́санный — подпи́сан)

③ Эта колле́кция _____ здесь с про́шлого го́да.

Мы рассма́тривали колле́кцию эма́лей（搪瓷）, _____ в одно́м из за́лов Эрмита́жа.（вы́ставленный — вы́ставлен）

④ Эта ста́нция метро́ _____ на ремо́нт.

В _____ на реставра́цию музе́е рабо́ты иду́т бы́стро и ка́чественно.（закры́тый — закры́т）

⑤ Вы́боры _____ во всех регио́нах страны́ одновре́менно.

В результа́те _____ вы́боров в Ду́му пришли́ молоды́е профессиона́лы.（проведённый — проведён）

⑥ Мы бы́ли на вы́ставке, _____ молоды́ми худо́жниками.

Вы́ставка _____ в клу́бе университе́та.（организо́ванный — организо́ван）

Ⅲ 把括号里的词变成适当形式填空，如需要，加前置词。 10分

① Это фильм о _____ (любо́вь) _____ (приро́да).

② Он _____ (ум) от ру́сской литерату́ры.

③ Если де́ти не хотя́т идти́ в теа́тр, нельзя́ тащи́ть их _____ (си́ла).

④ Дава́йте попро́буем приобщи́ть молодо́е поколе́ние _____ (прекра́сное).

⑤ Я уви́дел _____ (лев) в зоопа́рке.

⑥ Речь идёт _____ (на́ша молодёжь).

⑦ Наш го́род нужда́ется _____ (лес).

⑧ Мы купи́ли биле́ты _____ (ру́ки).

⑨ Он сра́зу сде́лался _____ (изве́стный арти́ст).

⑩ Де́ти ката́ются _____ (лёд).

Ⅳ 把下列词组翻译成汉语。 10分

купи́ть биле́ты с рук   _____

чита́ть програ́мму   _____

бале́тная тру́ппа   _____

взять дете́й на у́тренние спекта́кли

_____

со́лнечное затме́ние   _____

сме́лый и благоро́дный князь   _____

воева́ть про́тив врага́   _____

ма́стер своего́ де́ла   _____

быть в плену́   _____

про́тив ве́тра   _____

Ⅴ 造句。 20分

тем бо́лее   _____

про́тив   _____

приобщи́ть   _____

задержа́ть   _____

исключи́ть   _____

возгла́вить   _____

в ито́ге   _____

че́стно говоря́   _____

кро́ме того́   _____

как раз   _____

Ⅵ 把下列句子翻译成俄语。 20分

❶ 坦率地说，仅仅知道影片名对我来说毫无益处。

_____

❷ 电影的水平不需要补充证明。

_____

❸ 这里说的是高等教育问题。

_____

❹ 老师很关心学生。

_____

❺ 在家没遇到他，我给他留了字条。

_____

❻ 实验没有成功，但科学家没有放弃新的研究途径的想法。

_____

⑦ 时间不够了，日程的最后一个问题没得到解决。

_____

⑧ 整夜窗户都是开着的。

_____

⑨ 离下课还有五分钟。

_____

⑩ 他在这部电影里演重要角色。

_____

VII 选择下列其中一个题目写一篇俄语作文，不少于200词。 10分

①作文 «Мой люби́мый фильм».
②你喜欢什么艺术形式? 以此为题写一篇短文。

_____

_____

_____

_____

五、日积月累

По цене́ и това́р. (Какова́ цена́, тако́в и това́р.) 一分钱一分货。

Зна́ние — си́ла. 知识就是力量。

六、国情点滴

伊萨克·伊里奇·列维坦 (Иса́ак Ильи́ч Левита́н, 1860—1900) 是俄国杰出的写生画家、现实主义风景画大师、巡回展览画派的成员之一。列维坦的作品极富诗意，深刻而真实地表现了俄罗斯大自然的特点与多方面的优美。他的写生画的独到之处是用笔洗练、综合广泛、情感充沛，描绘大自然的状态以及各种精神感受的千变万化，富有沉思、忧郁的特性。其主要作品有《白桦林》(Берёзовая ро́ща)、《傍晚钟声》(Вече́рний звон)、《永久的安息》(Над ве́чным поко́ем)、《三月》(Март)、《金色的秋天》(Золота́я о́сень)。

七、练习答案

练习1
阳，阳，阳，阳，阴，阴，阴，阳，князья́, князе́й, 阳，зятья́, зятьёв, льва, льда, на льду, очи, оче́й, кого́ к чему́, в чём, о ком-чём, кем-чем

练习2
白白浪费时间，诺贝尔奖，最佳工作奖，害怕孤单，孤独生活，悲惨事件，把瓶子放进冰箱，演话剧，演电影，演芭蕾舞，戏剧艺术，剧院，演契诃夫的剧本，橄榄枝，像狮子一样勇敢，把小说拍成电影，从兜里拿出护照，从书包里拿出练习本，弄钱旅行，绝对寂静，执法，实现愿望，表演重要角色，演节目，让人们接触文化，让孩子们接触社会生活，售光受欢迎的书，售光稀缺商品，让儿子学习，让孩子等，水平高，开阔的视野，政治视觉，俄罗斯文学精品，艺术精品，说的是科学。说的是青年人。河水水位，海拔，生活水平，文化水平，需要资料，需要钱，需要修理，京剧，投票反对他，感冒药，日食，关心孩子，关心经济，放孩子去院子，同意生病的学生离开课堂，留胡子，经历危险，留学生五分钟，耽搁我们直到晚上，三幕喜剧，使机器运转，掌声欢迎，从节目单中去掉一个节目，开除大学生，技术学校，师范学校，破坏规则，打破沉寂，放孩子玩，放鸟自由，培养工程师，制鞋，出版杂志，机械系，弹钢琴，残酷的浪漫曲，黑眼珠，着手工作，开始学习，新颖的文章，新颖的发现，原版证件，大规模发展，主持工作，管理大学，社会工作，社会活动，经济复苏，国家复兴

练习3
Но́белевская пре́мия, траги́ческая пье́са, па́льмовая ветвь, абсолю́тная тишина́, пеки́нская о́пера, со́лнечное затме́ние, забо́титься о де́тях, забо́титься о эконо́мике, благоро́дный челове́к, воева́ть на войне́, приве́тствовать аплодисме́нтами, нару́шить пра́вило, нару́шить тишину́, игра́ть на пиани́но, жесто́кий рома́нс, приступи́ть к рабо́те, в ито́ге, у́ровень жи́зни, у́ровень культу́ры, очеви́дная оши́бка, нужда́ться в материа́лах, нужда́ться в деньга́х

练习7
饰演主人公，金棕榈，戛纳电影节，疯狂地爱上俄罗斯文学，俄罗斯文学的狂热者，把著名小说搬上银幕，已婚女子的悲惨爱情，让年轻一代爱上美好，最权威的电影奖，奥斯卡获奖者，娱乐影片，推理片，听俄罗斯歌剧，买二手票，被俘，行家，流行歌曲

练习8
игра́ть гла́вного геро́я, Золота́я па́льмовая ветвь, Ка́ннский кинофести́ва́ль, без ума́ от ру́сской литерату́ры, большо́й люби́тель ру́сской

литерату́ры, экраниза́ция изве́стного рома́на, траги́ческая любо́вь за́мужней же́нщины, са́мая прести́жная кинопре́мия, лауреа́т Оска́ра, развлека́тельный фильм, слу́шать ру́сскую о́перу, купи́ть биле́ты с рук, в плену́, ма́стер своего́ де́ла, популя́рная пе́сня

练习9

❶ Назва́ние мне ни о чём не говори́т.

❷ Не ка́ждый сра́зу поймёт в интеллектуа́льном фи́льме.

❸ Уровень его́ фи́льмов не нужда́ются в дополни́тельных разъясне́ниях и доказа́тельствах.

❹ Речь идёт о любви́.

练习12

❶ Че́сно говоря́, назва́ние фи́льма мне ни о чём не говори́т.

❷ У́ровень фи́льма не нужда́ется в дополни́тельных доказа́тельствах.

❸ Речь здесь идёт о вы́сшем образова́нии.

❹ Преподава́тель о́чень забо́тится о студе́нтах.

❺ Не заста́в его́ до́ма, я оста́вил ему́ запи́ску.

❻ О́пыт не уда́лся, но учёные не оставля́ли мы́сли о но́вых путя́х иссле́довапния.

❼ Вре́мени не хвати́ло, и после́дний вопро́с в пове́стке дня пришло́сь оста́вить нерассмо́тренным.

❽ Всю ночь окно́ остава́лось откры́тым.

❾ Ещё остаётся пять мину́т до звонка́.

❿ В э́том фи́льме он игра́ет гла́вного геро́я.

练习13

❶ велики́	❷ мала́	❸ живо́й
❹ жива́	❺ глухо́й	❻ глух
❼ нева́жно	❽ пра́вильно	❾ хоро́шая
❿ умён и силён	⑪ здоро́вы	⑫ согла́сен
⑬ похо́жа	⑭ Интере́сны	⑮ Краси́вы
⑯ Прекра́сна	⑰ уве́рен	⑱ уве́рен, стро́гим
⑲ знако́мая	⑳ сло́жна	㉑ счастли́вой
㉒ отве́тственным	㉓ необходи́ма	㉔ уве́рены
㉕ краси́вая	㉖ краси́ва	㉗ большо́й
㉘ вели́к	㉙ поле́зен	㉚ изве́стен

练习14

❶ B ❷ B ❸ C ❹ C ❺ A ❻ A ❼ C ❽ A ❾ B ❿ B

⑪ A ⑫ B ⑬ B ⑭ A ⑮ B ⑯ B ⑰ A ⑱ B ⑲ C ⑳ B

练习15

① Этот портрéт написáл извéстный худóжник.

② Эти фотогрáфии сдéлала молодáя журналúстка.

③ Газ в э́том райóне откры́ли óпытные геóлоги.

④ Этот завóд пострóили дéсять лет назáд.

⑤ Эту истóрию расскáзал мне мой стáрый прия́тель.

⑥ Эту кнúгу перевёл на рýсский язы́к прекрáсный перевóдчик.

⑦ Эта кнúга издáна столúчным издáтельством.

⑧ Эта запúска передáна мне секретарём.

⑨ Моúм брáтом сóбрана большáя коллéкция мáрок.

⑩ Этот учéбник напúсан для студéнтов из Гермáнии.

⑪ Эти стихú переведены́ на францýзский язы́к.

⑫ В университéте организóвана вы́ставка фоторабóт студéнтов.

⑬ На вéчере студéнтам был покáзан интерéсный фильм.

⑭ Послéднее письмó был напúсано отцóм в концé января́.

⑮ Это письмó бы́ло полýчено мной в середúне февраля́.

⑯ В э́том годý в нáшем гóроде бýдет откры́т ещё одúн кинотеáтр.

⑰ В бýдущем годý здесь бýдет пострóена шкóла.

⑱ В слéдующем нóмере журнáла бýдут напечáтаны мой стихú.

⑲ Слóжная операция сдéлана óпытным хирýргом.

⑳ Квартúра отремонтúрована óчень хорошó.

㉑ Ими бы́стро упакóван и провéрен свой багáж.

㉒ Пресс-конферéнция с игрокáми хоккéйной комáнды, покáзана по телевúдению.

㉓ Больнóй был тщáтельно обслéдован.

㉔ Госудáрственная гранúца в э́том региóне был серьёзно укреплён.

㉕ Имя э́того актёра бы́ло мнóго раз упомя́нуто в статьé о спектáкле.

㉖ Мя́со бы́ло разморóжено пéред тем, как егó приготóвить.

㉗ На урóке нам бы́ли покáзаны интерéсные диафúльмы.

㉘ На вéчер бы́ли приглашены́ все преподавáтели.

练习16

① 句子, 词组　　② 句子, 词组　　③ 词组, 句子

④ 词组, 句子　　⑤ 句子, 词组　　⑥ 句子, 词组

练习17

① кýпленные　　② пострóено

③ напúсанное　　④ прúсланные

⑤ пострóена　　⑥ встрéченный

⑦ откры́тый　　⑧ подготóвлен

⑨ полу́ченное, при́слано, напи́сано

⑩ был пока́зан, пока́занный, была́ решена́, да́нная

⑪ организо́вана, при́сланы (при́сланные), сде́ланы, сде́ланные

⑫ напи́санный, был напи́сан, был переведён (переведённый), опи́санные

测验 I （每题1分）

❶ B ❷ A ❸ A ❹ B ❺ A ❻ A ❼ A ❽ A ❾ C ❿ B
⓫ C ⓬ A ⓭ A ⓮ A ⓯ A ⓰ D ⓱ D ⓲ A

测验 II （每题2分）

❶ опублико́ванный, опублико́ван ❷ подпи́саны, подпи́санные

❸ вы́ставлена, вы́ставленную ❹ закры́т, закры́том

❺ проведены́, проведённых ❻ организо́ванной, организо́вана

测验 III （每题1分）

❶ любви́, к приро́де ❷ без ума́

❸ си́лой ❹ к прекра́сному

❺ льва ❻ о на́шей молодёжи

❼ в ле́се ❽ с рук

❾ изве́стным арти́стом ❿ на льду

测验 IV （每题1分）

买二手票，读节目单，芭蕾舞团，带孩子看早场剧目，日食，勇敢而高尚的公爵，反对敌人而战斗，行家，被俘，逆风

测验 VI （每题2分）

❶ Че́сно говоря́, назва́ние фи́льма мне ни о чём не говори́т.

❷ У́ровень фи́льма не нужда́ется в дополни́тельных доказа́тельствах.

❸ Речь здесь идёт о вы́сшем образова́нии.

❹ Преподава́тель о́чень забо́тится о студе́нтах.

❺ Не заста́в его́ до́ма, я оста́вил ему́ запи́ску.

❻ О́пыт не уда́лся, но учёные не оставля́ли мы́сли о но́вых путя́х иссле́дования.

❼ Вре́мени не хвати́ло, и после́дний вопро́с в пове́стке дня пришло́сь оста́вить нерассмо́тренным.

❽ Всю ночь окно́ остава́лось откры́тым.

❾ Ещё остаётся пять мину́т до звонка́.

❿ В э́том фи́льме он игра́ет гла́вного геро́я.

一、词 汇

练习1 填空。

стро́итель 是 _____ 性名词; солда́т 的复数第二格是 _____; круг 的第六格是 _____; наде́жда 的接格关系是 _____; овладе́ние 的接格关系是 _____; поздравле́ние 的接格关系是 _____; в кану́н 是前置词，其接格关系是 _____; пе́ться 是无人称动词，句中主体用第 _____ 格; возложи́ть 的接格关系是 _____; горди́ться 的接格关系是 _____; прибли́зиться 的接格关系是 _____。

练习2 把下列词组（句子）翻译成汉语。

ли́чное приглаше́ние _____

приглаше́ние на сва́дьбу _____

у́стное приглаше́ние _____

столе́тний юбиле́й университе́та _____

пра́здновать День учи́теля _____

пра́здновать Но́вый год _____

пра́здновать новосе́лье _____

наро́дные гуля́нья _____

про́воды зимы́ _____

ката́ться на са́нках _____

религио́зный пра́здник _____

правосла́вный пра́здник _____

в кругу́ учёных _____

в семе́йном кругу́ _____

в кану́н Пра́здника луны́ _____

пуска́ть хлопу́шку _____

устро́ить фейерве́рк _____

лу́нный календа́рь _____

я́ркий цвет _____

исполне́ние мечты́ _____

ве́ра в бу́дущее _____

посла́ть факс _____

накану́не Но́вого го́да _____

накану́не Пра́здника Весны́ _____

пра́здничный о́тдых _____

пра́здничный стол _____

Вода́ кипи́т. _____

кипе́ть в се́рдце _____

горди́ться свои́м сы́ном _____

прибли́зиться к концу́ _____

трансли́ровать переда́чу _____

трансли́ровать нового́днее поздравле́ние

_____

роди́ть ребёнка _____

роди́ть близнецо́в _____

прия́тный за́пах _____

отмени́ть план _____

отмени́ть собра́ние _____

проводи́ть Па́сху _____

пасха́льное яйцо́ _____

общенациона́льный пра́здник _____

возложи́ть наде́жду на сынове́й _____

вое́нный пара́д _____

练习3 把下列词组翻译成俄语。

个人邀请　　　　　　　＿＿＿＿＿＿＿＿＿＿＿＿＿＿＿

邀请去剧院　　　　　　＿＿＿＿＿＿＿＿＿＿＿＿＿＿＿

邀请参加婚礼　　　　　＿＿＿＿＿＿＿＿＿＿＿＿＿＿＿

庆祝纪念日　　　　　　＿＿＿＿＿＿＿＿＿＿＿＿＿＿＿

庆祝乔迁新居　　　　　＿＿＿＿＿＿＿＿＿＿＿＿＿＿＿

祝贺谢肉节　　　　　　＿＿＿＿＿＿＿＿＿＿＿＿＿＿＿

告别冬天　　　　　　　＿＿＿＿＿＿＿＿＿＿＿＿＿＿＿

滑雪橇　　　　　　　　＿＿＿＿＿＿＿＿＿＿＿＿＿＿＿

宗教节日　　　　　　　＿＿＿＿＿＿＿＿＿＿＿＿＿＿＿

东正教节日　　　　　　＿＿＿＿＿＿＿＿＿＿＿＿＿＿＿

在学术界　　　　　　　＿＿＿＿＿＿＿＿＿＿＿＿＿＿＿

在家庭范围　　　　　　＿＿＿＿＿＿＿＿＿＿＿＿＿＿＿

放鞭炮　　　　　　　　＿＿＿＿＿＿＿＿＿＿＿＿＿＿＿

放烟火　　　　　　　　＿＿＿＿＿＿＿＿＿＿＿＿＿＿＿

美好的前景　　　　　　＿＿＿＿＿＿＿＿＿＿＿＿＿＿＿

对未来的信心　　　　　＿＿＿＿＿＿＿＿＿＿＿＿＿＿＿

新年的祝贺　　　　　　＿＿＿＿＿＿＿＿＿＿＿＿＿＿＿

发传真　　　　　　　　＿＿＿＿＿＿＿＿＿＿＿＿＿＿＿

春节前夕（除夕）　　　＿＿＿＿＿＿＿＿＿＿＿＿＿＿＿

以自己的儿子为骄傲　　＿＿＿＿＿＿＿＿＿＿＿＿＿＿＿

生小孩　　　　　　　　＿＿＿＿＿＿＿＿＿＿＿＿＿＿＿

生双胞胎　　　　　　　＿＿＿＿＿＿＿＿＿＿＿＿＿＿＿

革命的摇篮　　　　　　＿＿＿＿＿＿＿＿＿＿＿＿＿＿＿

度过复活节　　　　　　＿＿＿＿＿＿＿＿＿＿＿＿＿＿＿

复活节彩蛋　　　　　　＿＿＿＿＿＿＿＿＿＿＿＿＿＿＿

寄希望于儿子们　　　　＿＿＿＿＿＿＿＿＿＿＿＿＿＿＿

转播节目　　　　　　　＿＿＿＿＿＿＿＿＿＿＿＿＿＿＿

练习4 写出下列动词的对应体形式。

обду́мать　　　　　　　＿＿＿＿＿＿＿＿＿＿＿＿＿＿＿

изобража́ть _____

откры́ться _____

заяви́ть _____

прибли́зиться _____

просыпа́ться _____

рожда́ть _____

возлага́ть _____

отменя́ть _____

练习5 把下列动词变位。

пусти́ть _____

изобрази́ть _____

откры́ться _____

кипе́ть _____

заяви́ть _____

горди́ться _____

прибли́зиться _____

трансли́ровать _____

звуча́ть _____

просну́ться _____

роди́ть _____

возложи́ть _____

отмени́ть _____

练习6 造句。

в кану́н _____

кро́ме того́ _____

продолжа́ться _____

гото́виться _____

горди́ться _____

напомина́ть _____

прибли́зиться _____

возложи́ть _____

отмени́ть _____

二、对话及课文

练习7 把下列词组翻译成汉语。

пра́здновать новосе́лье _____

пра́здновать Ма́сленицу _____

встреча́ть Но́вый год _____

встреча́ть Па́сху _____

встреча́ть День всех влюблённых _____

отмеча́ть День побе́ды _____

отмеча́ть День Росси́и _____

отмеча́ть годовщи́ну _____

отмеча́ть десятиле́тие со дня сме́рти поэ́та _____

отмеча́ть тру́дности _____

отмеча́ть черты́ хара́ктера _____

традицио́нный пра́здник _____

национа́льный пра́здник _____

религио́зный пра́здник _____

правосла́вный пра́здник _____

профессиона́льный пра́здник _____

приня́ть пода́рок _____

приня́ть зака́з _____

приня́ть посети́телей _____

приня́ть больны́х _____

Пра́здник Весны́ _____

в кану́н пра́здника _____

пуска́ть хлопу́шки _____

устра́ивать фейерве́рки _____

лу́нный календа́рь _____

Пра́здник луны́ _____

любова́ться луно́й _____

устра́ивать ло́дочные соревнова́ния _____

навеща́ть моги́лы родны́х _____

наде́жда на исполне́ние всех жела́ний _____

гото́виться к пра́зднику _____

нового́дняя суета́ _____

посыла́ть поздравле́ния по фа́ксу и́ли по электро́нной по́чте

_____

поздравля́ть всех с Но́вым го́дом _____

поздравля́ть ма́му с днём рожде́ния _____

накану́не Но́вого го́да _____

фи́рменное блю́до _____

президе́нт страны́ _____

поднима́ть бока́л _____

традицио́нные пасха́льные угоще́ния _____

проводи́ть зи́му и встреча́ть весну́ _____

Вели́кая Оте́чественная война́ _____

вое́нный пара́д _____

дари́ть цветы́ ветера́нам _____

па́мятник наро́дным геро́ям _____

День ма́тери _____

День защи́тника Оте́чества _____

Мужско́й день _____

День сня́тия блока́ды Ленингра́да _____

Дед Моро́з и Снегу́рочка _____

练习8 把下列词组翻译成俄文。

祝贺新年 _____

迎接新年 _____

全民节日 _____

国家节日 _____

宗教节日　　　　　　_____

东正教节日　　　　　_____

寒假计划　　　　　　_____

春节的传统和习俗　　_____

放鞭炮　　　　　　　_____

放烟火　　　　　　　_____

用传真和电子邮件发祝贺　_____

招牌菜　　　　　　　_____

国家总统　　　　　　_____

举杯　　　　　　　　_____

传统复活节食物　　　_____

彩蛋　　　　　　　　_____

卫国战争　　　　　　_____

练习9 **连词成句。**

① В, Но́вый, год, лю́ди, забыва́ть, о, свой, проблéмы, и, с, вéра, в, бу́дущее, встреча́ть, наступа́ющий, пра́здник.

_____

_____

② Пра́здник, весна́, — , э́то, в, Кита́й, семéйный, пра́здник, в, э́тот, врéмя, все, стара́ться, собра́ться, до́ма, и, встрéтить, Но́вый, год, в, семéйный, круг.

_____

_____

③ Кро́ме того́, на, сéвер, в, кану́н, пра́здник, обяза́тельно, гото́вить, пельмéни. Всю́ду, пуска́ть, хлопу́шки, и, устра́ивать, фейервéрки.

_____

_____

④ Пра́здник, продолжа́ться, с, пéрвое, по, седьмо́е, по, лу́нный, календа́рь.

_____

_____

5 В, э́тот, ночь, луна́, быва́ть, осо́бенно, я́ркий, и, краси́вый. Лю́ди, выходи́ть, полюбова́ться, луна́, есть, и, дари́ть, друг дру́га, пиро́жные.

_____

_____

6 В, э́тот, день, есть, осо́бый, ри́совый, пирожки́, устра́ивать, ло́дочный, соревнова́ния, на, юг, Кита́й.

_____

_____

7 В, э́тот, день, лю́ди, навеща́ть, моги́лы, родны́е, вспомина́ть, поко́йные.

_____

_____

8 Несомне́нно, в, Росси́я, са́мый, люби́мый, пра́здник, де́ти, и, взро́слые, явля́ться, нового́дний , пра́здник.

_____

_____

9 Все, бе́гать, по, магази́ны, покупа́ть, пода́рки, свой, родны́е, и, друзья́, посыла́ть, поздравле́ния, по, факс, и́ли, электро́нный, по́чта.

_____

_____

10 Накану́не, Но́вый, год, в, ка́ждый, кварти́ра, стоя́ть, ёлка, под, кото́рый, ждать, свой, час, нового́дний, пода́рки.

_____

_____

11 У, ка́ждый, хозя́йка, есть, свой, фи́рменный, блю́до, кото́рый, она́, о́чень, горди́ться.

_____

_____

12 По, правсла́вный, календа́рь, Рождество́, в, Росси́я, отмеча́ть, седьмо́е, янва́рь.

_____

_____

13 В тече́ние, неде́ля, в, ру́сский, се́мьи, печь, блины́, приглаша́ть, го́сти.

_____

_____

⑭ Кру́глый, блины́, по, фо́рма, напомина́ть, со́лнце.

_____

⑮ 23, февра́ль, поздравля́ть, офице́ры, и, солда́ты, с, День, защи́тник, Оте́чество.

_____

_____

⑯ В, свой, выступле́ния, все, отме́тить, ва́жность, э́тот, год, для, овладе́ние, ру́сский, язы́к.

_____

_____

⑰ В кану́н, Но́вый, год, по, телеви́зор, пока́зывать, интере́сный, переда́ча.

_____

⑱ От, весь, душа́, жела́ть, ты, сча́стье, здоро́вье, ра́дость, успе́хи, в, учёба.

_____

⑲ Жела́ть, ты, в, но́вый, год, пре́жде всего́, сча́стье, в, ли́чный, жизнь, кре́пкий, здоро́вье, а, та́кже, большо́й, успе́хи, в, спорт.

_____

_____

⑳ Разреши́ть, пожела́ть, Вы, ра́дость, сча́стье, хоро́ший, настрое́ние, а, та́кже, большо́й, успе́хи, в, Ваш, нелёгкий, рабо́та.

_____

_____

练习10 回答下列问题。

❶ — Каки́е ру́сские пра́здники вы зна́ете?

— _____

❷ — Каки́е ру́сские профессиона́льные пра́здники вы зна́ете?

— _____

❸ — Что вы де́лаете в кану́н Пра́здника весны́?

— _____

❹ — Каки́е обы́чаи у Пра́здника луны́?

— _____

⑤ — Чем отличáется рýсский нóвый год от китáйского?

— _____

⑥ — Как рýсские провóдят Мáсленицу?

— _____

⑦ — Когдá отмечáется столéтний юбилéй в Харбúнском политехнúческом университéте?

— _____

⑧ — Как вы встречáете Прáздник весны́?

— _____

⑨ — Скóлько врéмени продолжáется Прáздник весны́?

— _____

⑩ — Какúе у вас плáны на лéтние канúкулы?

— _____

⑪ — Какóй прáздник рýсские бóльше всегó лю́бят?

— _____

⑫ — Когдá в Россúи отмечáют Рождествó и Пáсху?

— _____

⑬ — Как в Россúи прáзднуют Мáсленицу?

— _____

⑭ — Скóлько врéмени продолжáется Пáсха?

— _____

⑮ — Кóля, с прáздником тебя́!

— _____

⑯ — _____

— Спасúбо за приглашéние!

⑰ — _____

— Спасúбо за хорóшие пожелáния!

⑱ — _____

— Спасúбо за поздравлéние!

⑲ — _____

— Вас тóже.

⑳ — _____

— И вам тогó же.

练习11 造句。

за _____

кро́ме того́ _____

в кану́н _____

кро́ме _____

как всегда́ _____

плюс _____

продолжа́ться _____

гото́виться _____

горди́ться _____

напомина́ть _____

отмеча́ть _____

пра́здновать _____

练习12 把下列句子翻译成俄语。

① 谢肉节又叫送冬节，也就是说在这个节日人们告别冬天。

_____

② 孩子们和年轻人从山上往下滑雪橇，年长一些的人们唱歌、跳舞，并且所有的人必须吃薄饼。

_____

③ 春节在中国是家庭节日。此时大家都会在家聚会，在家庭范围内迎接新的一年。

_____

④ 春节从阴历正月初一持续到十五，加上除夕共十六天。

_____

⑤ 在中国的南方这一天吃粽子，赛龙舟。

_____

⑥ 在这一天人们为亲人扫墓，思念逝者。

_____

⑦ 无疑，新年是俄罗斯儿童和成年人最喜欢的节日。

_____

⑧ 新年这天人们会忘记烦恼，充满对未来的希望迎接新的一年。

_____

⑨ 除夕所有的电视频道都转播国家总统的新年贺词。

_____

⑩ 在俄罗斯按照东正教日历在一月七日庆祝圣诞节。

_____

⑪ 圆饼的形状像太阳。

_____

⑫ 在俄罗斯没有一个家庭在卫国战争中没失去亲人。

_____

练习13 写出下列俄罗斯节日。

1 января	_____
7 января	_____
13 января	_____
25 января	_____
14 февраля	_____
23 февраля	_____
8 марта	_____
1 апреля	_____
1 мая	_____
9 мая	_____
12 июня	_____
1 сентября	_____
5 октября	_____
4 ноября	_____
7 ноября	_____
12 декабря	_____

三、语 法

练习14 把下列动词变成副动词形式。

быть _____

де́лать _____

отдыха́ть _____

рабо́тать _____

сиде́ть _____

стоя́ть _____

лежа́ть _____

молча́ть _____

переводи́ть _____

люби́ть _____

уходи́ть _____

встава́ть _____

продава́ть _____

передава́ть _____

интересова́ться _____

знако́миться _____

занима́ться _____

встреча́ться _____

учи́ться _____

встать _____

прочита́ть _____

перечита́ть _____

рассказа́ть _____

нарисова́ть _____

встре́тить _____

услы́шать _____

узна́ть _____

поня́ть _____

отдохну́ть _____

исче́знуть   _____

спасти́   _____

запере́ть   _____

увле́чься   _____

познако́миться   _____

уви́деться   _____

оде́ться   _____

умы́ться   _____

встре́титься   _____

верну́ться   _____

собра́ться   _____

прийти́   _____

перейти́   _____

дойти́   _____

зайти́   _____

обойти́   _____

довезти́   _____

отвезти́   _____

вы́везти   _____

перевезти́   _____

练习15 按示例替换副动词，注意副动词短语表示的时间意义。

Образец А: Переводя́ текст по эконо́мике, студе́нт выпи́сывает из словаря́ слова́. — Студе́нт перево́дит текст по эконо́мике и выпи́сывает из словаря́ но́вые слова́.

❶ Уча́сь в университе́те, мой брат рабо́тает в одно́й из фирм.

_____

❷ Знако́мясь, мы говори́м, как нас зову́т.

_____

❸ Обду́мывая свой отве́т на вопро́с профе́ссора, Еле́на вспомина́ет всё, что она́ чита́ла по э́тому вопро́су.

_____

Образец Б: Марина тихо пела, играя на гитаре. — Марина тихо пела ииграла на гитаре.

④ Они вспоминали свою молодость, слушая эти песни и перебирая старые фото.

_____

⑤ Старик медленно спускался по лестнице, крепко держась за руку сына.

_____

⑥ Ребята шли из кинотеатра, рассказывая друг другу, что им понравилось в фильме больше всего.

_____

Образец В: Он позавтракал, а потом пошёл на работу. — Позавтракав, он пошёл на работу.

⑦ Я приехал в Москву и пошёл к товарищу.

_____

⑧ Старик посидел на скамейке и пошёл дальше.

_____

⑨ Мальчик нарисовал картину и показал её маме.

_____

⑩ Наташа кончила смотреть телевизор и легла спать.

_____

⑪ Максим принял душ, выпил кофе и сел работать.

_____

⑫ Вера привезла из Италии сувениры и раздала их друзьям.

_____

Образец Г: Летом, путешествуя по Крыму, мы будем фотографировать всё самое интересное. — Летом мы будем путешествовать по Крыму и фотографировать всё самое интересное.

⑬ Завтра, убирая в квартире, мы будем разбирать старые вещи и выбрасывать всё ненужное.

_____

⑭ Встречаясь по пути к Байкалу с чём-то интересным, мы будем всё записывать в наш путевой журнал.

⑮ Настя говорит, что, отдыхая в будущем году в деревне на севере, она будет записывать старые песни, сказки и легенды.

练习16 用时间从句替换副动词短语，注意连接词的使用。

Образец А: Читая новый текст, студент смотрел в словарь. – Когда студент читал новый текст, он смотрел в словарь.

❶ Рссказывая о своём путешествии, брат показывал нам фотографии.

❷ Слушая радио, мы узнаём о том, что происходит в мире.

❸ Отдыхая на юге, сестра редко писала домой.

❹ Гуляя по городу, туристы покупали сувениры.

❺ Выходя из дома, я часто встречаю этого человека.

❻ Они сидели за столом, разговаривая о своих делах.

Образец Б: Открывая окно, мальчик разбил стекло. – Когда мальчик открывал окно, он разбил стекло.

❼ Слушая докладчика, мы вдруг поняли, что нам не интересно то, о чём он говорит.

❽ Путешествуя по Крыму, мы обязательно пойдём в музей А. П. Чехов в Ялте.

⑨ Просма́тривая журна́л, он нашёл ну́жную ему́ статью.

_____

⑩ Переводя́ статью, Ива́н неожи́данно уви́дел абсолю́тно незнако́мое выраже́ние.

_____

⑪ Дава́я мне кни́гу, това́рищ попроси́л меня́ верну́ть её че́рез три дня.

_____

⑫ Бе́гая у́тром в па́рке недалеко́ от до́ма, он неожи́данно почу́вствовал боль в ноге́.

_____

Образец: Придя́ домо́й, я узна́л, что мне звони́л Пётр. – Когда́ (По́сле того́ как) я пришёл домо́й, я узна́л, что мне звони́л Пётр.

⑬ Зако́нчив рабо́ту, я пошёл домо́й.

_____

⑭ Поу́жинав, мы ста́ли смотре́ть телеви́зор.

_____

⑮ Собра́в кни́ги и тетра́ди, студе́нтка вы́шла из кла́сса.

_____

⑯ Око́нчив медици́нский институ́т, мой друг бу́дет врачо́м.

_____

⑰ Проведя́ за грани́цей 10 лет на дипломати́ческой рабо́те, Ви́ктор Андре́евич верну́лся с семьёй в Москву́.

_____

⑱ Верну́вшись на ро́дину, я бу́ду рабо́тать инжене́ром.

_____

⑲ Повтори́в весь материа́л, мы пошли́ сдава́ть экза́мены.

_____

⑳ Вы́йдя из аудито́рии, я встре́тил своего́ това́рища.

_____

练习17 用从句替换副动词短语，注意使用表示原因、条件、让步等意义的连接词 (потому́ что и́ли так как, е́сли, хотя́ и́ли несмотря́ на то, что)。

Образец А: Зна́я в соверше́нстве не́сколько иностра́нных языко́в, он принима́л уча́стие в рабо́те междунаро́дных конфере́нций. – Так как он знал в соверше́нстве не́сколько иностра́нных языко́в, он принима́л уча́стие в рабо́те междунаро́дных конфере́нций. – Он принима́л уча́стие в рабо́те междунаро́дных конфере́нций, потому́ что (так как) в соверше́нстве не́сколько иностра́нных языко́в.

① Роди́тели да́ли де́тям прекра́сное образова́ние, понима́я ва́жность и необходи́мость э́того.

_____

② Не любя́ жи́вопись и не понима́я её, он ни ра́зу не был ни в одно́м музе́е, ни на одно́й вы́ставке.

_____

③ Роди́тели и де́ти в э́тих се́мьях живу́т о́чень дру́жно, находя́ о́бщий язы́к друг с дру́гом.

_____

④ Прорабо́тав почти́ всю ночь и засну́в о́чень по́здно, он встал у́тром с головно́й бо́лью.

_____

⑤ Реши́в стать владе́льцем фи́рмы, Анто́н рабо́тал по восемна́дцать часо́в в су́тки.

_____

Образец Б: Покупа́я себе́ словари́, купи́, пожа́луйста, и мне. – Е́сли ты бу́дешь покупа́ть себе́ словари́, купи́, пожа́луйста, и мне.

⑥ Челове́ку тру́дно жить, никого́ не любя́.

_____

⑦ Живя́ в друго́й стране́, ну́жно уважа́ть её тради́ции и обы́чаи.

_____

⑧ Почу́вствовав себя́ пло́хо, сра́зу ляг отдохну́ть.

_____

⑨ Согласи́вшись пойти́ с на́ми в э́тот похо́д, вы полу́чите большо́е удово́льствие.

_____

Образец В: Зна́я грамма́тику, в разгово́ре он допусти́л мно́го оши́бок.
— Несмотря́ на то, что （Хотя́） он зна́ет грамма́тику, в разгово́ре он допусти́л мно́го оши́бок.

⑩ Бу́дучи за́няты, мы пое́хали за́ город.

_____

⑪ Обеща́в, он так и не пришёл.

_____

⑫ Очень стара́ясь, мы так и не смогли́ найти́ э́тот слова́рь.

_____

⑬ Очень любя́ свои́х дете́й, мать всегда́ была́ стро́гой и тре́бовательной.

_____

⑭ Из-за боле́зни пропусти́в мно́го заня́тий, моя́ подру́га хорошо́ сдала́ экза́мены.

_____

⑮ Бу́дучи уста́лыми, они́ продолжа́ли идти́ вперёд.

_____

练习18 把括号里的动词变成副动词形式。

❶ _____ (Жить) в небольшо́м городке́ и не _____ (име́ть) возмо́жности уви́деть столи́чные театра́льные премье́ры, они́ стара́лись прочита́ть все возмо́жное об э́тих спекта́клях.

❷ _____ (Создава́ть) но́вую фи́рму, Пётр Никола́евич мно́го е́здил и по стране́, и за грани́цу.

❸ _____ (Интересова́ться) астроно́мией и _____ (жела́ть) бо́льше знать о жи́зни плане́т, ма́льчики ходи́ли в планета́рий ка́ждую неде́лю.

❹ _____ (Игра́ть) с дельфи́нами, _____ （пла́вать） с ни́ми, больны́е де́тишки быстре́е выздора́вливают.

❺ _____ (Выбира́ть) подру́ге цветы́, Па́вел вдруг вспо́мнил, что Ли́за не лю́бит их.

⑥ Постоя́нно _____ (чита́ть) литерату́ру по специа́льности, Ро́берт всегда́ гото́в отве́тить на любо́й вопро́с.

练习19 选择完成体或未完成体副动词形式填空。

❶ _____ по у́лице, я смотре́л на витри́ны магази́нов.

_____ домо́й, я сра́зу же позвони́л на рабо́ту. (Идя́ — Придя́)

❷ _____ учи́ться в Москву́, дочь обеща́ла ча́сто писа́ть домо́й.

_____ в Москву́, дочь сра́зу начала́ скуча́ть по до́му. (Уезжа́я — Уе́хав)

❸ _____ домо́й, я узна́л, что ко мне приходи́л мой това́рищ.

_____ домо́й, я встре́тил своего́ това́рища. (Возвраща́ясь — Верну́вшись)

❹ _____, тури́сты пе́ли пе́сни.

_____, тури́сты продолжа́ли свой путь. (Отдыха́я — Отдохну́в)

❺ _____ ста́рые докуме́нты, Ве́ра почти́ все их вы́бросила.

_____ ста́рые пи́сьма, Ве́ра с удово́льствием перечи́тывала не́которые из них. (Перебира́я — Перебра́в)

练习20 用副动词短语替换句子。

❶ Подру́ги шли по па́рку и разгова́ривали о свои́х дела́х.

_____

❷ Мы рассма́тривали фотогра́фии и вспомина́ли о на́шей пое́здке на Байка́л.

_____

❸ На́дя прочита́ла кни́гу и верну́ла её в библиоте́ку.

_____

❹ Мы узна́ли телефо́н Вое́нно-Морско́го музе́я и позвони́ли туда́.

_____

❺ Па́вел зако́нчил свою́ рабо́ту, написа́л ма́ме запи́ску и ушёл в кино́.

_____

❻ Ася пришла́ с рабо́ты, пообе́дала, отдохну́ла немно́го и се́ла за компью́тер.

_____

⑦ Анто́н сложи́л чертёж, уложи́л его́ в огро́мную па́пку и вы́шел из мастерско́й.

_____

⑧ Преподава́тель прослу́шал Са́шу, не сде́лал ему́ ни одного́ замеча́ния и поста́вил за отве́т «отли́чно».

_____

⑨ Когда́ мы слу́шаем ле́кцию, мы запи́сываем то, что нам ну́жно.

_____

⑩ Когда́ я слу́шаю радиопереда́чи на ру́сском языке́, я стара́юсь поня́ть, что говори́т ди́ктор.

_____

⑪ Когда́ профе́ссор чита́л ле́кцию, он писа́л фо́рмулы на доске́.

_____

⑫ Когда́ студе́нты бу́дут гото́виться к экза́менам, они́ бу́дут повторя́ть те́ксты и де́лать все упражне́ния.

_____

⑬ Когда́ мы у́жинали, мы разгова́ривали о том, как мы провели́ день.

_____

⑭ По́сле того́ как мы купи́ли биле́ты в кино́, мы вошли́ в фойе́ кинотеа́тра.

_____

⑮ Как то́лько я получи́л письмо́, я сра́зу на́чал чита́ть его́.

_____

⑯ Когда́ мои́ друзья́ прие́хали в Москву́, они́ написа́ли мне письмо́.

_____

⑰ По́сле того́ как студе́нты сдаду́т экза́мены, они́ пое́дут на пра́ктику.

_____

⑱ Так как мой брат заболе́л, он лёг в больни́цу.

_____

⑲ Я не могу́ помо́чь вам, потому́ что пло́хо зна́ю францу́зский язы́к.

_____

⑳ Так как я интересу́юсь ру́сской литерату́рой, я покупа́ю кни́ги ру́сских писа́телей.

_____

㉑ Если ваш друг хорошо́ бу́дет знать ру́сский язы́к, он смо́жет рабо́тать переводчиком.

_____

㉒ Если вы вы́учите ру́сский язы́к, вы смо́жете рабо́тать переводчиком.

_____

㉓ Если вы хорошо́ отдохнёте ле́том, вы бу́дете успе́шно занима́ться в бу́дущем году́.

_____

㉔ Несмотря́ на то, что я опозда́л на заня́тия, я успе́л написа́ть контро́льную рабо́ту.

_____

㉕ Хотя́ я и не люблю́ слу́шать о́перу, но я пошёл с подру́гой в теа́тр.

_____

练习21 **判断下列句子中副动词的使用是否正确。**

❶ Переведя́ рома́н, он оказа́лся интере́сным. (　)

❷ Переезжа́я на но́вую кварти́ру, они́ про́дали немно́го ста́рых, нену́жных веще́й. (　)

❸ Войдя́ в зал, мне понра́вилось там. (　)

❹ Получи́в дипло́м, они́ уе́дут рабо́тать далеко́ от родно́го го́рода. (　)

❺ Умы́вшись, побри́вшись и поза́втракав, оте́ц ушёл на рабо́ту. (　)

❻ Познако́мившись с Ле́ной, нам понра́вилось вме́сте ходи́ть по музе́ям. (　)

❼ Заходя́ в э́ту фи́рму, вам на́до име́ть с собо́й па́спорт. (　)

❽ Прочита́в э́ту кни́гу, была́ уже́ глубо́кая ночь. (　)

❾ Возвраща́ясь домо́й, пошёл дождь. (　)

❿ Бу́дучи плоха́я пого́да, мы пое́хали за́ город. (　)

练习22 **选择正确答案填空。**

❶ Выходя́ из до́ма, _____.

　　а) я встре́тился с това́рищем.　　б) произошла́ встре́ча с това́рищем.

② Посове́товавшись с отцо́м, _____.

    а) оконча́тельное реше́ние бы́ло при́нято.

    б) я при́нял оконча́тельное реше́ние.

③ Проверя́я тест, _____.

    а) в нём бы́ли оши́бки   б) я нашёл в нём оши́бки

④ Войдя́ в ко́мнату, _____.

    а) он поздоро́вался   б) у него́ заби́лось от волне́ния се́рдце

⑤ Покупа́я биле́т, _____.

    а) ей непра́вильно да́ли сда́чу   б) она́ забы́ла взять сда́чу

⑥ Чита́я э́тот расска́з, _____.

    а) он мне понра́вился   б) он ве́село смея́лся

⑦ Дава́я мне сда́чу, _____.

    а) касси́р спроси́л, кото́рый час   б) я взял её

⑧ Занима́ясь в библиоте́ке, _____.

    а) мне ста́ло пло́хо   б) ну́жно сади́ться недалеко́ от окна́

练习23 把括号里的动词变成适当形式, 注意主从句中主体是否一致。

① Мы занима́емся спо́ртом для того́, что́бы _____ (быть) здоро́выми.

② Что́бы _____ (овладе́ть) ру́сским языко́м, мы мно́го занима́емся.

③ Необходи́мо, что́бы на собра́нии _____ (прису́тствовать) все.

④ Э́та кни́га мне нужна́, что́бы _____ (гото́виться) к экза́мену.

⑤ Всё э́то говори́тся Анто́ном для того́, что́бы _____ (убеди́ть) слу́шателей.

练习24 选择正确答案填空。

① Ёлку ну́жно бы́ло привяза́ть, _____ удержа́ть её в ведре́.

    A. е́сли   B. пре́жде чем

    C. что́бы   D. что

② Фи́рма берёт на себя́ отве́тственность за то, _____ това́р доходи́л до своего́ зака́зчика.

    A. как   B. что

    C. что́бы   D. как бы

3 Нýжно ужé выезжáть в аэропóрт, _____ не опоздáть на самолёт.

А. поэ́тому   В. чтóбы

С. что   D. так как

4 Мать позвáла сы́на, _____ он помóг ей перенести́ стол на середи́ну кóмнаты.

А. поэ́тому   В. чтóбы

С. что   D. так как

5 Одень ребёнка потеплée, _____ он не простуди́лся.

А. поэ́тому   В. чтóбы

С. что   D. так как

6 Кáждому человéку нужнá поддéржка бли́зких людéй, _____ чýвствовать себя́ увéреннее.

А. когдá   В. что

С. как   D. чтóбы

7 Нéкоторые истóрики, вмéсто тогó, _____ объясни́ть э́то явлéние, ограни́чиваются удивлéнием.

А. как   В. что

С. чем   D. чтóбы

8 Цель э́того разговóра в том, _____ бы́ли при́няты соглашéния мéжду двумя́ сторонáми.

А. поэ́тому   В. чтóбы

С. что   D. так как

9 _____ головá, он реши́л немнóго полежáть.

А. Чтóбы болéть   В. Чтóбы не болéть

С. Чтóбы болéла   D. Чтóбы не болéла

10 Я пришлá к вам для тогó, _____ в спокóйной обстанóвке _____ все нáши проблéмы.

А. чтóбы, реши́ли   В. чтóбы, реши́ть

С. что, реши́ть   D. так как, решý

四、本课测验

I　选择正确答案填空。　20分

① ＿＿＿＿＿＿＿＿ кóжа былá нéжной, нáдо обязáтельно ухáживать за ней.

　　A. Поэ́тому　　　　　　　　　B. Что́бы

　　C. Что　　　　　　　　　　　D. Так как

② Дéвочка аккурáтно писáла в тетрáди, ＿＿＿＿＿＿＿ оши́бку.

　　A. что́бы не сде́лать　　　　　B. что́бы не сде́лала

　　C. что не сде́лать　　　　　　D. что не сде́лает

③ Мне хóчется поступи́ть в университéт, что́бы ＿＿＿＿＿＿ рýсский язы́к четы́ре гóда.

　　A. изучáть　　　　　　　　　B. изучи́ть

　　C. изучи́ть　　　　　　　　　D. изучи́ли

④ То́лько ＿＿＿＿＿＿ специали́стом в своём дéле, ты мóжешь спрáвиться со своéй рабóтой.

　　A. быть　　　　　　　　　　B. бýдем

　　C. бýдучи　　　　　　　　　D. бýдьте

⑤ ＿＿＿＿＿＿ задáние нá дом, преподавáтель всегдá подрóбно объясня́ет, как егó нýжно выполня́ть.

　　A. Дав　　　　　　　　　　　B. Дал

　　C. Даёт　　　　　　　　　　D. Давáя

⑥ Хорóшо ＿＿＿＿＿＿ рýсский язы́к, ваш друг смóжет рабóтать перевóдчиком.

　　A. знáя　　　　　　　　　　　B. знáет

　　C. знал　　　　　　　　　　　D. знáвший

⑦ Невозмóжно поня́ть сегóдняшний Китáй, не ＿＿＿＿＿＿ егó прóшлое.

　　A. знать　　　　　　　　　　B. знáя

　　C. знал　　　　　　　　　　　D. знай

⑧ Вéчером, ＿＿＿＿＿＿ с рабóты домóй, я встрéтила моегó бы́вшего учи́теля.

　　A. возврати́лась　　　　　　　B. возвращáюсь

　　C. возвращáясь　　　　　　　D. возврáщусь

⑨ _____ домо́й, мы встре́тили ста́рого дру́га на у́лице.

   A. Возврати́вшись   B. Верну́вшись

   C. Возвраща́ясь   D. Придя́

⑩ Андре́й то́лько оди́н раз посмотре́л в слова́рь, _____ статью́.

   A. переводя́   B. переведя́

   C. переводи́вший   D. переводя́щий

⑪ Взгляну́в вверх, в темноту́, Андре́й по́днял воротни́к пальто́ и не _____ пошёл че́рез пло́щадь.

   A. торопя́сь   B. поторопи́вшись

   C. торопи́лся   D. поторопи́лся

⑫ _____ домо́й, я сра́зу же сел за дома́шнее зада́ние.

   A. Пойдя́   B. Войдя́

   C. Подойдя́   D. Придя́

⑬ _____ в Крыму́ ме́сяц, я верну́лся домо́й.

   A. Отдыха́я   B. Отдохну́в

   C. Бу́дучи   D. Побы́в

⑭ _____, что хозя́йка внима́тельно прислу́шивается к его́ слова́м, он почу́вствовал себя́ про́сто и свобо́дно.

   A. Заме́тить   B. Заме́тив

   C. Заме́тивший   D. Замеча́я

⑮ _____ изве́стным учёным, он продолжа́л навеща́ть свои́х бы́вших учителе́й.

   A. Быть   B. Будь

   C. Бу́дучи   D. Был

⑯ _____ письмо́ сы́на, оте́ц пе́редал его́ ма́тери.

   A. Чита́я   B. Прочита́в

   C. Чита́ть   D. Прочита́ть

⑰ _____ письмо́ сы́на, оте́ц улыба́лся.

   A. Чита́я   B. Прочита́в

   C. Чита́ть   D. Прочита́ть

⑱ Ка́ждый день, _____ уче́бники, ребя́та ложа́тся спать.

   A. закры́в   B. закрыва́я

   C. закры́вшись   D. закрыва́ясь

⑲ _____ домо́й, пошёл дождь.

A. Когда́ я возвраща́лся   B. Когда́ я возвраща́л

C. Возвраща́ясь   D. Верну́вшись

⑳ Ко́ля лёг спать в оди́ннадцать часо́в. _____ в посте́ли, его́ позва́ли к телефо́ну.

A. Лёжа   B. Когда́ он лежа́л

C. Лежа́щий   D. Лежа́вший

II 把括号里的词变成适当形式填空，如需要，加前置词。 10分

① Я поздравля́ю _____ (вы) _____ (наступа́ющий пра́здник).

② В э́то вре́мя все стара́ются собра́ться до́ма и встре́тить Но́вый год _____ (семе́йный круг).

③ В кану́н _____ (Но́вый год) мы не отдыха́ем.

④ У меня́ наде́жда _____ (сын).

⑤ Все гото́вятся _____ (пра́здник).

⑥ Роди́тели гордя́тся _____ (свои́ де́ти).

⑦ В тече́ние _____ (неде́ля) в ру́сских се́мьях пеку́т блины́, приглаша́ют госте́й.

⑧ 23 февраля́ поздравля́ют _____ (солда́ты).

⑨ Прими́те наилу́чшие пожела́ния в связи́ _____ (юбиле́й) ва́шего университе́та.

⑩ Это лека́рство принима́йте _____ (необходи́мость).

III 翻译下列俄罗斯节日，指出节日类型(национа́льный, религио́зный)及时间。 20分

Но́вый год	_____
Рождество́ Христо́во	_____
Ма́сленица	_____
Междунаро́дный же́нский день	_____
Па́сха	_____
Пра́здник весны́ и труда́	_____
День побе́ды	_____
День Росси́и	_____

День зна́ний   _____

День конститу́ции   _____

Ⅳ 造句。 20分

как всегда́   _____

наде́жда   _____

ве́ра   _____

плюс   _____

продолжа́ться   _____

кро́ме того́   _____

горди́ться   _____

напомина́ть   _____

отмеча́ть   _____

пра́здновать   _____

Ⅴ 把下列句子翻译成俄语。 20分

❶ 春节在中国是家庭节日。此时大家都会在家聚会,在家庭范围内迎接新的一年。

_____

❷ 春节从阴历正月初一持续到十五,加上除夕共十六天。

_____

❸ 在中国的南方这一天吃粽子,赛龙舟。

_____

❹ 在这一天人们为亲人扫墓,思念逝者。

_____

❺ 无疑,新年是俄罗斯儿童和成年人最喜欢的节日。

_____

❻ 新年这天人们会忘记烦恼,充满对未来的希望迎接新的一年。

_____

❼ 除夕所有的电视频道都转播国家总统的新年贺词。

_____

❽ 在俄罗斯按照东正教日历在一月七日庆祝圣诞节。

_____

⑨ 圆饼的形状像太阳。

_____

⑩ 在俄罗斯没有一个家庭在卫国战争中失去亲人。

_____

Ⅵ 选择下列其中一个题目写一篇俄语作文，不少于200词。 10分

① 你喜欢哪个节日？以 «Мой люби́мый пра́здник» 为题写一篇短文。

② «Как я провёл Пра́здник Весны́».

_____

_____

_____

_____

五、日积月累

Весна́ красна́ цвета́ми, а о́сень плода́ми. 春华秋实。

Язы́к до Ки́ева доведёт. 会说话就能到基辅；会打听就能把事办好。

六、国情点滴

瓦连京·亚历山大洛维奇·谢洛夫（Валети́н Алекса́ндрович Серо́в, 1865—1911）是俄罗斯杰出的肖像画家、俄国现实主义绘画的重要代表。谢洛夫曾为列宾的学生、巡回展画派的成员之一。他悉心研究西欧绘画，探索新的形式，一生创作了大量的肖像画。谢洛夫画风明快，善于刻画人物性格。1888 年，他的《少女与桃子》(Де́вочка с пе́рсиками) 以具有印象派的外光色彩在莫斯科的展览会上一举成名。

七、练习答案

练习1 阳，солда́т，в кругу́ (в кру́ге)，на кого́-что, чем, с чем, чего́, 三，что на кого́-что, кем-чем, к чему́

练习2 个人邀请, 邀请参加婚礼, 口头邀请, 一百年校庆, 庆祝教师节, 庆祝新年, 庆祝乔迁新居, 群众游园活动, 告别冬天, 滑雪橇, 宗教节日, 东正教节日, 在学术界, 在家庭范围内, 中秋节前夕, 放鞭炮, 放烟火, 阴历, 鲜艳的颜色, 实现理想, 对未来的信心, 发传真, 新年前夕, 春节前夕(除夕), 节日休假, 假日餐桌, 水开了。心潮澎湃, 以自己的儿子为骄傲, 接近尾声, 转播节目, 转播新年祝福, 生小孩, 生双胞胎, 好气味, 取消计划, 取消会议, 度过复活节, 复活节彩蛋, 全民节日, 寄希望于儿子们, 检阅军队

练习3 ли́чное приглаше́ние, приглаше́ние в теа́тр, приглаше́ние на сва́дьбу, отмеча́ть юбиле́й, пра́здновать новосе́лье, поздравля́ть с Ма́сленицей, про́воды зимы́, ката́ться на са́нках, религио́зный пра́здник, правосла́вный пра́здник, в кругу́ учёных, в семе́йном кругу́, пуска́ть хлопу́шку, устро́ить фейерве́рк, прекра́сная перспекти́ва, ве́ра в бу́дущее, нового́днее поздравле́ние, посла́ть факс, накану́не Пра́здника Весны́, горди́ться свои́м сы́ном, роди́ть ребёнка, роди́ть близнецо́в, колыбе́ль револю́ции, проводи́ть Па́сху, пасха́льное яйцо́, возложи́ть наде́жду на сынове́й, трансли́ровать переда́чу

练习7 庆祝乔迁新居, 庆祝谢肉节, 迎接新年, 迎接复活节, 迎接情人节, 庆祝胜利日, 庆祝俄罗斯国庆节, 庆祝一周年, 纪念诗人逝世十周年, 指出困难, 指出性格特点, 传统节日, 国家节日, 宗教节日, 东正教节日, 职业节日, 接受礼物, 接受预订, 接待客人, 接待病人, 春节, 节日前, 放鞭炮, 放烟火, 阴历, 中秋节, 赏月, 举行划船赛, 扫墓, 希望实现所有愿望, 准备过节, 新年的忙碌, 用传真和电子邮件发祝贺, 祝贺所有人新年好, 祝妈妈生日快乐, 新年前夕, 招牌菜, 国家总统, 举杯, 传统复活节食物, 送冬迎春, 卫国战争, 军事检阅, 给老战士鲜花, 人民英雄纪念碑, 母亲节, 卫国者日, 男人节, 列宁格勒解除封锁日, 严寒爷爷和雪姑娘

练习8 пра́здновать но́вый год (с Но́вым го́дом), встреча́ть Но́вый год, наро́дный пра́здник, национа́льный пра́здник, религио́зный пра́здник, правосла́вный пра́здник, план на зи́мние кани́кулы, тради́ции и обы́чаи Пра́здника Весны́, пуска́ть хлопу́шки, устра́ивать фейерве́рки, посыла́ть поздравле́ния по фа́ксу и́ли по электро́нной по́чте, фи́рменное блю́до, президе́нт страны́, поднима́ть бока́л, традицио́нные пасха́льные угоще́ния, кра́шеные я́йца, Вели́кая Оте́чественная война́

练习9 ❶ В Но́вый год лю́ди забыва́ют о свои́х пробле́мах и с ве́рой в бу́дущее встреча́ют наступа́ющий пра́здник.

② Пра́здник Весны́ — э́то в Кита́е семе́йный пра́здник, в э́то вре́мя все стара́ются собра́ться до́ма и встре́тить Но́вый год в семе́йном кругу́.

③ Кро́ме того́, на се́вере в кану́н пра́здника обяза́тельно гото́вят пельме́ни. Всю́ду пуска́ют хлопу́шки и устра́ивают фейерве́рки.

④ Пра́здник продолжа́ется с пе́рвого по седьмо́е по лу́нному календарю́.

⑤ В э́ту ночь луна́ быва́ет осо́бенно я́ркой и краси́вой. Лю́ди выхо́дят полюбова́ться луно́й, едя́т и да́рят друг дру́гу пиро́жные.

⑥ В э́тот день едя́т осо́бые ри́совые пирожки́, устра́ивают ло́дочные соревнова́ния на ю́ге Кита́я.

⑦ В э́тот день лю́ди навеща́ют моги́лы родны́х, вспомина́ют поко́йных.

⑧ Несомне́нно, в Росси́и са́мым люби́мым пра́здником дете́й и взро́слых явля́ется нового́дний пра́здник.

⑨ Все бе́гают по магази́нам, покупа́ют пода́рки свои́м родны́м и друзья́м, посыла́ют поздравле́ния по фа́ксу и́ли электро́нной по́чте.

⑩ Накану́не Но́вого го́да в ка́ждой кварти́ре стои́т ёлка, под кото́рой ждут своего́ ча́са нового́дние пода́рки.

⑪ У ка́ждой хозя́йки есть своё фи́рменное блю́до, кото́рым она́ о́чень горди́тся.

⑫ По правосла́вному календарю́ Рождество́ в Росси́и отмеча́ют седьмо́го января́.

⑬ В тече́ние неде́ли в ру́сских се́мьях пеку́т блины́, приглаша́ют госте́й.

⑭ Кру́глые блины́ по фо́рме напомина́ют со́лнце.

⑮ 23 февраля́ поздравля́ют офице́ров и солда́т с Днём защи́тника Оте́чества.

⑯ В свои́х выступле́ниях все отме́тили ва́жность э́того го́да для овладе́ния ру́сским языко́м.

⑰ В кану́н Но́вого го́да по телеви́зору пока́зывают интере́сную переда́чу.

⑱ От всей души́ жела́ю тебе́ сча́стья , здоро́вья, ра́дости, успе́хов в учёбе.

⑲ Жела́ю тебе́ в но́вом году́, пре́жде всего́, сча́стья в ли́чной жи́зни, кре́пкого здоро́вья, а та́кже больши́х успе́хов в спо́рте.

⑳ Разреши́те пожела́ть Вам ра́дости, сча́стья, хоро́шего настрое́ния, а та́кже больши́х успе́хов в Ва́шей нелёгкой рабо́те.

练习12

① Ма́сленицу называ́ют та́кже про́водами зимы́, зна́чит, в э́тот пра́здник лю́ди проща́ются с зимо́й.

② Де́ти и молоды́е лю́ди ката́ются на са́нках с го́рки, а лю́ди поста́рше пою́т, танцу́ют. И все обяза́тельно едя́т блины́.

③ Пра́здник Весны́ — э́то в Кита́е семе́йный пра́здник. В э́то вре́мя все стара́ются собра́ться до́ма и встре́тить Но́вый год в семе́йном кругу́.

④ Пра́здник Весны́ продолжа́ется с 1-ого по 15 января́ по лу́нному календарю́, плюс кану́н Но́вого го́да, итого́ 16 дней.

⑤ В э́тот день едя́т осо́бые ри́совые пирожки́, устра́ивают ло́дочные соревнова́ния на ю́ге Кита́я.

⑥ В э́тот день лю́ди навеща́ют моги́лы родны́х, вспомина́ют поко́йных.

⑦ Несомне́нно, в Росси́и са́мым люби́мым пра́здником дете́й и взро́слых явля́ется нового́дний пра́здник.

⑧ В Но́вый год лю́ди забыва́ют о свои́х пробле́мах и с ве́рой в бу́дущее встреча́ют наступа́ющий год.

⑨ В кану́н Но́вого го́да по всем телевизио́нным кана́лам трансли́руют нового́днее поздравле́ние Президе́нта страны́.

⑩ По правосла́вному календарю́ Рождество́ в Росси́и 7 января́.

⑪ Кру́глые блины́ по фо́рме напомина́ют со́лнце.

⑫ В Росси́и нет ни одно́й семьи́, кото́рая не потеря́ла бы во вре́мя Оте́чественной войны́ родны́х и́ли бли́зких.

練习15

① Мой брат у́чится в университе́те и рабо́тает в одно́й из фирм.

② Мы знако́мимся и говори́м, как нас зову́т.

③ Еле́на обду́мывает свой отве́т на вопро́с профе́ссора и вспомина́ет всё, что она́ чита́ла по э́тому вопро́су.

④ Они́ слу́шали э́ти пе́сни и перебира́ли ста́рые фо́то и вспомина́ли свою́ мо́лодость.

⑤ Стари́к кре́пко держа́лся за́ руку сы́на и ме́дленно спуска́лся по ле́стнице.

⑥ Ребя́та шли из кинотеа́тра и расска́зывали друг дру́гу, что им понра́вилось в фи́льме бо́льше всего́.

⑦ Прие́хав в Москву́, я пошёл к това́рищу.

⑧ Посиде́в на скаме́йке, старики́ пошёл да́льше.

⑨ Нарисова́в карти́ну, ма́льчик показа́л её ма́ме.

⑩ Ко́нчив смотре́ть телеви́зор, Ната́ша легла́ спать.

⑪ Приня́в душ и вы́пив ко́фе, Макси́м сел рабо́тать.

⑫ Привезя́ из Ита́лии сувени́ры, Ве́ра раздала́ их друзья́м.

⑬ За́втра мы бу́дем убира́ть в кварти́ре, разбира́ть ста́рые ве́щи и выбра́сывать всё нену́жное.

⑭ Мы бу́дем встреча́ться по пути́ к Байка́лу с чём-то интере́сным и всё запи́сывать в наш путево́й журна́л.

⑮ На́стя говори́т, что она́ бу́дет отдыха́ть в бу́дущем году́ в дере́вне на се́вере и запи́сывать ста́рые пе́сни, ска́зки и леге́нды.

练习16

① Когда́ брат расска́зывал о своём путеше́ствии, он пока́зывал нам фотогра́фии.

② Когда́ мы слу́шаем ра́дио, мы узнаём о том, что происхо́дит в ми́ре.

③ Когда́ сестра́ отдыха́ла на ю́ге, она́ ре́дко писа́ла домо́й.

④ Когда́ тури́сты гуля́ли по го́роду, они́ покупа́ли сувени́ры.

⑤ Когда́ я выхожу́ из до́ма, я ча́сто встреча́ю э́того челове́ка.

⑥ Когда́ они́ сиде́ли за столо́м, они́ разгова́ривали о свои́х дела́х.

⑦ Когда́ мы слу́шали докла́дчика, мы вдруг по́няли, что нам не интере́сно то, о чём он говори́т.

⑧ Когда́ мы бу́дем путеше́ствовать по Кры́му, мы обяза́тельно пойдём в музе́й А. П. Че́хов в Я́лте.

⑨ Когда́ он просма́тривал журна́л, он нашёл ну́жную ему́ статью́.

⑩ Когда́ Ива́н переводи́л статью́, он неожи́данно уви́дел абсолю́тно незнако́мое выраже́ние.

⑪ Когда́ това́рищ дава́л мне кни́гу, он попроси́л меня́ верну́ть её че́рез три дня.

⑫ Когда́ он бе́гал у́тром в па́рке недалеко́ от до́ма, он неожи́данно почу́вствовал боль в ноге́.

⑬ Когда́ (По́сле того́ как) я зако́нчил рабо́ту, я пошёл домо́й.

⑭ Когда́ (По́сле того́ как) мы поу́жинали, мы ста́ли смотре́ть телеви́зор.

⑮ Когда́ (По́сле того́ как) студе́нтка собрала́ кни́ги и тетра́ди, она́ вы́шла из кла́сса.

⑯ Когда́ (По́сле того́ как) мой друг око́нчит медици́нский институ́т, он бу́дет врачо́м.

⑰ Когда́ (По́сле того́ как) Ви́ктор Андре́евич провёл за грани́цей 10 лет на дипломати́ческой рабо́те, он верну́лся с семьёй в Москву́.

⑱ Когда́ (По́сле того́ как) я верну́сь на ро́дину, я бу́ду рабо́тать инжене́ром.

⑲ Когда́ (По́сле того́ как) мы повтори́ли весь материа́л, мы пошли́ сдава́ть экза́мены.

⑳ Когда́ (По́сле того́ как) я вы́шел из аудито́рии, я встре́тил своего́ това́рища.

练习17

① Роди́тели да́ли де́тям прекра́сное образова́ние, потому́ что они́ понима́ют ва́жность и необходи́мость э́того.

② Так как он не лю́бит жи́вопись и не понима́я её, он ни ра́зу не был ни в одно́м музе́е, ни на одно́й вы́ставке.

③ Роди́тели и де́ти в э́тих се́мьях живу́т о́чень дру́жно, потому́ что они́ нахо́дят о́бщий язы́к друг с дру́гом.

④ Так как он прорабо́тал почти́ всю ночь и засну́л о́чень по́здно, он встал у́тром с головно́й бо́лью.

⑤ Так как Анто́н реши́л стать владе́льцем фи́рмы, он рабо́тал по восемна́дцать часо́в в су́тки.

⑥ Челове́ку тру́дно жить, е́сли он никого́ не лю́бит.

⑦ Е́сли ты живёшь в друго́й стране́, ну́жно уважа́ть её тради́ции и обы́чаи.

⑧ Е́сли ты почу́вствовал себя́ пло́хо, сра́зу ляг отдохну́ть.

⑨ Е́сли вы согласи́тесь пойти́ с на́ми в э́тот похо́д, вы полу́чите большо́е удово́льствие.

⑩ Хотя́ мы бы́ли за́няты, мы пое́хали за́ город.

⑪ Хотя́ он обеща́л, он так и не пришёл.

⑫ Хотя́ мы о́чень стара́лись, мы так и не смогли́ найти́ э́тот слова́рь

⑬ Хотя́ мать о́чень лю́бит свои́х дете́й, она́ всегда́ была́ стро́гой и тре́бовательной.

⑭ Хотя́ моя́ подру́га из-за боле́зни пропусти́ла мно́го заня́тий, она́ хорошо́ сдала́ экза́мены.

⑮ Хотя́ они́ бы́ли уста́лыми, они́ продолжа́ли идти́ вперёд.

练习18
① Живя́, име́я
② Создава́я
③ Интересу́ясь, жела́я
④ Игра́я, пла́вая
⑤ Выбира́я
⑥ чита́я

练习19
① Идя́, Придя́
② Уезжа́я, Уе́хав
③ Верну́вшись, Возвраща́ясь
④ Отдыха́я, Отдохну́в
⑤ Перебра́в, Перебира́я

练习20
① Идя́ по па́рку, подру́ги разгова́ривали о свои́х дела́х.

② Рассма́тривая фотогра́фии, мы вспомина́ли о на́шей пое́здке на Байка́л.

③ Прочита́в кни́гу, На́дя верну́ла её в библиоте́ку.

④ Узна́ли телефо́н Вое́нно-Морско́го музе́я, мы позвони́ли туда́.

⑤ Зако́нчив свою́ рабо́ту, Па́вел написа́л ма́ме запи́ску и ушёл в кино́.

⑥ Придя́ с рабо́ты, Ася пообе́дала, отдохну́ла немно́го и се́ла за компью́тер.

⑦ Сложи́в чертёж, уложи́в его́ в огро́мную па́пку, Анто́н вы́шел из мастерско́й.

⑧ Прослу́шал Са́шу, преподава́тель не сде́лал ему́ ни одного́ замеча́ния и поста́вил за отве́т «отли́чно».

⑨ Слу́шая ле́кцию, мы запи́сываем то, что нам ну́жно.

⑩ Слу́шая радиопереда́чи на ру́сском языке́, я стара́юсь поня́ть, что говори́т ди́ктор.

⑪ Чита́я ле́кцию, профе́ссор писа́л фо́рмулы на доске́.

⑫ Гото́вясь к экза́менам, студе́нты бу́дут повторя́ть те́ксты и де́лать все упражне́ния.

⑬ Ужиная, мы разгова́ривали о том, как мы провели́ день.

⑭ Купи́в биле́ты в кино́, мы вошли́ в фойе́ кинотеа́тра.

⑮ Получи́в письмо́, я сра́зу на́чал чита́ть его́.

⑯ Прие́хав в Москву́, друзья́ написа́ли мне письмо́.

⑰ Сдав экза́мены, студе́нты пое́дут на пра́ктику.

⑱ заболев, мой брат лёг в больни́цу.

⑲ Я не могу́ помо́чь вам, пло́хо зна́я францу́зский язы́к.

⑳ Интересу́ясь ру́сской литерату́рой, я покупа́ю кни́ги ру́сских писа́телей.

㉑ Хорошо́ бу́дет зная ру́сский язы́к, ваш друг смо́жет рабо́тать перево́дчиком.

㉒ Вы́учив ру́сский язы́к, вы смо́жете рабо́тать перево́дчиком.

㉓ Хорошо́ отдохну́в ле́том, вы бу́дете успе́шно занима́ться в бу́дущем году́.

㉔ Опозда́в на заня́тия, я успе́л написа́ть контро́льную рабо́ту.

㉕ Не люби́ слу́шать о́перу, но я пошёл с подру́гой в теа́тр.

| 练习21 | ❶错 ❷对 ❸错 ❹对 ❺对 ❻错 ❼对 ❽错 ❾错 ❿错 |

| 练习22 | ❶а ❷б ❸б ❹а ❺б ❻б ❼а ❽б |

| 练习23 | ❶быть ❷овладе́ть ❸прису́тствовали ❹гото́виться ❺убеди́ть |

| 练习24 | ❶С ❷С ❸В ❹В ❺В ❻D ❼D ❽В ❾D ❿С |

测验 I （每题1分）

① B　② C　③ A　④ C　⑤ D　⑥ A　⑦ B　⑧ C　⑨ C　⑩ A

⑪ A　⑫ D　⑬ B　⑭ B　⑮ C　⑯ B　⑰ A　⑱ A　⑲ A　⑳ B

测验 II （每题1分）

① вас, с наступа́ющим пра́здником

② в семе́йном кругу́

③ Но́вого го́да

④ на сы́на

⑤ к пра́зднику

⑥ свои́ми детьми́

⑦ неде́ли

⑧ солда́т

⑨ с юбиле́ем

⑩ при необходи́мости

测验 III （每题15分）

Но́вый год — 新年, национа́льный, 1月1日; Рождество́ Христо́во — 圣诞节, религио́зный, 1月7日; Ма́сленица — 谢肉节, религио́зный, 复活节前56天, 持续一周; Междунаро́дный же́нский день — 妇女节, национа́льный, 3月8日; Па́сха — 复活节, религио́зный, 4月4日到5月7日之间; Пра́здник весны́ и труда́ — 劳动节, национа́льный, 5月1日; День побе́ды — 胜利日, национа́льный, 5月9日; День Росси́и — 国庆节, национа́льный, 6月12日; День зна́ний — 知识日, национа́льный, 9月1日; День конститу́ции — 宪法日, национа́льный, 12月12日

测验 V （每题2分）

① Пра́здник Весны́ — э́то в Кита́е семе́йный пра́здник. В э́то вре́мя все стара́ются собра́ться до́ма и встре́тить Но́вый год в семе́йном кругу́.

② Пра́здник Весны́ продолжа́ется с 1-ого по 15 января́ по лу́нному календарю́, плюс кану́н Но́вого го́да, итого́ 16 дней.

③ В э́тот день едя́т осо́бые ри́совые пирожки́, устра́ивают ло́дочные соревнова́ния на ю́ге Кита́я.

④ В э́тот день лю́ди навеща́ют моги́лы родны́х, вспомина́ют поко́йных.

⑤ Несомне́нно, в Росси́и са́мым люби́мым пра́здником дете́й и взро́слых явля́ется нового́дний пра́здник.

⑥ В Но́вый год лю́ди забыва́ют о свои́х пробле́мах и с ве́рой в бу́дущее встреча́ют наступа́ющий год.

⑦ В кану́н Но́вого го́да по всем телевизио́нным кана́лам трансли́руют нового́днее поздравле́ние Президе́нта страны́.

⑧ По правосла́вному календарю́ Рождество́ в Росси́и 7 января́.

⑨ Кру́глые блины́ по фо́рме напомина́ют со́лнце.

⑩ В Росси́и нет ни одно́й семьи́, кото́рая не потеря́ла бы во вре́мя Оте́чественной войны́ родны́х и́ли бли́зких.

期末试题及附录

期末试题

俄语语法期末试题

I Выберите подходящий вариант.　35 баллов

1 Ещё ра́но! Почему́ на у́лице _____ нет?

　A. никого́　　　　　　　　　B. не́кого

　C. никому́　　　　　　　　　D. не́кому

2 До́ма оста́лся он оди́н. Ему́ _____ посове́товаться.

　A. ни с ке́м　　　　　　　　B. не́ с кем

　C. с нике́м　　　　　　　　　D. с не́кем

3 Я хоте́л тебе́ _____, но пока́ секре́т.

　A. о чём-нибудь　　　　　　B. о чём-то

　C. о ко́е-чём　　　　　　　　D. ко́е о чём

4 Молодо́й рабо́чий _____ не мог вспо́мнить, как води́ть маши́ну.

　A. ника́к　　　　　　　　　　B. не́как

　C. ка́к-то　　　　　　　　　　D. ка́к-нибудь

5 Ба́бушка _____ положи́ла свои́ очки́ и тепе́рь не мо́жет их найти́.

　A. куда́-нибудь　　　　　　　B. куда́-то

　C. ко́е-куда́　　　　　　　　　D. не́куда

6 — Где рабо́тает Лари́са? — Не зна́ю. Мо́жет быть, _____ нау́чно-исследова́тельском институ́те.

　A. в како́м-то　　　　　　　B. в ко́е-како́м

　C. в како́м-нибудь　　　　　D. ко́е в како́м

7 В де́тском саду́ _____ убира́ют свои́ ве́щи и игру́шки.

　A. де́ти са́мые　　　　　　　B. де́ти са́ми

　C. са́мые де́ти　　　　　　　D. са́ми де́ти

8 Дождь пошёл с _____.

　A. са́мым у́тром　　　　　　B. са́мим у́тром

　C. са́мого утра́　　　　　　　D. самого́ утра́

⑨ Зóя и _____ товáрищи выполня́ли рáзную общéственную рабóту.

A. свой   B. её

C. своя́   D. неё

⑩ В кабинéте остáлся тóлько дирéктор _____ секретарём.

A. со своим   B. с егó

C. и свой   D. и егó

⑪ В воскресéнье мы поéдем зá город. Вмéсте с _____ поéдет наш нóвый знакóмый.

A. собóй   B. нáми

C. вáми   D. ни́ми

⑫ _____, мóжно к вам обрати́ться?

A. Пéтя   B. Сергéевич Ти́хонов

C. Пётр Сергéевич   D. Пётр Ти́хонов

⑬ На э́тот раз мы встрéтили Нóвый год у _____.

A. Татья́ной Николáевной Андрéевой

B. Татья́ны Николáевны Андрéевы

C. Татья́ны Николáевны Андрéевой

D. Татья́ной Николáевной Андрéевы

⑭ — Вы знакóмы с _____?

A. Макси́мым Макси́мовичим Макси́мовым

B. Макси́ма Макси́мовича Макси́мова

C. Макси́мом Макси́мовичем Макси́мовом

D. Макси́мом Макси́мовичем Макси́мовым

⑮ — Прости́те, слéдующая останóвка университéтская? — Нет, вы _____ свою́ останóвку.

A. переéхали   B. доéхали

C. заéхали   D. проéхали

⑯ — Лéна, когдá ты леглá в больни́цу? — На прóшлой недéле. Вчерá ребя́та всей нáшей грýппы _____ ко мне. Они́ _____ мне фрýкты.

A. приходи́ли, приноси́ли   B. пришли́, принесли́

C. приходи́ли, принесли́   D. пришли́, приноси́ли

⑰ Когдá отéц _____ из дóма, он вы́ключил свет.

A. ухóдит   B. уйдёт

C. уходи́л   D. ушёл

⑱ — Почему́ у́тром вас не́ было до́ма? — Я _____ в универма́г.

    A. сходи́л   B. приходи́л

    C. доходи́л   D. ушёл

⑲ Когда́ Оле́г добра́лся до вокза́ла, по́езд _____ от ста́нции.

    A. входи́л   B. выходи́л

    C. подходи́л   D. отходи́л

⑳ За э́ти после́дние го́ды прави́тельство уже́ значи́тельно _____ жизнь наро́да.

    A. улу́чшилось   B. улу́чшило

    C. улу́чшится   D. улу́чшит

㉑ Говоря́т, что _____ успе́шно _____ план.

    A. заво́ду, выполня́ет   B. заво́д, выполня́ется

    C. заво́ду, выполня́ется   D. заво́дом, выполня́ется

㉒ — Э́тот сто́лик не за́нят? — Нет, _____ , пожа́луйста. Вот меню́, _____ .

    A. сади́тесь, выбира́йте   B. сади́тесь, вы́берите

    C. ся́дьте, выбира́йте   D. ся́дьте, вы́берите

㉓ — Официа́нт, _____ , пожа́луйста, счёт. Ско́лько с меня́? — 50 рубле́й. — _____ . — Ва́ша сда́ча.

    A. дава́йте, получи́те   B. дава́йте, получа́йте

    C. да́йте, получи́те   D. да́йте, получа́йте

㉔ — _____ , пожа́луйста, э́ти сапоги́. — Како́й разме́р? — 37-й.

    A. Пока́зывай   B. Пока́зывайте

    C. Покажи́   D. Покажи́те

㉕ — Ваш сын _____ в университе́т в бу́дущем году́?

    A. бу́дет поступа́ть   B. посту́пит

    C. поступа́л   D. поступи́л

㉖ С 1-го ноября́ пе́рвый уро́к _____ в 8 часо́в утра́.

    A. бу́дет начина́ться   B. начнётся

    C. бу́дет начина́ть   D. начнёт

㉗ — Прости́те, де́вушка, э́тот сто́лик _____ ? — Да. Сади́тесь, пожа́луйста. Что вам ну́жно?

    A. свобо́дно   B. свобо́ден

    C. свобо́дное   D. свобо́дный

㉘ О! Так нельзя́! И _____ лю́ди не должны́ так занима́ться спо́ртом.

    A. здоро́вы   B. здоро́вые

    C. здоро́в   D. здоро́во

㉙ Сапоги́ ему́ _____ .

    A. больши́е   B. бо́льший

    C. вели́кие   D. велики́

㉚ Ребёнок о́чень _____ .

    A. живо́й   B. жив

    C. живы́м   D. жива́я

㉛ Ба́бушка ещё _____ .

    A. живо́й   B. жива́

    C. живы́м   D. жива́я

㉜ Что _____ ?

    A. пра́вильный   B. пра́вильное

    C. пра́вильно   D. пра́вильным

㉝ Он _____ переде́лать рабо́ту.

    A. согла́сный   B. согла́сен

    C. согла́сным   D. согла́сна

㉞ _____ письмо́, на у́лице уже́ ста́ло темно́.

    A. Написа́в   B. Написа́вшее

    C. Пи́шущее   D. Когда́ она́ написа́ла

㉟ Под дере́вьями, что _____ во́зле до́ма, стоя́ла скаме́йка.

    A. росло́   B. растёт

    C. росли́   D. рос

II   Вставьте глагол нужного вида из данных в скобках.   20 баллов.

① По́сле поступле́ния в университе́т я постепе́нно привыка́ю ра́но _____ ка́ждый день. (встава́ть, встать)

② Извини́те, я забы́л _____ его́ об э́том. (спра́шивать, спроси́ть)

③ Студе́нты _____ на э́ти вопро́сы за де́сять мину́т. (отвеча́ть, отве́тить)

④ Эту кни́гу сейча́с нельзя́ _____ ни в одно́м магази́не, её мо́жно то́лько взять в библиоте́ке. (покупа́ть, купи́ть)

5️⃣ Вчера́ ве́чером у нас бы́ло собра́ние, но я всё-таки успе́л _____ дома́шнее зада́ние. (выполня́ть, вы́полнить)

6️⃣ Макси́м, когда́ ты пойдёшь в шко́лу, смотри́ не _____ взять с собо́й ключ, а то не войдёшь в кварти́ру. (забыва́ть, забы́ть)

7️⃣ Вас пло́хо слы́шно, _____ гро́мче. (говори́ть, сказа́ть)

8️⃣ Здесь о́чень ду́шно, бу́дьте добры́, _____ окно́. (открыва́ть, откры́ть)

9️⃣ Когда́ они́ _____ домо́й, хозя́ин проси́л их приходи́ть в го́сти поча́ще. (уходи́ть, уйти́)

🔟 Когда́ я верну́лась, мне сказа́ли, что ко мне _____ како́й-то молодо́й челове́к, посиде́л и ушёл. (приходи́ть, прийти́)

1️⃣1️⃣ Когда́ оте́ц _____ и́з дому, сестра́ вспо́мнила, что забы́ла попроси́ть его́ купи́ть ру́чку, но уже́ по́здно. (выходи́ть, вы́йти)

1️⃣2️⃣ Я ничего́ о ней не зна́ю, мы до́лго не _____. (встреча́ться, встре́титься)

1️⃣3️⃣ Его́ ждут, а он всё-таки не _____. (приезжа́ть, прие́хать)

1️⃣4️⃣ По-мо́ему, кто́-то _____ мою́ кни́гу, она́ лежи́т не на своём ме́сте. (брать, взять)

1️⃣5️⃣ Пото́м ка́ждый день я _____ спать в 12 часо́в. (ложи́ться, лечь)

1️⃣6️⃣ — Пе́тя, дай мне почита́ть твой рома́н «Пе́сня о мо́лодости». — У меня́ нет э́той кни́ги. Я _____ её Ва́ле. (дава́ть, дать)

1️⃣7️⃣ В аудито́рию нельзя́ _____, потому́ что я забы́л ключ до́ма. (входи́ть, войти́)

1️⃣8️⃣ Этот фильм не интере́сный, его́ не сто́ит _____. (смотре́ть, посмотре́ть)

1️⃣9️⃣ Я проси́л его́ _____ мне по телефо́ну вся́кий раз, когда́ ему́ бу́дет нужна́ моя́ по́мощь. (звони́ть, позвони́ть)

2️⃣0️⃣ Этот учени́к стал лу́чше _____ звук Р. (произноси́ть, произнести́)

III Замените предложение со союзным словом *который* причастным оборотом.　　　　　　　　　　　　**10 баллов**

1️⃣ Студе́нтка, кото́рая пересказа́ла содержа́ние те́кста, не сде́лала ни одно́й оши́бки.

_____

2️⃣ Я с больши́м интере́сом прочита́л расска́зы, кото́рые ты купи́ла мне вчера́.

_____

③ Милиционéр подошёл к машúне, котóрая остановúлась на углý ýлицы.

_____

④ Анна Сергéевна, котóрую лю́бят и уважáют ученикú, рабóтает в шкóле ужé 30 лет.

_____

⑤ Онá разговáривает с двумя́ мужчúнами, котóрые сидя́т ря́дом с ней за столóм.

_____

⑥ Машúны, котóрые выпускáют э́ти завóды, извéстны всей странé.

_____

⑦ Мы должны́ помóчь товáрищам, котóрые отстáли в учёбе.

_____

⑧ Вопрóс, котóрый мы обсуждáем на сегóдняшнем собрáнии, óчень вáжный.

_____

⑨ Словáрь, котóрый я взял у тебя́, вернý в понедéльник.

_____

⑩ Мы посетúли фотовы́ставку, котóрая расскáзывает об истóрии китáйской револю́ции.

_____

Ⅳ Замените причастные обороты определительными придаточными предложениями.　　　　**10 баллов**

❶ Грозá, наблюдáемая нáми из окнá, началáсь полчасá назáд.

_____

❷ Мне бы хотéлось познакóмиться с дéвушкой, встречáемой мнóю кáждый день.

_____

❸ Это пéрвый ромáн молодóго писáтеля, напúсанный им недáвно.

_____

❹ Спортúвная одéжда, изготáвливаемая э́той фúрмой, популя́рна у молоды́х.

_____

❺ Мы поздорóвались с дéвушками, поднимáвшимися по лéстнице.

_____

6 Маши́на подошла́ к до́му, стоя́щему на берегу́ реки́.

_____

7 Имена́ учёных, созда́вших но́вый косми́ческий кора́бль, вошли́ в исто́рию.

_____

8 Вчера́ я получи́л посы́лку, при́сланную бра́том по по́чте.

_____

9 На ве́чере писа́тель разгова́ривал с молоды́ми строи́телями, рабо́тающими в столи́це.

_____

10 Шко́ла нахо́дится в ма́леньком го́роде, окружа́емом со́ всех сторо́н густы́м ле́сом.

_____

V Замените придаточные предложения деепричастными оборотами или наоборот.　　10 баллов

1 Учи́тель сиде́л за столо́м и проверя́л учени́ческие тетра́ди.

_____

2 Когда́ учёный верну́лся из-за грани́цы, он сра́зу на́чал но́вые экспериме́нты.

_____

3 Я реши́л поступи́ть на математи́ческий факульте́т, потому́ что я интересу́юсь матема́тикой.

_____

4 Если вы не по́няли э́тот материа́л, вы не смо́жете вы́полнить дома́шнее зада́ние.

_____

5 Несмотря́ на то, что тури́сты провели́ це́лый день в пути́, они́ не почу́вствовали уста́лости.

_____

6 Отдыха́я у мо́ря, де́ти мно́го пла́вали.

_____

7 Подойдя́ к театра́льной афи́ше, прохо́жий на́чал чита́ть програ́мму.

_____

⑧ Дóктор Ван успéшно вы́лечил молодóго больнóго, отлúчно знáя свою́ специáльность.

_____

⑨ Хорошó знáя и понимáя нарóд, ты смóжешь создáть настоя́щее произведéние.

_____

⑩ Заболéв, Пéтя всё же продолжáл занимáться.

_____

VI Вставьте полное или краткое причастие. **5 баллов**

① Шкóла, в котóрой у́чится моя́ сестрá, былá _____ (пострóенная — пострóена) в 1958 году́.

② На сцéну вы́шел артúст, теплó _____ (встрéченный — встрéчен) зрúтелями.

③ Мне нрáвится кинотеáтр, _____ (откры́тый — откры́т) недáвно на нáшей у́лице.

④ Вéчер _____ (подготóвленный — подготóвлен) нáшими студéнтами.

⑤ Я забы́л дóма письмó, _____ (напúсанное — напúсано) мной вчерá.

VII Докончите предложения придаточными. **10 баллов**

① Онú сказáли, что _____. (说明从句)

② Онú сказáли, чтóбы _____. (说明从句)

③ Мне пéредали, чтóбы _____. (说明从句)

④ Желáтельно, _____. (说明从句)

⑤ _____, то мы поéдем зá город. (条件从句)

⑥ _____, я бы пришёл. (条件从句)

⑦ Мы приéхали оттудá, _____. (地点从句)

⑧ На собрáнии бу́дет выступáть извéстный писáтель, （чей, чья, чьё, чьи 任选一个）_____.

⑨ Дом, что _____, сгорéл. (地点从句)

⑩ Я пришёл к тебé, _____. (目的从句)

俄语语法期末试题 参考答案

I. (每题1分)

① A　② B　③ D　④ A　⑤ B　⑥ A　⑦ B　⑧ C　⑨ B　⑩ A

⑪ B　⑫ C　⑬ C　⑭ D　⑮ D　⑯ C　⑰ C　⑱ A　⑲ D　⑳ B

㉑ D　㉒ A　㉓ C　㉔ D　㉕ A　㉖ A　㉗ B　㉘ B　㉙ D　㉚ A

㉛ B　㉜ C　㉝ B　㉞ D　㉟ C

II. (每题1分)

① вставáть　② спросить　③ отвéтили　④ купить

⑤ выполнить　⑥ забýдь　⑦ говорите　⑧ откройте

⑨ уходили　⑩ пришёл　⑪ вышел　⑫ встречáемся

⑬ приéхал　⑭ брал　⑮ бýду ложиться　⑯ дал

⑰ войти　⑱ смотрéть　⑲ звонить　⑳ произносить

III. (每题1分)

① Студéнтка, пересказáвшая содержáние тéкста, не сдéлала ни однóй ошибки.

② Я с большим интерéсом прочитáл расскáзы, кýпленные тобóй мне вчерá.

③ Милиционéр подошёл к машине, остановившейся на углý ýлицы.

④ Анна Сергéевна, любимая и уважáемая ученикáми, рабóтает в шкóле ужé 30 лет.

⑤ Онá разговáривает с двумя мужчинами, сидящими рядом с ней за столóм.

⑥ Машины, выпускáемые этими завóдами, извéстны всей странé.

⑦ Мы должны помóчь товáрищам, отстáвшим в учéбе.

⑧ Вопрóс, обсуждáемый нáми на сегóдняшнем собрáнии, óчень вáжный.

⑨ Словáрь, взятый мной у тебя, вернý в понедéльник.

⑩ Мы посетили фотовыставку, расскáзывающую об истóрии китáйской револю́ции.

IV. (每题1分)

① Грозá, котóрую мы наблюдáем из окнá, началáсь полчасá назáд.

② Мне бы хотéлось познакóмиться с дéвушкой, котóрую я встречáю кáждый день.

③ Это пéрвый ромáн молодóго писáтеля, котóрый он написáл недáвно.

④ Спортивная одéжда, котóрую изготáвливает эта фирма, популярна у молодых.

⑤ Мы поздорóвались с дéвушками, котóрые поднимáлись по лéстнице.

⑥ Машина подошлá к дóму, котóрый стоит на берегý реки.

⑦ Именá учёных, котóрые сóздали нóвый космический корáбль, вошли в истóрию.

⑧ Вчерá я получил посылку, котóрую брат прислáл по пóчте.

⑨ На ве́чере писа́тель разгова́ривал с молоды́ми строи́телями, кото́рые рабо́тают в столи́це.

⑩ Шко́ла нахо́дится в ма́леньком го́роде, кото́рый густо́й лес окружа́ет со всех сторо́н.

V.（每题1分）

① Си́дя за столо́м, учи́тель проверя́л учени́ческие тетра́ди.

② Верну́вшись из-за грани́цы, учёный сра́зу на́чал но́вые экспериме́нты.

③ Я реши́л поступи́ть на математи́ческий факульте́т, интересу́ясь матема́тикой.

④ Не поня́в э́тот материа́л, вы не смо́жете вы́полнить дома́шнее зада́ние.

⑤ Проведя́ це́лый день в пути́, тури́сты не чу́вствовали уста́лости.

⑥ Когда́ де́ти отдыха́ли у мо́ря, они́ мно́го пла́вали.

⑦ Когда́ прохо́жий подошёл к театра́льной афи́ше, он на́чал чита́ть програ́мму.

⑧ До́ктор Ван успе́шно вы́лечил молодо́го больно́го, потому́ что он отли́чно зна́ет свою́ специа́льность.

⑨ Е́сли ты хорошо́ зна́ешь и понима́ешь наро́д, ты смо́жешь созда́ть настоя́щее произведе́ние.

⑩ Хотя́ Пе́тя заболе́л, он всё же продолжа́л занима́ться.

VI.（每题1分）

① постро́ена   ② встре́ченный   ③ откры́тый

④ подгото́влен   ⑤ напи́санное

俄语语法期末试题

Ⅰ **Выберите подходящий вариант.** 35 баллов

1 Он _____ ко мне и передал мне письмо.

A. вошёл   B. вышел

C. подошёл   D. отходил

2 В этом году летом и весной здесь были много птиц. Но когда наступила осень, перелётные птицы _____ на юг.

A. прилетели   B. улетели

C. долетели   D. слетели

3 — Поздравьте меня! Мы купили новую квартиру в новом районе. — Поздравляю! А когда вы _____ в неё? — Думаю, что в следующем месяце.

A. проедете   B. приедете

C. переедете   D. подъедете

4 — Вы выходите на следующей остановке? Разрешите _____.
— Пожалуйста.

A. прийти   B. пройти

C. перейти   D. дойти

5 Все заняты. _____ послать на вокзал встречать директора.

A. Никого   B. Некого

C. Никому   D. Некому

6 — Алло! — _____ к телефону Бориса. — _____ минуточку, сейчас он подойдёт.

A. Зовите, Ждите   B. Позовите, Подождите

C. Зовите, Подождите   D. Позовите, Ждите

7 — Здравствуй, Виктор! Рад тебя видеть. — Здравствуй, Алёша! Знаешь, у меня завтра небольшой семейный праздник. _____ ко мне с женой.
— С удовольствием! А когда? — К шести часам вечера.

A. Приходи   B. Приходите

C. Приди   D. Придите

⑧ — Что вы желаете? — Мне нужен торт к чаю. — У нас сегодня большой ассортимент тортов. _____. — Пожалуй, я возьму торт «Сказка». А сколько он стоит? — _____ в кассу 400 рублей.

A. Выбирайте, Платите   B. Выберите, Заплатите

C. Выбирайте, Заплатите   D. Выберите, Платите

⑨ — Что вы собираетесь делать в выходные дни? — Мы _____.

A. отдыхаем   B. будем отдыхать

C. отдохнём   D. будем отдохнуть

⑩ Я _____ в шесть часов каждый день в следующем месяце.

A. встаю   B. буду вставать

C. встану   D. буду встать

⑪ Это _____ .

A. неважный   B. неважное

C. неважно   D. неважным

⑫ Какая _____ погода!

A. хорошая   B. хороша

C. хорошей   D. лучше

⑬ Он так _____ .

A. умный и сильный   B. умный и силён

C. умён и сильный   D. умён и силён

⑭ Будьте _____ !

A. здоров   B. здоровый

C. здоровы   D. здоровым

⑮ Он _____ сделать операцию.

A. согласный   B. согласным

C. согласен   D. согласны

⑯ — Подожди меня. — Нет, не буду ждать. Мне _____ ждать, я опаздываю на занятия.

A. никогда   B. некогда

C. когда-то   D. когда-нибудь

⑰ Аспирант уже прочитал _____ статьи, которые я советую ему читать.

A. какие-то   B. какие-нибудь

C. кое-какие   D. какие-либо

⑱ — Расскажи́те нам _____ интере́сное! — кри́кнули вну́ки де́душке.

    A. что́-то   B. что́-нибудь

    C. ко́е-что́   D. что́-либо

⑲ Ба́бушка _____ положи́ла свои́ очки́ и тепе́рь не мо́жет их найти́.

    A. куда́-то   B. куда́-нибудь

    C. ко́е-куда́   D. куда́-либо

⑳ Бы́ло два часа́ но́чи. Ве́ра откры́ла дверь, но в ко́мнате _____ не́ было.

    A. никого́   B. не́кого

    C. никому́   D. не́кому

㉑ Она́ пригласи́ла свою́ подру́гу Ве́ру Па́вловну _____ к себе́ в го́сти.

    A. Васи́льевой   B. Васи́льеву

    C. Васи́льевы   D. Васи́льеве

㉒ Познако́мьтесь с мои́м колле́гой _____.

    A. Ви́кторым Ива́новичим Петро́вым   B. Ви́ктором Ива́новичем Петро́вом

    C. Ви́ктором Ива́новичем Петро́вым   D. Ви́кторым Ива́новичим Петро́вом

㉓ Если вам нужна́ по́мощь, сове́тую вам обрати́ться к _____ , на́шему дире́ктору.

    A. Па́влу   B. Петро́вичу Бе́лову

    C. Па́влу Петро́вичу   D. Бе́лову

㉔ Мы не смогли́ поговори́ть с _____ , так как заста́ли до́ма лишь его́ бра́та.

    A. са́мым им   B. сами́м им

    C. ним са́мым   D. ним сами́м

㉕ Наш университе́т нахо́дится на _____ краю́ го́рода.

    A. са́мом   B. само́м

    C. всем   D. любо́м

㉖ Мы се́ли под дере́вьями и не́много отдохну́ли в _____ тени́.

    A. свое́й   B. их

    C. на́шей   D. его́

㉗ У ка́ждого из ма́льчиков бы́ли _____ интере́сы.

    A. свой   B. их

    C. его́   D. её

㉘ Скóро бýдет дождь. Возьми _____ зóнтик.

    A. у себя́   B. к себé

    C. мéжду собóй   D. с собóй

㉙ Рáзве вы не замéтили, что жизнь нарóда постепéнно _____ в послéдние гóды?

    A. улучшáется прави́тельством   B. улучшáла прави́тельством

    C. улýчшится прави́тельство   D. улýчшит прави́тельству

㉚ Нýжно пойти́ на пóчту и _____.

    A. отпрáвиться телегрáммой   B. отпрáвить телегрáмму

    C. отпрáвилась телегрáмма   D. отпрáвили телегрáмму

㉛ Кни́жный магази́н бýдет _____ зáвтра с 10 утрá до 7 вéчера.

    A. откры́т   B. откры́тый

    C. откры́ть   D. откры́ться

㉜ Теóрия должнá _____ с прáктикой.

    A. свя́зывать   B. свя́зана

    C. быть свя́зана   D. свя́занная

㉝ Это такáя хорóшая пéсня. Жаль, что не знáю, _____ онá _____.

    A. кто, написáл   B. кто, напи́сана

    C. кем, написáла   D. кем, напи́сана

㉞ Немнóго подýмав, _____.

    A. бы́ло данó соглáсие   B. он согласи́лся

    C. он соглáсен   D. он был соглáсен

㉟ Среди́ гостéй я уви́дел дéвушку, _____ лицó показáлось мне стрáнным.

    A. что   B. чьё

    C. котóрое   D. какóе

II   Вставьте глагол нужного вида из данных в скобках.   20 баллов

❶ — Где вы живёте? — Я живý на проспéкте Свéта, дом 4, на трéтьем этажé. — Какóе совпадéние! Я тóже живý там, я на пéрвом этажé. Если у вас бýдет врéмя, _____ к нам в гóсти. Нáша семья́ бýдет рáда. (заходи́ть, зайти́)

❷ — Аллó! Позови́те, пожáлуйста, Ни́ну к телефóну. — Что вы! Ни́ны здесь нет. Онá ужé _____ в Москвý учи́ться. (уезжáть, уéхать)

③ Он хотéл _____ отлúчную отмéтку на экзáмене по лéксике. (получáть, получúть)

④ Я пришёл к концý собрáния. Товáрищи всё ещё _____ этот вопрóс. (обсуждáть, обсудúть)

⑤ Нельзя́ _____ на заня́тия, нáдо приходúть вóвремя. (опáздывать, опоздáть)

⑥ Такúе кнúги в библиотéке ты не _____ , сейчáс мнóгие прóсят. (брать, взять)

⑦ Когдá мы _____ домóй, мы встрéтили нáшего учúтеля на ýлице. (возвращáться, вернýться)

⑧ Если он _____ , позвонúте нам, мы хотúм егó проводúть. (уходúть, уйтú)

⑨ Я забы́л _____ вам кнúгу. (приносúть, принестú)

⑩ Я не _____ в университéт в прóшлом годý, дéло в том, тогдá я находúлся за гранúцей. (поступáть, поступúть)

⑪ Мы не _____ экзáмен на слéдующей недéле, потомý что преподавáтель заболéл. (сдавáть, сдать)

⑫ По-мóему, ктó-то _____ в мою́ кóмнату, сейчáс в кóмнате хáос. (входúть, войтú)

⑬ Вчерá мáма _____ сы́на к врачý, он простудúлся. (вестú, водúть)

⑭ Почемý ты так рéдко пúшешь мне? _____ чáще. (писáть, написáть)

⑮ Зáвтра я прочитáю кнúгу и _____ её в библиотéку. (отдавáть, отдáть)

⑯ Сейчáс ужé 12 часóв, мы не _____ . (ждать, подождáть)

⑰ Зáвтра мы не _____ . Ведь билéты на самолёт ужé прóданы. (уезжáть, уéхать)

⑱ Смотрú, не _____ эту кнúгу, онá мне óчень нужнá. (теря́ть, потеря́ть)

⑲ Мой отéц тяжелó заболéл, он пóнял, что курéние врéдно для здорóвья. И он брóсил _____ . (курúть, курнýть)

⑳ Мне удалóсь _____ эту кнúгу на рýсском языкé. (читáть, прочитáть)

III Замените причастные обороты определительными придаточными предложениями.　10 баллов

① Кни́га, чита́емая студе́нтом, расска́зывает об исто́рии Росси́и.

_____

② Дека́н поздра́вил студе́нтов, хорошо́ сда́вших экза́мен.

_____

③ Я сказа́л това́рищу, позвони́вшему мне, что ве́чером я бу́ду до́ма.

_____

④ На вы́ставку приходи́ли лю́ди, интересова́вшиеся фотогра́фией.

_____

⑤ Я люблю́ ребя́т, уча́щихся со мной в одно́м кла́ссе.

_____

⑥ Мы встре́тили дя́дей, верну́вшихся из-за грани́цы.

_____

⑦ Кита́йский наро́д, руководи́мый Компа́ртией Кита́я, непреме́нно осуществи́т модерниза́цию страны́.

_____

⑧ Дай мне кни́гу, принесённую тебе́ инжене́ром Ва́ном.

_____

⑨ Де́ти, оста́вленные роди́телями до́ма, с интере́сом смотре́ли телеви́зор.

_____

⑩ Студе́нтов, име́ющих спосо́бности к нау́чной рабо́те, рекоменду́ют в аспиранту́ру.

_____

IV Замените предложение со словом _который_ причастным оборотом.　10 баллов

① В лесу́ раздаю́тся голоса́ де́вушек, кото́рые собира́ют я́годы.

_____

② Рабо́чие, кото́рые перевы́полнили зада́чу, получи́ли пре́мию.

_____

③ Текст, который мы читаем на уроке, очень важный.

_____

④ Студент хорошо ответил на вопросы, которые задал ему преподаватель.

_____

⑤ Моя школа находится в маленькой деревне, которую мы уже забыли.

_____

⑥ Наши студенты, которые уехали за границу, овладели русским языком.

_____

⑦ Самолёт, которым управляет молодой лётчик, летит на север.

_____

⑧ Молодёжь, интересующаяся литературой, собралась в библиотеке.

_____

⑨ Зрителям понравилась артистка, которая хорошо спела русские песни.

_____

⑩ В полках, которые находятся в комнате, стоит много книг.

_____

Ⅴ Замените обстоятельные придаточные предложения деепричастными оборотами или наоборот.　　**10 баллов**

① Когда мы ужинали, мы весело разговаривали о корейском телефильме.

_____

② Когда Витя пришёл из школы, он быстро пообедал и пошёл гулять.

_____

③ Студент много работал в лингафонном кабинете, так как старался улучшить своё произношение.

_____

④ Я не могу сдать экзамен, если не подготовлюсь к нему как следует.

_____

⑤ Хотя Виктор хорошо знает английский язык, он всё же с трудом переводил эту книгу.

_____

⑥ Разговаривая по-русски, она внимательно следит за своим произношением.

_____

7 Прочита́в текст, мы на́чали рабо́тать над ним.

_____

8 Мы о́чень спеши́ли, боя́сь опозда́ть на по́езд.

_____

9 Не име́я а́дреса, он не мо́жет отве́тить на письмо́.

_____

10 Почу́вствовав уста́лость, Пе́тя всё же продолжа́л занима́ться.

_____

VI Вставьте полное или краткое причастие. 5 баллов

1 Брат показа́л мне ма́рки, _____ (ку́пленные — ку́плены) в Москве́.

2 Когда́ _____ (постро́енное — постро́ено) э́то зда́ние?

3 Я забы́л до́ма письмо́, _____ (напи́санное — напи́сано) мной вчера́.

4 Ви́ктор показа́л нам фотогра́фии, _____ (при́сланные — при́сланы) ему́ из до́ма.

5 Мне нра́вится кинотеа́тр, _____ (откры́тый — откры́т) неда́вно на на́шей у́лице.

VII Докончите предложения придаточными. 10 баллов

1 Са́ша пе́редал мне, что _____. (说明从句)

2 Са́ша пе́редал мне, что́бы _____. (说明从句)

3 Мне сказа́ли, что́бы _____. (说明从句)

4 Необходи́мо, _____. (说明从句)

5 _____, то я вы́полню план. (条件从句)

6 _____, я бы вы́полнил план. (条件从句)

7 Мы пое́хали туда́, _____ (地点从句)

8 Мы вошли́ в све́тлую ко́мнату, (чей, чья, чьё, чьи 任选一个) _____. (定语从句)

9 Он о́чень лю́бит ту де́вушку, _____. (定语从句)

10 Я пришёл к тебе́, _____. (目的从句)

俄语语法期末试题 参考答案

Ⅰ. (每题1分)

❶ C ❷ B ❸ C ❹ B ❺ B ❻ B ❼ A ❽ A ❾ B ❿ B

⓫ C ⓬ A ⓭ D ⓮ C ⓯ C ⓰ B ⓱ C ⓲ B ⓳ A ⓴ A

㉑ B ㉒ C ㉓ C ㉔ D ㉕ A ㉖ B ㉗ A ㉘ D ㉙ A ㉚ B

㉛ A ㉜ C ㉝ D ㉞ B ㉟ B

Ⅱ. (每题1分)

❶ заходи́те ❷ уе́хала ❸ получи́ть

❹ обсужда́ли ❺ опа́здывать ❻ возьмёшь

❼ возвраща́лись ❽ уйдёт ❾ принести́

❿ поступа́л ⓫ бу́дем сдава́ть ⓬ входи́л

⓭ води́ла ⓮ Пиши́ ⓯ отда́м

⓰ бу́дем ждать ⓱ уе́дем ⓲ потеря́й

⓳ кури́ть ⓴ прочита́ть

Ⅲ. (每题1分)

❶ Кни́га, кото́рую студе́нт чита́ет, расска́зывает об исто́рии Росси́и.

❷ Дека́н поздра́вил студе́нтов, кото́рые хорошо́ сда́ли экза́мен.

❸ Я сказа́л това́рищу, кото́рый позвони́л мне, что ве́чером я бу́ду до́ма.

❹ На вы́ставку приходи́ли лю́ди, кото́рые интересова́лись фотогра́фией.

❺ Я люблю́ ребя́т, кото́рые у́чатся со мной в одно́м кла́ссе.

❻ Мы встре́тили дя́дей, кото́рые верну́лись из-за грани́цы.

❼ Кита́йский наро́д, кото́рым руково́дит Компа́ртия Кита́я, непреме́нно осущ-
ествит модерниза́цию страны́.

❽ Дай мне кни́гу, кото́рую инжене́р Ван тебе́ принёс.

❾ Де́ти, кото́рых роди́тели оста́вили до́ма, с интере́сом смотре́ли телеви́зор.

❿ Студе́нтов, кото́рые име́ют спосо́бности к нау́чной рабо́те, рекоменду́ют в
аспиранту́ру.

Ⅳ. (每题1分)

❶ В лесу́ раздаю́тся голоса́ де́вушек, собира́ющих я́годы.

❷ Рабо́чие, перевы́полнившие зада́чу, получи́ли пре́мию.

❸ Текст, чита́емый на́ми на уро́ке, о́чень ва́жный.

❹ Студе́нт хорошо́ отве́тил на вопро́сы, за́данные ему́ преподава́телем.

❺ Моя́ шко́ла нахо́дится в ма́ленькой дере́вне, забы́той уже́ на́ми.

❻ На́ши студе́нты, уе́хавшие за грани́цу, овладе́ли ру́сским языко́м.

❼ Самолёт, управля́емый молоды́м лётчиком, лети́т на се́вер.

⑧ Молодёжь, кото́рая интересу́ется литерату́рой, собрала́сь в библиоте́ке.

⑨ Зри́телям понра́вилась арти́стка, хорошо́ спе́вшая ру́сские пе́сни.

⑩ В по́лках, находя́щихся в ко́мнате, стои́т мно́го книг.

V. （每题1分）

① Ужиная, мы ве́село разгова́ривали о коре́йском телефи́льме.

② Придя́ из шко́лы, Пе́тя бы́стро пообе́дал и пошёл гуля́ть.

③ Студе́нт мно́го рабо́тал в лингафо́нном кабине́те, стара́ясь улу́чшить своё произноше́ние.

④ Я не могу́ сдать экза́мен, не подгото́вившись к нему́ как сле́дует.

⑤ Хорошо́ зна́я англи́йский язы́к, Ви́ктор всё же с трудо́м переводи́л э́ту кни́гу.

⑥ Когда́ она́ разгова́ривает по-ру́сски, она́ внима́тельно следи́т за свои́м произноше́нием.

⑦ Когда́ мы прочита́ли текст, мы на́чали рабо́тать над ним.

⑧ Мы о́чень спеши́ли, потому́ что боя́лись опозда́ть на по́езд.

⑨ Так как он не име́ет а́дреса, он не мо́жет отве́тить на письмо́.

⑩ Хотя́ Пе́тя почу́вствовал уста́лость, он всё же продолжа́л занима́ться.

VI. （每题1分）

① ку́пленные ② постро́ено ③ напи́санное

④ при́сланные ⑤ откры́тый

俄语语法期末试题

Выберите подходящий вариант 25 баллов

❶ Я здесь жду _____.

    A. Ольге Никола́евне Петро́ве   B. Ольги Никола́евны Петро́вы

    C. Ольгой Никола́евной Петро́вой   D. Ольгу Никола́евну Петро́ву

❷ Они́ ча́сто перепи́сываются с профе́ссором _____.

    A. Полево́м   B. Полевы́м

    C. Полево́му   D. Полеви́м

❸ _____, мо́жно к вам обрати́ться?

    A. Пе́тя   B. Серге́евич Ти́хонов

    C. Пётр Серге́евич   D. Пётр Ти́хонов

❹ — Куда́ он _____ вчера́? — В универма́г. Он купи́л пальто́ и перча́тки.

    A. ходи́л   B. шёл

    C. пошёл   D. был

❺ Скажи́те, пожа́луйста, я _____ до музе́я на э́том трамва́е?

    A. пое́ду   B. вы́еду

    C. дое́ду   D. подъе́ду

❻ Он здесь, в аудито́рии, то́лько что _____ куда́-то.

    A. выходи́л   B. вы́шел

    C. уходи́л   D. ушёл

❼ Я _____ к столу́ и поста́вил на него́ ча́шку.

    A. отошёл   B. дошёл

    C. подошёл   D. вошёл

❽ Всю доро́гу он ду́мал о своём, и так он _____ свою́ остано́вку.

    A. перешёл   B. прошёл

    C. вышел   D. зашёл

⑨ Стáло хóлодно, нáдо ребя́т _____ потеплée.

    A. одевáть   B. одевáться

    C. одéньтесь   D. одевáйте

⑩ Маши́на _____ недалекó от универмáга.

    A. останови́ли   B. останови́ла

    C. останови́лись   D. останови́лась

⑪ Все уéхали на дáчу. Дóма мне разговáривать бы́ло _____.

    A. ни с кéм   B. нé с кем

    C. нéкому   D. ни о кóм

⑫ _____ я не достáл ну́жной мне статьи́.

    A. Никудá   B. Нéгде

    C. Ниоткý́да   D. Нéкуда

⑬ Мы все зáняты, _____ послáть за врачóм.

    A. нéкому   B. никомý

    C. нéкого   D. никогó

⑭ Он сказáл мне _____ вáжное, и́менно что не могý вспóмнить.

    A. чтó-нибудь   B. чтó-то

    C. о чём-нибудь   D. кóе-чтó

⑮ Если _____ вы ещё бý́дете в нáшем гóроде, обязáтельно приходи́те ко мне.

    A. когдá-нибудь   B. когдá-то

    C. кóе-когдá   D. никогдá

⑯ Об э́том я ужé посовéтовалась _____.

    A. с кéм-нибудь   B. с кéм-то

    C. с кóе-кéм   D. кóе с кéм

⑰ Пеки́н _____ кáждому из нас.

    A. бли́зкий и дорогóй   B. бли́зок и дóрог

    C. бли́зк и дóрог   D. бли́зек и дóрог

⑱ У меня́ дéдушка óчень _____.

    A. добрá   B. дóбрая

    C. добр   D. дóбрый

⑲ Наш Синьцзя́н _____ фрý́ктами.

    A. богáтый   B. бóлее богáтый

    C. богáт   D. богатéйший

⑳ Но́вая гости́ница _____ в сле́дующем году́.

    A. постро́енная   B. постро́ена

    C. была́ постро́ена   D. бу́дет постро́ена

㉑ Уже́ де́сять часо́в, парк _____ .

    A. закры́тый   B. закры́л

    C. закры́т   D. закры́лись

㉒ Скажи́те э́то не мне, а _____ .

    A. ему́ саму́   B. ему́ самому́

    C. ему́ сами́м   D. им самому́

㉓ Пе́ред _____ до́мом растёт высо́кое де́рево.

    A. свои́м   B. своём

    C. на́шем   D. на́шим

㉔ Поговори́в со мной о пла́не рабо́ты, секрета́рь ушёл _____ в кабине́т.

    A. себе́   B. с собо́й

    C. к себе́   D. за собо́й

㉕ Мать хоте́ла почита́ть не прочи́танную кни́гу и попроси́ла, что́бы дочь принесла́ её _____ .

    A. ей   B. себе́

    C. собо́й   D. себя́

II   Вставьте глагол нужного вида из данных в скобках.   20 баллов

❶ Когда́ мы _____ домо́й, мы встре́тили госте́й. (возвраща́ться, верну́ться)

❷ Брат по́дал обе́д и _____ госте́й к столу́. (звать, позва́ть)

❸ Алёша до́лго не _____ , но наконе́ц мы его́ уговори́ли. (соглаша́ться, согласи́ться)

❹ Мы ду́мали, что она́ нам позвони́т, но она́ не _____ . (звони́ть, позвони́ть)

❺ Когда́ я верну́лась, мне сказа́ли, что ко мне _____ како́й-то молодо́й челове́к: он посиде́л и ушёл. (приходи́ть, прийти́)

❻ — Пе́тя, дай мне почита́ть твой рома́н. — У меня́ сейча́с нет э́той кни́ги. Я _____ её на про́шлой неде́ле. (брать, взять)

⑦ Когда́ он _____ в Росси́ю, все друзья́ с ним попраща́лись. (уезжа́ть, уе́хать)

⑧ Студе́нты _____ на э́ти вопро́сы за де́сять мину́т и ушли́ домо́й. (отвеча́ть, отве́тить)

⑨ Това́рищи _____ его́ вы́ступить на собра́нии, но он отказа́лся. (угова́ривать, уговори́ть)

⑩ Она́ заболе́ла, и поэ́тому за́втра не _____ . (приходи́ть, прийти́)

⑪ Я пришёл к концу́ собра́ния. Това́рищи уже́ ко́нчили _____ э́тот вопро́с. (обсужда́ть, обсуди́ть)

⑫ Она́ за́втра _____ в Москву́ учи́ться. (уезжа́ть, е́здить)

⑬ В про́шлом году́ ка́ждый день я _____ спать в 12 часо́в. (ложи́ться, лечь)

⑭ Обрати́тесь к секретарю́, он всё зна́ет, он вам _____ . (объясня́ть, объясни́ть)

⑮ Таки́х до́брых люде́й с огнём не _____ . (иска́ть, найти́)

⑯ Он хоро́ший перево́дчик, э́ту статью́ он за час _____ . (переводи́ть, перевести́)

⑰ Таки́е кни́ги в библиоте́ке ты не _____ , сейча́с мно́гие про́сят. (брать, взять)

⑱ Он переста́л _____ и прислу́шался к на́шему разгово́ру. (чита́ть, прочита́ть)

⑲ Извини́те, я забы́л _____ его́ об э́том. (спра́шивать, спроси́ть)

⑳ Этот фильм не интере́сный, его́ не сто́ит _____ . (смотре́ть, посмотре́ть)

III Вста́вьте ну́жные фо́рмы прилага́тельных в предложе́ния. **10 ба́ллов**

❶ свобо́дный — свобо́ден

Я иду́ с тобо́й, у меня́ _____ вре́мя.

Ни́на сказа́ла мне, что она́ бу́дет _____ во вто́рник.

❷ больно́й — бо́лен

Я слы́шал, что ва́ша мать _____ .

Га́ля уха́живает за свое́й _____ ма́терью.

③ добрый — добр

У меня́ оте́ц о́чень _____ и весёлый.

Бу́дьте _____ , покажи́те мне вот тот костю́м.

④ здоро́вый — здоро́в

У меня́ был грипп, но тепе́рь я уже́ _____ .

И _____ лю́ди не должны́ так занима́ться спо́ртом.

⑤ занято́й — за́нят

К сожале́нию, Ви́ктор бу́дет _____ в воскресе́нье и не смо́жет прийти́.

Он о́чень _____ челове́к, его́ до́ма не заста́нешь.

Ⅳ Замени́те прича́стные оборо́ты определи́тельными прида́точными предложе́ниями с сою́зным сло́вом *кото́рый.* 10 баллов

① Познако́мьте меня́ с той де́вушкой, игра́ющей на роя́ле.

_____

② Я спроси́л челове́ка, проходи́вшего ми́мо, как попа́сть в Истори́ческий музе́й.

_____

③ Его́ разбуди́л шум, подня́вшийся в до́ме.

_____

④ Вопро́сы, решённые на собра́нии, взволнова́ли всех.

_____

⑤ Мой друг, ко́нчивший шко́лу, собира́ется поступи́ть в те́хникум.

_____

⑥ Далеко́ от бе́рега слы́шатся весёлые голоса́ дете́й, купа́ющихся в реке́.

_____

⑦ По́ле, лежа́щее за реко́й, принадлежи́т сосе́дней дере́вне.

_____

⑧ Весь день я был за́нят с гостя́ми, прие́хавшими из мое́й родно́й дере́вни.

_____

⑨ Из кни́ги, расска́зывающей о зарубе́жной молодёжи, я узна́л мно́го интере́сного.

_____

⑩ Молодёжь, стремящаяся к нау́ке, идёт в ву́зы.

_____

V Замените предложение со словом *который* причастным оборотом. **10 баллов**

❶ Стихотворе́ние, кото́рое напеча́тали в газе́те, мне понра́вилось.

_____

❷ Анне Серге́евне, кото́рая вы́шла за́муж за моего́ бра́та, со́рок лет.

_____

❸ Но́вый фильм, кото́рый по́льзуется больши́м успе́хом, уже́ три неде́ли не схо́дит с экра́на.

_____

❹ Кни́га, кото́рую подари́л профе́ссор, лежа́ла на столе́.

_____

❺ Как тебе́ понра́вился спекта́кль, о кото́ром мно́гие говоря́т?

_____

❻ Ви́ктор зашёл в высо́кое зда́ние, кото́рое постро́или неда́вно.

_____

❼ Моя́ шко́ла нахо́дится в ма́ленькой дере́вне, кото́рую мы о́чень лю́бим.

_____

❽ Студе́нтка, кото́рую мы встре́тили вчера́, не сде́лала ни одно́й оши́бки.

_____

❾ Тетра́дь, кото́рую забы́л Вале́рий, оста́лась лежа́ть на столе́.

_____

⑩ Она́ о́чень обра́довалась посы́лке, кото́рую получи́ла из до́ма.

_____

VI Вставьте в пропуски деепричастие нужного вида, образовав его от данных глаголов. **10 баллов**

❶ отдыха́ть — отдохну́ть

_____ у мо́ря, я мно́го пла́вал.

_____ у мо́ря, он верну́лся домо́й.

② знакомиться — познакомиться

_____ с э́тим го́родом, тури́сты пое́дут в друго́й го́род.

_____ с го́родом, тури́сты обраща́ли внима́ние на его́ истори́ческие па́мятники.

③ слу́шать — прослу́шать

_____ ра́дио, мы узна́ём, что происхо́дит в ми́ре.

_____ после́дние изве́стия, мы ста́ли разгова́ривать с това́рищем о собы́тиях за рубежо́м.

④ отвеча́ть — отве́тить

_____ на вопро́сы, профе́ссор привёл мно́го интере́сных приме́ров.

_____ на вопро́сы, профе́ссор на́чал объясня́ть но́вый материа́л.

⑤ чита́ть — прочита́ть

_____ ле́кцию о ру́сской литерату́ре, профе́ссор подро́бно останови́лся на жи́зни и литерату́рной де́ятельности писа́телей.

_____ ле́кцию, профе́ссор отве́тил на за́данные студе́нтами вопро́сы.

Ⅶ Вставьте полное или краткое причастие. 5 баллов

① Шко́ла, в кото́рой у́чится моя́ сестра́, была́ _____ (постро́енная — постро́ена) в 1958 году́.

② На сце́ну вы́шел арти́ст, краси́во _____ (оде́тый — оде́т).

③ Мне нра́вится кинотеа́тр, _____ (откры́тый — откры́т) неда́вно на на́шей у́лице.

④ Ве́чер _____ (подгото́вленный — подгото́влен) на́шими студе́нтами.

⑤ Я забы́л до́ма письмо́, _____ (напи́санное — напи́сано) мной вчера́.

Ⅷ Докончите предложения придаточными. 10 баллов

① Я понима́ю, _____.(说明从句)

② Мы о́чень ра́ды, _____.(说明从句)

③ Очеви́дно, _____.(说明从句)

④ Нельзя́, _____.(说明从句)

⑤ _____, мы пойдём в кино́.(条件从句)

⑥ _____, мы пошли́ бы в кино́.(条件从句)

7 Мы бы́ли там, _____. (地点从句)

8 Мы лю́бим профе́ссора, (чей, чья, чьё, чьи 任选一个) _____. (定语从句)

9 Он жил в дере́вне, _____. (定语从句)

10 Ему́ ну́жно два дня, _____. (目的从句)

俄语语法期末试题 ⊜ 三 参考答案

Ⅰ. (每题1分)

1 D **2** B **3** C **4** A **5** C **6** A **7** C **8** B **9** A **10** D
11 B **12** C **13** C **14** B **15** A **16** D **17** B **18** D **19** C **20** D
21 C **22** B **23** D **24** C **25** A

Ⅱ. (每题1分)

1 верну́лись   **2** позва́л   **3** соглаша́лся

4 позвони́ла   **5** приходи́л   **6** брал

7 уезжа́л   **8** отве́тили   **9** угова́ривали

10 придёт   **11** обсужда́ть   **12** уезжа́ет

13 ложи́лся   **14** объясни́т   **15** найдёшь

16 переведёт   **17** возьмёшь   **18** чита́ть

19 спроси́ть   **20** смотре́ть

Ⅲ. (每题1分)

1 свобо́дное, свобо́дна   **2** больна́, больно́й

3 до́брый, добры́   **4** здоро́в, здоро́вые

5 за́нят, зянято́й

Ⅳ. (每题1分)

1 Познако́мьте меня́ с той де́вушкой, кото́рая игра́ет на роя́ле.

2 Я спроси́л челове́ка, кото́рый проходи́л ми́мо, как попа́сть в Истори́ческий музе́й.

3 Его́ разбуди́л шум, кото́рый подня́лся в до́ме.

4 Вопро́сы, кото́рые реши́ли на собра́нии, взволнова́ли всех.

5 Мой друг, кото́рый ко́нчил шко́лу, собира́ется поступи́ть в те́хникум.

6 Далеко́ от бе́рега слы́шатся весёлые голоса́ дете́й, кото́рые купа́ются в реке́.

7 По́ле, кото́рое лежи́т за реко́й, принадлежи́т сосе́дней дере́вне.

8 Весь день я был за́нят с гостя́ми, кото́рые прие́хали из мое́й родно́й дере́вни.

9 Из кни́ги, кото́рая расска́зывает о зарубе́жной молодёжи, я узна́л мно́го инте-ре́сного.

⑩ Молодёжь, котóрая стремúтся к наýке, идёт в вýзы.

V.（每题1分）

① Стихотворéние, напечáтанное в газéте, мне понрáвилось.

② Анне Сергéевне, вúшедшей зáмуж за моегó брáта, сóрок лет.

③ Нóвый фильм, пóльзующийся больши́м успéхом, ужé три недéли не схóдит с экрáна.

④ Кнúга, подáренная профéссором, лежáла на столé.

⑤ 不能替换

⑥ Ви́ктор зашёл в высóкое здáние, пострóенное недáвно.

⑦ Моя́ шкóла нахóдится в мáленькой дерéвне, люби́мой нáми.

⑧ Студéнтка, встрéченная нáми вчерá, не сдéлала ни однóй оши́бки.

⑨ Тетрáдь, забúтая Валéрием, остáлась лежáть на столé.

⑩ Онá óчень обрáдовалась посúлке, полýченной из дóма.

VI.（每题1分）

① Отдыхáя, Отдохнýв   ② Познакóмившись, Знакóмясь

③ Слýшая, Послýшав   ④ Отвечáя, Отвéтив

⑤ Читáя, Прочитáв

VII.（每题1分）

① пострóена   ② одéтый   ③ открúтый

④ подготóвлен   ⑤ напи́санное

俄语语法期末试题

四

I **Выберите подходящий вариант.** 25 баллов

① Какая профессия у ＿＿＿＿＿＿＿?

A. Анной Николаевной   B. Анны Николаевны

C. Анны Николаевной   D. Анне Николаевне

② Я часто встречаюсь с инженером ＿＿＿＿＿＿＿.

A. Бориса Ивановича Иванова   B. Борису Ивановичу Иванову

C. Борисом Ивановичем Ивановом   D. Борисом Ивановичем Ивановым

③ По этому вопросу вам лучше обратиться к ＿＿＿＿＿＿＿, нашему декану.

A. Павлу   B. Петровичу Белову

C. Павлу Петровичу   D. Белову

④ — Вера ＿＿＿＿＿＿＿ домой? — Да, она в своей комнате.

A. пошла   B. пришла

C. ходила   D. приходила

⑤ Скажите, пожалуйста, как ＿＿＿＿＿＿＿ к станции метро?

A. дойти   B. перейти

C. отойти   D. пройти

⑥ Утром она встала поздно, умылась и без завтрака ＿＿＿＿＿＿＿ на урок.

A. вышел   B. зашёл

C. пошёл   D. дошёл

⑦ Когда я ＿＿＿＿＿＿＿ из комнаты, я выключил радио.

A. выходил   B. уходил

C. вышел   D. ушёл

⑧ При красном свете светофора нельзя ＿＿＿＿＿＿＿ улицу.

A. проходить   B. заходить

C. отходить   D. переходить

⑨ Лампа ＿＿＿＿＿＿＿ газетой.

A. открыла   B. открылась

C. закрыла   D. закрылась

⑩ 23-го декабря́ в на́шем клу́бе _____ ве́чер на ру́сском языке́.

    A. устра́ивал   B. устра́ивались

    C. устра́ивали   D. устра́ивалось

⑪ Че́рез пять мину́т _____ не оста́лось на у́лице.

    A. никого́   B. не́кого

    C. никому́   D. не́кому

⑫ Не счита́й, что ты всё зна́ешь, что тебе́ бо́льше _____ учи́ться.

    A. ни у кого́   B. не́ к кому

    C. ничему́   D. не́чему

⑬ На твой вопро́с _____ отве́тить.

    A. никому́   B. не́кому

    C. никто́   D. не́ на кого

⑭ Позво́льте мне обрати́ться к вам _____ вопро́сами.

    A. с каки́ми-нибудь   B. с каки́ми-то

    C. с ко́е-каки́ми   D. ко́е с каки́ми

⑮ Ната́ша, сего́дня у́тром _____ звони́л тебе́.

    A. кто́-нибудь   B. кто́-то

    C. что́-нибудь   D. что́-то

⑯ Вы бы́ли _____ на ю́ге?

    A. куда́-нибудь   B. куда́-то

    C. гдé-нибудь   D. гдé-то

⑰ Эти ту́фли ей _____.

    A. больши́е   B. бо́льши́

    C. вели́кие   D. велики́

⑱ Лéна, э́то ме́сто _____, иди́ сюда́.

    A. свобо́дное   B. свобо́ден

    C. свобо́дно   D. свобо́дна

⑲ Извини́те, мне пло́хо знако́м _____.

    A. э́тот го́род   B. э́тому го́роду

    C. с э́тим го́родом   D. об э́том го́роде

⑳ Эта рабо́та _____ ме́сяц наза́д.

    A. напи́санная   B. напи́сана

    C. была́ напи́сана   D. бу́дет напи́сана

㉑ — Твой брат поступи́л в институ́т? — Да, он _____ в строи́тельный институ́т.

A. при́нял   B. при́нят

C. при́нято   D. при́няли

㉒ Пе́ред _____ до́мом стари́к нашёл _____ ме́сто для о́тдыха.

A. его́, себе́   B. его́, себя́

C. свои́м, себя́   D. свои́м, себе́

㉓ Об э́том на́до поговори́ть с _____ дека́ном.

A. сам   B. са́мым

C. сами́м   D. само́м

㉔ У ка́ждого чле́на семьи́ _____ газе́та.

A. его́   B. её

C. их   D. своя́

㉕ Мать хоте́ла почита́ть кни́гу и попроси́ла, что́бы дочь принесла́ ей _____.

A. ей   B. свою́

C. свое́й   D. себя́

II Вста́вьте глаго́л ну́жного ви́да из да́нных в ско́бках   **20 ба́ллов**

① В про́шлую суббо́ту мы _____ в кино́. (ходи́ть, идти́)

② Когда́ оте́ц _____ и́з дому, сестра́ попроси́ла его́ купи́ть ру́чку, но уже́ по́здно. (выходи́ть, вы́йти)

③ Я ничего́ о ней не зна́ю, мы до́лго не _____. (встреча́ться, встре́титься)

④ Он сказа́л, что вчера́ _____ к нам, но не _____. (приезжа́ть, прие́хать)

⑤ По-мо́ему, кто́-то _____ мою́ кни́гу, она́ лежи́т не на своём ме́сте. (брать, взять)

⑥ На про́шлой неде́ле он не ходи́л на заня́тия, потому́ что он _____. (боле́ть, заболе́ть)

⑦ Пото́м ка́ждый день я _____ спать в 12 часо́в. (ложи́ться, лечь)

⑧ За́втра я прочита́ю кни́гу и _____ её в библиоте́ку. (отдава́ть, отда́ть)

⑨ Сейча́с уже́ 12 часо́в, мы не _____. (ждать, подожда́ть)

⑩ Зáвтра мы не _____. Ведь билéты на самолёт ужé прóданы. (уезжáть, уéхать)

⑪ В канúкулы ученикú дóма чáще _____ прóйденное. (повторять, повторúть)

⑫ Что же ты замолчáл? _____ дáльше. (говорúть, сказáть)

⑬ Одéнься потеплéе, смотрú не _____. (заболевáть, заболéть)

⑭ Не _____ эту кнúгу, онá мне óчень нужнá. (терять, потерять)

⑮ Сегóдня передаю́т интерéсные спортúвные передáчи, _____ телевúзор. (включáть, включúть)

⑯ Преподавáтель кóнчил _____ урóк и ушёл. (объяснять, объяснúть)

⑰ Мой отéц тяжелó заболéл, он пóнял, что курéние врéдно для здорóвья. И он брóсил _____. (курúть, курнýть)

⑱ Мне удалóсь _____ эту кнúгу на рýсском языкé. (читáть, прочитáть)

⑲ Зáвтра мне нáдо _____ в семь часóв. (вставáть, встать)

⑳ Нáдя совéтует мне не _____ это плáтье, котóрое мне не идёт. (покупáть, купúть)

III Вставьте нужные формы прилагательных в предложения. 10 баллов

❶ Отéц _____ и сегóдня не пойдёт на рабóту. (бóлен — больнóй)

❷ Этот текст не _____, но для студéнтов пéрвого кýрса _____. (трýдный — трýден)

❸ Бýдьте _____, с ним ничегó не слýчится. (спокóйны — спокóйные)

❹ Китáй, _____ хлéбом, развивáется бы́стро. (богáт — богáтый)

❺ Мой друг хорошó _____ с литератýрой дрéвней Рýси. (знакóм — знакóмый)

❻ Вéтер был так _____, что мы с трудóм моглú идтú. (силён — сúльный)

❼ Дед мой давнó ýмер, а бáбушка ещё _____. (живá — живáя)

❽ Мáльчик óчень _____. (жив — живóй)

❾ Не всё _____, úбо есть недостáтки. (хорошó — хорóший)

❿ Нóвое всегдá _____. (непобедúмо — непобедúмое)

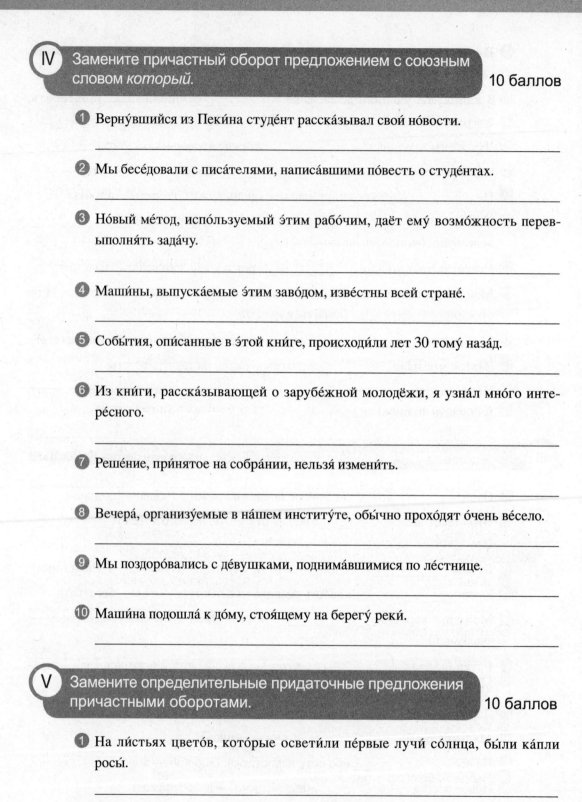

IV Замените причастный оборот предложением с союзным словом *который*.　　　　10 баллов

1 Верну́вшийся из Пеки́на студе́нт расска́зывал свои́ но́вости.

_____

2 Мы бесе́довали с писа́телями, написа́вшими по́весть о студе́нтах.

_____

3 Но́вый ме́тод, испо́льзуемый э́тим рабо́чим, даёт ему́ возмо́жность перевыполня́ть зада́чу.

_____

4 Маши́ны, выпуска́емые э́тим заво́дом, изве́стны всей стране́.

_____

5 Собы́тия, опи́санные в э́той кни́ге, происходи́ли лет 30 тому́ наза́д.

_____

6 Из кни́ги, расска́зывающей о зарубе́жной молодёжи, я узна́л мно́го интере́сного.

_____

7 Реше́ние, при́нятое на собра́нии, нельзя́ измени́ть.

_____

8 Вечера́, организу́емые в на́шем институ́те, обы́чно прохо́дят о́чень ве́село.

_____

9 Мы поздоро́вались с де́вушками, поднима́вшимися по ле́стнице.

_____

10 Маши́на подошла́ к до́му, стоя́щему на берегу́ реки́.

_____

V Замените определительные придаточные предложения причастными оборотами.　　　　10 баллов

1 На ли́стьях цвето́в, кото́рые освети́ли пе́рвые лучи́ со́лнца, бы́ли ка́пли росы́.

_____

2 В кварти́ре стоя́ла ме́бель, кото́рую изгото́вили в конце́ 19-го ве́ка.

_____

③ В програ́мме новосте́й, кото́рую показа́ли ве́чером, рассказа́ли о вы́ставке цвето́в в этнографи́ческом музе́е.

④ Вчера́ в теа́тре мы встре́тили мла́дшую дочь свои́х друзе́й, кото́рая занима́ется бале́том.

⑤ На де́реве, кото́рое посади́ли в про́шлом году́ о́сенью, неда́вно появи́лись пе́рвые ли́стья.

⑥ В журна́ле, кото́рый Све́та взяла́ у подру́ги, бы́ли стихи́ молоды́х поэ́тов.

⑦ Мы разгова́риваем со студе́нтами, кото́рые изуча́ют медици́ну.

⑧ Он хорошо́ понима́ет люде́й, кото́рые говоря́т по-англи́йски.

⑨ Студе́нты ходи́ли к профе́ссору, кото́рый рабо́тал в университе́те.

⑩ Я подошёл к гру́ппе тури́стов, кото́рые фотографи́руются о́коло Эрмита́жа.

VI Замени́те обстоя́тельные прида́точные предложе́ния
дееприча́стными оборо́тами и́ли наоборо́т.   10 ба́ллов

❶ Живя́ в друго́й стране́, ну́жно уважа́ть её тради́ции и обы́чаи.

❷ Уста́в, мы пое́хали за́ город.

❸ Обеща́в, он так и не пришёл.

❹ Бу́дучи уста́лыми, они́ продолжа́ли идти́ вперёд.

❺ Заболе́в, брат лёг в больни́цу.

❻ По́сле того́ как мы купи́ли биле́ты в кино́, мы вошли́ в фойе́ кинотеа́тра.

⑦ Как то́лько я получи́л письмо́, я сра́зу на́чал чита́ть его́.

_____

⑧ Когда́ мои́ друзья́ прие́хали в Москву́, они́ написа́ли мне письмо́.

_____

⑨ Я не могу́ помо́чь вам, потому́ что пло́хо зна́ю францу́зский язы́к.

_____

⑩ Так как я интересу́юсь ру́сской литерату́рой, я покупа́ю кни́ги ру́сских писа́телей.

_____

VII Докончите предложения, используя одно из данных предложений.　　10 баллов

① Немно́го поду́мав, _____.

а) бы́ло дано́ согла́сие

б) сестра́ согласи́лась со мной

② Перечи́тывая э́тот расска́з, _____.

а) он мне понра́вился

б) я всегда́ получа́л удово́льствие

③ Находя́сь в столи́це, _____.

а) у нас состоя́лись встре́чи со мно́гими изве́стными писа́телями

б) мы встреча́лись со мно́гими изве́стными писа́телями

④ Войдя́ в ко́мнату, _____.

а) брат рабо́тал за пи́сьменным столо́м

б) я уви́дел бра́та за пи́сьменным столо́м

⑤ Подожда́в не́сколько мину́т, _____.

а) я позвони́л ему́ по телефо́ну

б) мне позвони́ли по телефо́ну

VIII Вставьте полное или краткое причастие.　5 баллов

① Это письмо́ _____ (при́сланное — при́слано) из Москвы́.

② Вчера́ на уро́ке фи́зики нам _____ (был пока́зан — пока́занный) о́пыт.

③ Сейча́с в на́шем клу́бе _____ (организо́вана — организо́ванная) вы́ставка фотогра́фий.

④ Я чита́ю рома́н, _____ (напи́сан — напи́санный) одни́м францу́зским писа́телем.

⑤ Не́сколько лет наза́д рома́н _____ (был переведён — переведённый) на ру́сский язы́к.

IX Докончите предложения придаточными. **10 баллов**

① Я заме́тил, _____. (说明从句)

② Мы дово́льны, _____. (说明从句)

③ Студе́нты уве́рены, _____. (说明从句)

④ На́до, _____. (说明从句)

⑤ _____, они́ помо́гут нам. (条件从句)

⑥ _____, они́ помогли́ бы нам. (条件从句)

⑦ Мы смо́трим туда́, _____. (地点从句)

⑧ Мы живём в ко́мнате, (用 чей） _____. (定语从句)

⑨ Он прочита́л кни́гу, _____. (定语从句)

⑩ Он записа́л для того́, _____. (目的从句)

俄语语法期末试题 四 参考答案

I. (每题1分)

① B ② D ③ C ④ B ⑤ D ⑥ C ⑦ A ⑧ D ⑨ D ⑩ C
⑪ A ⑫ D ⑬ B ⑭ A ⑮ B ⑯ C ⑰ D ⑱ C ⑲ A ⑳ C
㉑ B ㉒ D ㉓ C ㉔ D ㉕ B

II. (每题1分)

① ходи́ли	② выходи́л	③ встреча́емся
④ прие́дет, прие́хал	⑤ брал	⑥ боле́л
⑦ бу́ду ложи́ться	⑧ отда́м	⑨ бу́дем ждать
⑩ уе́дем	⑪ повторя́ют	⑫ Говори́
⑬ заболе́й	⑭ потеря́й	⑮ включа́йте
⑯ объясня́ть	⑰ кури́ть	⑱ прочита́ть
⑲ встать	⑳ покупа́ть	

III.（每题1分）

1 бо́лен
2 тру́дный, тру́ден
3 споко́йны
4 бога́тый
5 знако́м
6 силён
7 жива́
8 живо́й
9 хорошо́
10 непобеди́мо

IV.（每题1分）

1 Студе́нт, кото́рый верну́лся из Пеки́на, расска́зывал свои́ но́вости.

2 Мы бесе́довали с писа́телями, кото́рые написа́ли по́весть о студе́нтах.

3 Но́вый ме́тод, кото́рый испо́льзует э́тот рабо́чий, даёт ему́ возмо́жность перевыполня́ть зада́чу.

4 Маши́ны, кото́рые выпуска́ет э́тот заво́д, изве́стны всей стране́.

5 Собы́тия, кото́рые описа́ли в э́той кни́ге, происходи́ли лет 30 тому́ наза́д.

6 Из кни́ги, кото́рая расска́зывает о зарубе́жной молодёжи, я узна́л мно́го интере́сного.

7 Реше́ние, кото́рое при́няли на собра́нии, нельзя́ измени́ть.

8 Вечера́, кото́рые организу́ют в на́шем институ́те, обы́чно прохо́дят о́чень ве́село.

9 Мы поздоро́вались с де́вушками, кото́рые поднима́лись по ле́стнице.

10 Маши́на подошла́ к до́му, кото́рый стои́т на берегу́ реки́.

V.（每题1分）

1 На ли́стьях цвето́в, освещённых пе́рвыми луча́ми со́лнца, бы́ли ка́пли росы́.

2 В кварти́ре стоя́ла ме́бель, изгото́вленная в конце́ 19-го ве́ка.

3 В програ́мме новосте́й, пока́занной ве́чером, рассказа́ли о вы́ставке цвето́в в этнографи́ческом музе́е.

4 Вчера́ в теа́тре мы встре́тили мла́дшую дочь свои́х друзе́й, занима́ющаяся бале́том.

5 На де́реве, поса́женном в про́шлом году́ о́сенью, неда́вно появи́лись пе́рвые ли́стья.

6 В журна́ле, взя́том Све́той у подру́ги, бы́ли стихи́ молоды́х поэ́тов.

7 Мы разгова́риваем со студе́нтами, изуча́ющими медици́ну.

8 Он хорошо́ понима́ет люде́й, говоря́щих по-англи́йски.

9 Студе́нты ходи́ли к профе́ссору, рабо́тавшему в университе́те.

10 Я подошёл к гру́ппе тури́стов, фотографи́рующихся о́коло Эрмита́жа.

VI.（每题1分）

1 Е́сли живёшь в друго́й стране́, ну́жно уважа́ть её тради́ции и обы́чаи.

2 Хотя́ мы уста́ли, мы пое́хали за́ город.

③ Хотя́ он обеща́л, он так и не пришёл.

④ Хотя́ они́ бы́ли уста́лыми, они́ продолжа́ли идти́ вперёд.

⑤ Так как брат заболе́л, он лёг в больни́цу.

⑥ Купи́в биле́ты в кино́, мы вошли́ в фойе́ кинотеа́тра.

⑦ Получи́в письмо́, я сра́зу на́чал чита́ть его́.

⑧ Прие́хав в Москву́, мои́ друзья́ написа́ли мне письмо́.

⑨ Я не могу́ помо́чь вам, пло́хо зна́я францу́зский язы́к.

⑩ Интересу́ясь ру́сской литерату́рой, я покупа́ю кни́ги ру́сских писа́телей.

Ⅶ.（每题1分）

① б ② б ③ б ④ б ⑤ а

Ⅷ.（每题1分）

① при́слано ② был пока́зан ③ организо́вана

④ напи́санный ⑤ был переведён

俄语实践期末试题

I Поставьте слова в скобках в нужной форме, употребляя предлог, где нужно.   10 баллов

① Я интересу́юсь _____ (спорт), а он увлека́ется _____ (му́зыка).

② Они́ иду́т гора́здо _____ (бы́стро).

③ Лю́ди обме́ниваются _____ (мне́ния и информа́ция).

④ _____ (Я) ка́жется, что мои́ увлече́ния отлича́ются _____ (увлече́ния) мои́х ро́дственников.

⑤ Этот писа́тель по́льзуется _____ (больша́я популя́рность) _____ (чита́тели).

⑥ Ремо́нт до́ма тре́бует _____ (больши́е де́ньги) _____ (хозя́ин).

⑦ Этот певе́ц изве́стен _____ (свой прекра́сный го́лос) _____ (вся страна́).

⑧ Вокру́г _____ (мы) шумя́т.

⑨ Мы гото́вимся _____ (экза́мен).

⑩ Наш го́род нужда́ется _____ (лес).

II Составьте предложения из данных слов.   20 баллов

① В, э́тот, большо́й, кварти́ра, три, све́тлый, и, ую́тный, ко́мната, два, ую́тный, спа́льня.

_____

_____

② Хозя́йка, пригласи́ть, го́сти, проходи́ть, к, стол, и, попроси́ть, они́, про́бовать, вку́сный, блю́да. Го́сти, поблагодари́ть, она́, за, вку́сный, ры́ба.

_____

_____

❸ Я, предлага́ть, тост, за, ваш, здоро́вье, и, здоро́вье, ваш, роди́тели.

_____

_____

❹ Они́, не, хоте́ть, перее́хать, на, друго́й, райо́н, потому́ что, они́, уже́, привы́кнуть, к, центр, хотя́, отсю́да, до, рабо́та, три́дцать, мину́та, ходьба́. Но, я, ду́мать, что, они́, ско́ро, привы́кнуть, к, но́вый, ме́сто.

_____

_____

❺ Жена́, Алексе́й, с, удово́льствие, показа́ть, друзья́, э́тот, удо́бный, кварти́ра.

_____

_____

❻ Городско́й, гости́ница, в, кото́рый, мы, ра́ньше, встре́титься, находи́ться, на, второ́й, поворо́т. До, она́, мо́жно, дое́хать, на, девя́тый, и́ли, на, четвёртый, авто́бус.

_____

_____

❼ Ру́сские, о́чень, нра́виться, холо́дный, заку́ска, они́, осо́бенно, люби́ть, сала́т, из, о́вощи, колбаса́, и, икра́.

_____

_____

❽ Интерне́т, э́то, безграни́чный, сеть, кото́рый, дава́ть, возмо́жность, практи́чески, мгнове́нно, соедини́ться, лю́ди, в, любо́й, то́чка, земно́й, шар.

_____

_____

❾ Я, хоте́ться, записа́ться, к, зубно́й, врач, а, он, хоте́ть, записа́ться, к, терапе́вт.

_____

_____

❿ Цель, тако́й, чте́ние, состоя́ть, в, накопле́ние, в, па́мять, слова́, и, оборо́ты, иностра́нный, язы́к, благодаря́, их, повторя́емость, в, живо́й, конте́ксты.

_____

_____

III Составьте диалоги. (не менее 5 реплик)　10 баллов

① Вам звони́т незнако́мый челове́к, кото́рый хо́чет переда́ть вам посы́лку от дру́га. Вы должны́ при встре́че узна́ть друг дру́га по описа́нию. Опиши́те свою́ вне́шность и зада́йте вопро́сы о том, как вы́глядит собесе́дник.

— _____

— _____

— _____

— _____

— _____

— _____

— _____

② Ваш мла́дший брат — шко́льник, он на́чал изуча́ть ру́сский язы́к. Да́йте ему́ необходи́мые сове́ты, как на́до занима́ться языко́м.

— _____

— _____

— _____

— _____

— _____

— _____

IV Переведите следующие словосочетания.　10 баллов

脊柱弯曲　　_____

网络依赖症　_____

西餐　　　　_____

吻我的脸颊　_____

屈指可数的日子　　　　　　　　　　＿＿＿＿＿＿＿＿＿＿＿＿＿＿

звёзд с не́ба не хвата́ть　　　　　　　＿＿＿＿＿＿＿＿＿＿＿＿＿＿

тяжёлый хара́ктер　　　　　　　　　　＿＿＿＿＿＿＿＿＿＿＿＿＿＿

быть в ку́рсе междунаро́дной поли́тики　＿＿＿＿＿＿＿＿＿＿＿＿＿＿

приходи́ть в себя́　　　　　　　　　　＿＿＿＿＿＿＿＿＿＿＿＿＿＿

офо́рмить подпи́ску на журна́лы　　　　＿＿＿＿＿＿＿＿＿＿＿＿＿＿

Ⅴ Соста́вьте предложе́ния. 10 ба́ллов

при

＿＿＿＿＿＿＿＿＿＿＿＿＿＿＿＿＿＿＿＿＿＿＿＿＿＿＿＿＿＿＿＿＿＿

пока́ не

＿＿＿＿＿＿＿＿＿＿＿＿＿＿＿＿＿＿＿＿＿＿＿＿＿＿＿＿＿＿＿＿＿＿

каса́ться

＿＿＿＿＿＿＿＿＿＿＿＿＿＿＿＿＿＿＿＿＿＿＿＿＿＿＿＿＿＿＿＿＿＿

подписа́ться

＿＿＿＿＿＿＿＿＿＿＿＿＿＿＿＿＿＿＿＿＿＿＿＿＿＿＿＿＿＿＿＿＿＿

состоя́ть

＿＿＿＿＿＿＿＿＿＿＿＿＿＿＿＿＿＿＿＿＿＿＿＿＿＿＿＿＿＿＿＿＿＿

зави́сеть

＿＿＿＿＿＿＿＿＿＿＿＿＿＿＿＿＿＿＿＿＿＿＿＿＿＿＿＿＿＿＿＿＿＿

получа́ться

＿＿＿＿＿＿＿＿＿＿＿＿＿＿＿＿＿＿＿＿＿＿＿＿＿＿＿＿＿＿＿＿＿＿

передава́ть

＿＿＿＿＿＿＿＿＿＿＿＿＿＿＿＿＿＿＿＿＿＿＿＿＿＿＿＿＿＿＿＿＿＿

предпочита́ть

＿＿＿＿＿＿＿＿＿＿＿＿＿＿＿＿＿＿＿＿＿＿＿＿＿＿＿＿＿＿＿＿＿＿

подда́ться

＿＿＿＿＿＿＿＿＿＿＿＿＿＿＿＿＿＿＿＿＿＿＿＿＿＿＿＿＿＿＿＿＿＿

речь идёт о чём

＿＿＿＿＿＿＿＿＿＿＿＿＿＿＿＿＿＿＿＿＿＿＿＿＿＿＿＿＿＿＿＿＿＿

VI Переведите следующие предложения на русский язык.　20 баллов

① 国家队输给市队，真让人没想到。
_____

② 圣彼得堡被称为"通向欧洲的窗口"，城市外貌很像威尼斯。
_____

③ 星期六给我来个电话。你没有忘记我的电话号码吧?
_____

④ 你最近脸色不好，找医生看看吧。
_____

⑤ 我本来可以在北京多逛几天，但还是回来了：因为有考试。
_____

⑥ 去年暑假我们乘船游览了伏尔加河，参观了许多名胜古迹。
_____

⑦ 我们接受银行卡，请在账单上签字。
_____

⑧ 高峰时刻是很难坐上公共汽车和无轨电车的。
_____

⑨ 许多来俄罗斯的人都非常吃惊，在地铁里、公共汽车里、电气火车里人们到处都在读书。
_____

⑩ 依我看家里没有书就培养不出有文化的人。
_____

VII Напишите русские пословицы или поговорки. (не менее 5)　5 баллов

_____
_____
_____
_____
_____

VIII Напишите сочинение на тему «Счастье — это когда свой хлеб человек зарабатывает любимым делом». (не менее 300 слов)

5 баллов

_____

_____

_____

_____

_____

_____

_____

_____

_____

俄语实践期末试题  参考答案

I.（每题1分）

1 спо́ртом, му́зыкой

2 быстре́е

3 мне́ниями и информа́цией

4 Мне, от увлече́ний

5 большо́й популя́рностью, у (среди́) чита́телей

6 больши́х де́нег, от хозя́ина

7 свои́м прекра́сным го́лосом, всей стране́

8 нас

9 к экза́мену

10 в ле́се

II.（每题2分）

1 В э́той большо́й кварти́ре три све́тлые и ую́тные ко́мнаты, две ую́тные спа́льни.

2 Хозя́йка пригласи́ла госте́й проходи́ть к столу́ и попроси́ла их про́бовать вку́сные блю́да. Го́сти поблагодари́ли её за вку́сную ры́бу.

3 Я предлага́ю тост за ва́ше здоро́вье и здоро́вье ва́ших роди́телей.

4 Они́ не хотя́т перее́хать на друго́й райо́н, потому́ что они́ уже́ привы́кли к це́нтру, хотя́ отсю́да до рабо́ты три́дцать мину́т ходьбы́. Но я ду́маю, что они́ ско́ро привы́кнут к но́вому ме́сту.

5 Жена́ Алексе́я с удово́льствием показа́ла друзья́м э́ту удо́бную кварти́ру.

⑥ Городска́я гости́ница, в кото́рой мы ра́ньше встре́тились, нахо́дится на второ́м поворо́те. До неё мо́жно дое́хать на девя́том и́ли на четвёртом авто́бусе.

⑦ Ру́сским о́чень нра́вится холо́дная заку́ска, они́ осо́бенно лю́бят сала́т из овоще́й, колбасу́ и икру́.

⑧ Интерне́т — э́то безграни́чная сеть, кото́рая даёт возмо́жность практи́чески мгнове́нно соедини́ться лю́дям в любо́й то́чке земно́го ша́ра.

⑨ Мне хо́чется записа́ться к зубно́му врачу́, а он хо́чет записа́ться к терапе́вту.

⑩ Цель тако́го чте́ния состои́т в накопле́нии в па́мяти слов и оборо́тов иностра́нного языка́ благодаря́ их повторя́емости в живы́х конте́кстах.

IV. （每题1分）

искривле́ние позвоно́чника, Интерне́т-незави́симость, европе́йская ку́хня, поцелова́ть меня́ в щёку, счи́танные дни, 没有天分, 很难相处的性格, 精通国际政治, 苏醒过来（恢复知觉），办订杂志手续

VI. （每题2分）

❶ Госуда́рственная кома́нда проигра́ла городско́й кома́нде, э́то и не ожида́ли.

❷ Санкт-Петербу́рг называ́ется «окно́м в Евро́пу», его́ о́блик напомина́ет Вене́цию.

❸ Позвони́те мне в суббо́ту, вы не забы́ли мой телефо́н?

❹ В после́днее вре́мя вы пло́хо вы́глядите, обрати́лись бы вы к врачу́.

❺ Мне мо́жно гуля́ть до́лго в Пеки́не, но верну́лся: потому́ что ско́ро бу́дет экза́мен.

❻ В ле́тние кани́кулы про́шлого го́да мы пла́вали на теплохо́де по Во́лге, осмотре́ли мно́го достопримеча́тельностей.

❼ Мы принима́ем ба́нковскую ка́рточку, распиши́тесь в квита́ции.

❽ В часы́ пик тру́дно е́здить на авто́бусе и тролле́йбусе.

❾ Мно́гих приезжа́ющих в Росси́ю удивля́ет то, что чита́ют везде́ — в метро́, в авто́бусе, в электри́чке.

❿ По-мо́ему без книг до́ма нельзя́ вы́растить культу́рного челове́ка.

俄语实践期末试题

I Поставьте слова в скобках в нужной форме, употребляя предлог, где нужно.　　　　　　　　　　　　10 баллов

❶ Ре́ктор при́дал _____ (большо́е значе́ние) _____ (слова́) профе́ссора.

❷ Он сра́зу сде́лался _____ (изве́стный арти́ст).

❸ Де́ти ката́ются _____ (лёд).

❹ Дома́шняя рабо́та тре́бует _____ (вре́мя) _____ (хозя́йка).

❺ Что каса́ется _____ (учёба), то сейча́с на пе́рвом ме́сте среди́ мои́х интере́сов, несомне́нно, стои́т хи́мия.

❻ Кро́ме _____ (чте́ние), я смотрю́ телеви́зор.

❼ Студе́нты перепи́сываются _____ (иностра́нцы).

❽ Благодаря́ _____ (Интерне́т) мы спра́вились _____ (э́та зада́ча).

❾ Он до́лго лежа́л _____ (посте́ль), был _____ (грань) жи́зни и сме́рти.

❿ Врачи́ спас _____ (он) _____ (жизнь).

II Подберите антонимы к следующим словам.　　10 баллов

широ́кий —

сму́глый —

дли́нный —

тёмный —

сме́лый —

общи́тельный —

до́брый —

энерги́чный —

серьёзный—

аккура́тный—

III Соста́вьте предложе́ния из да́нных слов. **20 ба́ллов**

1 Интерне́т, стать, неотъе́млемый, элеме́нт, сего́дняшний, жизнь, он, привле́чь, интере́с, многомиллио́нный, а́рмия, по́льзователи.

_____

_____

2 Весь, доро́га, он, владе́ть, оди́н, жела́ние, скоре́е, уви́деть, люби́мый, Пеки́н.

_____

_____

3 В, Но́вый, год, лю́ди, забыва́ть, о, свой, проблéмы, и, с, вéра, в, бу́дущее, встреча́ть, наступа́ющий, пра́здник.

_____

_____

4 В, э́тот, ночь, луна́, быва́ть, осо́бенно, я́ркий, и, краси́вый. Лю́ди, выходи́ть, полюбова́ться, луна́, есть, и, дари́ть, друг дру́га, пиро́жные.

_____

_____

5 Анто́н, поблагодари́ть, го́сти, за, то, что, они́, прийти́, на, свой, день, рожде́ние, и, пригласи́ть, они́, прийти́, ещё.

_____

_____

6 Кро́ме того́, на, се́вер, в, кану́н, пра́здник, обяза́тельно, гото́вить, пельме́ни. Всю́ду, пуска́ть, хлопу́шки, и, устра́ивать, фейерве́рки.

_____

_____

7 Когда́, вы, уже́, усво́ить, осно́вы, грамма́тика, и, научи́ться, разбира́ться, в, текст, с, по́мощь, слова́рь, на́до, нача́ть, мно́го, чита́ть.

_____

_____

8 За, созда́ние, пе́рвый, национа́льный, карти́нный, галере́я, кото́рый, показа́ть, весь, мир, ру́сский, шко́ла, жи́вопись, П. М. Третьяко́в, получи́ть, зва́ние, Почётный, граждани́н, го́род, Москва́.

_____

9 Со́лнце, сади́ться, и, в, э́то, вре́мя, с, наш, восьмо́й, эта́ж, быть, чуде́сный, вид, на, осе́нний, приро́да.

_____

10 На́до, регуля́рно, занима́ться, иностра́нный, языки́, что́бы, овладе́ть, они́, в, совершéнство.

_____

_____

IV Составьте диалоги по ситуациям. (не менее 5 реплик)   **10 баллов**

① Вы получи́ли телегра́мму от ва́шего това́рища о том, что он приезжа́ет за́втра в де́сять часо́в утра́. У вас в э́то вре́мя ле́кции в институ́те, поэ́тому вы про́сите свою́ сестру́ встре́тить прия́теля и опи́сываете его́ вне́шность.

— _____

— _____

— _____

— _____

— _____

— _____

— _____

② Ваш шко́льный друг у́чится на факульте́те англи́йского языка́. Поговори́те с ним о тру́дностях в изуче́нии ру́сского и англи́йского языко́в.

— _____

— _____

— _____

— _____

— _____
— _____
— _____
— _____
— _____

Ⅴ Составьте предложения. 15 баллов

по́льзоваться

_____

следи́ть

_____

предложи́ть

_____

подверга́ться

_____

реклами́ровать

_____

сложи́ть

_____

окружа́ть

_____

подда́ться

_____

поздра́вить

_____

хоте́ться

_____

уда́ться

_____

прийти́сь

_____

в связи с чем

_____

как пра́вило

_____

с одно́й стороны́

_____

VI Переведите следующие предложения на русский язык. 20 баллов

❶ 医生检查完病人后说，必须马上动手术。

_____

❷ 我更喜欢乘飞机，因为我晕火车。

_____

❸ 坦率地说，仅仅知道影片名对我来说毫无用处。

_____

❹ 休息日我们经常到郊外大自然中去。

_____

❺ 虽然姐妹俩长相完全一样，但各有自己的俊俏之处。

_____

❻ 随着因特网时代的来临传统书籍已经不是读者唯一的选择。

_____

❼ 我觉得，我的爱好与同龄人的爱好有明显区别。

_____

❽ 我喜欢靠窗的能看海景的座位。

_____

❾ 阅读的目的就在于积累外语词汇量和短语。

_____

❿ 语言需要终身学习，语言的完善永无止境。

_____

VII Напишите сочинение на тему «Мобильный телефон: польза и вред». (не менее 300 слов) 15 баллов

_____

_____

_____

_____

_____

_____

_____

_____

_____

俄语实践期末试题  参考答案

I.（每题1分）

1 большо́е значе́ние, слова́м **2** изве́стным арти́стом

3 на льду **4** вре́мени, от хозя́йки

5 учёбы **6** чте́ния

7 с иностра́нцами **8** Интерне́ту, с э́той зада́чей

9 в посте́ли, на гра́ни **10** ему́, жизнь

II.（每题1分）

у́зкий, бле́дный, коро́ткий, све́тлый, ро́бкий, за́мкнутый, злой, пасси́вный, легкомы́сленный, небре́жный

III.（每题2分）

1 Интерне́т стал неотъе́млемым элеме́нтом сего́дняшней жи́зни, он привлёк интере́с многомиллио́нной а́рмии по́льзователей.

2 Всю доро́гу им владе́ет одно́ жела́ние скоре́е уви́деть люби́мый Пеки́н.

3 В Но́вый год лю́ди забыва́ют о свои́х пробле́мах и с ве́рой в бу́дущее встреча́ют наступа́ющий пра́здник.

4 В э́ту ночь луна́ быва́ет осо́бенно я́ркой и краси́вой. Лю́ди выхо́дят полюбова́ться луно́й, едя́т и да́рят друг дру́гу пиро́жные.

5 Анто́н поблагодари́л госте́й за то, что они́ пришли́ на свой день рожде́ния, и пригласи́л их прийти́ ещё.

6 Кро́ме того́, на се́вере в кану́н пра́здника обяза́тельно гото́вят пельме́ни. Всю́ду пуска́ют хлопу́шки и устра́ивают фейерве́рки.

7 Когда́ вы уже́ усво́или осно́вы грамма́тики и научи́лись разбира́ться в те́ксте с по́мощью словаря́, на́до нача́ть мно́го чита́ть.

⑧ За созда́ние пе́рвой национа́льной карти́нной галере́и, кото́рая показа́ла всему́ ми́ру ру́сскую шко́лу жи́вописи, П. М. Третьяко́в получи́л зва́ние Почётного граждани́на го́рода Москвы́.

⑨ Со́лнце сади́лось и в э́то вре́мя с на́шего восьмо́го этажа́ был чуде́сный вид на осе́ннюю приро́ду.

⑩ На́до регуля́рно занима́ться иностра́нными языка́ми, что́бы овладе́ть и́ми в соверше́нстве.

VI.（每题2分）

① Осмотре́в больно́го, врач сказа́л, что неме́дленно сде́лать опера́цию.

② Я предпочита́ю лета́ть на самолёте, потому́ что в по́езде меня́ ука́чивает.

③ Че́стно говоря́, назва́ние фи́льма мне ни о чём не говори́т.

④ В выходны́е дни мы ча́сто е́здим за́ город на приро́ду.

⑤ Хотя́ сёстры похо́жи друг на дру́га, как две ка́пли воды́, но они́ краси́вы свое́й красото́й.

⑥ По ме́ре наступле́ния эпо́хи Интерене́та традицио́нные кни́ги уже́ не явля́ются еди́нственным вы́бором для чита́телей.

⑦ Мне ка́жется, что мои́ увлече́ния отлича́ются от увлече́ний мои́х рове́сников.

⑧ Мне нра́вится ме́сто у окна́ с ви́дом на мо́ре.

⑨ Цель чте́ния состои́т в накопле́нии в па́мяти запа́са слов и оборо́тов иностра́нного языка́.

⑩ Язы́к ну́жно изуча́ть всю жизнь, соверше́нству нет преде́ла.

俄语实践期末试题

I Поставьте слова в скобках в нужной форме, употребляя предлог, где нужно.　　　　　10 баллов

❶ Брат записа́лся _____ (се́кция пинг-по́нг), а сестра́ равноду́шна _____ (насто́льный те́ннис).

❷ Я поздравля́ю _____ (вы) _____ (наступа́ющий пра́здник).

❸ В э́то вре́мя все стара́ются собра́ться до́ма и встре́тить Но́вый год _____ (семе́йный круг).

❹ Прими́те наилу́чшие пожела́ния в связи́ _____ (юбиле́й) ва́шего университе́та.

❺ Эта фотогра́фия _____ (я) интересу́ет.

❻ Я коллекциони́рую ма́рки _____ (те́ма) «космона́втика».

❼ Он _____ (поги́бнуть) _____ (бой).

❽ В э́том магази́не я нашёл _____ (ну́жный я кни́га).

❾ По́сле институ́та он стал _____ (большо́й люби́тель) джа́за.

❿ Я достига́ю _____ (больши́е успе́хи) в ша́хматах.

II Подберите синонимы к следующим словам.　10 баллов

уйти́ из себя́　　　　　　　　　_____

звёзд с не́ба не хвата́ть　　　　 _____

зараба́тывать　　　　　　　　　_____

с трудо́м своди́ть концы́ с конца́ми　_____

брать приме́р с отца́　　　　　　 _____

оте́чество　　　　　　　　　　 _____

предложи́ть　　　　　　　　　　_____

ма́стер своего́ де́ла　　　　　　 _____

в результа́те　　　　　　　　　 _____

на мой взгляд　　　　　　　　　 _____

III Составьте предложения из данных слов. 20 баллов

1 Я, недавно, исполниться, 17, год. Я, он, ровесник, но, он, выше, я, на, голова.

2 Виктор, относиться, к, число, такой, люди, который, не, мочь, оставаться, равнодушный, к, происходящее.

3 Я, не, мочь, сказать, что, увлекаться, фотография, но, фотография, я, по-прежнему, интересовать.

4 Что, такой, русский, кухня, что, она, отличаться, от, весь, другие, что, в, она, особенное?

5 Классика, открывать, в, человек, то, что, понятный, и, близкий, каждый.

6 Приезжие, в, Россия, удивляться, то, что, там, люди, читать, много, и, везде.

7 Родители, должен, следить, за, то, что, читать, их, дети.

8 Родители, не, знать, в, какой, мера, масс-медиа, быть, владеть, ум, свой, ребёнок.

9 Родители, не, должен, ограничивать, ребёнок, в, получение, информация.

10 Средства, массовый, информация, предлагать, материалы, на, любой, вкус, и, являться, неотъемлемый, часть, наш, жизнь, и, многое, мы, учить.

IV Переделайте следующие предложения, употребляя слова в скобках. 10 баллов

1 Международные конференции организуются нашим университетом. (организовать)

② Сло́жные опера́ции де́лаются профессора́ми э́того институ́та. (де́лать)

_____

③ Больша́я фотовы́ставка гото́вится на́шим клу́бом. (гото́вить)

_____

④ Не́сколько раз в день по моско́вскому ра́дио передаю́тся после́дние изве́стия. (передава́ть)

_____

⑤ Ка́ждый день студе́нтами выполня́ются дома́шние зада́ния. (выполня́ть)

_____

⑥ Наш го́род ча́сто посеща́ется тури́стами. (посеща́ть)

_____

⑦ Ру́сская литерату́ра изуча́ется студе́нтами ста́рших ку́рсов. (изуча́ть)

_____

⑧ В поликли́нике больны́е осма́триваются о́пытными врача́ми. (осма́тривать)

_____

⑨ Э́тот вопро́с нас о́чень интересу́ет. (интересова́ться)

_____

⑩ Роди́телей волну́ют де́ти. (волнова́ться)

_____

Ⓥ Соста́вьте предложе́ния с да́нными ни́же слова́ми. 15 ба́ллов

страда́ть

_____

не в ку́рсе

_____

обраща́ть внима́ние на кого́-что

_____

тре́бовать

_____

разочарова́ться

_____

справля́ться

_____

заботиться

_____

пользоваться

_____

дать знать

_____

во что бы то ни стало

_____

действовать

_____

превратиться

_____

ограничить

_____

нуждаться

_____

склонить

_____

подвергаться

_____

славиться

_____

принадлежать кому-чему

_____

VI Переведите следующие предложения на русский язык. **20 баллов**

❶ 最近一段时间他消瘦了，经常抱怨自己不舒服。

_____

❷ 中国属于发展中国家。

_____

❸ 集邮是我的爱好，我花了很多时间。

_____

④ 摄影给我带来满足。

_____

⑤ 科学要求人极大的精力及热情。

_____

⑥ 我们班每个同学都有自己的兴趣及爱好。

_____

⑦ 在电子工艺迅猛发展的情况下越来越多的读者更青睐于因特网。

_____

⑧ 大众媒体充斥着各种烟酒资料。

_____

⑨ 大众媒体广泛宣传不健康的饮食，同时号召人们减肥保持匀称的身材。

_____

⑩ 研究表明，所有年龄的女孩都担心自己的体重。

_____

VII Выберите одну из предложенных тем и напишите небольшой рассказ около 300 слов. **15 баллов**

1) «Я люблю́ Интерне́т»

2) «Я люблю́ кни́гу»

_____

_____

_____

_____

_____

_____

_____

_____

俄语实践期末试题  参考答案

I.（每题1分）

1. в се́кцию пинг-по́нга, к насто́льному те́ннису
2. вас, с наступа́ющим пра́здником
3. в семе́йном кругу́
4. с юбиле́ем
5. меня́
6. на те́му
7. поги́б, в бою́
8. ну́жную мне кни́гу
9. больши́м люби́телем
10. больши́х успе́хов

II.（每题1分）

рассерди́ться, не облада́ть тала́нтом, получа́ть де́ньги за рабо́ту, жить о́чень бе́дно, поступа́ть как оте́ц, Ро́дина, сове́товать, челове́к, кото́рый в ку́рсе своего́ де́ла, поэ́тому, по-мо́ему

III.（每题2分）

1. Мне неда́вно испо́лнилось 17 лет. Я ему́ рове́сник, но он вы́ше меня́ на го́лову.
2. Ви́ктор отно́сится к числу́ таки́х люде́й, кото́рые не мо́гут остава́ться равноду́шными к происходя́щему.
3. Я не могу́ сказа́ть, что увлека́юсь фотогра́фией, но фотогра́фия меня́ по-пре́жнему интересу́ет.
4. Что тако́е ру́сская ку́хня, чем она́ отлича́ется от всех други́х, что в ней осо́бенного?
5. Кла́ссика открыва́ет в челове́ке то, что поня́тно и бли́зко ка́ждому.
6. Прие́зжие в Росси́ю удивля́ются тому́, что там лю́ди чита́ют мно́го и везде́.
7. Роди́тели должны́ следи́ть за тем, что чита́ют их де́ти.
8. Роди́тели не зна́ют, в како́й ме́ре масс-ме́диа бу́дет владе́ть умо́м своего́ ребёнка.
9. Роди́тели не должны́ ограни́чивать ребёнка в получе́нии информа́ции.
10. Сре́дства ма́ссовой информа́ции предлага́ет материа́лы на любо́й вкус и явля́ются неотъе́млемой ча́стью на́шей жи́зни и мно́гому нас у́чат.

IV.（每题2分）

1. Наш университе́т организу́ет междунаро́дные конфере́нции.
2. Профессора́ э́того институ́та де́лают сло́жные опера́ции.
3. Наш клуб гото́вит большу́ю фотовы́ставку.
4. Не́сколько раз в день моско́вское ра́дио передаёт после́дние изве́стия.
5. Ка́ждый день студе́нты выполня́ют дома́шние зада́ния.
6. Наш го́род ча́сто посеща́ют тури́сты.

⑦ Рýсскую литератýру изучáют студéнты стáрших кýрсов.

⑧ В поликлúнике больнýх осмáтривают óпытные врачú.

⑨ Этим вопрóсом мы óчень интересýемся.

⑩ Родúтели волнýются за детéй.

Ⅵ.（每题2分）

① Он в послéднее врéмя похудéл, чáсто жáлуется на здорóвье.

② Китáй отнóсится к развивáющимся странам.

③ Коллéкция мáрок — моё хóбби, на котóрое я трáчу мнóго врéмени.

④ Фотогрáфия доставляет мне удовóльствие.

⑤ Наýка трéбует от кáждого большóго напряжéния и велúкой страсти.

⑥ В нáшей грýппе у кáждого свой хóбби и увлечéния.

⑦ При бýрных тéмпах развúтия электрóнных технолóгий всё бóльше читáтелей предпочитáют пóльзоваться Интернéтом.

⑧ Срéдства мáссовой информáции пестрят материáлами о курéнии и алкогóльных напúтках.

⑨ Срéдства мáссовой информáции широкó реклáмúруют нездорóвое питáние, одноврéменно призывáя людéй терять лúшний вес и поддéрживать стрóйную фигýру.

⑩ Исслéдования показáли, что дéвочек всех вóзрастов волнýет проблéма сóбственного вéса.

俄语实践期末试题

I Поставьте слова в скобках в нужной форме, употребляя предлог, где нужно. **10 баллов**

① Он уже потерял интерес _____ (матема́тика).

② Ско́ро бу́дут вы́боры. _____ (Кто) вы бу́дете голосова́ть?

③ Роди́тели горда́тся _____ (свой де́ти).

④ 23 февраля́ поздравля́ют _____ (солда́ты).

⑤ В свобо́дное _____ (заня́тия) вре́мя я занима́юсь _____ (пла́вание).

⑥ Увлече́ние _____ (му́зыка) о́чень помога́ет ему́.

⑦ Я уезжа́ю в Пеки́н _____ (не́сколько дней).

⑧ Я пло́хо переношу́ _____ (самолёт), _____ (я) ука́чивает.

⑨ Этот цвет _____ (он) подхо́дит.

⑩ Это _____ (вы) устра́ивает?

II Составьте предложения из данных ниже слов. **20 баллов**

① В, ска́зки, посло́вицы, и, погово́рки, кото́рый, передава́ться, из, поколе́ние, в, поколе́ние, храни́ться, тради́ции, и, обы́чаи, ру́сский, наро́д.

_____

_____

② Кро́ме, то, вы, познако́миться, с, исто́рия, ру́сский, лес, узна́ть, о, то, како́й, ва́жный, роль, сыгра́ть, Пётр I, в, борьба́, за, сохране́ние, леса́, в, Росси́я.

_____

_____

③ На, мой, взгляд, увлече́ния, челове́к, зави́сеть, от, он, сам, от, его, о́браз, жизнь.

_____

_____

④ Ведь, изве́стно, что, не́который, увлече́ния, тре́бовать, нема́лый, де́ньги, и, из-за, э́то, далеко́, не, ка́ждый, да́же, мочь, они́, попро́бовать.

_____

_____

⑤ Я, прийти́сь, выбира́ть, ме́жду, ша́хматы, и, учёба, потому́ что, совмеща́ть, э́тот, два, заня́тие, оказа́ться, невозмо́жный.

_____

_____

⑥ Что, каса́ться, учёба, то, сейча́с, на, пе́рвый, ме́сто, среди́, мой, интере́сы, несомне́нно, стоя́ть, хи́мия.

_____

_____

⑦ Электро́нный, библиоте́ки, находи́ться, в, са́мый, нача́ло, свой, разви́тие.

_____

_____

⑧ Благодаря́, тако́й, изобрете́ния, как, моби́льный, телефо́н, и, Интерне́т, мы, мочь, обща́ться, с, лю́ди, кото́рый, находи́ться, в, любо́й, то́чка, плане́та.

_____

_____

⑨ Что́бы, попа́сть, в, Музе́й, лес, на́до, заказа́ть, экску́рсия, зара́нее — за, полтора́, ме́сяц, до, день, экску́рсия.

_____

_____

⑩ При, вход, в, собо́р, мужчи́ны, до́лжен, снять, ша́пки, а, у, же́нщины, на, голова́, до́лжен, быть, плато́к.

_____

_____

III Составьте предложения.　15 баллов

лома́ть го́лову

_____

преврати́ться

_____

сиде́ться

_____

произвести́ впечатле́ние на кого́

_____

реши́ться

_____

прида́ть

_____

устра́ивать

_____

соверши́ть

_____

на са́мом де́ле

_____

оди́н и тот же

_____

тот и́ли ино́й

_____

спра́виться

_____

отлича́ться

_____

Ⅳ Подберите самое подходящее слово из данных вариантов и поставьте его в пропуски. **10 баллов**

1 Ма́ло кто счита́ет, что э́тот арти́ст _____ теа́тр в обозри́мом бу́дущем. (оста́вит, оста́нется)

2 Возмо́жно, э́тот арти́ст _____ в Большо́м теа́тре. (оста́вит, оста́нется)

3 Оте́ц _____ на отъе́зд. (реши́лся, реши́л)

4 Брат _____ тру́дную зада́чу. (реши́лся, реши́л)

5 Го́род Цинда́о _____ на берегу́ Жёлтого мо́ря. (располо́жен, нахо́дится)

⑥ Библиотéка _____ в цéнтре гóрода. (располóжена, нахóдится)

⑦ Хозя́ин _____ гóстю свою́ крова́ть, а сам лёг спать на дива́н. (предложи́л, посовéтовал)

⑧ За два гóда студéнты _____ ру́сским языкóм. (овладéли, усвóили, владéют, облада́ют)

⑨ Оснóвы грамма́тики они́ _____ óчень бы́стро и легкó. (овладéли, усвóили, владéют, облада́ют)

⑩ Дéвочка _____ спосóбностью к му́зыке. (овладéла, усвóила, владéет, облада́ет)

Ⓥ Переведи́те следующие микротексты на кита́йский язы́к. **10 баллов**

Чéстно говоря́, хотя́ я америка́нец, я не люблю́ америка́нское кинó, осóбенно ненави́жу боевики́ и фи́льмы у́жасов. Но я с больши́м удовóльствием смотрю́ хорóшее ру́сское и европéйское кинó. Сейча́с в Москвé откры́лось нéсколько óчень хорóших и совремéнных кинотеа́тров, где иду́т са́мые послéдние фи́льмы. Здесь собира́ется «золота́я молодёжь» Москвы́, потому́ что счита́ется, что ходи́ть в таки́е кинотеа́тры — мóдно и прести́жно. Ли́чно я предпочита́ю смотрéть фи́льмы дóма, на ви́део. Не люблю́, когда́ ря́дом мнóго людéй, и ктó-то спит, ктó-то разгова́ривает, — и всё э́то меша́ет сосредотóчиться на фи́льме. Хотя́, конéчно, в кинотеа́тре впечатлéния от фи́льма мóгут быть гора́здо сильнéе.

Éсли говори́ть о теа́тре, то дóлжен призна́ться, что актёры притворя́ются, и́менно игра́ют, а не живу́т. Я зна́ю, что для мнóгих э́то звучи́т глу́по, но э́то моё мнéние и я егó никому́ не навя́зываю.

В Герма́нии в Берли́не есть Музéй соба́ки. В э́том музéе мóжно уви́деть мнóго скульпту́р соба́к из дéрева, мета́лла и кера́мики.

А в Голла́ндии в Амстерда́ме нахóдится Музéй кóшки. Этот музéй сóздал голла́ндец Рóберт Ма́йер в 1990 году́, когда́ у́мер егó люби́мый ры́жий кот. В Москвé тóже есть Музéй кóшки. Это и поня́тно, потому́ что лю́ди всегда́ люби́ли кóшку и соба́ку, но они́ никогда́ не люби́ли мышь. Одна́ко в Росси́и на Вóлге есть стари́нный гóрод Мы́шкин, и в э́том гóроде есть еди́нственный в ми́ре Музéй мы́ши. 48 стран подари́ли мнóго мышéй э́тому музéю. Конéчно, э́то бы́ли не живы́е мы́ши, а игру́шки.

VI Переведите следующие предложения на русский язык. **20 баллов**

① 我妈妈 55 岁，但她看起来比自己年龄年轻很多。

_____

② 杂志的所有人会因刊登在其杂志中的香烟广告获利。

_____

③ 现在正常语言被网络俚语代替。

_____

④ 体育不会破坏人的性格，反而会培养和锻炼人的性格。

_____

⑤ 越早越好。

_____

⑥ 莫斯科克里姆林宫不仅是国家博物馆，而且还是俄罗斯总统工作的地方。

_____

⑦ 创建俄罗斯第一个国家美术馆成了特列季亚科夫毕生的事业。

_____

⑧ 表弟邀请了大眼睛的女孩，因为对她一见钟情。

_____

⑨ 购物带给我们幸福和满足。

_____

⑩ 谦虚是人的一种美德。

_____

VII Выберите одну из предложенных тем и напишите небольшой рассказ около 300 слов. **15 баллов**

1) «Ру́сский язы́к мне даётся легко́»

2) «Ру́сский язы́к мне даётся нелегко́»

_____

_____

_____

_____

_____

_____

_____

_____

_____

_____

俄语实践期末试题 参考答案

I.（每题1分）

① к матема́тике
② За кого́
③ свои́ми детьми́
④ солда́т
⑤ от заня́тий, пла́ванием
⑥ му́зыкой
⑦ на не́сколько дней
⑧ самолёт, меня́
⑨ ему́
⑩ вас

II.（每题2分）

① В ска́зках, посло́вицах и погово́рках, кото́рые передаю́тся из поколе́ния в поколе́ние, храня́тся тради́ции и обы́чаи ру́сского наро́да.

② Кро́ме того́, вы познако́митесь с исто́рией ру́сского ле́са, узна́ете о том, каку́ю ва́жную роль сыгра́л Пётр I в борьбе́ за сохране́ние лесо́в в Росси́и.

③ На мой взгляд, увлече́ния челове́ка зави́сят от него́ самого́, от его́ о́браза жи́зни.

④ Ведь изве́стно, что не́которые увлече́ния тре́буют нема́лых де́нег и из-за э́того далеко́ не ка́ждый да́же мо́жет их попро́бовать.

⑤ Мне пришло́сь выбира́ть ме́жду ша́хматами и учёбой, потому́ что совмеща́ть э́ти два заня́тия оказа́лось невозмо́жным.

⑥ Что каса́ется учёбы, то сейча́с на пе́рвом ме́сте среди́ мои́х интере́сов несомне́нно стои́т хи́мия.

⑦ Электро́нные библиоте́ки нахо́дятся в са́мом нача́ле своего́ разви́тия.

⑧ Благодаря́ таки́м изобрете́ниям, как моби́льный телефо́н и Интерне́т, мы мо́жем обща́ться с людьми́, кото́рые нахо́дятся в любо́й то́чке плане́ты.

⑨ Что́бы попа́сть в Музе́й ле́са, на́до заказа́ть экску́рсию зара́нее — за полтора́ ме́сяца до дня экску́рсии.

⑩ При вхо́де в собо́р мужчи́ны должны́ снять ша́пки, а у же́нщин на голове́ до́лжен быть плато́к.

IV.（每题1分）

1 оста́вит　　2 оста́нется　　3 реши́лся

4 реши́л　　5 располо́жен　　6 нахо́дится

7 предложи́л　　8 овладе́ли　　9 усво́или　　10 облада́ет

VI.（每题2分）

1 Мое́й ма́ме 55 лет, но она́ вы́глядит намно́го моло́же свои́х лет.

2 Владе́льцы журна́ла получа́ют де́ньги за размеще́ние рекла́мы сигаре́т в своём журна́ле.

3 Тепе́рь норма́льный язы́к заменя́ется интерне́товским сле́нгом.

4 Спорт не лома́ет, а воспи́тывает и закаля́ет хара́ктер.

5 Чем ра́ньше, тем лу́чше.

6 Моско́вский Кремль — не то́лько госуда́рственный музе́й, но и ме́сто рабо́ты росси́йского президе́нта.

7 Созда́ние пе́рвой национа́льной карти́нной галере́и в Росси́и ста́ло де́лом всей жи́зни П. М. Третьяко́ва.

8 Двою́родный брат пригласи́л де́вушку с больши́ми глаза́ми, потому́ что он полюби́л её с пе́рвого взгля́да.

9 Поку́пка доставля́ет нам сча́стье и удово́льствие.

10 Скро́мность явля́ется одни́м их гла́вных досто́инств челове́чества.

以 -ь 结尾的名词的性

внéшность（阴）外表，外貌

возмóжность（阴）可能性，机会

грáмотность（阴）常识；文理通顺

гусь（阳）鹅

действúтельность（阴）现实

достопримечáтельность（阴）名胜古迹

жúвопись（阴）彩色绘画法，写生画法；彩色化，写生画

завúсимость（阴）依赖（性），从属（性）

застéнчивость（阴）羞怯，腼腆

зять（阳）女婿，姐夫，妹夫

календáрь（阳）日历；历法

князь（阳）（罗斯时代的）公；公爵

колыбéль（阴）摇篮；发源地

контрóль（阳）监督；检查

лáгерь（阳）宿营地，野营地；集中营

медвéдь（阳）熊，熊科

молодёжь（阴）青年们，年轻人

морќовь（阴）胡萝卜

обладáтель（阳）享有者，占有者

общúтельность（阴）善于交际

опáсность（阴）危险（性）

основáтель（阳）创始人，奠基人

осóбенность（阴）特点，特征

óчередь（阴）次序；队列

пáмять（阴）记忆力；回忆

повторя́емость（阴）重复率，重现率

пóльзователь（阳）使用者

потрéбность（阴）需要，需求

председáтель（阳）主任，主席，会长

путь（阳）路，道路；路线

радиоспектáкль（阳）广播剧

рáзвитость（阴）发达；（智力上的）成熟

раскóванность（阴）落落大方，无拘无束

речь（阴）言语，话语

роль（阴）作用；角色

руль（阳）舵，方向盘

связь（阴）（相互）关系，联系；联络，联系

сельдь（阴）鲱鱼

сеть（阴）网；网络

скóрость（阴）速度，速率

скрóмность（阴）谦虚；朴素；微薄

смерть（阴）死，死亡

спосóбность（阴）才能，能力

степь（阴）草原；荒原；原野

увéренность（阴）信心，确信

фасóль（阴）豆角，菜豆（指果实）

царь（阳）沙皇

复数形式特殊的名词

（包括 (1) 重音发生变化；(2) 构成复数时在辅音 г, к, х, ж, ш, ч, щ 后不写 -ы；(3) 以带重音 -а, -я 结尾的复数形式；(4) 某些阳性名词复数形式出现元音 -о, -е 脱落；(5) 某些阳性、中性名词的复数形式特殊）

вес—весá 重量；体重

гóлос—голосá 声音，嗓音；意见

гражданúн—грáждане 公民

дéрево—дерéвья 树木，林木

дугá—дýги 弧，弧线

дырá—дýры 窟窿，洞孔

значо́к—значки́ 徽章，证章

круг—круги́ 圆圈，圈子；（某范围的）一群人，界

купе́ц—купцы́ 商人

ку́рица—ку́ры 母鸡，鸡肉

лев—львы 狮子

лес—леса́ 树林，森林；木材，木料

луг—луга́ 草地；牧场

малы́ш—малыши́ 小孩，男孩子

ма́сло—масла́ 油；黄油

напи́ток—напи́тки 饮料

о́ко—о́чи 眼睛

оста́ток—оста́тки 剩余（部分）

отры́вок—отры́вки 摘录；片段

певе́ц—певцы́ 歌手，歌唱家

переу́лок—переу́лки 胡同，小巷

петербу́ржец—петербу́ржцы 彼得堡人

плита́—пли́ты（金属、石的）方板；橱炉

подро́сток—подро́стка 少年，半大孩子

поросёнок—порося́та 小猪，猪仔

путь—пути́ 路，道路；路线

те́ло—тела́ 物体；身体

трава́—тра́вы 草；草地

只有复数的名词

аплодисме́нты 掌声

воро́та 大门

кура́нты（钟楼上的）自鸣钟

пельме́ни 饺子

про́воды 送别；饯行

са́нки 雪橇

усы́ 髭，小胡子

щи 白菜汤

第二格特殊的名词

граждани́н—гра́ждан（复二）公民

солда́т—солда́т（复二）士兵，战士

第六格特殊的名词

бой—в бою́ 战斗，作战

круг—в кругу́ 圆圈，圈子；（某范围的）一群人，界

лес—в лесу́ 树林，森林

луг—на лугу́ 草地；牧场

ряд—в ряду́ 排，列

связь—в связи́（相互）关系，联系；联络，联系

степь—в степи́ 草原；荒原；原野

变格特殊的名词

（包括：(1) 单复数各格重音都发生变化；(2) 单数第四格重音发生变化；(3) 复数各格重音发生变化；(4) 变格时发生元音脱落；(5) 复数 . 形式特殊）

беспоря́док—беспоря́дка 无秩序，乱七八糟

боеви́к—боевика́ 动作片

борода́—бо́роду（四格）（下巴上的）胡子

борщ—борща́ 红菜汤

владе́лец—владе́льца 所有人，物主

во́лос—во́лосы（复），воло́с 毛发；头发

вред—вреда́ 害处，损害

граждани́н—гра́ждане（复数），гра́ждан 公民

дворе́ц—дворца́ 宫殿，宫廷；宫，馆

де́рево—дере́вья（复数），дере́вьев（复）树木，林木

дневни́к—дневника́ 日记，日志；手册

значо́к—значка́ 徽章，证章

кули́ч—кулича́（专为复活节烤制的）圆柱形大甜面包

купе́ц—купца́ 商人

лев—льва 狮子

лёд—льда 冰

малыш—малыша 小孩，男孩子

напиток—напитка 饮料

огонёк—огонька 火星，火花

отрывок—отрывка 摘录；片段

парик—парика 假发

певец—певца 歌手，歌唱家

переулок—переулка 胡同，小巷

перец—перца 胡椒，辣椒

петербуржец—петербуржца 彼得堡人

платок—платка 头巾；手帕

подросток—подростки 少年，半大孩子

поросёнок—поросёнка（单数），поро-
сята（复数），поросят 小猪，猪仔

путь—пути, пути, путь, путём, о пути
（阳）路，道路；路线

царь—царя 沙皇

不变化的名词

Гран-при 大奖

купе（旅客列车上的）包厢

меню 菜单

пианино 竖式钢琴

фойе（剧院、电影院等）休息室

хобби 业余爱好，嗜好

要求补语的名词

вера во что 信心，信念

владение чем 掌握，会用

влияние на кого-что 影响，作用

зависимость от кого-чего 依赖（性），从
属（性）

надежда на что 希望，期望

овладение чем 掌握

отклик на что 评论，反应

отношение к кому-чему 态度

памятник кому 纪念碑，纪念像

поздравление с чем 祝贺

потребность в чём 需要，需求

уверенность в чём 信心，确信

увлечение чем 酷爱，钟情

要求第二格的前置词

вместо 代替

вокруг 在……周围，环绕

против 对着；反对

среди 在中（之）间

要求第二格的动词

исходить от (из) чего 来源于；从……出发

состоять из чего 由……组成

要求第三格的动词

воспрепятствовать чему 妨碍，阻挠

надоесть кому 使讨厌，使厌烦

обучиться чему 学习，学会

отнестись к кому-чему 对待

петься кому 歌唱

поверить кому-чему 相信，信任

подвергаться чему 遭受，陷入（某种状况）

поддаться чему 接受，受（某种作用）

поклониться кому 鞠躬

приблизиться к чему 接近；走近

принадлежать чему 或 к чему 归……所
有；属于……之列

удивиться кому-чему 觉得惊奇，惊讶

要求第四格的动词

включиться во что 加入，参加

действовать на кого-что 起作用，影响

надеяться на кого-что 希望，指望

поверить во что 相信，信任

превратиться во что 变为，变成

проголосовать за кого 投票，表决

要求第五格的动词

владе́ть чем 拥有，具有；精通，长于

горди́ться кем-чем 以……骄傲

кома́ндовать кем-чем 指挥

облада́ть чем 拥有，具有

овладе́ть чем 掌握，通晓

оказа́ться кем-чем 是，原来是

па́хнуть чем 发出……气味

следи́ть за кем-чем 注视；关注，观察；照料

спра́виться с чем 能胜任；能驾驭

яви́ться чем 是，成为

要求第六格的动词

нужда́ться в чём 需要

позабо́титься о ком-чём 担心，关心

разочарова́ться в чём 对……失望；扫兴

состоя́ть в чём 在于，是

要求多个格的动词

включи́ть кого́-что во что 使加入；列入

потре́бовать чего́ от кого́ 需求，要求

прида́ть что кому́-чему́ 使具有，赋予

变位特殊的动词

воева́ть—вою́ю, вою́ешь, вою́ют 作战，战斗；斗争

вы́дать—вы́дам, вы́дашь, вы́даст, вы́дадим, вы́дадите, вы́дадут 付给，发给

изда́ть— изда́м, изда́шь, изда́ст, издади́м, издади́те, издаду́т 出版；颁布，公布

нажа́ть—нажму́, нажмёшь, нажму́т 按，压

отда́ть—отда́м, отда́шь, отда́ст, отдади́м, отдади́те, отдаду́т 交给；把……献给

пожа́ть—пожму́, пожмёшь, пожму́т 握，握一握

поли́ть—полью́, польёшь, полью́т 开始落雨，开始流淌，浇

привезти́—привезу́, привезёшь, привезу́т 运来，运到；搭车送来；带来

прида́ть—прида́м, прида́шь, прида́ст, придади́м, придади́те, придаду́т 使具有，赋予

присла́ть—пришлю́, пришлёшь, пришлю́т 寄来，派来

разобра́ться—разберу́сь, разберёшься, разберу́тся 研究明白，了解清楚

распрода́ть—распрода́м, распрода́шь, распрода́ст, распродади́м, распродади́те, распродаду́т 售完，卖光

уби́ть—убью́, убьёшь, убью́т 打死，杀害；消灭

过去时特殊的动词

возни́кнуть—возни́к, возни́кла, возни́кло, возни́кли 发生，产生；出现

исче́знуть—исче́з, исче́зла, исче́зло, исче́зли 消失；不见，失踪

па́хнуть—пах, па́хла, па́хло, па́хли 发出……气味

стричь—стриг, стри́гла, стри́гло, стри́гли 剪短；给……剪发

умере́ть—у́мер, умерла́, у́мерло, у́мерли 死亡；消失

要求补语的形容词

бе́дный чем 贫穷的；贫乏的；不幸的

винова́тый в чём 有罪过的，有过错的

подо́бный кому́-чему́ 相似的，类似的

равноду́шный к кому́-чему́ 冷淡的，漠不关心的

уве́ренный в чём 确信的，有把握的；可靠的

图书在版编目(CIP)数据

东方大学俄语（新版）一课一练. 3∕ 孙晓薇等主编；王琳等编. — 北京：外语教学与研究出版社，2011.10
高等学校俄语专业教材 ∕ 王利众，童丹主编
ISBN 978-7-5135-1385-2

Ⅰ. ①东… Ⅱ. ①孙… ②王… Ⅲ. ①俄语—高等学校—习题集 Ⅳ. ①H359.6

中国版本图书馆 CIP 数据核字 (2011) 第 205585 号

universal tool · unique value · useful source · unanimous choice

悠游网—外语学习 一网打尽
www.2u4u.com.cn

外研社旗下网站，打造外语阅读、视听、测试、共享的全方位平台

登录悠游网，您可以：
○ 阅读精品外语读物，独有资源，涵盖广泛，学习必备。
○ 观看双语视频、名家课堂、外语系列讲座。
○ 多元外语测试，检测外语水平和专项能力，获得外语学习方案。
○ 外语资源共享，网友互动，小组讨论，专家答疑，语言学习无疑难。
○ 网站推出众多精彩大礼包，可通过积分换购。

贴心小提示：
悠游网增值服务：提供海量电子文档、视频、MP3、手机应用下载！

出 版 人：蔡剑峰
项目策划：米淑惠
项目管理：陈海青
责任编辑：彭冬林 任 飞
装帧设计：赵 欣
出版发行：外语教学与研究出版社
社　　址：北京市西三环北路 19 号（100089）
网　　址：http://www.fltrp.com
印　　刷：中国农业出版社印刷厂
开　　本：787×1092　1/16
印　　张：28
版　　次：2011 年 10 月第 1 版　2011 年 10 月第 1 次印刷
书　　号：ISBN 978-7-5135-1385-2
定　　价：39.90 元
*　　*　　*
购书咨询：(010)88819929　电子邮箱：club@fltrp.com
如有印刷、装订质量问题，请与出版社联系
联系电话：(010)61207896　电子邮箱：zhijian@fltrp.com
制售盗版必究 举报查实奖励
版权保护办公室举报电话：(010)88817519
物料号：213850001